もしイエス様が市長だったら

If Jesus were Mayor

ボブ・モフィット 著
陣内俊 訳

日本語版　著者まえがき

日本の読者の皆様に、このような形で、私のメッセージをお伝え出来ることを心より嬉しく思います。私はこの本を、キリストの御身体である教会、中でも教会の指導的立場にある方々に向けて書きました。私の内なる情熱を記したこの本を、日本の皆様がお時間を割いて読んでくださることを感謝いたします。

もし私たちが本当に信じるならば、社会に大きな影響を及ぼす可能性と力が教会には与えられています。エペソ人への手紙3章10節に示された啓示に基づくなら、教会が信仰をもって行動に踏み出すならば、という条件つきでこの影響力は発揮されます。エペソ人への手紙3章に示された啓示とは、罪によって傷つき崩壊した万物を癒す神の偉大なご計画は、世界に数多ある他の機関ではなく、教会を通して実現されるというものです。教会リーダーたちがこの真理を理解し、イエス様を仰ぎその戦略に従うとき、崩壊した世界の回復が実現します。敢えて一言で申し上げますと、イエス様の戦略とは「神の民をキリストの弟子、すなわち僕（しもべ）として整える」ことであると言えます。

これは、私たちに馴染みのある伝統的な「弟子訓練」のイメージとは、かなり違っているかもしれません。伝統的な「弟子像」――聖書理解、豊かなデボーション生活、他の信者との継続的な交わりなど――はすべて重要です。しかし、神の民がイエス・キリストのように僕として人々に奉仕するときに解き放たれる変革の御業と比較するなら、これらの旧来の弟子訓練の要素は二次的なものに過ぎません。その人が他の人から見てどれほどに「霊的」に見えるかは、弟子のしるしとして重要ではありません。イエス様が今も昔もそうなさっているように、状況に関わりなく犠牲的に人々に仕えているかどうかが、その人がキリストの弟子であることの最大のしるしです。

この本は地域教会に連なる人々が、どのように、「しもべ」として整えられるか、ということに関する本です。あなたがこの本をお読みになるときに、お仕えになっている地域教会——キリストの御身体において、神があなたの心を開き、啓示を与えてくださり、この本に書かれている真理を実践に移すことが出来るようお祈り申し上げます。

ボブ・モフィット

序　文

教会は旅の途上にあります。神の願いは、教会が健全に機能し、キリストご自身がされたように、地域社会の具体的な必要に応答していくことだと私たちは信じています。この本に紹介されている胸躍る原則と、聖書的な包括性（*Wholism*）が適用されることによって、神の願いが現実のものになっていく姿を私たちは見せていただいてきました。

ボブ・モフィット氏が提唱する「愛の種蒔きプロジェクト（*Seed Project*）」の原則によって、私たちの教会の在り方は一新されました。セル教会である私たちは、従来の福音伝道を続けつつ、地域社会への奉仕に心を砕くようになったのです。そして教会員一人ひとりが取り組む小さな神の愛の実践が地域社会全体にもたらすインパクトの大きさに驚愕しました。地域社会の抱える必要を満たすことによって、キリストの愛を具体的に実践するということは、今では私たちのライフスタイルの一部になりつつあります。この原則を学び始めてからこれまでの数年間、私たちは何百という具体的な地域開発や社会奉仕の活動を行いました。その結果、地域社会は教会に好意を持つようになり、魂は御国に勝ち取られ、神に栄光が捧げられました。

これまで教会が見落としてきたとても大切なことを、今イエス様は私たちに教えておられると思います。私たちが社会に対して憐れみや正義を示すかどうかは、イエス様にとって非常に重要なことです。イエス様は教会の主であるだけではなく、全世界の主であり、社会のあらゆる側面、すべての地域社会とそれを構成するすべてのものに心を留めておられます。もし私たちが地域社会に関与せず、その必要に応答しないのなら、私たちはキリストの御姿を曇らせ、この世界が抱えているすべての必要――霊的にも、社会的にも、経済的にも――に愛をもって憐れもうとしておられるキリストの召しに従っていないことになります。神様に何か不自由なことでもあるかのように、神様のために何かをして差し上げることは出来ないのだということが、私はやっと理解できるようになってきました。私たちが神のためにできる唯一のこととは、他者のために何かをして差し上げることなのです。これこそが、イエス様がマタイによる福音書25章40節で言われた「**まことにあなた方に言います。これらの兄弟たち、しかも最も小さい者の一人にしたのは、わたしにしたのです。**」という言葉の意味なのです。

どうかあなたが、この本に書いてある内容を理解し、全霊を傾けてそれらをご自分の生活、ご自分の教会に適用することによって、この信仰の旅に加わることができますように。そのとき、あなたの人生とあなたの住む地域社会に神は生き生きと働かれ、あなたは目の醒めるような神の御業の目撃者のひとりとなることでしょう。

ゲアリー・M・スキナー
カンパラ・ペンテコステ教会（現ワトトチャーチ）主任牧師
ウガンダ・カンパラにて

まえがき

あなたは、「もしイエス様が自分の住む町の市長だったら、一体何が起こるだろう？」と考えたことがありますか？私は長年、世界中の貧しく虐げられた人々と共に働く中で、神が彼らをご覧になり、ご自身の御心を痛めていらっしゃることを知っていましたが、そのような考えを抱いたことはありませんでした。ところが20年前のある日、ホンジュラスの小さなスラム街に住む打ちひしがれた牧師と話をしていたときのことです。私は「もしイエス様があなたの町の市長だったら、彼は何をするだろうか？」という強い幻と問いかけをもって神からの迫りを受けたのです。私たちは思いの中で、そのスラム街の路地をイエス様とともに歩く姿を想像しました。そこで私たちが見たのは、苦しみの中にある人々を見て泣いておられるイエス様の姿でした。私たちは、イエス様が地域社会に対して抱いておられるビジョンの一端を垣間見たのでした。この話の詳しい内容は、本篇に書き記しました。

地上におけるキリストの体である教会には、胸躍るような可能性と役割が与えられています。イエス・キリストによって委任された働き人は、イエスご自身によって整えられます。その日、私はホンジュラスで考えました。「キリストの体は、もしキリストが地上にいたらなさるように、地域社会に仕えなければならない！」もしイエス様が地上における変革の代理人である教会、つまり私たちを通して働かれるなら、イエス様は、仮定の話ではなく、現実に私たちの地域社会の市長なのだということを、その日私は理解しました。これこそが、地上における代理人たる教会に対するイエス様のご計画――基本計画（マスタープラン）――なのです。

この本のタイトルを見てこのように考える方もおられるでしょう。「イエス様は社会活動家として地上に来られたのではない！」と。ある意味ではそうかもしれません。ここで私はふたたびオズワルド・チャンバースの言葉をご紹介します。

ある人々は、イエスが社会を変革するためにこの地上に来た、と言う。ナンセンスだ！我々こそが社会の変革者なのだ。イエスは我々を変革するために来られた。しかし我々は、自分たちのなすべきことを彼に押し付けて、責任を回避しているのである。イエスは我々を変革し、本来の姿に戻してくださる。そのときイエスの持っておられる力が我々を社会の変革者に造り変え、その力が我々の具体的な生活の現場で力強く働くようになるのである・・・。

本書「もしイエス様が市長だったら」は福音宣教に関する本です。本書でご紹介する伝道とは、人々を「持続的に変革され続ける」キリストとの関係に導き入れ、教会を通して国々が弟子とされるように導くものです。

当初、この本は第三世界とも呼ばれている、西側諸国ではない国々（開発途上国）の地域教会のリーダーたちのために書かれました。しかし、彼ら自身が私にこのように言いました。「どうして私たちだけのためにこの本を書いたのですか？西洋の牧師たちもまた、キリストの体の一部であることを知る必要があるのではないのですか？」と。そのとおりです。私たちはすべて、このメッセージに触れる必要があります！私は長年、開発途上国で働きを続けてきましたので、彼らを読者と想定してこの本を書きました。同じようなテーマを取り扱った、西洋社会の読者向けに書かれた本が他にもあることを知っていましたが、紹介されている具体的な方法論は開発途上国では実行しにくいものでした。また、開発途上国にもこのテーマに関する本が既に書かれているのも知っていましたが、そのほとんどは宣教団体や開発援助団体を対象に書かれており、地域教会のリーダーやメンバーに対してではありませんでした。

そうです。どこにいても、原則はいつも真実なのです。あなたが世界のどの地域で働いていたとしても、私はこの本を読んでいただけることをうれしく思います。あなたがこの本からチャレンジを受け、「読む価値があった」と思っていただけるように祈っています。

私はさらに読者を広げたいとおもいます。働きの中で、私はよく保守的な教会（福音派およびカリスマ、ペンテコステ派）でお話をする機会をいただきました。これらのグループの方々は、私たちに頻繁に反対意見を言ってくださる方々です。しかし、私はどんな教派のどんな教会の方々にも、この本を読んで、その組織文化の中に、このメッセージがどのように適用可能かということを模索していただきたいのです。私の確信のひとつは、傷ついたこの世界を癒すための神の主要な方法は、教会を通してであるということです。もう一つの確信は、私たち教会が手を取り合い共に世界に仕えることを通して、神は私たちに一致をもたらしたいと願っておられる、ということです。そうなのです。どうか読んでください！

保守的教会におられる兄弟姉妹に対して私がこの本を書いたもう一つの理由は、それらの教会が往々にして、霊的な働きだけに偏って目を向けている、ということです。多くの方々は、この世界の身体的・社会的な崩壊に対して、神がその子どもたちに意図的かつ積極的に神の憐みを実践するように命じておられるということを、教会で一度も教えられたことがありません。仕えるための方法論を持たず、仕えることの「聖書からの励まし」が足りないため、仕えるための人的資源の一部が埋もれているのです。私は過去20年間、30を超える国々で教えてきましたが、そのすべての地域で、教会リーダーたちが、もっと社会に仕えるよう神が緊急性を伴って迫っておられるという感覚を持っておられるのを見てきました。この本は、そのような方々のために書かれました。自分自身とその会衆を、より広く深い奉仕の働きに用いていただきたいと考えるすべての教会リーダーのお役に立てるよう私は祈っています。

多くの場合、地域教会によって個人が霊的な救いを体験することから、神のご計画は始まります。しかし、神のご計画の全貌は遥かに大きなものです。その計画とは国々を弟子とすることです！この偉大な神のご計画に加わりたいと願うすべての教会は、個人をキリストに導き続けるとともに、地域社会に神の平和（*Shalom*）をもたらし続ける必要があります。私たちは教会に対する神の偉大なご計画、という視点から御言葉を理解します。長年福音的伝道団体で働いた経験がある私たちのスタッフの一人が言った言葉が忘れられません。「私はこれまでこの聖書個所から何度も何度もメッセージを語ってきました。しかし、このような広い視点からこの箇所を捉えたのは初めてでした。そうだったのか！そうだったのですね!!」あなたがこの本を読むとき、このスタッフが受けたような啓示をお受けになることを確信しています。本書「もしイエス様が市長だったら」では、地域変革をもたらす奉仕活動の具体的な証を多数ご紹介しています。この本の中には、そのような実例が随所に織り込まれており、「もしイエス様が私たちの町の市長だったら、何が起こるだろう？」という質問に応答して行動した全世界の個人や教会に出会うことができます。私は読者の皆様に、これらのストーリーをご自分の文化に「文脈的に翻訳」なさって欲しいのです。どうかこの本のストーリーに出てくる兄弟姉妹の精神、献身、そして創造性を受け取ってください！

神が起こしておられるムーブメントのなかで、その声の一つとなることを考えると、私は恐れ多い気持ちになります。人生の旅路の半ばで到達した現地点において神が与えてくださった視点から、私は語っています。私は皆さんに、聖書の言葉と内なる聖霊の促しによって、この本に書かれていることが適切かどうかを吟味していただきたいと思っています。ブラジルにいる私たちのスタッフの一人は、原稿を読んで、まるで私と長い対話をしているようだと言ってくれました。私は、ひとときの間、文字通り「神がお造りになったこの世界」をあなたと一緒に歩むことが出来るこの特権を光栄に思います。

ボブ・モフィット

謝辞

この本を出版するのを手伝ってくださった人々に感謝を申し上げます。

・この本に書かれている原則を発見し、発展させ、再確認する現場となった場所で、厳しいフィールドワークをしてきたハーベスト財団の現地スタッフの一人ひとりに。

・私にこの本を書く時間と場所を与えてくれた国内スタッフ一人ひとりに。

・国際飢餓対策機構に。彼らのパートナーシップによって、私たちのビジョンと働きの幅は大きく拡大されました。

・私の兄弟であり同僚、ダロー・ミラーに。神学生時代から、私たち二人の人生は公私ともに互いに影響し合い、刺激し合ってきました。

・カーラ・テスチに。彼女はハーベスト財団の編集長として原稿を校正し、私たちの通常の訓練コースにはない記事を加筆し、内容をより洗練したものにしてくれました。

・原稿に目を通し、提案をして下さった多くの同僚やリーダー達に。

・私の人生のパートナーである妻のジュディに。彼女が忍耐を持って私を支え、最初にこの原稿を読んでくれたことによって、私は心から励ましを受けました。

・そして誰よりも、私たちの父の長子であられるイエスに。彼の驚くべき憐れみと恵みによって、私たちは彼に仕える特権を授かりました。

追悼

ペルーの友人でありトレーナーであり実践家でもあるルース・コンチャのために。

「ルーシー(彼女のあだ名)」は、最初の本書の草案を熱心に読んでくれただけではなく、時機にかなった実例、明確な適応、アイディアと調査をもって応答してくれました。それらは非常に的を射たものでした。この草案を読んでくれた1ヵ月後に、彼女はペルーで交通事故のためにこの地上での生涯を終えました。彼女の実体験に基づくメッセージと、教会を通して社会が変革されることへの情熱が、この本を通して読者に届けられることを、私は神に感謝しています。

この本の使い方

この本は、「包括性」という言葉を定義する試みでもあり、それを実践する読者にとっては手引き書でもあります。表紙から裏表紙まで全てを読まれることをお勧めします。以下は読み方の提案です。

1. 第一部は、教会と地域社会に対するイエス様のご計画とビジョンを受け取るために書かれました。
2. 第二部は、万物を回復する神のご計画の詳細を知るためのものです。御言葉・歴史・現代社会からの実例というレンズを通して、文化の変革における教会の「仕える役割」を見ていきましょう。
3. 第三部ではどのように地域教会が整えられ、変革の働きに動員されていくのかについて解説します。自己犠牲をともなう忠実な働きを、どのように神が何倍にも増やして用いてくださるかを見ていきます。
4. 第四部には、教会や個人が地域社会に仕える働きを計画・実践・評価するための方法論が書かれています。これらの方法論は、訓練者(他の人を弟子訓練する人)にとっても有益です。
5. 付録として、プロジェクトのアイディア、背景をご紹介するとともに、あなたやあなたの教会が隣人に仕えるときに用いることができる空欄の記入様式を付けました。

目　次

目　次

第一部

市長の計画

…みこころが天で行われるように地でも行われますように。

マタイによる福音書6章10節

◆１章　旅の始まり

私の旅

私には神から与えられた情熱があります。それは、（特に地域教会として現された）キリストの身体が、神に与えられた偉大な存在目的を知り、それを果たしていくことです。私がどのようにしてこの情熱に辿り着いたのかをこれからお話しします。それは、象徴的にも文字通りにも、二つの意味で私の「旅の証」です。これを読むとき、あなたは何故、私が世界のどこにいても人々に「もしイエス様が市長だったら」何が起きるかを考えるように語り続けているのかを理解していただけるでしょう。

教会に対する私の情熱が、その頭であるキリストご自身を知りたいという情熱を上回らないように、私はいつも気をつけています。ピリピの教会に対して使徒パウロが証したように、他の何ものにも勝って、キリストご自身を知ることを私は求めます。何らかの情熱を胸に抱いている人は、働きそのものを、働きを与えるお方（キリスト）以上に大切にしてしまうという危険性と隣り合わせです。私たちがキリスト以外の何かに焦点を当ててしまうとき、私たちの働きは薄められてしまうのです。収穫のための力は、私たちの頑張りから来るのではなく、私たちに働きを与えてくださるお方から来るのです。主よ、どうか私たちが、あなたご自身を第一に求めますように！

私の父は伝道者でした。私が15歳になるまで、父はロサンゼルスの労働者居住地区にある家庭的なバプテスト教会で牧師をしていました。ロサンゼルスの聖書学校（現在のバイオラ大学）で学んでいるとき、神は両親の心に世界宣教への情熱を与えられました。両親は自らアフリカへの宣教師になる準備をしていましたが、神は人々を訓練して海外に送り出すという形で世界宣教に加わるよう両親を導かれました。

父の牧会するバプテスト教会の洗礼槽の壁にかけてあった次の言葉は、いまでも私の心に深く刻まれています。「生まれてからまだ一度も福音を聞いたことがない人々が大勢いる一方で、耳にタコができるほど福音を繰り返し聞く人がいて良いのだろうか？」私の家族と教会は宣教師を支援しており、私の家には宣教師たちがよく立ち寄りました。私にとって彼らは英雄でした。「私もいつか宣教師になりたい」そう思っていました。

私が15歳のとき、父はアリゾナ州バプテスト同盟の議長になりました。父のビジョンは教会を開拓することでした。25年間に渡る父の奉仕の結果、100以上の教会が開拓されました。「世界宣教と教会開拓の情熱」というすばらしい霊的遺産を私は受け継ぎました。しかしその後の青年時代の経験から、私は複雑な問題に直面することになっていきました。

青年時代、私は平和部隊の隊員（訳注：平和部隊*Peace Corps*は、アメリカ合衆国連邦政府が運営するボランティア計画で、日本の青年海外協力隊の米国版）として、アフリカのマラウイで中学生たちの教師をしました。私の赴任地は、少年のころに宣教師たちからよく聞かされてきたような宣教本部の近くにある学校でした。宣教本部は宣教師たちの残した功績でした。その学校は学業において、国内で最も高いレベルにある学校のひとつでしたし、経営はうまく行き、効果的に運営されていました。そこにいる宣教師たちは、生徒たちに愛を示し、福音を伝えたいという情熱を持っていました。私もまた、自分の生徒たちがイエス様との個人的な関係に導かれることを心から願い、宣教師たち主催の「生徒たちのために祈る早天祈祷会」に出席しました。

しかしながら、中には福音に背を向ける生徒たちもいました。その生徒たちは、良くも悪くも、宣教師たちの行動に見え隠れする、「我々は、アフリカ人の改宗のために奉仕している」というメッセージを感じ取っていました。宣教師たちは彼らを心から愛していたのにもかかわらず、文化的な侵略主義のようなものへの反発心から、宣教師たちが持ち込んだ文化と信仰を拒絶していたのでした。この経験を通して、「宣教」への召しの確信は失われなかったものの、文化を超えた伝道（海外宣教）に対して、私は懐疑的になっていきました。

平和部隊隊員としての奉仕が終わると、宣教というものは何か、そしてその中での私の役割は何かということを探求する、二年間にわたる私の「心の旅」が始まりました。私はバイクに跨って赤道直下のアフリカのほとんどすべての国々を巡り、多くの宣教師たちと時間を過ごしました。この旅の途中、後に生涯の友となる二人のアフリカ人の兄弟に出会いました。彼らは現在それぞれの国においてキリスト教会の指導者的な存在になっています。

私は中東をヒッチハイクし、途中イスラエルで大学の修士課程を修了しました。次に私は、ベルギーで2気筒のシトローエン社の中古車を購入しました。インドまで運転したとき、その車は遂に走り過ぎて壊れました。放浪の旅の最後の部分で私は、飛行機で東南アジアの9カ国を訪れました。私は福音を広げるということにおいて、何が役に立ち、何が役に立たないのかということをどうしても知りたかったのです。旅路の果てにたどり着いた私の結論は、「文化を超えた海外宣教には意味がある」ということでした。ただし条件があります。宣教師たちが高い身分や支配階級であるかのようにふるまうのではなく、現地の教会の兄弟、しもべとして奉仕した場合において、その本来の意義が最大限に達成される、ということです。私は自分が宣教の働きに召されていることを確信しました。

帰国するとすぐに、私はデンバーの神学校に入学し、宣教学を専攻しました。教会に対する自分の見方を大きく変えるような困難な現実にそこで直面することになるとは、そのときは知るすべもありませんでした。

神学校の教育課程には地域伝道への参加実習が組み込まれていました。そこで私は、犯罪を引き起こしてしまった十代の若者たち（黒人やヒスパニック系を中心とする）にカウンセリングの機会を提供するというプログラムを発案し、組織しました。キリスト教団体だということを公言していたにも関わらず、裁判所は喜んで私たちにその若者たちと面会させてくれました。プログラムに参加するクリスチャンたちは、若者たちに友情と愛情を注ぐだけでなく、キリストにある信仰についても分かち合うことができるのです。黄金律と大宣教命令の完璧な組み合わせではありませんか！神学校の学長は地域の諸教会に手紙を書いてくれました。私は沢山の教会の、大勢の人々の前で証をし、プログラムをアピールしました。ところがどういうわけか、思ったような反応は得られませんでした。人々は当時の社会情勢（人種間の緊張）のことを考え、恐れを抱いてしまったのかもしれません。しかし幸運なことに、神学校の友達は私に協力してくれました。10名の神学生が、犯罪を起こしてしまった十代の若者たちの更生のため、一対一のメンタリング関係を開始しました。良い結果が生まれました。裁判所は、私たちにもっと多くの青少年たちを紹介したいと言って来ました。私たちは地域教会のクリスチャンの方々に、心の底から協力して欲しいと再びお願いしましたが、ほとんど応答はありませんでした。本当は気が進まなかったのですが、必要が非常に大きかったので、ボランティアとして参加したいと申し出てきた信仰を持たない大学生たちにもお願いする他ありませんでした。私は、自分が誇りに思ってきた「教会」というものに対し、心の底から失望しました。私は、愛について語りながら、神の愛に一度も触れたことのない傷ついた若者たちに手を差し伸べることには尻込みするような人々と付き合いたくはない、と思いました。私は神を愛していましたが、教会に怒りを抱くようになってしまいました。それも、強い怒りを。

そのような怒りと葛藤の中、御言葉と祈りを通して神は私に語られました。「ボブ、これが私の教会だ。私の花嫁なのだ。たとえどんな状態だったとしても、私は私の花嫁を愛している。私の命を与えるほどまでに。私が愛しているのと同じようにあなたが花嫁を愛するようになるまでは、教会が私の願う姿に近づくために、あなたを用いることはできない」。

私は、短刀を胸に突き立てられたように感じました。「神様」私は告白しました「私を赦してください。あなたの愛を私の心に満たしてくださらなければ、私はあなたの教会を愛することが出来ません。でも、私はそうしたいです」。主はその祈りに答えてくださいました。たとえ教会が不完全で傷ついた姿だったとしても、それにもかかわらず、私は神の教会を今も愛しています。そして教会の癒しと回復に貢献したいという情熱に私は満たされています。私は宣教に召されたのでしょうか?そのとおりです!私の宣教の働きは、教会がその役割を存分に果たせるよう、教会にお仕えすることです。ほどなく私は国際飢餓対策機構に加わり、そのボランティアプログラムを立案し、指導する仕事をしました。その後、神は次のドアを開いてくださいました。それは開発途上国の教会に対する働きでした。

私たちの旅

一九八一年、私はハーベスト財団という団体を立ち上げました。当初、ハーベスト財団は開発途上国に住むクリスチャンと北米のクリスチャンの橋渡しをしていました。私たちは相互の教会同士を結び付け、多くの協力関係を作り上げて行きました。私たちはまた、クリスチャンの団体同士も結び付けました――例えば、ドミニカのデイケア施設と合衆国の幼稚園、ドミニカの麻薬中毒患者の施設と合衆国の看護学校、ハイチの農業組合と合衆国の家族、などです。それらのパートナーシップの目的は、物質的に豊かでない国々のクリスチャンがその地域に見える形で神の愛を現すのを励まし助けることでした。多くの素晴らしいプロジェクトが計画されました。しかし、そこで私たちが目にしたものは、善意の献金の主導権を巡って互いに争っている貧しい国々の教会リーダーたちの姿でした。一部の開発途上国には、金銭の主導権の問題のゆえに分裂し、破綻してしまう教会もありました。私たちはまた、パートナーシップを組んだ現地のクリスチャン団体が、外部からの経済支援なしには大きなプロジェクトを維持できないという現状を見ました。それは私たちの目指したものとは違っていました！

一九八六年、ハーベストの役員とスタッフはひざまずき、神の導きを求めました。神は答えてくださいました。私たちの焦点は、クリスチャン団体ではなく地域教会に絞るべきこと、また外部からの経済支援によって運営されているプロジェクトからは撤退するべきであると示されたのです。私たちは、現地の地域教会のリーダーと会衆に、「信仰を言葉と行いで現していく」という聖書が教える責務について教え、訓練しはじめました。外部からの援助に依存することなく、自分たちの手にあるものを用いて。

その働きは、中南米にある5つの教会から始まりました。結果は目を見張るものでした。現地の教会は、彼らの実践を神が何倍にも増やして用いてくださるのを目の当たりにしました。神の愛の実践を通して、以前は教会に関心がなかった地域の人々が、キリストを信じる信仰へと導かれました。教会は成長し、地域社会に物心両面のインパクトを与え始めました。ユース・ウィズ・ア・ミッション（YWAM）という宣教団体が私たちに、地域開発を専攻する学生を訓練して欲しいと申し出てくれました。また一九九七年に、ハーベスト財団は非公式的に国際飢餓対策機構との協働を開始しました（訳注：二〇一八年現在、この協業関係は*Disciple Nations Alliance*という独立した団体へと発展している）。このような協働関係によって、私たちは40以上の国の教会と宣教団体を訓練し、「聖書に基づく包括的宣教」というビジョンと戦略を分かち合う道が開かれました。私たちの訓練カリキュラムは20以上の言語に翻訳されました。15の国々で、包括的宣教を推進し励ますための現地の団体が起こされました。神がそれをなしてくださいました。その御業を傍らで見守るのは、本当に素晴らしい体験でした。

私たちの成長

ご自身の教会に対する神の御心は変わりません。しかし神の用意された道を進んで行く中で、その御心に対する私の理解は変化していきました。私たちが国際飢餓対策機構と協力関係を結んだことで、私たちの働きの機会だけではなく、働きに対する理解も広げられました！私たちは、教会がただ置かれた地域に影響を与えるだけではなく、置かれた国を弟子とするように召されていることを理解するようになっていったのです。また私たちは、もし国を弟子とすることを目指し、イエス様が市長であったらなさるように、地域社会に仕えようと願うなら、聖書的世界観を持って生きることが不可欠であるということにも気付かされました。世界観とは、世界というものに対して、また世界がどのような法則で動いているかということに対して、人々が持っている一連の前提と言えると思います。聖書的世界観によると、私たちは例外なく傷つき崩壊した人類の一員です。神の介入なしには、私たちには希望がありません。しかし、神の良き知らせは、全人類には希望があるということです！これが、私たちが持っている世界観です。

…それでは、市長にお会いしましょう。

◆2章　もしイエス様が市長だったら
～神のご計画というビジョンを受け取る～

ケニアの首都ナイロビで、歴史的な二つの朝祷会が開催されました。ひとつは国会議員のための朝祷会で、大統領が主賓として招かれました。もうひとつはナイロビ市の市長が開催した朝祷会でした。市議会議員たちの幾人かは、公に信仰を告白していましたが、ナイロビ市の指導者たちが祈るために集まったことはそれが初めてのことでした。挨拶を依頼されたひとりの大臣が出席者に向かって、「もしみなさんが、自分自身を愛するように隣人を愛するなら、ナイロビは変わるでしょうか？変わるとしたら、一体どのように変わるでしょうか？」と問いかけました。出席した一人ひとりはこの問いかけを主からの語りかけとして受け取りました。「もしイエス様が市長だったら、ケニアのナイロビはどのような街になるだろう？」この朝祷会の後、刷新された霊の一致が出席者を覆っていました。市の指導者たちは、今後も週に一度交わりを持つことと、この朝祷会を毎年開催することを決定しました。

インドにいる私の同僚は、チームで一年間働きを展開していた村を訪問し、村の女性たちに、村が「発展」するとは一体どんな村になることだと思いますか、と聞きました(もしイエス様が村長なら、あなたの村はどのようになるだろうか？という質問と同じです)。社交的な女性のひとりであるウムライが、その村とは一致と団結がある場所です、と答えました。彼女は知っていたのです。村の分裂が、イエス様が栄光をお受けになる妨げとなっていたことを。村の各家庭はそれぞれ、自分たちの家の利益だけを考えて生活していました。彼女の意見に触発され、村には保健衛生委員会が立ち上がり、自助グループが形成されました。自助グループは14名の村の女性で構成され、定期的に、熱心に集まりを持つようになりました。グループのメンバーは自分たちの貯蓄の中から少しずつお金を出し合い、村の様々な問題を解決し始めました。ウムライは持ち前の指導力を発揮し、もしイエス様が村長だったらなさるような様々な計画を実行に移し、村人たちを動員していきました。

「もしイエス様が市長だったら、あなたの街はどのように変わるでしょう?」私は世界中の牧師たちや教会の指導者たちに、この質問を頻繁にします。この質問に答えるとき、教会がその置かれた地域社会にどのように関わって行ったら良いのかという方向性を知る手がかりが見つかると信じているからです。

聖書ははっきりと言っています。「**幻がなければ、民は滅びる**」(箴言29章18節 King James Version)。もし若い世代に将来へのビジョン(幻)がなければ、彼らはどうやって時間を過ごしていいか分かりません。彼らの歩みは方向が定まらず、何かを成し遂げることを期待することは難しいでしょう。しかし、もし若い世代にビジョンがあれば、彼らは確信を持って時間の使い方と方向性を決定することができます。同じように、もし教会にビジョンがなければ、現状維持以上のことは期待できません。そのような教会が地域に神の国の影響力を与えることは非常に難しいと言えます。しかし教会にビジョンがあれば、その教会は地上において、また永遠において、大きな変化を生み出す可能性を秘めているのです。

「もしイエス様が市長だったら、あなたの街はどのように変わるでしょう?」

愛のうちに創造された被造物に対して神ご自身が持っておられるビジョンを、私たちは自らのビジョンとして受け取りたいと願います。イエス様は常に父の御心だけを実行に移しました(ヨハネによる福音書5章19節)。

このことを踏まえ、想像してみましょう。

「もしイエス様が市長だったら、何をなさるだろうか?」

●イエス様は、ストリートチルドレンやホームレスに対して何をなさるだろうか?
●イエス様は、アルコール、麻薬、その他の依存症患者に何をなさるだろうか?
●家庭崩壊の問題にイエス様はどう対処なさるだろうか?
●安全な飲み水・適切な住環境と食糧・保健衛生事業・ごみ処理や下水処理・安全に舗装された道を、イエス様はどのように提供なさるだろうか?
●イエス様は、公正な賃金や適切な雇用をどのように担保なさるだろうか?
●イエス様は、親から望まれない子どもたち・病気の人・高齢者に対して、何をなさるだろうか?
●イエス様は、どのように街を美化なさるだろうか? 綺麗な道・木々・花・公共の公園などをどのように提供なさるだろうか?
●イエス様は、教育問題をどのように改革なさるだろうか?
●イエス様は、どのような新しい政策を打ち出されるだろうか?
●人々が問題を適切に評価し正しい決断をするのを、イエス様はどのように後押しされるだろうか?
●イエス様は、地方自治のあり方をどのように改革なさるだろうか?
●イエス様は、ご自分の教えをテレビ放送されるだろうか? それとも、ご自身の計画と神の国の働きを推進するために、「市民フォーラム」を開催なさるだろうか?
●イエス様は、市民の犯罪や暴力に対して何をなされるだろうか? 警察と地域住民の関係を良くするために、どのような決まりを設定なさるだろうか?

● イエス様は、裁判所や刑務所をどのように変革なさるだろうか?
● イエス様は、所得格差に対して何をなさるだろうか?
● イエス様が市長である街では、「弱き者」「声なき者」は、どのような扱いを受けるようになるだろうか? 権力者たちは、市長であるイエス様を支持するだろうか?
● イエス様は、汚職や収賄に対してどう対処なさるだろうか?
● イエス様は、うつ病・孤独・精神疾患に対して何をされるだろうか?
● イエス様は、ポルノや不品行、売春にどう対処なさるだろうか?
● イエス様は、幼児虐待、家庭内暴力の問題をどう扱われるだろうか?
● イエス様は、どのように市民同士の交流を深めようとなさるだろうか?
● イエス様は、市民の余暇や行楽・興業をどう扱われるだろうか?
● イエス様は、地域において教会にどんな役割をお与えになるだろうか?
● イエス様は、どのように教会の一致を奨励するだろうか?
● イエス様は、キリスト教以外の宗教をどのように扱われるだろうか?
● イエス様の言動は、ご自分の命を危機にさらすようなことになるだろうか?
● イエス様のこれらの政策によって、地域はどのように変化するだろうか?

ここで一言注意を申し上げたいと思います。想像があらぬ方向に行く前に、私はここで、この質問が何を意味し、何を意味していないかを明確にしたいと思います。イエス様の御思いと私たちが暮らす現実社会が互いに矛盾しないような形での「神の統治」を想像するために、以下を大原則とします。

●イエス様の市長としての働きは、神のご性質および御言葉と必ず調和します。イエス様は市長として神の御心を実行に移されるのです。
●イエス様は、文字通り肉体を持った市長として再臨なさるわけではありません。(マタイによる福音書24章)イエス様のご性質・御言葉・価値観・教えが、地方自治の土台となっていたら一体何が起きるだろうか、ということを私たちは想像するのです。
●イエス様は、教会によって運営される宗教国家を建設なさりたいのではありません。
●その町に住む個人には自由意志があります。
●イエス様は、最高の福祉国家をお作りになりたいわけではありません。例えば、イエス様を首長とする政府は、直ちに全ての人に無料で住居を提供するようなことはしません。また直ちに奇跡を行って、住民全員の問題すべてを解決なさるようなことはしません。聖書に見られるように、イエス様は人々の傷が癒される過程に介入なさりたいと思っておられます。

イエス様が市長だったら何をなさるか、ということをはっきりと知ることは私たちには出来ません。しかし、私たちは御言葉を学び、もしイエス様が市長だったら私たちの街で何をなさるのでしょうか、と聖霊に聞くことは出来ます。私たちは神の御言葉を学び、そのご性質を知り、その御声を聞く必要があります。イエス様が市長だったらなさる働きは、その地域に対する神様の御心を反映した働きと言えます。イエス様は、天の父にこう祈りなさいと教えられました。「**御国が来ますように。御心が天で行われるように地でも行われますように。**」(**マタイによる福音書6章10節**)神は今この瞬間も、天の御国で行われているように、この地でも、ご自身の御心を行いたいと願っておられます。神は被造物と私たちを愛しておられるので、そのことを強く願われます。神は、私たちにとって最善を願っていてくださるのです。この章の後半で詳しく述べますが、神は被造物すべてをご自分と和解させたいと願っておられます。

他の兄弟姉妹からも学ぶことが出来ます。この本の中には随所に、自分が置かれた場所で、「もしイエス様が市長だったら、ここで何をなされるだろう?」という質問に答え、実践をもって応答してきた具体的な証が紹介されています。

もう一度想像してみましょう。神の御心が天で行われるようにこの地でも行われたら、一体何が起きるでしょうか。このことを考えるために、このような別の質問を考えることも役立ちます。「もし来週、月曜日の朝9時に、地域住民がひとり残らず神が意図するように生活し始めたら、何が起きるだろうか」。

- もし私たちが、人間関係、健康管理、神との歩みにおいて神の意図に100%従い始めたら、私たち個人の人生に何が起きるだろうか?
- もし私たちの家族全員が、お互いの関係において神の意図に完全に従ったら、家族に何が起きるだろうか?
- もし私たちの教会と地域の指導者とメンバーのすべてが、心から互いに愛し合い、互いに仕え、弱き者の代弁者となり、一致を保って働き始めたら、何が起きるだろうか?
- もし私たちの地域のリーダーたちが神にあるビジョンを共有し、正直に、誠実に協力して活動をはじめたら、何が起きるだろうか?
- 経済活動からすべての不正・虚偽・汚職がなくなったら、何が起きるだろうか?

●もし子どもたちが両親を心から尊敬し自発的に勉強を始めたら何が起きるだろうか？
●私たちの国から汚職がなくなり、本物の正義が実現したら何が起きるだろうか？

何年も前に、私はホンジュラスのスラム街で牧師たちと祈り、語り合っていました。突然、神は私に、ある話をするようにと促されました。私が話し終えると、そこにいた皆が、神の意図する変革のビジョンとは何かを探り求めるようになりました。その体験を、私は忘れることができません。ではここで、私と一緒にもう一度そのときの、「ファンの喩え」を回想してみましょう。

ファンの喩え

ファンは急速に開発が進む街に住んでいましたが、その中のまだ教会がない地区で新しい教会を始めるよう神に導かれました。彼は職場への行き帰りのバスの窓から毎日、ラス・パラスにある不法居住者たちの集落を見ていました。ここに住む人々に対して何か自分に出来ることはないだろうか、とファンは考えました。彼は正規の訓練を受けたわけではなく、いくつかの聖書学校の単位を一般聴講生として取得したことがある程度でした。彼には正規の訓練はありませんでしたが、人々をイエス様の元に導きたいというはっきりとした情熱がありました。

ファンは妻と相談して、二人の幼い娘を連れて、家族ごとラス・パラスに引っ越すことに決めました。彼らは、木造のほったて小屋の一部屋を住処として借りました。ラス・パラスには水道も、電気も、学校も、病院もありませんでした。道は汚れていました。タール紙という防水の厚紙、ブリキ、古タイヤ、ダンボール、使い古しの板、その他拾って来た材料で風雨をしのぐための家を作って人々はそこに住み、極貧の暮らしを送っていました。そこに住むのは簡単なことではありませんでした。しかしファンと妻は、そこに移り住んで働きをするように、神が自分たちを召しておられると信じていました。

仕事に出ている昼間以外、自分の持てる時間の全てを費やして、ファンは隣人を訪問し、家庭での聖書研究会に招きました。毎週末になると、彼は牧師の働きをしました。数ヶ月の後には、女性と子どもたちからなる小さな群れが、日曜ごとに一部屋しかない彼の小さな家に集まるようになりました。さらに数ヶ月が過ぎると、彼らは集会のために別の場所を借りることが出来るようになりました。ファンの教会には、20名の女性と、非常にたくさんの子どもたちが集っていました。地域の男性たちもファンには好意的な印象を抱いていましたが、宗教は女性や子どもたちのためのものだと彼らは考えていました。

ファンは愛に溢れ誠実な牧師でした。彼は毎朝早起きをし、教会メンバーのために祈り、聖書を開き、神の言葉を学びました。教会開拓が二年目に入ると、人々との良い交わりは続いたものの、一年目のような急成長は止まりました。ファンと妻は、住環境によって家族の健康が害されていることに気づきました。二人の娘は頻繁に病気に罹るようになりました。娘たちに薬を買ってあげるには、彼の収入は不足していました。ファンは次第に落ち込むようになりました。

ある日の朝4時に、いつものように妻と娘を起こさないように注意して、ファンはこっそり目を覚ましました。家の中央に、プラスチック製の安物のカーテンが掛けられていました。寝るときに居間とベッドルームを仕切る必要があるからです。ファンは椅子に腰掛け、空き缶に立てたろうそくの芯に火を灯しました。空き缶にろうを入れてランプの替わりにしていたのです。彼は聖書を開き、読み始めました。その朝、彼はイザヤ書58章を開き、飢えた者、裸の者、家のない者、虐げられた者を神がどんなに気にかけておられるかについて読みました。ファンは心の中で、搾り出すようにしてこう叫びました。「神様、聖書は貧しい者に対するあなたの憐みについて語っています。それなのに何故、このラス・パラスで私はそれを見ることができないのですか?」ファンは、人々の抱える必要のことを想うと、心の奥深いところが痛みました。祈っている間、涙が彼の頬をつたいました。聖書に書かれている神の御心と、目の前の現実の間のギャップに思いを巡らせていると、ドアを静かにノックする音が聞こえました。

ファンはすぐさまドアのところに行きましたが、ドアは開けませんでした。暗闇の中、向こう側に立っているのが誰か分からないままドアを開けるのは危険だからです。「どなたですか?」ファンはささやきました。

ドアの向こうから、やさしい声が聞こえました「私はイエスだ。ファン」。

「本当は誰なんですか?」ファンは聞きました。

その声は再び言いました「イエスだよ。ファン」。

その声はとても温かく、ファンは本当にそれがイエス様かもしれないと思い始めました。彼はドアの鍵として使っているボルトを静かにずらし、注意深く、少しだけドアを開けました。暗闇の中に立っている人の影が見えました。その人は危険そうには見えませんでした。ファンはもうすこしドアを開け、「入ってください」と言いました。

しかしイエス様は、「いいえ、ファン、私は今朝、あなたの嘆きを聞いた。今日私はラス・パラスの何があなたをそんなに苦しめているのか、あなたと一緒に見にきたのだ」と言われました。

ファンはその招きに応じている自分自身にやや驚きながらも、すぐさま、そして静かに外に出ました。家のドアを閉めると、ファンは言いました「分かりました、イエス様。でも私の傍を離れないでください。今は雨季ですから。私はどこを通れば水溜りを避けられるかを知っていますので」。

「分かったよ、ファン」イエス様は言いました「あなたに付いていくよ」。

二人は曲がりくねった小道を歩き始めました。歩きながら、ファンはイエス様に話しかけました「イエス様、向こう側にあるあの小屋に、シングルマザーが住んでいます。彼女は食べ物を得るために、小さな兄弟たちが家の中から見ている前で、泣く泣く自分の息子の1人を売ったのです」。2人はもう少し歩きました。「タール紙で作られたあの小屋には、家族が住んでいます。父親はアルコール依存症で、たまに酔っ払って帰ってきては妻と子どもに暴力を振るっています。地域全体に、父親の怒鳴り声が聞こえるのです。イエス様、私は彼らの叫び声を聞くのが耐えられないほど辛いのですが、私にしてあげられることは何もないのです」。さらに2人は進んで行きました。「ここでは鼻をつまんでください。ここは地域の住人のゴミ捨て場兼トイレになっています」。捨てられたゴミの上をネズミが走り回る音がしました。ファンは別の建物を指差しました。それは他の建物よりも大きな建物でした。ファンは言いました「ここは、『ラス・パラスの大統領』の家です。彼は権力を盾に人々から金を集めては、これで水道と電気を引くのだ、などと言っています。でも住人たちはみな、その金が酒と女に使われていることを知っています」。そしてファンは角を曲がり、坂を下り、2人がもといた場所に一周して戻ってきました。ファンは丘の一番下にある小屋を指して言いました「イエス様、ラス・パラスの中で今、私が最も胸が痛くなるのはあの家です。あそこに住んでいる女性は、3人の子どもを残して夫に逃げられました。雨が降るといつも、真っ黒な水が溢れ、彼女の家は浸水するのです。あの家族は床に直接寝ていますから、彼女は夜に子どもたちが溺れないように、抱き抱えながら寝なければならないのです!」。

ファンは、誰かが静かに泣いている声を聞きました。彼はあたりを見回しました。イエス様の肩が震えているのを見て、泣いておられるのは主であることを彼は知りました。ファンは、彼の心を引き裂く出来事が、イエス様の心をも引き裂いていたことを知りました。震える声で、イエス様はファンのほうを向き、言いました「ファン、私はラス・パラスに対する私の心をあなたに見せたい」。

どのようにしてそれが起こったのかファンには分かりませんでしたが、突如、イエス様と彼はラス・パラスを上空から見下ろしていました。ファンは町全体を見渡すことが出来ました。イエス様は、人々のための適切な住環境について語り始めました。すると突然、小屋が小綺麗な住宅に変わりました。それらは贅沢ではありませんでしたが、住みやすい住宅でした。イエス様は職業と仕事について語り始めました。するとファンはラス・パラスの住人たちが仕事に出かけていくのを見ました。ファンにはその仕事が高収入ではないことが分かりました。でもその稼ぎは、家族を養うには十分なものでした。イエス様は生活水について語り始めました。すると突然、適切な場所に井戸が現れ、地域の住人は皆、そこから衛生的な水を手に入れることが出来るようになりました。イエス様は教育と健康について語りました。ファンの目の前に、学校と病院が現れました。イエス様は街の美化について語りました。ファンはゴミの山が消えるのを見ました。そして木々と花が植えられた公園が現れ、そこで子どもたちが遊んでいました！イエス様は、夫婦と子どもが、お互いを尊重し合う健全な家庭について語りました。またイエス様は霊的な癒しのことも語りました。ファンは、彼の教会に沢山の家族が集っているのを見ました。そこには男性たちの姿もありました！

彼はわくわくし、考えました。「これは、まさに私が願っていた街だの姿だ！」

イエス様はファンの考えたことを心で知られ、こう言われました「ファン、これがラス・パラスに対する私の心だ。私
「でも、イエス様」ファンは抵抗しました。「私には無理だと思います！女性と子どもたちしかいない私の会衆に、一体どんなことが成し遂げられるでしょう?私たちは、その日その日を生き延びるのに精一杯なのです！」

「ファン、私の言うことを聞きなさい。私はあなたに、私の計画をこの人々に分かち合い、会衆が隣人に仕えるこ

とができるように助けてやって欲しいのだ。病人やシングルマザーを訪問しなさい。隣人たちと物を分かち合いなさい。会衆は日曜日の礼拝に来るとき、教会に1カップの米、小さな石鹸、塩や砂糖、いくらかの野菜や、余った衣服などの物資を持ってくることができるでしょう。それらを集め、もっと貧しい人々のところに届けなさい。それを毎週するのです。あなたは市の職員のところに行き、彼らと信頼関係を築きなさい。そしてラス・パラスに水道と電気を引くのに何が必要かを調査するのです…」

「イエス様」ファンは言いました。「現実を直視したほうが良いと思います。そんな小さなことで何かが変わるでしょうか？私は…」

「ファン、この世界を造ったのは誰だ？」

「主よ、それはあなたです。でも…」

「ファン、イスラエルの民が通ることが出来るように、紅海を二つに分けたのは誰だ？」

「あなたです、主よ。でも…」

「ファン、5つのパンと2匹の魚で5000人を養ったのは誰だ？」

「あなたです、主よ。しかし…」

「ファン、私は昨日も、今日も、いつまでも変わらない。あなたは自分の役割を果たすのです。残りは私がする。私が再臨するまでに成就することのない変革もある。しかし、あなたにその一歩を踏み出して欲しいのだ。あなたと、あなたが牧会している小さな群れは、私の大使であり、私の代理人なのだ。あなたが着手するなら、私はラス・パラスを癒し始める」

ファンはイエス様の言葉に思いを巡らしました。突如、ファンは鶏が鳴く声を聞きました。部屋を仕切るカーテン妻が起き出す音がしました。気が付くと、彼は食卓の椅子に座っていました。ろうそくの芯は燃え尽き、外は明るくなっていました。

ファンはイエス様が近くにいないか探しましたが、誰もいませんでした。「何が起きたのだろう?」ファンは考えました。「私は幻を見たのだろうか?それとも夢だったのだろうか?」ファンには分かりませんでした。でもはっきりしていることが一つありました。イエス様は彼に出会われ、今や彼は、ラス・パラスの教会と地域に対する、新しいビジョンに燃えている、ということでした。

イエス様は、ファンが住む地域だけでなく、私たちが暮らす地域に対しても同じように願っておられると、私は信じています。実際私は、多くの国々の地域教会のリーダーがビジョンと希望を持つことが出来るように、この「ファンの喩え」を分かち合ってきました。

ここまで私は、質問を投げかけ、問題提起をし、例えを用いました。これを読んでいる多くの方々は、「もしもイエス様が市長だったら、私の街はどのように変わるだろうか?」という質問の答えを既に探し始めておられると思います。私も、自分の考えを分かち合いたいと思います。もしイエス様が市長だったら、私はイエス様が次のようなことをされるのではないかと想像しています。

- イエス様は、「父の御心がなる」とは何を意味するのかということを具現化するような生活をされるでしょう。
- イエス様は、教会が自らの使命を理解し、ご自身の模範に倣って父の御心に従う生活をするのを励まし、教会の人々がどこで何をしていても、意識的に父の御心を前進させることができるようにお助けになるでしょう。

●イエス様は、市民生活の全ての領域——ビジネス・教育・医療・治安・住居・その他の領域——における父の御心を、人々が理解出来るように助けられるでしょう。

●イエス様は、父のご計画に従うことの大切さと、そのご計画を軽視することの危険性を、憐みをもって人々にお伝えになるでしょう。

父の御心を知り、それを実行に移すということは、大事業です！イエス様は、現実世界で私たちのために市長となってくださるわけではありません。ファンにされたように、イエス様が私たちの家のドアを実際にノックされるわけでも、超自然的に幻を与え、ご自身の憐れみを示されるわけでもありません。私の同僚のひとりは、イエス・キリストが地域の指導者だったらと想像するのは難しいと感じていました。彼女は違う言い方でその質問を自問してみました「もし私がこの街の市長で、聖霊の力によってイエス様のご計画をどんなことでも実行できるとしたら、私の街はどうなるでしょう？」。

これは素晴らしい質問です。考える価値のある質問です。しかしながら、この事業は一人の人間にとってはあまりにも大きすぎます。もしも、この働きのために備えられた団体、つまり人々の群れがあれば…地域のすべての領域にメンバーが配置されているようグループが…正しい道徳基準を持っている人々の集団が…あらゆる世代の人々に関わることが出来、神の創造の全ての側面——個人・家族・隣人・地元の経済・自治体・教育・保健衛生・地域の環境に関係を持っているような人々——を包含しているような団体が存在してくれさえすれば…

実は、そのようなグループが実在するのです。それは「教会」という名前で呼ばれています！教会に集っている多種多様なメンバーは、社会のあらゆる領域に配置され、神の御心を実行するようにその地域に置かれているのです。

次に、私たちの訓練会に参加し、自分たちの地域において、イエス様がどのようなことをなさるかということを祈り考えた結果、導き出されたいくつかの答えを見ていくことにしましょう。彼らはただ単に「イエス様ならこんなことをされるだろう」と答えただけではありません。彼らは実際にそれを実践したのです！私は、地域奉仕を例に挙げましたが、それは、人々がしばしば市長に対して期待していることだからです。そこから始めるのは妥当だと思います。しかしながら、もしイエス様が市長であったならなさる事の項目のリストは、それよりもはるかに多様性に富んだものになるでしょう。つまるところ神様は、私たちの人生の全ての側面に関心を寄せておられるのです。

●アジアのある国の田園に囲まれた村に教会がありました。その地域は仏教徒が多数派を占めていました。私たちの訓練会に参加したその教会の牧師は村に帰ると、学んできた事を教会員に教えました。30名の教会員は、神の愛を隣人に対して実践することを決意しました。雨季になると、この村には周囲から水が流れ込んできます。道路は通行止めになり、人々の居住地域にまで水位が上がり、家が浸水してしまいます。蚊が繁殖し、デング熱等の伝染病を媒介します。村の収入源である池の漁場も洪水の被害を受けます。浸水してしまった隣人の家と田んぼの間に教会の建物はありました。教会員たちは自分たちの手を使って、浸水した隣人の家から教会の敷地を通り抜け、田んぼにつながる溝を掘り、その溝にコンクリートのパイプを伝わせました。しばらくすると雨水がパイプを伝い、浸水していた隣人の家から水が引きました。それは大変な仕事でした。しかし、この出来事は村に大きな影響を与えました。教会は、以前は反目しあっていた仏教徒の隣人と良い関係を築き始めました。教会員たちが雑草を取り除き、ゴミを片付け、新たな排水用の側溝を作る作業を始めると、多くの隣人たちも手伝ってくれました。その教会は大きいわけでも（教会員30名）、歴史が長いわけでも（創立7年）、お金があるわけでもありませんでした(教会員の多くは読み書きが出来ない農夫だった)。でも彼らは地域の中で神の愛を実践しました。彼らは、イエス様が市長だったら行いたいと願っておられたことをしたのです。

●ワンデレイとダルバは、ブラジルで地域に仕えたいという願いを持ちました。彼らは最初、小さなプロジェクトを試験的に行いましたが、より大きなことも出来ると考えるようになりました。「インマニュエル(神が私たちと共にいる)」という団体を立ち上げた彼らは、1つの地域に対して15の異なる福祉プロジェクトを行いました。子どもたち40名の面倒を見る学童保育施設を建設する資金を募り、大きな教会の牧師と教会員を巻き込み、政府のいくつかの省庁とも連携しました。彼らの情熱は、神のご計画・愛・御心を現したものでした。彼らを訓練した私たちのスタッフは言いました「彼らの情熱には感染力があります」。イエス様が働かれました。

●ウガンダの田舎で聖書研究会に参加している女性たちは、自分たちの住む村に奉仕したいと思いました。彼女たちは綿密な計画の下に、村にある酒場の周りのゴミを片付けることにしました。勇気ある2人の女性が、酒場の建物の中に入りました(その村では普通、酒場に入る女性は売春婦と決まっていました)。彼女たちは、周囲のゴミ拾いをして良いか、許可を求めました。オーナーは驚き、笑いましたが、許可を与えてくれました。女性たちは地域の住人たちに呼びかけ、動員しました。地域の有名な学校の理事長も手伝ってくれました。グループは二つの穴を掘りました。一つは生物分解されるゴミ、もう一つは生物分解されないゴミのための穴です。酒場にいた客たちも、彼女たちがゴミを片付けているのを見て手を貸してくれました。地域にとって素晴らしかったのは、酒場のオーナーたちがその地域を清潔に保ち続けてくれたことです。このことに励まされた女性たちはさらに、近隣の家族のために低燃費のストーブを9つ設置し、貧しい人々のために貯水タンクを供給しました。続いて、その聖書研究会はさらに大きなプロジェクトに着手しました。地域の市場です(その村の女性たちはいつも、畑の作物や手製の売り物を、遠い市場まで何時間もかけて歩いて運んでいました。もし近くに市場があれば、女性たちは家族や地域や畑からあまり離れていないところで収入を得ることが可能になります)。ある人が土地を提供してくれました。しかしその土地は、市場を始めるには坂の勾配がきつすぎました。聖書研究会の女性たちは祈りました。ほどなくして、近くの道を修繕していた道路建設作業員たちがやってきて、喜んで、無償で、その土地をブルドーザーで平らにしてくれました。神の助けにより、クリスチャンの女性たちからなるその小さなグループは、必要なものを探し、集め、お金を節約して貯蓄し、難題を解決し、地域の市場を建設しました。また彼女たちは、政府の高官たちの集会で、この出来事のいきさつについて確信にあふれ、素晴らしい発表をしたのです。イエス様のために他者に仕えたとき、彼女たちの信仰は成長しました。

●約百の家族からなるアジアの貧しく小さな集落に、新しく教会が開拓されました。教会員たちは、地域の必要に仕えたいという願いを持っていました。その集落には電気が来ていなかったので、彼らは発電機を購入し、一軒につき一つの回線と、一つの電球を供給する計画を立てました。そうすれば、子どもたちは夜も読書や勉強が出来るようになり、大人たちも夜間働くことができるようになります。教会の牧師は、教団のリーダーたちとお茶を飲みながらこの計画について話し合いました。教団指導部は着手することに同意してくれましたが、まずは発電機を見つける必要がありました。話し合いがなされていたテーブルから少し離れたところでお茶を飲んでいた男性が、こう言いました「私は最近キリストを信じました。今、あなたがたの話の内容を聞かせていただきながら、自分の持っている新しい発電機をあなたがたにお譲りしたいという思いが与えられました」。家々に供給する電気が確保されました!それぞれの家が少しずつお金を出し合って、発電機の燃料と維持費に充てました。地域住人の多くは、教会が彼らに関心を寄せてくれていたことに感謝を示しました。「隣人を愛する」ことの力をその目で見た教団のリーダーたちも主をたたえました。イエス様のご計画が成し遂げられました。

●ハイチのフォンフリードでは、人々は生活水を得るために3キロの丘を上がり、汚れた川の水を汲みに行っていました。しかもその川は、しばしば干上がっていました。人々は興奮しました。ある日、機械を手にした外国人のグループがやってきて、ここに井戸を掘ってあげましょうと言いました。人々は興奮しました！しかし、その機械では歯が立たないほどの大きな岩が地下にあり、穴を開けることが出来ませんでした。全員の顔に失望の色が見えました。地域教会のリーダーたちは、人々の生活水の必要を満たすために出来ることがないかと調査を始めました。彼らはその機械を持ってきた国際援助団体のところに行き、手で井戸を掘るのを手伝うことはできないかと話しました。最初、そのアイディアは受け入れられませんでした。援助団体の人々の言い分はこうでした。「手で井戸を掘ることができるのなら、どうして我々が来る前にそうしていなかったのですか?」しかし、教会は必要な道具を借りて、教会の敷地に人力で井戸を掘り始めました。約12メートル掘ったところで、水が溢れ出しました。祝賀会が盛大に執り行われました！にもかかわらず、教会外の人々は喜びませんでした。彼らは、教会メンバーが水を独占するだろうと考えたのです。人々の予想に反して、教会員たちは地域の人々に神の祝福を分かち合いました。ほどなくして、近くの別の地域の代表者が教会を訪れ、井戸を掘るのを手伝って欲しいと依頼しました。1年が経たないうちに、15の井戸が人力で掘られました。もしあのとき機械で井戸を掘ることに成功していたら、おそらく現在フォンフリードには一つの井戸しかなかったでしょう！教会は、具体的な方法で隣人に神の愛を現し、イエス様が市長であったならするであろうことをしたのです。

この章を「もしイエス様が市長だったなら、何をなさるだろうか?」という質問をもって始めました。その質問をこのように言い換えてみることも出来ると思います。「もしイエス様がこの地で、ご自分の民である教会を通して仕えられるとしたら、イエス様は何をなさるだろうか?」神は既にそれぞれの地域にご自分の民を配置され、生活の現場や職場において神の御心を行うように命令を与え、整えておられます。私たち教会の使命は、天でそうなっているように地でも神の御心が行われるために仕えることなのです。

最近、本書の題名を見た私の友人がこのような疑問を持ったといいます。「なぜ市長なのだろうか？」大統領や総理大臣、政府では駄目なのだろうか？彼はしばらく考えた後、その疑問に自分で答えを見出しました。「そうか、この題名の意味は、神が地域教会を通してなさりたい働きについて語っているのか。もしイエス様が、地域教会が仕えるようにと神に召されている地元の地域のリーダーであったら何をなさるか、というところから私たちは考えはじめる必要があるのだ」

人々が「もしイエス様が村長だったら何をなさるだろうか？イエス様はもし私の街の市長だったら何をなさるだろうか？」という質問を熟考した結果生まれた、刺激的な解答の実例としてネパールとペルーから寄せられた二つの報告をご紹介します。

もしイエス様が村長だったら、何をなさるだろうか？（ネパール）

報告書

――ボブ・モフィット様へ　二〇〇四年某日

私は、ネパールで訓練プログラムを実施しており、教会を開拓している牧師や、地域の保健師たちを訓練しています。インドで開催されたビジョン・カンファレンス（訳注：著者らによって考案された、教会が地域社会に包括的に仕えることを学ぶための実践的な訓練会）に参加して、福音に対する私の考え方と、人々への訓練方法は変えられました。現在、私は訓練の中で人々を小グループに分け、それぞれのグループに大きな白い紙を渡し、教会がなく、クリスチャンもいない村の地図をその模造紙に書いてもらっています。そして私は彼らに二つの質問をします。

●「もしあなたがこの村に5年間住むなら、あなたはどのように福音を伝えますか？」

●「5年後に、あなたがこの村で見たい結果は何ですか？」

地図に書き込まれた絵を見れば、彼らが福音をどう理解しているのかを私は知ることが出来ます。人々と関係を築き、最初は個人伝道から始め、次に大衆伝道をし、教会を設立する、という絵を描く人々もいます。彼らは霊的な事柄に焦点を絞っています。全てのグループが描き終わると、全てのグループは、5年後に村に沢山のクリスチャンがいて、沢山の教会が生み出されているのを見たいと言います。

彼らの発表が終わると、次に私は、こう質問します。「もしイエス様がこの村の村長だったら、何をなさるでしょうか？」彼らは衝撃を受けます。そして互いに話し合います。私はその様子を見ています。「イエス様は何をなさるのだろうか？」「村にトイレを建設するかもしれませんね。学校を建てるかもしれない。衛生的な水を供給するかもしれない。いや、まずは病院だろう…」

このようにして、人々は、より大きな福音の全体像を掴んでいきます。彼らは現在、この質問を携えて村に遣わされて行きます。「もしイエス様が村長だったら、どんなことをなさるだろう？」

感謝を込めて

ナル・B・L

もしイエス様が私の街の市長だったら（ペルー）

ペルーでは、市長はその町で最高の権力者です。ペルー人が市長という言葉を聞くと、彼らはすぐにそれがどんな人か想像できます。多くの場合、それは上昇志向の強い人物、汚職にまみれた人物、あるいは権力をひけらかす人物です。イエス様をそのような人々と同じように考えるのは、私は良くないことのように思いました。しかし、イエス様が私たちの只中に住まわれることを私たちが具体的にイメージしなければ、多くの問題が引き起こされるというのも事実です。

この本の題名は、地域の現状と神の国の現実を結びつけて考えるきっかけを私に与えてくれました。もしイエス様がリマ、あるいは私が生まれた街、アレクイパの市長だったら、次のようなことをなさるでしょう。

- 自分自身が仕える模範を示すことによって人々を導く。
- 地域の人々の課題を解決することをいつも優先する。
- 地域の発展を考慮する（選挙のときだけ道路を修繕するようなことはしない）。
- 表面的な問題ではなく、問題の根本原因に解決を与えるような行動計画を立てられる。
- 罪および不正と対決する。
- 地域の将来について明確なビジョンを持つ。
- 目に見える必要（電気・水道・下水など）だけでなく、もっと深い必要にも配慮する。
- 次世代を育てるために、聖書の原則に基づいた「（親のための）子育ての学校」、「子どもがリーダーシップを学ぶ学校」のようなものを設立する。

●子どもたちと若者たちを将来のリーダーとして扱う。彼らを、主体的に良き変化を起こす可能性ある存在として見る。
●医療キャンペーン・絵画コンテスト・芸術の展覧会など、人々の価値観を啓発するような地域活動を開催する。
●文化の中にある偽りの価値観と対決し、真理に基づく正当な文化的要素を肯定することによって、地域の文化を尊重しつつ、それをさらに価値あるものとする。

*ルース・コンチャ、記録原稿　(ペルー、2003年10月)

私たちは、もしイエス様が自らの暮らす村・街・大都市の指導者であったなら何をなさるか、自分自身に問いかける必要があります。そのとき私たちが出す答えは、キリスト教会が過去に成し遂げて来たことと重なりあって見えてくるようになると私は信じています。初代教会の時代から、神の民は隣人に愛を示し、周囲の社会に影響を与えてきました。そう、あたかもイエス様が市長であったかのように。

第二部

教会による文化の変革

～聖書的・歴史的根拠～

「こうして、いろいろの働きをする神の知恵は、今や教会によって、天上の支配や権威に知られるようになったのですが、」

エペソ人への手紙3章10節（下線著者）

序章　教会による文化の変革

～聖書的・歴史的根拠～

「もしイエス様が市長だったら、何をなさるだろうか？」というのがこの本の主題です。それが隣人に対する小さな愛の行いであろうと、英国の奴隷制度撤廃に関することであろうと、です。

私たちは、このような質問についても考えてみたいと思います。神は教会に、どんな役割を与えられたのでしょうか？その主要な働きは、失われた人をキリストの下に導くことでしょうか？または信じる者たちを霊的に弟子訓練し、励ますことでしょうか？社会的弱者の代弁者になり、困難の中にいる人々に手を差し伸べ、神が忌み嫌う社会悪に立ち向かうことでしょうか？それとも、教会は霊的救いに始まり文化そのものを変革し続けるという広範な働きを神から託されているのでしょうか？

これからの数章を割いて、教会が世界の変革者だという聖書的・歴史的根拠を探って行きたいと思います。私たちは聖書から原則を、歴史から具体的な実例を発見し、検証することが出来ます。それらは、この本の後半にご紹介する、教会をその働きのために整えるというテーマの土台となります。

軽視されている神学

私の教会の牧師がケンブリッジで神学生だったある日、有名なイギリスの神学者ジョン・ストット師が講義のために大学を訪れた際、駅まで彼を迎えに行くよう頼まれました。またとないこの特権に興奮した彼は、車の中でストット博士に聞きたい山ほどの質問を紙に書き出して備えました。彼は箇条書きにした最初の質問を聞きました。「ストット博士、今日の教会で、もっとも見過ごされている神学の大切な領域はどこだとお考えですか？」

ストット博士は即座に答えました。「教会学です。つまり教会とは何かという学びです！」

イエス・キリストの教会は、この地上で神の御心を代表する主要な執行機関です！このことを信じているゆえに、私たちは、地域の社会と文化がそこにある教会を通して変革されるのを目にしたいと願うのです。私たちは、歴史のなかで教会が文化に大きな影響を与えてきたことを知っています。しかし今日、私たちが目にしているのはそれとは違う筋書きです。全世界で、キリスト教会はとてつもない速度で成長して来ました。しかしその成長が社会に対して明確なインパクトを与えるのを見ることは稀です。人口の50パーセント近くの人々が自らをキリスト教徒だと自称している国においてさえ、政治やビジネスにおいて不正がはびこり、人々は被造物とお互いを尊重せず、国同士・民族同士の争いが繰り返されています。人口の過半数がクリスチャンである国において、悲劇的な大虐殺が行われた事例さえあるのです。

教会は何故、世界の変革者となっていないのでしょうか？その第一の原因は、世界中のほとんどのあらゆる地域において、教会に対する聖書に基づいた神の意図が伝えられていないことにあると私は考えています。自らに与えられた役割についての聖書的理解を持つことなしに、イエス・キリストの教会は神のご計画を成就することも、それに対する情熱を持つこともできません。

私たちが生きている現代の多くの教会は、その第一の役割を、キリストの大宣教命令を成就することだと言うでしょう。「**それゆえ、あなたがたは行って、あらゆる国の人々を弟子としなさい。そして、父、子、聖霊の御名によってバプテスマを授け、また、わたしがあなたがたに命じておいたすべてのことを守るように、彼らを教えなさい。（マタイによる福音書28章19～20ａ節）**」しかし多くの場合、これらの教会は――神学的立場がリベラルであろうと保守派であろうと――大宣教命令の全体像を把握していません。

プロテスタント教会のうち、保守派と呼ばれる枝に属する教会は、大宣教命令が福音伝道や教会開拓と関係していることを知っています。しかしその命令が、王であるキリストの主権の下に国々を弟子とすることをも含んでいることを理解していることは稀です(「保守的教会」とは、ここでは福音派・カリスマ派・ペンテコステ派および聖書が啓示に基づく神の言葉であり、個人的な霊的新生が不可欠であることを信じているその他の教義を信じる宗派を指します)。

一方リベラルと呼ばれる枝に属する教会は、教会が社会に影響を与える必要性を知っていますが、個人的な霊的新生の重要性については控えめに扱います(「リベラルな教会」に含まれるのは、御言葉に言及はするが、保守的な教会ほどにはそれに絶対的権威があると解釈していない多くの主流をなす教団、教派またはそのような教えを信じている教会、団体です。この方々は、教会は社会の弱者の代弁者となり手を差し伸べなければならない、ということを強調します)。

保守派・リベラル派両者ともに、大宣教命令の広さを完全に捕らえてはいないのです！御言葉は明確に、神の目的が伝道だけにとどまるものではないことと述べています。それは教会開拓以上のものであり、弟子訓練よりも深いものです。また社会的不正に立ち向かうこと以上の大きさがあり、飢えた人々に食糧を届けることよりも偉大な何かです。

「すべての瞬間に福音を宣べ伝えなさい。必要ならば言葉も用いなさい」

神が持っておられる戦略は、福音を宣べ伝えることと、福音を実行に移すことの両方です。私はこの本では福音を実行に移すことの方に焦点を当てていますが、宣教においてはこの両方が不可欠な鍵です。聖フランシスコがこれをうまく表現しています「すべての瞬間に福音を宣べ伝えなさい。必要ならば言葉も用いなさい」。教会と教会リーダーたちは、この言葉の意味を徐々に理解しつつあります。どんな文化的背景の人であれ、聖書に最終的な権威があると認めているならば、神の御言葉に基づくと確信できるような教えに触れればそれを受け入れ、実行に移します。この人々は、神が意図しておられる人間あるいは教会に変えられる覚悟があり、どうすればそのようになれるかを知りたがっています。私は大きな期待を抱いています。現代においても、キリストは教会の導き手であることをやめてはおられません！

第二部では…

●私たちは初代教会から一八五〇年に至るまでの教会の歴史から知り得る出来事を検証していきます。キリスト者の人口がたったの一〇・五パーセントだった時代に、どのようにして教会はローマ帝国全体を変革するような影響力を持ち得たのでしょうか?

●私たちは神のご計画が霊的救いだけとどまらないものであることを見ていきます。神の偉大なご計画は、その被造物の中にどのように現されているのでしょう?神の契約の中には?国々に対する神の御心の中には?イエス様が流された血潮の中には?「万物」を贖うという神のご計画を、私たちはどのように知ることが出来るのでしょうか?

●神の偉大なご計画は、罪によって見えづらくなってしまいました。また罪によって、人間の中にある神の似姿、特に僕(しもべ)としての神のご性質が不鮮明になってしまいました。イエス様を通して、そして教会を通して、神がどのようにして人類に再びその僕としてのご性質を現してくださったかを見ていきます。私たち教会のメンバーにとって、そのことは何を意味するのでしょうか?

●エペソ人に宛てたパウロの書簡から、罪の大きな代償がキリストを通してどのように癒されるのかを私たちは学びます。教会の役割とは何でしょうか?神がその奥義を成就するための執行者として、教会にはどのような働きが託されているのでしょうか？神の目的を達成するにあたって、教会は本当に王や大統領といった他の機関や組織よりも重要なのでしょうか？

● 私たちは何故、人口の過半数がクリスチャンであると告白している地域においてすら、今日の教会が社会に変革をもたらすことに成功していないのか、その原因を探ります。私たちは教会の中に存在する「理解の分断」を探ります。私たちは何故、福音派の教会がそれ以前の時代に保っていた霊的・身体的・社会的な影響力において、19世紀の中盤ごろから「大逆転」を経験したのかを探ります。今日、全世界の教会は、どのように「大逆転を再び逆転」させ、傷ついた人々と崩壊する社会に神の癒しのメッセージを再び届け始めることができるのでしょうか？

● 最後に、地域教会がその社会に仕える具体的方策に進む前に、神がお用いになるために教会が持つべき4つの資質——謙遜・愛・奉仕の業・一致——について見て行きます。この4つの資質はどのように教会を成熟へと導き、キリストの満ち満ちた様を現すことが出来るのでしょうか。

● 本書全体を通して、私たちは「大きな全体像」の具体的・実際的な現れとしての働きを強調します。私たちの働きを通して包括的宣教を学んで実行に移したスタッフや同僚たちからの報告や投書を紹介することによって、大きな全体像と具体的な働きを関連付けていきます。物語には力があるのです！

第二部の前提

前提とは私たちの論拠となり、行動の基盤となる基本的な原則です。前提は、私たちがどのように考え、行動するかを決定します。ここで言う前提とは、世界・神・御言葉そして教会に関する私たちの思考を形成するものです。ある前提を持っていると、それは私たちの行動にも影響します。ここに紹介する前提は、教会がその役割を果たすのを助けるように私たちを促すものです。

◆前提1：この世界は深刻な崩壊の中にあり、人類の英知や物質的資源でその破れを繕うことは不可能である。

ハイチという国は、人間の知恵や物質的資源でその破れを繕うことができなかったことの、身を切るような実例です。ハイチは西半球で最も貧しい国です。一九八〇年に初めて訪れて以来、私は何度もハイチを訪問してきました。一九八〇年から、何千と言う国際協力団体、政府機関、NGOの働きがそこで実施されてきました。ハイチに住む800万人の人々の経済的・社会的・政治的・霊的崩壊を癒すという目的のために、何十億ドルという資金が投入されました。一九九〇年代以降、政府が危機的状況になったことを理由に、莫大な国際援助基金がハイチに配当されました。それにもかかわらず、二〇〇四年、国際支援団体は「ハイチを再建するため」に、さらに新たに10億ドル以上の投資を約束したのです。

専門家たちのこのような働きや投資にも関わらず、今日のハイチは一九八〇年当時と同じく崩壊の中にあります。住人たちは今も苦しみの中におり、希望を見出すのは困難です。人口の80パーセントの人々は貧困層に留まり、苦しい生活を送っています。多くの工場や会社は閉鎖しました。失業率は70パーセント以上にのぼります。10パーセント以上の子どもたちは、4歳になる前に死んでしまいます。都市部のスラムは人口過多の状態で、ありあわせのもので作った小屋がならび、道には大量のゴミが散らばっています。犯罪が猛威を振るい、政治は混乱し、市民の不満は高まる一方です。壊れた道路は修繕されず、安全な生活水は十分に供給されていません。農村部の景色は美しいですが、見た目とは裏腹に自然環境は危機に晒されています。長年に渡る森林伐採と土壌の侵食のために、熱帯性の暴風雨に対して耐性がない状態なのです。

大規模な資金・技術・社会的救済政策の投資にも関わらず、ハイチには広範囲にわたる癒しがもたらされたという兆候はほとんど見られません。経済的な資本では土地を癒すことが出来なかったのです。今日の世界が提供する最高の「開発援助の方法論」もハイチを癒すことが出来ませんでした。ハイチにいる私の同僚はこれらの話にうなずきながらこう言いました「世界の崩壊は人間の知恵・技術・物質的資源のみによっては癒すことはできない。それを超えた何かが必要なのです」。

◆前提2：国の癒しは、神が超自然的に歴史に介入することによって、また神の民がその召しに従順に応答し、神の御心に沿って生きることによってもたらされる。

この世が語る物質主義的世界観を持っている人は、癒しが、――特に国や社会の癒しが――神への従順によってもたらされるなんてナンセンスだと言うでしょう。彼らにとっては、目に見える世界こそが現実の世界です。癒しは人間の方策によってもたらされます。彼らは世界の崩壊に対して、人間の知恵・知識・資金・技術を投入します。病気・飢饉・貧困・経済的未開発・社会的不平等などは、いつかは人類の努力によって克服される日が来ると考えています。

一方、アニミズム的（多神教的）世界観を持っている人もこの前提を信じることは難しいと感じます。霊的世界だけが彼らにとっての現実なのです。目に見える世界は霊たちや神々が司っており、この世界の崩壊はこれらの気まぐれで予測不可能な霊や神々の仕業であると考えます。ですから、社会の癒しは神々と調和し、霊たちをなだめ、来世で苦しみに遭わないようにすることによりもたらされます。

しかし聖書的世界観はこう言います。国や社会の癒しは人間の知恵や創造力によっても、神々や霊をなだめることによってももたらされず、神の介入と人々の従順によってもたらされるのだと。神はソロモンに啓示を与えられました。「**わたしの名を呼び求めているわたしの民がみずからへりくだり、祈りをささげ、わたしの顔を慕い求め、その悪い道から立ち返るなら、わたしが親しく天から聞いて、彼らの罪を赦し、彼らの地をいやそう。**（第二歴代誌7章14節）」

神は崩壊した世界を癒そうとしておられます。同時に神は、人を通して働こうともしておられます。神は、ご自分に似せて私たちをお造りになり、ご自身の霊を私たちの内に置かれました。それでもなお、私たちの中に、また私たちを通して神がお働きにならなければ本当の癒しはもたらされないのです。御言葉にあるように、世界の崩壊は神が超自然的に人生・社会・歴史に介入なさるときに癒されます。そして神の御業は、神の民がへりくだって従うことへの応答としてもたらされるのです。

◆前提３：聖書は私たちの癒しのために与えられた神の啓示である。

工業製品には取扱説明書がついています。製品の開発者、または製造者が書いたマニュアルです。製造者は、彼らが作った製品がどのように取り扱われると最大限に能力を引き出せるかを知っています。創造者である神は、私たちの「製造者」です。神がお書きになった啓示である聖書は、私たちにとって「所有者のためのマニュアル」のようなものです。神は人間を含む被造物全体を創造なさっただけではなく、私たちが人生の全ての領域においてどのように行動し、生活するように意図されたのかを明らかにしておられます。聖書にはまた、世界の崩壊に癒しをもたらすための教え・原則・知恵が記されています。神はその取扱説明書に、私たち個人または地域が崩壊した場合、どうしたら癒され、本来あるべき姿に再び戻れるのかを書き記しておられます。

◆前提４：教会は、原罪によって傷つき崩壊した万物を癒すという神の御心を成し遂げるための主要な執行機関である。

神は歴史のなかで御自分の御心を成し遂げるために、神に選ばれた個人・支配者・都道府県や州・その他どんなものでもお用いになります。しかし、崩壊した世界と被造物を癒すというご計画を成し遂げるために、神は第一の執行機関として教会を任命されたのです。キリストの再臨のときまで、神のご計画が完全に成就されるのを見ることはないでしょう。そのときまで、教会は歴史における神の目的である「**万物を御自分と和解させる**（**第一コリント人への手紙1章20節**）」ことを神の代理として実行し追い求めるのです。

教会は――普遍的教会という意味でも地域教会という意味でも――キリストの御身体の現れです。しかし、地域において神の御心を行うために選ばれた第一の執行機関は、地域教会なのです。教会、とりわけ地域教会こそが、神のご計画を世界に執行するための主要な機関なのです。

これらの前提や思想によって、あなたやあなたの教会が「イエス様が市長であるかのように」神の幅広く偉大なご計画を実行する励ましを受け、ビジョンを受け取り、その働きに参加するようになることを願っています。

文化・社会・変革
～言葉の定義～

文化：私たちが個人あるいは社会の一員として「自分たちは何者であるか」ということを形作るような生活を構成する要素の全て。文化には、私たちが次の世代にも受け継ぐようなふるまい・思考様式・信仰・思想・機構や組織・価値観・習慣・伝統・慣例・性質が含まれます。

社会：共通の組織機構や関係性を持ち、文化を共有している人々の集まり。社会がどのように考え、行動するかを決定付けるのは文化ですから、社会が変革されるためには、文化が変革される必要があります。

変革：特質、性質が本質的に変化すること。聖書的な変革が起きると、人々が神の御心に沿って生きるようになります。

◆3章　文化の変革と教会の歴史

この章で私は、社会における教会の役割の単なる「歴史 *history*」を語ろうとしているのではありません。私が語ろうとしているのは、「神の物語（*His Story*）」です。それはつまり、世界をご自分と和解させる神の働きの物語です。本章で私は、歴史、すなわち「神の物語」の背後に働かれる神の御手（初代教会における素朴で寛容な奉仕の業から、文化に大きな影響を与えた19世紀の宣教と霊的覚醒の業に至るまで）をご紹介します。これから皆様と一緒に見ていくのは、教会によるキリストの愛の実践が社会の思想・信仰・行動様式にまでも影響を与え、世代を超えて何世紀にもわたり、「もしイエス様が市長だったら」起きるような社会的・文化的変革をもたらしてきた物語です。

教会はその歴史の長きにわたり、社会と文化の変革が自らの使命の不可欠な要素であることを自覚していました。しかし、もしかしたら、あなたの周りの教会の方々は、もはやこのような確信を抱いていないかもしれません。

また、あなたご自身もその方々に同意なさるかもしれません。もしそうだとしたら、前世代の教会がどのように各時代の世界に大きな影響を与えてきたかを学ぶとき、その認識は変えられることでしょう。御言葉を読むとき、イエス様はただ人々に教えを語られただけではなく、良い業を実践しながら巡回されたことが分かります。イエス様の時代からすでに、福音伝道と社会奉仕は切り離すことのできない関係にあったのです。

歴史、すなわち「神の物語」を知るということは、ただ知識を学ぶことに留まりません。歴史を知ることで、私たちは現代の教会が持っている大いなる可能性に目が開かれるのです。この物語は、神と隣人を愛した人々の物語であり、各時代にあって地の塩であり世の光であった人々の物語です。信仰による私たちの祖先たちが紡いできたこの物語は、私たちが相続した大きな遺産です。これは、私たちの教会の物語です！

教会史???

神学生時代、私は教会史にあまり興味がありませんでした。見回せば、周囲にはどこにでも差し迫った社会的な必要を見つけることが出来ました。私にとって教会史は、何か見当違いで時代錯誤なものに見えました。しかし私は間違っていました！

今日の教会は、過去の教会から学び、恩恵を受けることが出来ます。神がそのご計画を達成するために、歴史の中で、どのようにご自分の教会を用いてこられたのかを現代の教会リーダーたちは学ぶ必要がありま す。そうです。過去の教会から私たちが学ぶべき事は数多くあるのです・・・

初代教会

初代教会のキリスト者たちは、すぐにでも救い主が再臨されると信じ待ち望んでいました。彼らは信仰と情熱と愛に満たされ、自らの持ち物を進んで他者に分け与えました。そのような「惜しみなく人に施す生き方」は、人々に深い影響を与えました。未信者がそのような行いを見聞きしたり、実際にキリスト者から助けられたりしたことに加え、このような謙虚で犠牲的な献金に支えられて伝道活動の必要が満たされ、福音宣教は前進しました。2世紀および3世紀の教会は、北アフリカ・アラビア半島・インドへと広がり、5世紀の終わりには古代ギリシャ・ローマの全世界に福音が伝わりました。

気前よく分け与える精神と犠牲的な施しが初代教会の特質でした。2世紀の教会指導者であったコモディアヌスの助言に耳を傾けましょう。

「神ご自身が叫んでおられる。あなたのパンを割いて必要な人に与えなさい。言葉を伝えるために訪問する必要はありません。与えるためにその人を訪問しなさい。言葉で彼を満足させる試みをやめなさい。彼は食べ物と飲み物を必要としているのだ」。

初代教会のもう一つの特徴は、幾多の信者たちが味わった迫害と虐殺でした。にもかかわらず、教会は成長しました。事実、この時代の教会の在り方と人間観が、古代ローマ帝国全体を作り変えてしまったのです！

初代教会はどのようにして古代ローマ帝国を変えたのか？

その約三〇〇年前、イエス様は10名あまりの弟子たちに対し、全世界に「あるメッセージ」を届けるようにと命令を与えました。彼らはそれをしました。少数派で、迫害され、批判され、拒絶され、人々に罵られた120名のグループが届けた「メッセージ」を用いて、神はローマ帝国を変えられたのです。事実、この変革は過去二〇〇〇年間の西洋の歴史における、最大の文化革命であったと言われています。

イエス様はこの少人数の弟子たちの群れに対して、聖霊によって力を与えられ、整えられ、励まされ、大胆さを与えられるまではエルサレムで待ちなさいとも命令されました。彼らはそれに従いました。そして教会がその産声を上げたのです。神の民を通し、神ご自身が働かれました。昔も今も、神が聖霊を通して働いておられるからこそ教会が世界に影響を与えることができるのです。しかし、人間側の要素を検証すること、すなわち、社会にあれほど大きな影響を与えることを可能にしたキリスト者たちの信念・思想・行動から学ぶこともまた、私たちの助けになります。

社会学者のロドニー・スターク氏が著書『キリスト教とローマ帝国　小さなメシア運動が帝国に広がった理由（新教出版社）』のなかで、初代教会と当時起こった社会変革の関連性を分析しています。彼が発見したのは、初代キリスト者の小さな群れは、「人間性」というものに対するまったく新しい概念を当時のローマ社会に導入したということでした。とりわけ、初代教会が大切にしていた7つの信条とその実践がローマ社会に、そしてついには全世界に大きな影響を与えました。スターク氏は史実に基づく統計や当時の文書を調査し、この7つの信条と実践（「人間性」に関するまったく新しい概念）を発見しました。

1．キリスト者は、ご自分のことを愛する人々を愛して下さる神をもっていた。

異教の世界の人々は生まれて初めて、ご自分を愛する者を愛してくださる神がいる、ということを聞きました。この神は、ローマの神々とは全く違っていました。異教の神々は、それぞれに利己的な計画を持っていました。彼らの神々は互いに争い合い、支配権を奪い合うことに多くの時間を費やしていました。神々は自らを礼拝する人々に殆ど関心を払わず、人々が神々の祝福を受けるには、捧げ物や儀式などの形をとった賄賂を差し出さなければなりませんでした。キリスト者たちの信じる、ご自分を愛する者たちを愛してくださる神というのは、彼らの神と正反対でした。

2．キリスト者が信じていた神は、ご自分を愛する者たちに、すべての隣人を愛するようにと命じていた。

キリスト者の神は、全人類を愛する神でした。その神は自らの支払った犠牲によってその愛を明らかにされました。その神はご自分を愛する者たちにも、他者を愛し、他者に仕えるようにと指示を与えました。これは革命的なことでした！異教徒であったローマ人たちは、自分の家族、または同じ階級の人、あるいは政治的、経済的に利用する価値がある人のみを愛していました。対照的にこの「新しい」神は、信者たちに次のような大切な教えを与えられました。「私があなたがたを愛したのだから、あなたがたもそのように愛しなさい。血縁がなくても、階級や政治的立場が違っても、利害関係が一致しなくても愛しなさい。また私はあなたがたに、貧しい人、傷ついた人、社会的に低い身分にある人々を特に愛して欲しいと願っている」。

3．キリスト教は民族と階級を超越する文化を持っていた。

キリスト教徒は民族や階級によって互いを隔てあいませんでした。それは、ローマの文化とは大違いでした！キリスト者の高い階級の人が、キリスト者の奴隷を「兄弟」と呼ぶのを見てローマ人たちは驚きました。当時の教会は、それ以前のローマの文化には存在しなかった人間関係の構図を作り出したのです。

4．キリスト者たちの神は、憐れみ深いお方であり、人にもまた憐れみ深くあることを求める神であった。

キリスト者たちは、憐れみの神を信じていました。この憐れみの神は、その信者たちにも他者に対して憐れみを施すようにお求めになる方でした。異教のローマにおいて、人々の生活に憐れみは殆ど見られませんでした。ローマの生活は逆に、残酷さが常態化していたことで有名です。ある皇帝は息子の14歳の誕生日のお祝いに、闘技場で剣士を戦わせ、殺し合う様を見物させました。彼は息子が大人の男になる前に、血を流して人を殺すという「男らしい」行為を見せておきたかったのです。当時のローマの歴史記者たちは、クリスチャンたちが憐れみ深く、とりわけ貧しい人々にそうであった、と冷笑的に書いています。彼らには、貧しい人々に対する憐れみと配慮がキリスト教の教義と実践の核心であった理由を理解することができなかったのです。

5．キリスト教徒の男たちは、自分自身を愛するように妻を愛するよう期待された。

「男たちは自分の妻と子どもを愛するべきである」というキリスト者の主張を、ローマ人たちは嘲笑しました。ローマ人の妻と子どもは、男の所有物でした。彼らは子どもの所有者なので、自分の子どもに対してどんなことをしても許されると考えていました。彼らは、法律に抵触することなしに子どもを殺すことさえ出来たのです。キリスト教という新宗教は、自分自身を愛するように妻を愛するようにと夫たちに教えました。これは過激な考え方であり、ラディカルな実践でした。

6．キリスト者たちは、ローマの慣習であった堕胎と間引きを拒絶した。

キリスト教は、ローマでは普通に行われていた堕胎と間引きを拒否しました。あるローマの兵士が戦場から妊娠中の彼の妻に宛てて書いた手紙にはこう記されています「(私が家に帰るまでに)子どもが生まれたら、男の子なら生かしておき、女の子なら処分するように」。ローマの下水の遺跡からは、望まれない女の子たちと推測される沢山の赤ん坊の骸骨が見つかっています。新宗教であったキリスト教では、障がい者も、胎児も、男も女も、奴隷も貴族も、全ての命は等しく神聖であると考えられていました。

7．キリスト者は、自分自身を危険にさらしてまでも隣人を愛した。

キリスト者たちは、自分たちと違う信仰を持っている隣人をも愛するべきだという教えを持っていました。ローマでの日常生活には困難が伴いました。貧しい人々は町から離れた不潔で狭い区画で生活していました。今にも崩れそうな家は狭すぎて、彼らは自分の寝る番が来たときだけ交代で帰宅していました。水道もトイレもなく、排泄物は窓から外に投げ捨てられていました。この狭く不衛生な区画に感染症が発生すると瞬く間に蔓延しましたから、深刻な伝染病の流行により多くの命が奪われました。愛と慈善を信仰の実践の中心に据えていたキリスト者たちは、伝染病が大流行する中、憐れみと慈善の奉仕を行いました。死が終わりではないことを知っていたキリスト者たちは、死ぬことを恐れてはいませんでした。反対に、ローマの異教徒たちには、病人に奉仕する理由は何一つありませんでした。医者でさえも、可能な限り伝染病の蔓延地域から逃げようとしたのです。その地域に残った人は、感染している可能性があるとみなされました。家族が伝染病に感染した場合、彼らは感染者を家から追い出し、路上で息絶えるのを待ちました。しかし、キリスト者たちが自らの手を汚して提供する看護・食べ物・水にありつくことさえ出来れば、感染した人々には生き残るチャンスが残りました。社会学者であるロドニー・スターク氏は歴史的資料に基づいて、キリスト者の愛と慈善の奉仕によって、伝染病の大流行時にキリスト教が成長した可能性が高いという仮説的な事例研究を考案しました。

ロドニー・スターク氏の仮説的事例研究

伝染病の流行時に、どのようにキリスト教は成長したのか。

（太字の比率がどのように変化するかに注目してください。）

・設定:ローマでの伝染病の流行時

互いに面識ある5人のローマ人がいました。

（4人が異教徒、1人がキリスト者）

1人の異教徒は街から逃げました。

（3人が異教徒、1人がキリスト者）

4人が伝染病にかかりました。

（3人が異教徒、1人がキリスト者）

3人の異教徒たちは家族に見捨てられました。

この残された3人の異教徒と1人のキリスト者を、他のキリスト者たちが面倒を見ました。

（3人が異教徒、1人がキリスト者）

・結果

2人の異教徒は看護の甲斐なく死んでしまいましたが、1人の異教徒は生き残り、キリスト教徒も生き残りました。

（1人が異教徒、1人がキリスト者）

多くの場合、キリスト者の愛の奉仕の結果、異教徒はキリスト教に改宗しました。

（0人異教徒、2人のキリスト者）

・伝染病流行前後の比率の変化

伝染病の流行前:異教徒4人、キリスト者1人
伝染病の流行後:異教徒0人、キリスト者2人
*2人の死んだ異教徒も、死ぬ前に改宗していたかもしれません。

以上をまとめると、キリスト者たちが持っていた「人間というものに対する新しい視点」が人を強く惹きつけ、多くの人々を信仰に導いた、ということが出来ると思います。この「人間性に対する新しい視点」は、教会によって組織化されたプログラムといった可視的なものではなく、むしろ信者たちの日常生活に息づいていたものでした。

数的成長が示す以上に、キリスト教は社会に深い影響を与えました。西暦四〇年の時点でクリスチャンの数はたったの1000人であり、6000万人と言われるローマ帝国の人口の0・0017パーセントに過ぎませんでした。スタークによると、西暦三〇〇年にはクリスチャン人口は630万人にまで到達ました。それでも全人口の一〇・五パーセントです。決して大きな割合ではありませんでしたが、その影響力は甚大でした。西暦三一三年には、コンスタンティヌス帝は、キリスト教が合法であると宣言し、教会を迫害、蔑視することを禁じました。彼とその後継者たちはその後も教会に好意的な政策を推し進め、西暦三八一年にはキリスト教は国教であると宣言されました。ついに「異教のローマ」が公式に「キリスト教国」ローマになったのです。

西暦三九二年に、ローマ帝国はキリスト教を国として支援し始めました。国家との協力体制が深まるということ（それは、ローマ帝国の旗印の下に世界を支配し改造しようとする試みでした）は教会のあり方が大きく方向転換し、初代教会の謙遜で素朴な奉仕の行為から離れることも意味していました。その方向転換は必ずしも神から来たものではありませんでした。それにもかかわらず、「歴史＝神の物語」の次の世代においても、引き続き神は教会をお用いになりました。神はどんな時代にもそうなさいます。

中世における教会と社会の変化

初代教会における霊的回心の結果生まれたものが慈善と奉仕の業でした。隣人に対して意識的に奉仕することは、キリスト教徒の生き方の標準となっていました。私たちが「中世」と呼ぶ時代に、キリスト者の奉仕の動機は次第に変化していきました。この時代の伝道と社会的責任は、もっぱら教会の組織の枠組みの中においてのみ行われると理解されていました。ローマ法王を最高位とする当時の教会組織は、教会以外に人間が神の恩寵を受ける道はない、と教えていました。その主要な教義は、魂の救いを獲得することを目的とした善行と禁欲主義でした。神がご自身のご計画を遂行するために教会と国家が存在すると考えられていました。

教会による慈善活動によって、地域の失業者・孤児・やもめ・けが人・病人・災害被災者・貧しい人々は救われました。聖トマス、イグナチオ・ロヨラ、聖パトリック、そしてアッシジの聖フランシスコなどの中世の有名な宗教家たちに代表されるように、貧しい人々への施しは、この時代も教会の主要な関心事であり続けました。

4世紀から8世紀にかけて、修道士たちによってなされた実践的な信仰と奉仕の業は社会の他の分野にも影響を与え、他の国々へと広がりを見せました。ネストリウス派は小アジア・アラビア・インド・中央アジア・中国まで広がり、ケルト派はアイルランドから出発し、スコットランド・イングランド・中央アジアに広がりました。ベネディクト修道士たちはヨーロッパに留まりました。彼らは旅を続けながら、日々の祈りと働きの拠点となる修道院を各地に建てました。意図せずして、それらの修道院は先進的な労働概念と規律を広めました。それ以前には、労働は奴隷がするものだと考えられていたのです。

5世紀になると、ローマ帝国は北から攻め込んできた蛮族によって征服されてしまいました。ヨーロッパ中の図書館は破壊され、燃やされ、何千もの古の遺跡が失われようとしていました。キリスト教に触れ、文字の読み書きが出来るようになったばかりの5世紀のアイルランド人たちは、多数の文書を保護し、それらを手で書き写すことによってヨーロッパの文化遺産を救いました。彼らは大きな修道院をいくつも建設する一方で、ラテン語・ギリシャ語・ヘブル語・コプト語の書物を探し求めました。ヨーロッパ中が蛮族の支配下に置かれ、図書館が破壊され閉鎖されてしまった時、アイルランドの修道院に保存された書物は非常に貴重な宝物になりました。その後、アイルランド人の修道院は保管した文書をヨーロッパに返還しました。新しく指導者になった者たちが修道士たちに子どもたちの教育を任せると、ヨーロッパ中に修道院や学校が溢れました。実際ある学者は、それらの修道院によって再びヨーロッパに教養が取り戻されていなければ、その後、中世にヨーロッパはイスラム圏に取り込まれていたであろうと記しています。また他の歴史家は、修道院を「無秩序の荒野の中の耕された園のように、野蛮な社会においてキリスト教文化を植え付け保護した信仰のパン種」と述べています。

中世の後期には、アッシジの聖フランシスコが貧しい者の尊厳を主張し、社会制度そのものを再構築しました。貧しい農奴たちは、彼が数十万もの人々とともに創造した新しい秩序の中に組み入れられ、それは封建制度そのものに大打撃を与えました。ある評論家はこう書いています。

「**ヨーロッパの封建制度の骨組み全体が寄りかかり甘えていた統治の構造は、アッシジの貧しく小さな男の、愛と呼ばれる不思議な力によって完全にひっくり返された。封建制度は倒れ、民主主義が始まった。それまでの社会が完全に解体され、以前より純粋で、強く、自由な社会が残された**（Newton “Social Saviors”）」

中世が終わりに近づく頃、教会と社会は大きく変わろうとしていました。中世の間も、ご自身の物語の中で、神は確実にその働きを継続しておられたのです。

宗教改革期における教会の影響力と実践

スイス・ドイツ・オランダにおいて、神は教会と宗教改革を用いて社会を変革なさいました。一五一七年、マルチン・ルターがヴィッテンベルグ城の扉に95箇条の主張を貼り付けたのを皮きりに、宗教改革は始まりました。彼は特に、教会建設の財源となっていた免罪符の販売に抗議しました。この時期、教会がひどく腐敗しているのは明らかでした。彼は初代教会の純粋さに立ち返るようにと警鐘を鳴らしたのです。ルターはローマ書・ガラテヤ書の研究によってローマ国教会との相違点を明確にしていきました。「**ただ恵みにより、ただ信仰により、ただ御言葉により。そしてただ主にのみ栄光を返す**」という彼の教義は、当時のローマ国教会の信条と慣習に対する挑戦状でした。

ルターは善行が罪を帳消しにするとは信じていませんでしたが、だからといって、貧しい者の世話をし、世界の光となるというクリスチャンの責任が軽くなるとは考えていませんでした。彼は、二つの王国があると教えました。神の国と、この世の国です。クリスチャンはその双方に関わるべきだと考えた彼は、各教会に共同基金を設立しました。牧師たちは説教の中で貧しい人々に仕え、持ち物を他者に分け与えるよう信徒に教え、教会の執事たちは良識的な指針の下に、共同基金から困窮した人々への分配を行いました。

一方、スイスの宗教改革者ジャン・カルヴァンは、教会は社会の中に存在する「小さな社会」であり、やがて来る全く新しい世界秩序の新芽だと考えました。カルヴァンは貧しい人々に対するクリスチャンの責任について頻繁に語り、実践しました。一五五〇年代にフランスから6万人の難民がジュネーブに押し寄せてきたとき、カルヴァンは教会に根ざす民間団体を創立し、それはヨーロッパ全土で援助団体の模範になりました。その働きは、実に多岐に渡る人々の必要に応答し、病人・孤児・高齢者・障がい者・旅人・老人・その他の社会的弱者・また死に至る病の人々に仕えました。貧しい人々への支援は、職業倫理とも結びついて行きました。教会の執事たちは、職業訓練・一時居住施設・商売を始める道具一式など、貧困問題に対する持続可能な解決策を見出し、援助に値する貧困とそうでない貧困を区別するように整えられていきました。

実際、ヨーロッパ全土を覆う社会変革の只中で、神は多くのクリスチャンの指導者たちをお用いになりました。

彼らはヨーロッパの教会および社会の変革に尽力すると共に、貧しい人々に対するより効果的な支援方法を開発することに貢献したのです。

リバイバルを通して教会が社会に与えた影響

17世紀から18世紀にかけては、福音派によるリバイバル運動が世界を揺り動かしました。罪人に魂の救いを説くだけでなく、その行いを改めるように迫るリバイバル運動の呼びかけは、ヨーロッパおよびアメリカの社会に大きな影響を与えました。リバイバル運動は教会を刷新し、何千という霊的新生の実を結び、崩壊する社会を再構築し、プロテスタントの福音宣教運動の火種となりました。ジョン・ウェスレーが導いたリバイバルはそのような宣教運動の中の最も重要なもののひとつでした。このリバイバルにより、英国は大きな変革を経験しました。それ以前は、英国は西洋諸国の中でもっとも腐敗し、道徳的に退廃した国のひとつでした。女性や子どもは強制労働で虐げられ、社会には不道徳がはびこっていました。大英帝国の強欲が奴隷制度に拍車をかけ、人類史上最大の人身売買が行われていました。ウェスレーから始まったリバイバルによって聖書的世界観が導入されると、英国に大規模な文化的変革が起こりました。

ジョン・ウェスレーは伝道者であり説教者でしたが、彼が語った福音は、キリスト教徒の社会運動家たちにも影響を与えました。ある歴史家は、このリバイバルは英国史上、他のどんな社会運動にも増して民衆の道徳観に影響を与えた運動であり、もしもこのリバイバルがなければ、一七八九年から一七九五年にかけてフランスが経験した血みどろの革命と同じことが英国にも起こっていた可能性があると述べています。

ウェスレーは少人数の友人たちと共にオックスフォードで「ホーリー・クラブ」を設立しました。信仰を持つ政治家であった彼らは、社会的不正に立ち向かうという志の下、何年間もこの集まりを継続しました。彼らはそれぞれのメンバーの専門分野ごとに、課題を割り振り、幅広い霊的・社会的な働きを実行しました。大英帝国の奴隷制度を廃止させたあのウィリアム・ウィルバーフォースの努力もそのような働きのひとつでした。他のメンバーたちも、刑務所制度・国会・教育制度・植民地（特にインド）に対する英国の責務・識字教育の徹底・児童労働の禁止・工場法の制定・紛争の解決・アルコール依存症への対処、賭博、不道徳、動物を使った残酷なスポーツ、精神病患者への差別の禁止・保育師制度の導入・煙突の清浄化・貿易同盟の締結・貧しい人々への教育・鉱山で働く女性や子どもたち、スラムの子どもたちへの配慮・工場内の環境改善・スラム街への学校設立など、幅広い事柄に取り組みました。日曜学校の創始・YMCA・救世軍・聖書刊行会・教会宣教会（*Church Mission Society*）などもこれらの取り組みの結果として生まれました。彼らの信仰は力強く、実践的でした！

ジョン・ウェスレーのモットーは、仲間たちの指針となりました。「**可能な限り多くの場所で、考え得る限りの方法で、あらん限りの時間で、手の届く限りの人々に対して、出来るだけ沢山の良い業を行おう。その命が尽きるまで**」。

英国の政治家ウィリアム・ウィルバーフォースは、イギリスでの奴隷制度廃止を推進するために神に用いられました。ジョン・ウェスレーを霊的父親と仰いでいたウィリアム・ウィルバーフォースは、自身の信仰に基づき政治的意見を主張しました。ウィルバーフォースが英国議会で初めて奴隷制度を廃止する法案を出したとき、彼は事実上孤立していました。彼はその法案を30年以上提出し続けました。年を重ねるに従って、少しずつ彼の法案に賛成する議員が現れてきました。それと時を同じくして、ウェスレーによるリバイバル運動がイギリス全土に広がりつつありました。最終的に、彼の提出した法案は可決しました。ウィルバーフォースは特に政治的な分野で役割を果たしましたが、英国の世界観と文化に影響を与えたのは、教会の成長と信仰者たちの生活および思考様式の変革でした。文化の変革によって、ウィルバーフォースの奴隷制度廃止の情熱が実現したのでした。

最後に、福音宣教運動は大西洋を渡り、合衆国で起きた最初の二つの霊的大覚醒に火をつけました。二番目の大覚醒の後には、プロテスタントのほとんど全ての宗派の教会が社会福祉の充実・女性の権利の拡大・奴隷制度の廃止・禁酒法の導入・刑務所の改修・公共の教育機関の設立・世界平和の実現などの諸課題に関わるようになっていました。福音伝道と社会的関心は切り離されることなく相互に作用しながら働いていました。受けた祝福を自国だけに留めず、アフリカ・アジア・ラテンアメリカまで運び届けるために、多くの宣教師たちや聖職者たちの新しい波が起こされ、彼ら、彼女らは福音伝道と社会変革の必要性を講壇から語るだけでなく、自らがその創始者となっていきました。

プロテスタント宣教運動が文化に与えた影響

19世紀の海外宣教師たちは、医療キットと農作物の種を、聖書とともに手荷物の中に入れていました。彼らはガーナにコーヒーとココアを運び届け、タイでは天然痘・マラリア・ハンセン氏病を撲滅し、コンゴでは強制労働問題に取り組みました。また中国ではアヘンの貿易をなくすことに取り組み、人間に足かせをする習慣や、女の子の間引きの慣習と戦いました。インドでは、やもめを燃やす風習・堕胎・寺院での売春・カースト制度と戦い、井戸や学校を建設しました。事実上すべての宣教運動が、今日我々が「開発」と呼んでいるものに携わっていました。教育・健康・農業に関わり、弱者や虐げられた者たちに対する社会の意識変革に取り組むことは、彼らにとって福音を伝えることの一部でした。

イギリス人のウィリアム・ケアリは、キリスト教の社会変革者たちの努力によって、イギリス・ドイツ・スイス・オランダに社会変革がもたらされたことを見聞きしていました。それらの国々に対して神が成してくださったのなら、地上のどんな場所においても、神には同じことがお出来になるはずだとケアリは考えました。ケアリはインドに移り住み、インドは彼の故郷になりました。そこで彼は、インドを変革するための驚くほど幅広い方策を繰り広げました。彼は宣教師であり、植物学者であり、社会起業家であり、経済学者であり、人道的医師であり、新聞印刷の先駆者であり、農業の専門家であり、翻訳家であり、インドの40の異なる言語で聖書を出版した人物であり、教育者であり、天文学者であり、図書館建設の先駆者であり、森林保護活動家であり、女性の権利を主張する社会運動家であり、公僕であり、道徳の再建者であり、そして文化の変革者でした。

2000年間、インドのヒンズー教、および仏教の指導者たちは、運命決定論的な人生観を啓発してきました。今生きている人間の魂は、前世に犯した間違いの罰としてこの地上に送られたのだから、人生とはすなわち苦しむことなのだと人々は教えられていました。しかしウィリアム・ケアリは、創造者は人間の人生を良いものにしたいと願っておられるということをインドに教えたのです！変革は起こりました。そして、それは人々にとって望ましい変革でした！

19世紀に派遣されていった他の宣教師たちも、霊的回心に焦点を当てながらも、同時に遣わされた先々で物質的・社会的・文化的問題に対する慈善活動に取り組みましました。

- ハワイへの宣教師たちは福音伝道をすると共に、貿易商社や船乗りや商人たちによる経済的・性的な搾取から島の人々を守りました。
- デイヴィッド・リビングストンは、アフリカに福音を届けたいと願うと同時に、アフリカの孤立した村落の経済的発展と地域開発に対して関心を抱き行動を起こしました。

●朝鮮半島と中国で活動した「女性聖書協会」は、教会成長に寄与するとともに、自国における女性の社会的地位向上に大きな影響を与えました。

●ある民俗学者が、ブラジルの2つの農村を比較調査しました。ひとつは宣教師たちによる福音伝道、指導、および地域奉仕の影響を受けた村、もう一つは土着の伝統的宗教を信じ続けている村でした。前者の村はほぼ全ての領域で成功し繁栄しており、後者の村は、ほぼ全ての領域で衰退していました。

●19世紀、インドのケララにおける最も突出した特徴は、「教育の復興運動による、前近代から近代への社会変革」でした。ロンドン宣教会は、この地域に宣教師を送り、女学校を設立する先駆的働きをしました。彼らの意図はただ教育することだけではなく、女性をその低い社会的地位から立ち上がらせることにありました。

世界が果てしない苦しみの中にあるようにとは決して願われない創造者が、福音を届ける神の民による「福音の実践」を通して、ご自身の愛と憐みを世界に現されるということは、なんと理に適っていることでしょう！

結論

教会は、キリスト教の名の下に自らがなしてきたすべてを誇ることはできません。十字軍による侵略・宗教裁判・プロテスタントとカトリックの間のイデオロギー紛争なども、教会がしてきたことです。教会は悔い改めなければならないようなことを沢山してきました。しかし、たとえそうであったとしても、教会は「歴史＝神の物語」において重要な役割を担い続けてきました。教会は長い間、福音には人の人生と社会の在り方を変革する力があると信じていました。マイケル・グリーン博士はこのように書いています。

「教会が前進してきたのは、「良き知らせの宣言」によるのではなかったのか？ペテロ、パウロ、オリゲネス、サヴォナローラ、ルター、ウェスレー、ホイットフィールド、J．エドワーズ、ウィリアム・テンプル、マーチン・ルーサー・キングはキリストについて語ることによって、人々の心を動かした。**しかし、彼らの「良き知らせの宣言」には例外なく社会的な意味合いが含まれていた。**・・・我々が立つべき唯一の真の福音とは、生ける神との個人的な出会いに根ざし、神からの認定印として、必要を抱えた人々に対する熱烈な関心という果実が証拠として伴うような福音である。（*Michael Green*“*Evangelism in the Early Church*”下線著者）」

ひょっとして皆さんは、何故この章は19世紀中頃までで止まってしまっているのかと不思議に思われるかもしれません。また何故、現代では文化の変革における教会の役割について殆ど耳にすることがないのかという疑問を持たれたかもしれません。「ある出来事」によって、教会が分断したのです。本書7章で、その「ある出来事」について詳しく説明いたします。この出来事の後、保守派の教会は、社会を変革してきた教会との歴史的つながりを部分的に断ち切ってしまいました。また新しく現れたリベラル派の教会は、霊的回心への熱い心を部分的に失ってしまいました。

神は大きなご計画を持っておられます。そしてそのご計画——破れを修復し、個人と社会を変革し、もしイエス様が市長であったなら起こるような変化をもたらすというご計画——を実行するように教会に命じられました。「歴史＝神の物語」の中で、キリスト教会は社会と文化の変革における重要な役割を果たしてきました。今日、全世界でキリスト教会に大きな変化が起きつつあります。現代の教会は、霊的および文化的変革という自らの役割を再び理解しつつあります。この後の章で、皆さんは「21世紀の社会変革者」たちが活躍する神の物語を読むことになるでしょう。

◆4章　神の偉大なご計画

イエス様が市長だったら、社会の全てを包含するような長期計画をお持ちだろうと私は想像します。そうです。神は偉大なご計画を持っておられます。どの時代にあっても、この偉大なご計画は全世界のあらゆる地域に置かれた神の教会を包み込んでいます。

世界とそこで起きる全てのことを包含する神のご計画とは何でしょうか？神の至上目的とは何でしょうか？誰に訊くか、あるいは誰から学ぶかによって、その答えは変わってくるでしょう。この章では、神のご計画の聖書的根拠を神ご自身の御言葉から調べていきたいと思います。

歴史を振り返るなら、キリスト教会は神が全世界に対する幅広いご計画を持っておられることを信じていたとうかがい知ることが出来ます。今日では、人々の魂の救い――伝道と教会開拓――のために熱心に働いている教会が世界中に数多くある反面、他方には、それとは別の数多くの教会が、人類の抱える問題・貧困・飢餓・社会正義のために精力的にその力を費やしているという現状を私たちは目にします。このような現代の教会の中にあって、神のご計画の全体像を知る事は困難です。

「どうしてそんなに時間がかかったのですか？」

・数年前、フィリピンのミンダナオにあるイスラム教徒が多くを占める島で、教会リーダーたちのためのセミナーで私は同僚と共に奉仕していました。最終日に、セミナーをしていた大きな教会の建物に、イスラム教の服装に身を包んだ10名の人々が入ってきました。彼らが椅子に座ると、場内は静まりかえりました。当時ミンダナオではイスラム教徒と政府との間に小競り合いが続いており、イスラム教徒と非イスラムの人々は緊張関係にあったのです。まもなく、場内に入ってきた10名は最近キリスト教に改宗したイスラム教徒だと分かりました。彼らはセミナー会場に向かう途中、軍隊の監視ゲートで4日間拘束されていたのです。彼らは私たちに、自分たちの証をして良いかと訊ねました。

クリスチャンたちは長年、彼らの暮らす集落を訪問しては福音伝道をし、福音トラクトを配布したりしていました。村人たちはそのメッセージを拒絶しました。最近になってその村にあるグループがやってきて、ただ純粋に愛をもって村人の抱える必要に仕えました。村の人々は後になって、その親切な人々がクリスチャンであることを知りました。その働きの影響は大きく、多くの村人が信仰に導かれました。彼らの証の最後の言葉は、今でも私の心に重く響いていています。10代の女の子がその証をしました。クリスチャンたちは長い間、たぶん彼女が生まれる前から彼女の集落で伝統的な福音伝道をしていました。しかし、愛の行為と一緒に福音が提示されたとき初めて、収穫がもたらされました。彼女は、忘れられない問いかけで証を終えました。

「どうしてそんなに時間がかかったのですか?」

現代の教会の一員として、彼女の問いかけから学びましょう!神のご計画の広さと深さを理解しましょう。神のご計画は、私たちが想像しているよりはるかに大きいということを御言葉は示しています。ご計画の始まり、天地創造から見ていきましょう。

創造の業に啓示された神のご計画

聖書は天地創造の詳細な記述から始まります。第2日目を除く全ての日に、神はご自分の創造の御業を評価され、「良かった」と言われました(神が何かを「良い」と評価されるとき、それは確実に、素晴らしく良いものです!)。

神は人間の表現力の限界を超えて荘厳なお方です。神は栄光に満ちておられます!神は良い方です!神は素晴らしい方です!神のなさることはすべてその素晴らしさを反映しており、神の意図は、被造物全てがその素晴らしさと神の栄光を現すことです。詩篇作者はこのように記しました。「**天は神の栄光を語り告げ、大空は御手のわざを告げ知らせる。**(**詩篇19篇1節**)」

被造物が神の素晴らしさを反映するとき、神ご自身がそこに現されているのです。もし被造物が神の素晴らしさを現していないなら、それはつまり神の栄光をおとしめ、「神の意図が素晴らしくない」という嘘を言い広めていることになります。人々は愛なる創造者であられる神に心惹きつけられますが、「神の意図は素晴らしくないものである」という嘘によって神から離れていきます。この洞察はとても重要です!なぜならこの洞察により、神がどんなにご自分の素晴しさ・ご栄光・ご計画に対し熱烈な関心を寄せておられるかということに光が当てられるからです。

被造物は、私たちに神の栄光の驚くべきイメージを垣間見せてくれます。完全で聖く愛なる神は、その被造物をありとあらゆる大きさ、膨大な種類の色や質感で満たされました。神の被造物は複雑で多様性に満ちているだけでなく、相互に関係し合いながら上手く機能しているのです!それを完全に理解し、説明することは人間には叶いません。星々・惑星・地球・大気・あらゆる種類の植物と動物そして人類からなる全宇宙は、互いに作用しながら調和されたひとつの体系として機能しています。それらがあまりにもうまく機能したので、神は被造物の総合評価として、「非常に良かった」と言われました。神は明らかに、ご自分の御手の業を喜ばれました。被造物は神の栄光のみならず、そのご計画をも現していました。

この表は神の天地創造の御業とその評価をまとめたものです。

	創造された被造物	創世記1章	神の評価
第1日	光――昼と夜	3-5節	良い
第2-3日	空、陸、海、様々な植物	8-9節	良い
第4日	太陽、月、星	14-19節	良い
第5日	動物	20-25節	良い
第6日	人類、創造された全てのもの	26-31節	非常に良い

神の偉大な作品の中で、「被造物の冠」である人類は、創造のクライマックスとして最後に造られました。人間を創造された後、神は全ての被造物を「非常に良い」と評価されました。神はただ人間を創ったのではなく、「**ご自分のかたちとして・・・男と女に人を創造された（創世記1章26～27節に基づく）**」のです。神のために地を満たし、支配し、従える代理統治人として、神は我々人間を任命なさったのです。ここで言う聖書の「支配」という言葉は、堕落した人類にみられる自己中心的な支配の概念とは大きく異なります。イエス様の姿を見るとき、どのように地を「支配」するよう神が私たちに意図しておられるのかが分かります。その姿とは、天の栄光を捨て地上に来られ、ご自分が創造された者たちに仕え、そして命さえ惜しまずに犠牲にされた姿です。聖書的支配の動機は利己心ではなく、奉仕と犠牲です。これは、僕（しもべ）となられた神のご性質とご栄光を現す支配の概念です。

残念なことに、聖書を読むと、私たちの先祖は神が意図されたようには支配しなかったようです。アダムは自分の利益に仕えることを選びました。原罪として知られるアダムの不従順によって、神との関係は壊れ、さらには彼の後に続く全人類と神との関係さえも傷つけられました。神がご自分の栄光を現すために細心の注意を払い、深い愛をもって造られた被造物に、反逆・緊張・対立・破壊・不調和そして死が入り込みました。

エデンの園で犯された罪はアダムとエバだけではなく、被造物全体に影響を与えました。人類は今も神への反逆の渦中にあります。個人の人生・家族・社会そして自然環境までもが、反逆によって引き起こされた結果の下でうめき苦しんでいます。使徒パウロは「被造物が虚無に服した（ローマ人への手紙8章20節）」と書いていますし、旧約聖書には「**主は、地上に人を造ったことを悔やみ、心を痛められた。（創世記6章6節）**」とあります。アダムの不従順に対する神の応答が大きいものであったことは驚くに値しません。神はアダムの自己中心性からご自分のご計画を守っておられたのです。

契約の中に明かされる神のご計画

アダムの子孫たちが自己中心から間違った支配を行ったとき、神は大洪水によってご自身のご計画を守られました。大洪水の後、神は驚くべき契約をお与えになりました。神がノアに語られた契約とは、ノアの子孫だけではなく、そのほか全ての生き残った命、そして地球との間に結ばれた契約でした。ノア、彼の息子たち、そして子孫たちは契約の中で9回言及されているのに対し、他の命ある被造物（鳥・家畜・野生動物・すべての生き物・すべての命）は10回、そして地球そのものは2回言及されています。この契約には全被造物に対する神の配慮が明らかにされています。

全被造物と結ばれた神の契約（創世記9章 8～17 節）

9節	ノアの家族とその子孫
10節	すべての生き物、地のすべての生き物
11節	すべての肉なるもの
12節	あなたがた、すべての生き物
12節	地
15節	あなたがた、すべての肉なる生き物
15節	すべての肉なるもの
16節	すべての生き物、地上のすべての肉なるもの
17節	地上のすべての肉なるもの

神の関心は全被造物に及ぶものです。神はノアを通して明確にそのことを現されました。神の壮大なご計画はアブラハムと結ばれた契約の中に再び現されます。そこでは神は、全ての国々に対するご自分の関心と配慮を明らかにされます。

国々と神のご計画

神はアブラハムに、「地上の全ての民族は、あなたによって祝福される（創世記12章3節）」と言われました。その後、神はこの契約を確かなものにされ、「地の全ての国々は、彼によって祝福される（創世記18章18節）」と約束されました。国々に対する神のご計画は、創世記から黙示録までを貫いている聖書の中で最も大切な主題です。聖書の最後の章で、天使たちは使徒ヨハネに、いのちの木の葉は、「国々の癒し」をもたらすと告げています。「国々」という言葉は聖書の中に二千回以上出てきます。神はこれほどまでに深遠な関心を、国々に対して寄せておられるのです！神はまた、国々の経済的・社会的繁栄に対しても関心を持っておられることを明らかにしておられます。

第二歴代誌6章および7章に、神とソロモンの間で交わされた驚くべき対話を見ることが出来ます。ソロモンは神殿を神に捧げる際、公の祈りの中で、民の罪を告白しました。ソロモンは罪の結果が次に挙げるような幅広い社会的・経済的悲劇を国にもたらしていたことに気付いていたのです。

- 犯罪者に対する不公平な裁き
- 敵に打ち負かされること
- 干ばつ
- 飢餓、植物の病気、昆虫の大発生
- 敵の襲撃と亡命生活
- 自然災害、疫病

ソロモンは、人々がその不従順から立ち返り、神への従順の道を歩くなら、神が彼らを憐れんでくださるようにと懇願しました。神は確かに彼の祈りを聞かれました。人々が悔い改め、従順の道を歩むなら、その願いを聞き入れ彼らを赦そう、と神はソロモンに語られました。そして神は、かつてノアとアブラハムに啓示されたご計画に基づき、「この地を癒す」とソロモンに約束されたのです！

わたしの名を呼び求めているわたしの民がみずからへりくだり、祈りをささげ、わたしの顔を慕い求め、その悪い道から立ち返るなら、わたしが親しく天から聞いて、彼らの罪を赦し、彼らの地をいやそう。（第二歴代誌7章14節）

ここで主が約束された「地の癒し」には、ソロモンが祈りの中で挙げている社会的・経済的な事柄——健全な社会の維持——が含まれています。地の癒しは、人々が神の御心に従うかどうかにかかっていました。神は地とそこ住む人々を癒したいとお望みになったのです！神は全ての人々が健全に繁栄するようにと創造されました。神はご自分に似せて我々を造られました。私たちが健全に繁栄するとき、私たちは神のご性質とご栄光を現しているのです。堕落した性質ゆえに、私たちは生まれたままでは健全に繁栄できません。私たちの直感は正しく生きることを選べないのです。神は私たちがどのように、神・人間・被造物と調和を保てば良いかを啓示する必要がありました。神はイスラエルを、神が意図されたように生き、その模範によって国々を弟子とするための「モデル国家」に選ばれ、召し出されました。神の御心に従って生きるならば人生はより優れたものになることを、イスラエルが他の諸国に現すようにと神は願われました。

これを守り行いなさい。そうすれば、それは国々の民に、あなたがたの知恵と悟りを示すことになり、これらすべてのおきてを聞く彼らは、「この偉大な国民は、確かに知恵のある、悟りのある民だ」と言うであろう。

申命記4章6節

イスラエルが神に従うならば、他の国々は神の輝きと栄光へと導かれるのです。神は預言者イザヤを通してイスラエルに語られました。

見よ。あなたの知らない国民をあなたが呼び寄せると、
あなたを知らなかった国民が、
あなたのところに走って来る。
これは、あなたの神、主のため、
また、あなたを輝かせたイスラエルの聖なる方のためである。

イザヤ書55章5節

旧約聖書を読むと、神の御心に対する従順と不従順のもたらす結果を、世界史という舞台上でイスラエルが上演しているかのように見ることができます。イスラエルは他の国々に創造主を指し示すモデル国家・預言者・祭司であったのです。

イスラエルは、ある意味で確かに文化的な影響を世界に与えました。正確に言うなら、神がイスラエルを取り扱われることによって、世界の文化は今日に至るまで大きな影響を受けてきています。アブラハムの時代より以前の人々は、人生とは終わりのない繰り返しであると考えていました。誕生し、生き、死ぬ。誕生し、生き、死ぬ。植え、耕し、刈り取る。植え、耕し、刈り取る、の終わりなき繰り返し・・・という具合です。神はこの無意味な繰り返しからアブラハムを召し出されました。これまでの生き方を後にして、新しい生き方の創始者になるようにと彼は呼び出されたのです。神は彼に希望と将来の約束をお与えになりました。ひとりの人間が、歴史の流れを変えるために用いられるなどということがあり得るのでしょうか?なんという出来事でしょう!神はアブラハムを通して、全世界に対し、人生には意味と目的があると示されたのです。人生は、どこかに辿り着くのです!十戒もまた、イスラエル民族を通して国々に与えられた祝福のひとつでした。それらはイスラエルに与えられましたが、十戒は今でも全世界で公正で道徳的な社会の土台となっています。

しかし、イスラエルは神に従い、他の国々に神を指し示すということにおいて、多くの点で失敗しました。他の国々へのお手本となるはずだった国が、逆に不名誉なお手本になってしまいました。神はご自分の栄光を守られました。預言者エゼキエルは、神の失望を書き記しています。

それなのに、イスラエルの家は荒野でわたしに逆らい、わたしのおきてに従って歩まず、それを行えば生きることのできるそのわたしの定めをもないがしろにし、わたしの安息日をひどく汚した。だから、わたしは、荒野でわたしの憤りを彼らの上に注ぎ、彼らを絶ち滅ぼそうと考えた。

エゼキエル書20章13節

神はさらにこう続けます。

それゆえ、イスラエルの家に言え。神である主はこう仰せられる。イスラエルの家よ。わたしが事を行うのは、あなたがたのためではなく、あなたがたが行った諸国の民の間であなたがたが汚した、わたしの聖なる名のためである。

エゼキエル書36章22節

神の栄光を現すことに失敗したイスラエルを、神は捕囚に差し出されました。旧約聖書の至るところに、このように神がご自身のご計画を守られる姿を見ることができます。

新約聖書からも、私たちは神が国々に寄せておられる関心を知ることができます。弟子たちに対してイエス様が最後に与えた命令は、「**その名によって、罪の赦しを得させる悔い改めが、エルサレムから始まってあらゆる国の人々に宣べ伝えられる（ルカによる福音書24章47節）**」ために、福音を国々に届けなさい、というものでした。イエス様は、神にある生き方を理解し、それに従うように国々は弟子化される必要があると言われました。「**それゆえ、あなたがたは行って、あらゆる国の人々を弟子としなさい。・・・また、わたしがあなたがたに命じておいたすべてのことを守るように、彼らを教えなさい。（マタイによる福音書28章19～20節）**」

福音――良き知らせ――が伝えられるということは、人々が単にイエス様を救い主として受け入れるだけでなく、イエス様を主として告白してそのように生きることでもあります。キリストが主であるならば、私たちはイエス様が私たちに命じた「全てのこと」に服従するのです。キリストが主となっていないならば、魂は救われているかもしれませんが、私たちの崩壊した状態が癒されることはありません。生活の全ての領域でキリストを主とすることは最も大切です。それがなければ、福音は不完全であり、教会は成熟からかけ離れたものに留まります。成熟していない教会は、自らが完全に弟子となっていないので、全ての国々を弟子とするという大宣教命令を成就する力がないということになります。

旧約聖書においても新約聖書においても神はこのように「国々」に関心を寄せておられるということを見てきましたが、最後に、キリストの再臨の箇所でも、国々のことが語られているのを見るとき、聖書全巻を通じた「国々」に対する神の一貫した関心を私たちは知ります。これは驚くべき真理です！やがて来る神の王国において、国々は神の栄光を仰ぎ見、楽しみ、栄光の中で生きるのです。使徒ヨハネは、「**諸国の民が、都の光によって歩み、地の王たちはその栄光を携えて都に来る。**（黙示録21章24節）」と記しています。神は明らかに、――過去においても、現在も、そして未来においても――人々だけではなく国々をも癒すご計画を持っておられるのです。

神のご計画とイエス様

私はしばしば神学校や聖書学校の学生たちに訊ねます「イエス様は何のために十字架の上で血を流されたのでしょうか?」。生徒たちは異口同音に、「私たちの魂を救うためです」と言います。

「そのとおり」私は言います。「そうです。でもそれ以外には、イエス様は何のために血を流されたのでしょう?」

「私たちが贖われ、私たちが死んだ後、天国に行き、永遠の命を持つようにするためです」

「そうですね」私は言います。「そのとおりです。でもその他に、イエス様は何のために血を流されたのでしょう?」

神学生たちは神の贖いのご計画の霊的側面にのみ着目しています。多くの場合、彼らは答えに詰まってしまいます。そこで私たちはコロサイ人への手紙1章を開きます。そこに書かれていることを発見し、彼らは次から次へと驚きの声を上げます。聖書学校の学生たちに倣って、読者の皆様もご一緒に、コロサイ人への手紙1章15～20節を開き、この驚くべき御言葉の中に何度「すべて」「万物」という言葉が登場するか、数えてみましょう。

御子は、見えない神のかたちであり、造られたすべてのものより先に生まれた方です。なぜなら、万物は御子にあって造られたからです。天にあるもの、地にあるもの、見えるもの、また見えないもの、王座も主権も支配も権威も、すべて御子によって造られたのです。万物は、御子によって造られ、御子のために造られたのです。

御子は、万物よりも先に存在し、万物は御子にあって成り立っています。また、御子はそのからだである教会のかしらです。御子は初めであり、死者の中から最初に生まれた方です。こうして、ご自身がすべてのことにおいて、第一のものとなられたのです。なぜなら、神はみこころによって、満ち満ちた神の本質を御子のうちに宿らせ、その十字架の血によって平和をつくり、御子によって万物を、御子のために和解させてくださったからです。地にあるものも天にあるものも、ただ御子によって和解させてくださったのです。

コロサイ人への手紙1章15～20節

英語のＮＩＶ訳の聖書では「*all* すべて」が6回、「*everything* 万物」が1回使われています。この御言葉の中で、じつに7回にもわたって、神のご計画が全ての被造物に及ぶものであることをパウロは強調しているのです！パウロは的を射ていました！イエス様の血潮は、万物の癒しと回復のために流されたのです。なぜでしょうか？被造物すべてが原罪によって崩壊したものとなったからです。神はご自分の被造物を愛しておられ、すべてのものをご自分と和解させたいと願っておられるのです！

イエス様は御父と同じ計画を持っておられます。これは驚くに値しません。聖書はイエス様を「**見えない神のかたち（コロサイ人への手紙1章15節）**」、「**神の本質の完全な現れ（ヘブル人への手紙1章3節）**」であると言っています。キリストを見るとき、私たちは人の姿をした神を見ているのです。さらに聖書は、「**神はみこころによって、満ち満ちた神の本質を御子のうちに宿らせ、（コロサイ人への手紙1章19節）**」と述べています。イエス様は神の姿であり、神の満ち満ちた様がその内側に宿っておられるので、イエス様のご計画は、御父のご計画と同じなのです。そこには、人類の霊的救済に加え、全被造物の神との和解が含まれています。

教会が神の偉大なご計画に応答し始めるとき、すばらしいことが起こります!しかしながら、万物を和解する働きを推し進めるように人々を整えている教会はあまり多くあるとは思えません。和解の最初の段階である霊的救済にのみ集中している多くの教会があり、他方では霊的救済をおろそかにして、身体的・社会的変革のみに集中している別の多くの教会があります。教会は、すべての被造物をキリストの主権の下に導くという、神のご計画の全体像に仕えるよう人々を整えなければならないのです。

途方もない働きと思われるかもしれません。しかし神は、全ての信者を各持ち場に配置されました。結婚・家族・家事・隣人・学校・職場・事務所・農場・店・友達・サークル・社会・政府そして自然環境などの各分野で、聖徒ちは大きな影響を及ぼすことが出来ます。教会は、各々のメンバーがその持ち場において影響を与え、地上における神の偉大な目的――万物との和解――のために神と共に働けるように人々を整え、励まさなければなりません。「万物の和解」を目指して教会が人々を訓練するなら、人々は遣わされた持ち場をキリストの主権の下に導いて行くでしょう。ハイチで起こった次の証は、一人の人が神のご計画の全体像を理解し、自分の持ち場でそれを実践したときに一体何が起こるかということの一例です。

人里離れたところにあるドウジー村は、その日暮らしの農民が暮らす貧しい村です。人々の質素な生活は土地と気候に大きく左右されました。ドウジー村には、この困難な状況に深く心を痛める教会がありました。その教会のリーダーたちは、ハイチにいる私たち(ハーベスト財団)の現地駐在スタッフを招き、その地方にある11の教会で訓練会をして欲しいと頼みました。村にたどり着くには悪路を旅する必要がありましたが、私たちのスタッフは喜んで引き受けました。その訓練は、本章で扱ったテーマ(神が被造物をどのように見ておられるか、そして被造物に対する人間の責任とは何か)から始まりました。訓練会の初日の参加者の中に、農業技術のクラスを受講した経験を持つ人がひとりいました。職業柄、土地の手入れに熟練していた彼でしたが、地を従え管理し、被造物を支配するようにと神が人間に命じておられることを知ったとき、心の深い部分で何かが起こりました。彼は自分が単に農業技術の訓練を受けただけではなく、神からの命令と召しをいただいていたのだ、ということを悟ったのです！

その時期は雨季でした。その農業技術者は、他の教会員たちが地域コミュニティへの奉仕として野菜畑に種を植えるのを指揮しました。ところが、最初の収穫の準備が整う前に雨季が終わってしまいました。地域の生活用水をまかなっていた川までは遠く、岩地を隔てていましたので、農業用の水路を引くのは困難でした。「どうやって作物を育てたら良いだろう」。教会リーダーたちは頭を抱えました。その教会はドウジー村の100人の子どもたちのために、建物を学校として提供していました。セミナーに参加した農業技術者と教会リーダーたちは、次に雨が降るまで、毎朝通学するときに1ガロン（3・8リットル）の水を運んできてくれるように生徒たちに依頼しました。その作戦はうまく行きました。最初の収穫で、その小さな教会は地域の人々に2万本を超えるトマトの苗木を無償で配布することができました。ドウジー村では種は貴重な必需品でした。まして、植えるばかりになった苗木は、大変重宝する贈り物だったにちがいありません。地域の人々、教会、学校が協力して地域の必要に仕えました。すべてはひとりの農業技術者が、地を「支配する」ことの意味を理解したことから始まりました。その教会が地域の具体的な必要に仕えたことで、人々の人生に計り知れない長期的な影響が与えられました。想像してみてください。何千と言う地域教会、何百万というクリスチャンが神とともに全被造物を癒す働きに着手し、神の偉大なご計画の実行に参加したとしたら、いったいどのようなことが起こるでしょうか！

ここにもう一つの大切な教訓があります。その農業技術者は小さな貧しい国に住んでいましたが、神の目から見たとき、それが彼の重要性や可能性を低くするようなことはなかったということです。彼は神に似せて造られました。

創造者は彼にご自分の創造性・知性・仕える心・その他の能力の一部を賦与しておられています。彼は自らが「似せて造られた」そのお方のご性質を現しました。イエス様が市長だったらされるようなことが彼には出来るのです！

優先順位はあるのか？

キリストに従う者として、人類の霊的救済のために働くことが最優先事項なのでしょうか？相互に矛盾しない少なくとも3つの答えが存在すると思います。

1. 霊的救いは、他のどのような癒しと回復よりも重要である。

全世界に、これより重要なことはありません。キリストによる救いなしには、私たちは神から完全に引き離されたままです。イエス様は言われました。

人は、たとい全世界を得ても、いのちを損じたら、何の得がありましょう。自分のいのちを買い戻すために、人はいったい何を差し出すことができるでしょう。

マルコによる福音書8章36〜37節

人々が今生きている人生と、死んだ後の永遠をどのように過ごすかがかかっているのです。キリストを信じれば、「**神が下さる賜物は永遠の命**（**ローマ人へ**

神の偉大なご計画

神の偉大なご計画を見るとき、神が創造されたすべてのものに現された神の素晴らしさと栄光が分かります。それは崩壊してしまった全被造物の癒しと回復を包括するご計画です。

- 目に見えるもの――被造物――を含みます。
- 社会――病んだ私たちの社会――を含みます。
- 霊――私たちの個人的な霊的新生――を含みます。

端的に言うと、神のご計画は万物の癒しを包含しているのです！

の手紙6章23節)」であり、信じない場合は、「**罪から来る報酬は死です**(ローマ人への手紙6章23節)」。キリストを信じれば、満ち足りた豊かな人生に変えられます。またキリストを信じると「**滅びることなく永遠の命を持**(ヨハネによる福音書3章16節)」ちますが、信じなければ「**すでに裁かれている**(ヨハネによる福音書3章18節)」のです。結果は全く対照的です。

いのちはイエス様から来ます。主は弟子たちに言われました「**わたしが道であり、真理であり、いのちなのです。わたしを通してでなければ、だれひとり父のみもとに来ることはありません。**(ヨハネによる福音書14章6節)」。その後、イエス様は御父への祈りの中で永遠の命をこう定義しています。「**永遠の命とは、唯一のまことの神であられるあなたと、あなたのお遣わしになったイエス・キリストを知ることです。**(ヨハネによる福音書17章3節)」永遠の命とはイエス様とその父なる神を知ることです。なんという驚くべき特権でしょうか!

霊的救いは、天国行きの切符以上のものです。霊的救いの重要性そのものが、さらに深く広い神の目的へと私たちの心を向けさせます。

あなたがたは、恵みのゆえに、信仰によって救われたのです。それは、自分自身から出たことではなく、神からの賜物です。行いによるのではありません。だれも誇ることのないためです。私たちは神の作品であって、良い行いをするためにキリスト・イエスにあって造られたのです。神は、私たちが良い行いに歩むように、その良い行いをもあらかじめ備えてくださったのです。

エペソ人への手紙2章8～10節

2. イエス様は各々の状況に応じて人々に仕えた――父の御心を敏感に察知して――。

ルカによる福音書5章で中風の男を癒した事例にみられるように、イエス様はしばしば、まずその人の霊的必要に応えられました。イエス様は常に人々の霊的必要に関心を寄せられましたが、お決まりの儀式のように、必ず最初に霊的必要に応えていたわけではありませんでした。イエス様は霊的な必要に応えることなしに人々に仕えることもされました。例えば、ルカによる福音書17章では、イエス様は10人のツァラアトに罹った人を癒されましたが、帰ってきてイエス様の足元にひれ伏した1人のことは書いてありますが、戻って来なかった残りの9人の霊的必要を取り扱われたとは書いてありません。イエス様は人の心の中をご存知ですから、ご自分のもとに帰ってくると知っておられたその人だけを癒すことも、あるいは10人を癒す前に全員に霊的必要について語ることもおできになったはずです。しかしイエス様はそのどちらもなさいませんでした。私はこう思います。イエス様はそのとき、9人が霊的には応答しないと知りながら、肉体的にも霊的にも病人であった10人全員に対して神の憐れみを実行されたのです。これは働き方の「戦略」ではありません。むしろ「**悪い人にも良い人にも太陽を上らせ、正しい人にも正しくない人にも雨を降らせてくださる（マタイによる福音書5章45節）**」父なる神のご性質の現れです。

その他にも、イエス様が霊的必要に応える前に身体的・社会的必要に仕えられた箇所が数多くあります。そのうちのいくつかの例を示すと、次のようなものがあります。

- イエス様はやもめの息子を生き返らせました（ルカによる福音書7章11～17節）。
- イエス様は嵐を鎮められました（ルカによる福音書8章22～25節）。
- イエス様は5000人に食べ物を与えられました（ルカによる福音書9章10～17節）。

● イエス様はベツサイダの池で病人を癒されました(ヨハネによる福音書5章1～15節)。
● イエス様は水をぶどう酒に変えられました(ヨハネによる福音書2章1～11節)。

3．仕えることはしばしば、霊的必要に応える最も効果的な方法である。

言葉で語られた福音に対して反発する人々であっても、神の愛の具体的な実践には多くの場合心を開きます。イエス様も当然この原則を知っておられ、御父が示して下さった人々の必要にまず応えられ、彼らの心を開かれました。

貧しい子どもたちに仕えながら南アフリカの神学校で牧師を訓練している私の同僚の洞察を紹介します。「ほとんどのクリスチャンは魂の救済が第一だと言います。でも私は、子どもたちが食事の前に手を洗ったり、上手に歯を磨いたりするのを初めて学ぶのを見るときにも、被造物と人間の幸福を願う超自然的な神の愛を感じるのです」。

彼女が訓練会の中で牧師たちにこのような感想を分かち合うと、ひとりが反対意見を述べました「それは間違っています。それを認めてしまえば、物質的・社会的な働きだけに極端に偏ってしまう危険性があると思います」。

彼女は答えました「でも、私たちには霊的側面だけに極端に偏ってしまって、他の必要を顧みないという危険性もあります。霊的領域だけに焦点を当てるにしても、社会的領域だけに仕えるにしても、極端に偏るのは良くないことです。バランスが必要です。さもなければ、私たちは振り子のように両極端を行き来し、どこにも辿り着かなくなってしまいます」。

働きに優先順位はつけられるのでしょうか?永遠の観点から見るなら、優先順位は確かに存在するでしょう。霊的側面に仕える働きが最重要です。しかし実際的に考えるならば、置かれた状況のなかで聖霊の語りかけに敏感に耳を傾け、示される導きによって、働きの優先順位は異なってきます。私たちが仕えている神は偉大で幅広いご計画を持っておられることを常に覚えておくことが重要です。私たちは極端から極端へ行ったり来たりを繰り返す振り子のようになり、行くべき場所を見失いたくはありません！

全てを包含する神の愛

御言葉を通して、私たちは神の偉大なご計画を垣間見ることが出来ます。このご計画は壊れた全てのものの癒しと回復を包含するものです。それには物質的側面——被造物の贖い——が含まれますし、社会的側面——病んだ社会の癒し——も含まれます。また、霊的側面——魂の救い——もまた包含されています。一言で言えば、万物の癒しがそのなかには含まれているのです！原罪による崩壊の影響は全ての領域に及びました。同じように神の贖いのご計画は崩壊した全てのものに及びます。

聖書は、被造物の中で神が愛されるのは人間だけではないことを明確に語っています。神のご計画は万物を癒すことにあります。現在、傷ついた状態にある被造物は、いつの日かその束縛から解かれます。そしてその解放は、神の子どもたちの「栄光に輝く」贖いと共に来るのです。

私たちが良く親しんだ御言葉を、神の幅広いご計画という光に照らし合わせて読むとき、聖書全体を通して語られている神の深遠な御心を理解することができます。例を挙げさせてください。クリスチャンにとって、最も親しみがある次の御言葉も、新しい光をもって私たちに迫ってきます。

神は、実に、そのひとり子をお与えになったほどに、世を愛された。それは御子を信じる者が、ひとりとして滅びることなく、永遠のいのちを持つためである。

ヨハネによる福音書3章16節

この御言葉に使われている「世」という言葉は、ギリシャ語では「*kosmos*」という言葉です。御言葉の中で、*kosmos*は「地球」あるいは「創造された世界」を意味し、また他の箇所では、「人々」をも意味します。ヨハネによる福音書3章16節の通常の解釈は、イエス様を送られるほどに「神はこの世界の人々を愛され」、人々がイエス様を信じ永遠の命を持てるようにしてくださったというものです。確かに、神を信じ永遠の命を持つことが出来るのは人間だけです。ですから、神は*kosmos*――世界の人々――を愛され、救い主をお与えになり、信じる者が神の子どもとなれるようにしてくださいました。

私は、この箇所が私たちに、神が*kosmos*――全ての被造物――を愛されたがゆえに、その十字架の犠牲によって、全被造物が神と和解できるように、そのひとり子であるイエス様をお与えになった、ということをも教えていると信じています（コロサイ人への手紙1章20節もご参照ください）。

神の被造物のなかで人間は重要な位置を占めます。その愛のゆえに、神はその*kosmos*（神の愛する子どもたち）に、*kosmos*（神の愛する被造物）を癒すという役割を託されました。私たちは愛され癒されたので、被造物をその滅びの束縛から自由にするという役割を担うのです。使徒パウロもこれに同意しています。彼は、全ての「**被造物も、切実な思いで神の子どもたちの現れを待ち望んでいるのです。（ローマ人への手紙8章19節）**」と書いています。私たちがキリストにあって成熟し、神が本来意図された方法で管理するようになるのを、被造物は切望しています。

神は私たちがどのように生きれば良いかをご存知です。神はご自身の意志・御心・律法が天においてそうであるのと同じように、今この地上の全ての領域においても成し遂げられ、行われるようになることを望んでおられます。なぜでしょうか？神は私たち人間と、全ての被造物を愛しておられるからです。神は人間と被造物がご自身の御心・意図・目的が完全に達成されるほどに健全に繁栄することが出来る、ということを知っておられます。神に愛された民である私たちは、被造物の中にあって、再び代理統治人としての役割を遂行できるのです。私たちは神の素晴らしさと栄光を現すために、もう一度被造物の良き管理者となることができるのです。

ホーリスティック・ミニストリー（邦訳：包括的な宣教の働き）

● 万物を癒す神のご計画に仕える働きを表すのに、「ホーリスティック・ミニストリー *Wholistic Ministry*」いう言葉が使われます。ここでその定義をしたいと思います。

● ホーリスティック・ミニストリーは私たちの命全体を包括する福音理解の上に築かれるものです。また御言葉と神のご計画の全体像に基づき、人間の全ての領域、そして全ての被造物に仕え、働きかけるものです。それは崩壊の逆であり、神の願いである「完全であること」（*wholeness*）の現れです。これらの理由により、英語で綴るとき、我々は *holistic* ではなく、「*w*」をつけた *wholistic* という綴りを使います。

● ホーリスティック・ミニストリーは神に目を向け、聖書の真理を適用することによって人生・教会・地域そして国々が変革されることを目標としています。

● ホーリスティック・ミニストリーは、全人類への神の憐れみを具体化する働きです。

● この働きは人々の霊的・身体的・社会的そして知的な領域の必要に仕えます。

● ホーリスティック・ミニストリーは、神を愛し隣人を愛せよというイエス様の至上命令に基づく、従順と愛のライフスタイルです。

● それは全ての地域教会と、全てのクリスチャンが果たすべき責任です。

● それは外部からの経済的支援の上に成り立ったり依存したりするのではなく、神ご自身に依存する働きです。

この章を執筆中に、「ぼろ布に包まれた宝物の証」がペルーから私のもとに届きました。これはホーリスティック・ミニストリーの素晴らしい実例です。

神はフランシスに、ペルーのストリートチルドレンたちを愛する心をお与えになりました。そのような子どもたちを、人を食べる危険な魚にちなんで、「ピラニア」と呼ぶ人もいます。彼らは人を襲い、恐喝したり物を盗んだりすることで生活しており、暴力と麻薬は彼らの生活の一部です。神からの重荷を与えられ、フランシスは彼らに仕えるためのセンターを設立しました。彼女は、どれほど希望がないように見えても、彼らは神に似せて造られており、神から潜在能力を与えられていることを知っていました。センターでは彼らを「ピラニア」と呼ぶ代わりに、「ぼろ布に包まれた宝物」と呼びます。このセンターを始める前に、彼女は牧師にビジョンを分ち合いました。牧師は良い動機を持った人でしたが、狭い教会観しか持っていませんでした。牧師は彼女に言いました。「あなたは社会的なことに関心があるようだが、それは教会の仕事ではないよ。失われた魂に伝道しないなら、それは何もしていないことと同じだ！」彼女は心を痛め、神から与えられた確信に従い働きを始

「Wholistic」か「Holistic」か？

- 両方とも正しい英単語です。
- どちらもオックスフォード英語辞典に掲載されています。
- 開発団体の中には「*Holistic*」を使うところもあります。
- 「*Wholisitic*」は、クリスチャンの働きを表現するのにより適しています。
- 「*Wholistic*」は、福音の全体像（*Whole Gospel*）、人間の全ての部分（*Whole person*）、全世界（*Whole world*）という複数の意味合いを含みます。
- 「*Holistic*」という言葉は、しばしば聖書と調和しない働きを表現します（訳注：米国において *Holistic* という形容詞はニューエイジ的な宇宙論の文脈で頻繁に用いられるという背景がある）。

めるためにその教会を去ることになりました（後日、その牧師は彼女に謝罪し、今は彼女のしていることを応援しています）。フランシスは一九九九年に、手元にあったなけなしの資金を投資してそのセンターを始めました。ある日、彼女は教会で、福音の全体像を理解するということについて話していました。すると私たちのカンファレンスに出席したことのある人が、働きを経済的に支援したいと申し出てくれたというのです。彼女は言います「その支援によって、これが神の御心であることの確信を与えられました。私たちは人の生活の全ての領域に対して働きをする必要があるのだと」。そのセンターがしたことは、まさに彼女のこの言葉通りの働きでした。ストリートチルドレンに仕える大人たちのための訓練学校が生まれました。訓練を受けた大人たちは、定期的にストリートチルドレンに会い、霊的なカウンセリングをし、路上生活から離れるように励ましを与えます。可能な場合には子どもたちは家族のもとに帰りましたが、多くの子どもたちはそれが出来ない状況にありました。そのような子どもたちのためのホームが、ペルー政府から寄贈された土地に目下建設中です。そのホームは子どもたちに住居・教育・霊的・心理的カウンセリングそして聖書の価値観が提供されるための場所となります。既にセンターは、子どもたちと地域の人々に保健と医療を提供する医療施設を建設しており、それは地域に仕えるとともに、運営のための収入源にもなっています。子どもたちはセンターが所有する土地で養鶏場とパン工場を運営しており、そこで彼らは職業倫理を学び、収入は働きのために使われます。神はこれらの「ぼろ布に包まれた宝物」たちのために、センターのホーリスティック・ミニストリーを豊かに祝福してくださっています。

神の国

神のご計画を描く際、もうひとつ重要な側面があります。

「神の最重要計画は、御国の前進である」

イエス様は弟子たちに「**御国が来ますように、天で行われるように地でも御心が行われますように**（マタイによる**福音書6章10節**）」と祈るように教えられました。天においては、神の御心・律法・命令すべてが遵守されています。地においては、神の御心は完全には行われていませんが、神の御心が行われるときに、地上における神の国が前進するのです。神の国は、イエス様の最も重要な教えのひとつです。それは私たちの理解をはるかに超えて大きなものですが、少なくとも私たちが神の国について知り得ることに、以下のようなことがあります。

- 神の国は、地球とそこに生きる全てのものに対する神の本来の御心を反映している。
- 神の国は、歴史における神の贖いの働きの比喩表現である。
- 罪によって神の国は押しとどめられているが、神のご計画は神の国を再建することである。
- 神の国は現在も実在している。完全な姿からはほど遠いが、実際に癒しと回復をもたらし、今の世界に希望を与えている。
- 神の民は、やがて来るキリストによる統治を現在においても現すように召されている。私たちは神の家族の一員とされたときから、神の国に入れられているのである。
- 神の御心が実行に移されるとき（私たちが自ら神の御心に従って生き、人々・国々が神に従って生きるよう弟子としていくとき）神の国は前進する。
- 地域教会は、神の国の前進を実行に移す鍵をこの地上で握っている執行機関である。
- 神の国の王である方の統治に私たちが自らをゆだねるなら、私たちは他の人々に癒しをもたらす特権にあずかる。

神の国は、地上において神の御心がなされるときに前進します。ポコムチ・インディアンの中でそれは起こりました。ポコムチは、グァテマラの中でも最も貧しい部族でした。初期の宣教師たちが教会を開拓し、多くのポコムチ族がキリストを受け入れましたが、地域は絶望的な貧困に喘ぎ続けました。そこに、開発団体がやってきました。彼らは持ち込んだ莫大な資本によってプロジェクトを完成させました。結果はどうだったでしょうか？後に残されたのは、誰にも使われることのない公共トイレと学校でした！それは、お世辞にも変革と呼べるものではありませんでした。

アルトゥロというペルーの若い牧師がポコムチ族の中で働きを始めました。彼はポコムチ族が聖書的な世界観を知る必要があることと、彼がそこで目にした広範囲に及ぶ崩壊を癒すためには、ホーリスティック・ミニストリー（包括的な宣教の働き）が必要であることを確信していました。彼は、本章で紹介したのと全く同じことを、読み書きが出来ないポコムチ族の牧師や信徒たちに教えました。例えば、沢山の作物を収穫出来たのに、貯蔵方法がまずかったためにネズミに食べられてしまったような場合、アルトゥロはこのように聞きました「みなさんとネズミの、どっちが賢いと思いますか？」。彼らは笑って、「ネズミだね」と答えます。するとアルトゥロはこう聞きます「みなさんがネズミを支配しているのでしょうか？それともネズミがみなさんの生活を支配しているのでしょうか？」。彼らは、現時点ではネズミが彼らの生活の支配権を握っていることを認めざるを得なくなりました。そこでアルトゥロは、彼らは祝福されているひとりひとりであり、被造物を支配し、統治する権威を神から授かっているという「物語」を分かち合いました。神は彼らに創造性を与えておられること、また、彼らは神に似せて造られていることなどを確信させていったのです。アウトゥロはこのようにして真理を分かち合い、彼らを励ましました。

彼らは聖書的に考えるようになっていきました。彼らの意識が変わるにつれ、教会も変わっていきました。徐々に、彼らの考え方が変えられ、その教会を通して地域は変革されていきました。子どもたちは学校に行くようになり、女性たちは読み書きを学び、男たちは新しい農業技術を学び、婦人たちは作物をネズミから守ることのできる構造を備えた食糧貯蔵庫を開発しました。

彼らは神がより良く生きるように自分たちを造ってくださったことを理解し始めました。アメリカの神学校の教授がそこを訪れました。彼は人々が神の広範囲におよぶご計画を深く理解し、それに基づいて生きるときに、生活と地域が癒され変革されたその光景を見ました。深く感動したその教授はこう言いました「ポコムチに神の国が来た！」。

結論

神のご計画は明らかに幅広いものです！詩篇作者はこう書いています。「**主はすべてのものにいつくしみ深く、そのあわれみは、造られたすべてのものの上にあります。**（**詩篇145篇9節**）」神の愛は被造物すべてを覆うのです。言うまでもなく、それは罪の中に死んでいる人々の霊的救いをも含みます。しかし、個々のクリスチャンや地域教会が、霊的領域を超えたところまで関心を拡げ仕えるなら、原罪によって崩壊した全てのものをご自身と和解させることが神の意図であるという良き知らせを宣言することになります。神のご計画は、キリストの再臨のときまで完成されることはありません。「**あの万物の改まる**（**NIV訳：restore＝回復される**）**時まで、天にとどまっていなければなりません。**（**使徒の働き3章21節**）」それまでの間、教会は神に応答し、ご計画の全体像を理解し、推進する必要があります。

神のご計画の範囲外にあるものは何一つありません。万物が回復されるということは、全世界が変革されることです。全世界は悪から聖められるのです。全世界は神の栄光を完全に現すよう期待されています。神の贖いの働きは、全人類、あらゆる関係、万物の管理を含み、全ての被造物を包含します。もしイエス様が市長なら、市長は偉大なご計画を持っておられるはずなのです！

◆5章　目に見える「神のかたち」
～教会は「しもべ」の性質を持つ～

神の似姿が歪められた時、神のご計画は見え難くなった

神の偉大なご計画は、「万物」を和解させることです。そして「万物」には私たちも含まれます。第6日目に神はご自分に似せて人間を男と女とに造られた（創世記1章26～27節）と聖書に記されています。私たちは神に似せて造られたのです。神が私たちと和解したいと願われるのは当然です！

そして、造られた全てのものをご覧になられた神が「非常に良かった」と言われた、と聖書は簡潔に記しています（創世記1章31節）。私の想像の中では、神は被造物の各部分を注意深くご覧になり、満足した表情で笑顔を浮かべてうなずいておられます。日の光がある。良し。木々がある。良し。月がある。良し。蝶々が飛んでいる。良し。神はその被造物を喜んでおられます。最後に神はご自分に似せて造られた最高傑作としての人間をご覧になり、「非常に良い！」と感嘆の声を上げられたのです！「わたしの姿を身に帯びている。彼らはわたし自身を現している！」

人間は特別でした。神ご自身がその原型であり、モデルでした。他の被造物も神の栄光を現してはいましたが、神ご自身をそれほどまでに豊かに現し

「似姿」とは、、、

- 「似姿」は、複製、相似性、性質が似ていること、反映のことです。
- 人間の内にある「神の似姿」とは、私たちの外見ではなく内面的性質のことを指します。
- 全知全能であり偏在するのは神だけであり、人間は時空に限定され、知識も力にも限界があります。
- 「神の似姿」というのは、人間によって創作された神々の姿とは違います。

ていたのは人類だけでした！私はしばしば、神の似姿を身に帯びている人間は被造物の「王冠」であると表現します。「王冠」という言葉には、「頂点、高くそびえ、壮大な何かの最も高い部分」という意味もあります。創世記を読むと、人類の創造が、神の創造の御業すべてにおける最高潮であったことが分かります。また王冠は主権と権威の象徴でもあります。国が王または王妃に王冠を授けるとき、その人物は国の最高指導者であると指名されたことを意味します。事実、神は人類に被造物の指導権――地を従え、命あるものを支配し、広範囲にわたる全被造物全体の管理者となること――を与えておられます。

神の似姿に造られたので、他の被造物には見られない次のような神の属性が人類には与えられています。

- 創造性：新しいものを作り出す能力
- 言語：言葉を用いて、考えや概念を伝達する能力
- 関係性：人・自然・仕事と向き合い、意図的で目的ある相互作用を作り出す能力
- 道徳性：「建設的」か「破壊的」かを判別する能力、美を識別する能力
- 「しもべ」性*：他者に対して無私の心で同情と愛を注ぎ、奉仕の行為をする能力

（*訳注：原著で*servanthood*。直訳では「しもべたること」だが日本語にこれに相当する単語はない）

神の属性のこれらの側面は、しばしば他の被造動物にも見出すことが出来ます。しかし動物と人間とではそれらの現れ方に深い差異があります。サルには創造性がありますが、彼らは自転車・自動車・宇宙ステーションを作る能力はありません。狼は互いに意思を伝達しますが、子孫のために歴史を記録することはしません。

私はここで、神の属性として愛を取り上げませんでした。「**神は愛です。**」と聖書には書かれています（ヨハネによ

る福音書4章16節)。「愛」は上に挙げた性質すべてを貫いているものだからです。事実、神に関することすべては「愛」です。ですから神の似姿を反映する行為こそ「愛」と呼べるものなのです。使徒ヨハネは、「愛する」と言いながら必要を抱えた兄弟に仕えない者のうちに、どうして神の愛が留まっていることがあるだろうか、と言っています(第一ヨハネの手紙3章17節)。憐みと自己犠牲を伴う僕(しもべ)の姿こそが、神のご性質が人の内側に現れていることの最も重要なしるしなのです。このようなしもべの姿を失うなら、他の属性のすべては堕落し、歪められる可能性があります。

- 創造性を用いて核兵器を作り出すこともできます。
- 言語能力は、ポルノを作ることにも用いられます。
- 関係性は、独裁体制を生み出すこともあります。
- 「道徳的選択」は、民族虐殺や堕胎を正当化するために使われることもあります。

人間の内にある「神の似姿」としての「しもべ」の姿を顕著に示すものは、弱い者たちに対する同情心と自分を犠牲にしてこの人々に仕えるということです。自然界でも、動物が自分を犠牲にするということがあります。例えば、母鳥は火事のときに本能的に自分を犠牲にしてひな鳥を守ります。しかし、神の犠牲は意識的です。キリストは私たちを癒すために、私たちの苦悩や嘆きと同化する道を選ばれました。意識的に私たちと同じ姿をとり、犠牲を払って私たちの必要の只中に来てくださった神の姿こそが、憐れみに満ちた奉仕の定義です。動物の世界では、犠牲を払うということは本能的なものです。それに対し神の場合は、憐れみから来る意図的な選択として犠牲を払われたのです。そして神はこの比類ない「しもべ」の姿を私たちの内に与えられたのです。

創造の御業の後ほどなくして、人の内にある「神の似姿」は歪められてしまいました。皮肉なことに、神のようになりたいと願った人間の罪深い試みが、実際には人間の内に与えられた「神のかたち」を歪めてしまったのです！旧約聖書の時代には、特に「愛と犠牲をもって仕える」という「神のかたち」を自分の内に宿すことの意味を、人々は理解することが出来ませんでした。神が意図されたことは、神によって与えられたこの「しもべ」性という属性を用いて人間が他者や被造物に仕えるということでした。しかし、人は自己中心的に行動しました。人間は神から与えられた属性をいつも自分のためだけに使い、自分のやりたい放題を行うようになってしまったのです。人間は「神のかたち」を歪め、その歪みは歴史を通して受け継がれました。数千年の後、使徒パウロはこのことを確証しています。パウロは、人間が創造主を礼拝する替わりに自分自身と造られた物を拝み、数多くの災いをその身に招いたと書いています（ローマ人への手紙1章24～30節）。

- 性的無分別
- 悪と貪欲に満たされた堕落した精神
- ねたみ、殺意、争い、欺き、敵意、陰口、中傷
- 神を憎む、人を侮る、傲慢、大言壮語、悪事の企て、親に逆らうこと
- 無知、不誠実、無情、無慈悲
- このようなことを、人間の一般的あり方として是認する

「神のかたち」は歪められ、神のご計画は見え難くなってしまいました。しかし、神は被造物を深く愛しておられますので、人間の内にある「神のかたち」が歪められてしまったとしても、ご自身のご計画を台無しになさるよう

なことはなさいませんでした！ノアの時代の洪水・バベルの塔・律法・バビロン捕囚など旧約聖書の記述を見ても、人間の自己中心的な選択から、神がご自身のご計画を守られる姿を見ることができます。

新約聖書においても、私たちは神の大きなご計画を見ることができます。それはイエス様の受肉と教会の誕生です。

イエス様の「しもべ」としてのあり方に啓示された「神のかたち」

イエス様が地上に来て下さって以来、人はイエス様を見ることによって神がどのようなお方かを理解できるようになりました。イエス様は人間の形をとった完全で欠けのない神の姿そのものでした。イエス様は正確に神を現していました(ヘブル人への手紙1章3節)。イエス様を見るとき、私たちは神がどのようなお方であるかだけではなく、神が意図された本来の人間の姿がどのようなものであるかをも知ることが出来るのです。イエス様は、「神に似せて造られる」という事が何を意味するかということの、完全な模範となられました。イエス様を見るとき、私たちはそこに「神のかたち」——創造の王冠——を見ているのです。

私たちがイエス様を見るとき、「神のかたち」の最も重要な属性——王冠に埋め込まれた最も光り輝く宝石——を見ることができます。イエス様のうちに私たちが見るその光り輝く特徴とは、大工としての持久力や筋力の強さではありません。またパリサイ人たちを凌駕したイエス様の知性でもなければ、完全な霊性でもありません。身分の低い人々から慕われ、高ぶったものたちを黙らせたその人間関係の巧みさでもなければ、これらすべてを合わせたものですらありません。王冠の最も光り輝くその宝石とは、イエス様の「しもべ」としての属性です。

ヤコブとヨハネの母の質問に答えられたとき、イエス様はご自身の「しもべ」としての属性に言及されました。自分の二人の息子をイエス様の王座の左右に座らせて下さるよう願った彼女に対してイエス様は、「**人の子が来たのも、仕**

えられるためではなく、かえって仕えるためであり、また、多くの人のための、贖いの代価として、自分のいのちを与えるためなのです。（マルコによる福音書10章45節）」と言われました。パウロはローマ人に宛てた手紙の中で、キリストの「しもべ」としての姿を確証しています。「**私は言います。キリストは、神の真理を現すために、割礼のある者のしもべとなられました。（ローマ人への手紙15章8節）**」

最後に、イエス様の「しもべ」性に関してパウロが最も力強く書いている箇所を考慮してみましょう。

キリストは神の御姿である方なのに、神のあり方を捨てられないとは考えず、ご自分を無にして、仕える者の姿をとり、人間と同じようになられました。人としての性質をもって現れ、自分を卑しくし、死にまで従い、実に十字架の死にまでも従われました。

ピリピ人への手紙2章6〜7節

その次の節で、しもべの姿をとられたイエス様に対する神の応答をみることができます。

それゆえ神は、この方を高く上げて、すべての名にまさる名をお与えになりました。それは、イエスの御名によって、天にあるもの、地にあるもの、地の下にあるもののすべてが、ひざをかがめ、すべての口が、「イエス・キリストは主である」と告白して、父なる神がほめたたえられるためです。

ピリピ人への手紙2章9〜11節

イエス様が自発的に、犠牲を払ってしもべとなられたので、神はイエス様を高く上げられました。神はイエス様に与えうる最高の位をお与えになり、全ての名にまさる名をお与えになりました。全ての舌が、この「しもべ」であるお方こそが主であると告白するのです。イエス様は他のどのような存在にもまさって高く上げられました。神は、ご自身の創造における御心を完全に現したために、イエス様をこのように高く上げられたのです。イエス様は神の似姿の最高の実例として、自発的で犠牲を伴う「しもべ」性をあますところなく表現されました。神は「しもべ」であられます。そしてイエス様は神の「しもべ」性を示す模範です。

人間が創造の王冠であるならば、「しもべ」性はその王冠に埋め込まれた「宝石」のようなものです。同じように、「しもべ」としての役割に徹したゆえに賛美の対象となることによって神は栄光を受けられます。イエス様が子どもたちが「仕える」ことによって神の似姿を現すとき、神は栄光をお受けになられます。イエス様は弟子たちにこう言われました「**このように、あなたがたの光を人々の前で輝かせ、人々があなたがたの良い行いを見て、天におられるあなたがたの父をあがめるようにしなさい。（マタイによる福音書5章16節）**」。

聖書は、「しもべ」となって仕えることは高貴な召しであると言っています。

●神は貧しい人々や虐げられた人々への奉仕を喜ばれると言われた（イザヤ書58章）。
●イエス様は弟子たちに、仕えることこそ神の国の民であるかどうかを判別するしるしである（神の国の民は、飢えた者にパンを与え、裸の者に着せ、病人や牢にいる者を訪問する）と言われた（マタイによる福音書25章）。
●聖くけがれのない宗教は、やもめや孤児（助けを必要とする声なき人々）の世話をする（ヤコブの手紙1章27節）。
●イエス様は、私たちが隣人を愛し、仕えることこそが大切であることを強調された（マタイによる福音書22章39節）。

神はご自身の民が御子の姿に似たものなるようにと願っておられます（エペソ人への手紙4章13節）。「**栄光から栄光へと、主と同じかたちに姿を変えられて行きます。これはまさに、御霊なる主の働きによるのです。**（第二コリント人への手紙3章18節）」と述べられているように、神の民は徐々に御子の姿に似た者へと造り変えられていくのです。私たちがキリストの最高のご性質である「しもべ」の姿を見習って他者に仕え、その足跡に従って生きるとき、私たちの中に生きておられる聖霊が私たちをキリストの似姿へと変えて下さいます。

「神のかたち」は教会の仕える姿を通して現される

キリストを通してご自身を現された神は、次に、ご自分の姿を教会の内に現されました。教会の役割のひとつは、神の似姿、特に「しもべ」としての神のご性質を帯びる人々を生み出し、キリストの弟子とすることです。神の御心は、信仰者の共同体を用いてご自身のご計画を明らかにし、遂行することです。地域教会は新しい信仰者を生み出し、整え、その人々を「しもべ」となって仕える大使として世界に遣わすことです。

神が憐みと犠牲を伴う奉仕を命じられたのは、ご自分のためではありません。そのように私たちが生きることによって、神の最も偉大な属性である愛がこの世に現されるからこそ、命じられたのです。イエス様は私たちに、神を愛し、自分自身を愛するように隣人を愛せよ、と言われました。自分がして欲しいように隣人に愛をもって接することによって、私たちは神への愛を表現するのです。キリストが憐み深く被造物に仕えて下さることによって世界に対する神の愛が表現されたのと同じです。今の世界においても、神のご性質を余すところなく世界に表す方法は、キリスト者が犠牲的に人々に仕えることによるのです。言葉だけではなく、犠牲を払って人々に仕える行動をするとき、その人を通して神の愛が明らかにされます。

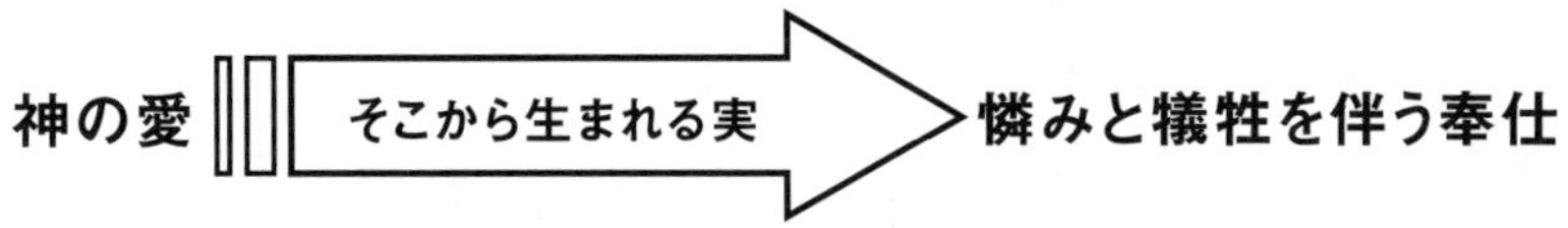

神の愛に動機付けられた行動の実は、憐みと犠牲を伴う奉仕です。愛の奉仕は破れを修復し、再建し、贖います。これが地を癒す神のご計画です。この神のご計画が成就されることによって、神は栄光をお受けになるのです。

一九九九年十一月に、エチオピアの首都アジスアベバにおいて実際に起こったことをご紹介します。同年八月にアジスアベバでカンファレンスを開催したとき、私はギザチェウという20歳の若者を紹介されました。彼は貧しいクリスチャン家庭の10人兄弟の一員として成長しました。ギザチュウは自分と同じように貧困家庭に生まれた何人かの友達と共に、路上生活をしている数多くの10代の少年たちのことを気にかけ心を痛めるようになりました。彼らは時折山に登っては、そのような少年たちを助けるためにどうしたら良いのか祈り、神の御心を求めました。彼らが始めたことは、路上生活をする22人の少年たちのために、聖書研究会・食べ物・シャワーやトイレ・古着などを提供することでした。

カンファレンスの後、ギザチュウと彼の友達は興奮してこれまで取り組んできたその他のボランティア活動について私に話してくれました。彼らはこの本に紹介する教えを体系的に学び、実行に移していました。ギザチュウたちのグループは、首都の中心街にある、最も栄えた繁華街に続く交通量の多い橋の周りを清掃することを計画しました。路上生活の少年たちにも一緒にやろうと声をかけ、彼らは朝の6時に集合して2つのグループに分かれました。ひとつ目のグループは通りの方からゴミを拾っていきました。様々なものが混ざったゴミは悪臭を放っていましたが、彼らは続けました。もう一方のグループは祈りながら救急医療活動を行い、何をしているのかと聞かれたときには、イエス様の証をするようにしました。朝の9時に、ひとつ目のグループはゴミ捨て場にゴミを捨てに行きました。拾ったゴミをゴミ箱として使われている大きなコンテナに捨てるときに、彼らはその中をのぞいて見ました。すると人間の足のようなものがそこにありました!ゴミをよけると、若い男性が横たわっていました。彼はゴミ箱を住居にしていたのです。彼らはその男性の鼓動を聞き、まだ生きているかどうかを確かめました。彼はほとんど口を動かすとも出来ない状態で、意識も朦朧としていました。彼らは注意深くそのゴミ箱から彼を引き出し、着ていた汚いぼろ布を脱がせました。汗と汚れで、その布は彼の身体に貼り付いていました。彼は数年間その布を脱いだことがなく、水浴びもしたことがなかったため、彼の身体は腐敗臭を放っていました。後で聞いて分かったことですが、先日寝ている時に上から投げ込まれた熱い石炭で火傷を負い、そこに布の一部が付着してしまったとのことでした。ギザチュウと仲間たちはその部分の布を切り取り、近くにあった公共のシャワーで彼の身体を洗い、散髪をしました。シラミの苦痛をなくすため、その後で彼らは頭を剃ってあげました。そうこうしながら、彼らはその男性と意思疎通を図ろうとしましたが、何の応答もありませんでした。

しばらくしてから、彼は何かを話し始めましたが、まるで赤ん坊のような話し方でした。注意深く耳を傾けると、話の内容が少し分かってきました。名前はジャメル、街から200キロメートル離れた場所で生まれ、両親はイスラム教徒とのことでした。何年も前に、彼はより良い生活を求めて街までやってきました。街に行きさえすれば必要なものは全て手に入るだろうと考えたのです。しかしそこには食べ物も、住む場所も、着るものもなく、彼が見つけたものは、捨てられた5匹の犬だけでした。何年もの間放浪を続け、最終的に彼はゴミ箱の中で生活することを決めました。ゴミ箱が自分の家のように感じたとき希望が持てた、と彼は語りました。捨てられたゴミを食べ、犬と一緒に暮らしました。もう誰も、彼に何者なのか尋ねる人はいなくなり、彼もまた、もう人間と関係を持ちたいとは思わなくなっていました。ギザチュウたちのボランティアグループが愛と憐みの態度で彼に仕えるまで、誰一人彼に話しかける人はいませんでした。そして彼らは、イエス様の愛について彼に話すことが出来たのです。

男性は彼らに聞きました「私を気にかけ、愛してくれる神がいるのか?」。「そうです!」はっきりとした答えを聞いた男性は、迷うことなくキリストを受け入れました。

このボランティアたちがしていることを目に留めていたひとりの女性が尋ねました「何故あなたたちはこのような謙遜な奉仕をしているのですか?」。クリスチャンたちは答えました「イエス様が人々を愛しているということを現すためです」。

ジャメルは病院に連れて行かれ、健康診断と治療を受けました。数ヶ月の後、彼は健康を取り戻しつつあり、彼を診断した精神科医は、きっと良くなるだろうと言いました。彼は身体を洗い自分で衣服を洗濯するようになり、食べ物を食べ、人々と付き合うようになり、教会に毎週出席するようになったとのことです。

あのカンファレンスから2年後、私は再びアジスアベバでの訓練会に招かれました。その際に、私はゴミ箱で見つかったその男性に直接会うという特権に与ったのです。いにしえの昔、イエス様に出合ったあの男のように、彼は「**服を着て、正気に返って(マルコによる福音書5章15節)**」いました!

このクリスチャンたちは、「しもべ」になって仕えたのです。キリストのご性質を身にまとい、キリストが生きられたように生きたのです。神の目を通してジャメルを見ていた彼らには、ジャメルもまた神の似姿に造られているので、創造性・言語能力・関係を築く能力・道徳の選択・「しもべ」性を与えられているということが見えていた、というのが私の見立てです。クリスチャンたちと初めて会った時、ジャメルからは創造性も、言語能力も、関係を築く能力もほとんど失われていました。道徳規範や仕える心があったかどうかは不明です。彼にとって愛は何の意味もなさないものでした。その状態から、少しずつ、少しずつ、ジャメルの中の神のご性質が見えるようになってきました。

イエス様がラザロをよみがえらせたとき、ラザロの友人たちに埋葬用の布を取り除くように命じました(ヨハネによる福音書11章44節）。神はジャメルの身体的・霊的生命を保っておられました。ギザチュウと彼の友達は文字通り、ジャメルの埋葬用の布を取り除いたのです！

私たちは聖書的に仕えるように召されている

多くのクリスチャンたち、特に長きにわたり経済的・政治的不正や権力の濫用を見てきた人々にとっては、仕えるという概念は不快なものでしょう。この人々にとって、仕えるとは強制的な奉仕あるいは奴隷的従属という意味合いを持つからです。その結果、仕えるということを軽蔑してしまうのです。

自発的でない奉仕や労働は、様々な形をとって現れます。じっさいに奴隷という形をとることもありますし、お金を稼ぐことだけを目的とした、品位を貶めるような労働であったりします。また精神的・社会的・政治的に力をもった誰かによって、望まない奉仕や労働を強いられることとして現れることもあります。これらはどれも、聖書が語る「しもべ」の姿ではありません。教会の役割は、このような人々を聖書が意味する本来の「しもべ」性へと、人々を連れ戻すことです。

もし私たちが、聖書が意味する「しもべ」として生きることを経験したことがないのなら、まず私たちから変えられる必要があります。クリスチャン生活を、長い道のりを行く旅のようなものと考えてみましょう。私たちが罪を犯すとき、その道は間違った方へ分岐することになります。私たちはイエス様の「**行きなさい。今からは決して罪を犯してはなりません。**（**ヨハネによる福音書8章11節**）」という言葉を聞き、向きを変え、方向を変えて歩き出すのです。方向を変えた後、もとの道の同じ場所に行き着き、そこに留まるのでしょうか?違います。私たちは新しい方向、神が望まれる義の方向に向かって歩き始めるのです。

使徒パウロは信者に対し、新しい人を身にまとい、神に似た者となるように励ましています。これまで嘘をついていた人は真実を語る者となり、泥棒は与える者となり、人を不快にさせる話をしていた者が人を励まし建て上げる者となり、苦々しい思いに満たされていた者は赦す者になります（エペソ人への手紙4章24～29節）。これまで自分の利益を考えて行動していた者が向きを変えて神の望まれる義の方向――他者の利益のために仕えるようになること――に歩き出すのです。

聖書が示す「しもべ」の姿になることは、内に住んでくださるキリストの助けなしには不可能です。しかし、聖霊の力によってそれは可能にされます。パウロは読者に、神の目的を達成するために神と人々は共に働くのだということを忘れないようと記しています。

恐れおののいて自分の救いの達成に努めなさい。神は、みこころのままに、あなたがたのうちに働いて志を立てさせ、事を行わせてくださるのです。

ピリピ人への手紙2章12～13節

使徒の働き9章において、アイネアという中風の人が癒され、死んでいたドルカスが生き返ったことが記されています。これらの癒しを行ったのがイエス様ではなくペテロであったという事実は、起こった出来事と同じぐらい劇的です。神は今日も癒しを行われる方であり、それが行われるときに劇的な証が生まれます。しかし、人々がもし奇跡だけに神を見出すとしたら、それは生ける神の現実を間違って理解していることになります！神はご自分を信じる弟子たちの内にある「神のかたち」を通しても、この世界にご自分の姿を現すことを願っておられるのです。私たちが人々に神の愛を現すなら、神は私たちを用いて、人を変革する力を持っておられるご自分の姿を現して下さるのです。かつては罪によって破壊されていた私たちであっても、今は「神の似姿に造り変えられた人生」という奇跡を世界に証し、伝え続けることが可能とされました。全宇宙の主であり、私たちの「市長」であられる方が、ご自身とその愛のご性質、そして「しもべ」としての姿を現すために、ご自分の「市民」を用いられるというのです。いったい誰が、このようなことを想像できたでしょうか?

神はすべてのものをご自分と和解させたいと願っておられます。万物を癒される神のご計画の中で、神の似姿を受肉している教会は大切な役割を担っています。神の似姿が教会とその人々によって現されることこそ、神の御心です。それは偉大な遺産であると同時に、大きな挑戦でもあります!

神の似姿は、私たちを動機づける!

「神の義」は、神の愛の本質を表現している。神は正義を愛し、圧制を憎まれる。神は貧しい人々・在留外国人・やもめ・孤児を守るために戦われる。神は飢えた者に食べさせ、裸の者に着させ、病人を癒し、失われた者を尋ね求める。神は人類すべてが救われ、ひとり子イエス・キリストにある真理を見出すように願っておられる。聖書に記されている神の姿を理解することは、社会に対する私たちの態度に深い影響を与える。なぜなら、神が関心を示されることは、必然的に神の民の関心でもあるからだ。そうであるから私たちもまた、男も女も神に似せて造られたものとして等しく尊敬し、正義を求め、不正を憎み、必要のある人々に仕え、働くことの崇高さを守り、休むことの必要性を理解し、結婚の神聖さを保ち、イエス・キリストの栄光を熱望し、全てのひざが彼の前にかがみ、全ての舌が彼の名を主と告白することを願うのだ。それは何故か?これらすべてに神が関心を寄せておられるからである。

（*John Stott* "*Involvement*" より引用）

◆6章　教会の目的

～啓示された奥義～

アダムは「神のかたち」に造られました。そして神の御心に沿って世界を治める代理統治者に任命されました（創世記1章26～28節）。しかしアダムは、神が願っておられるようには地を統治せず、そのかわりに神に反逆し、自己中心的な選択をし始めたのです。聖書は、造られたすべてのものがそのとき堕落したことを明らかにしています。

この時以来、神は歴史を通じて、被造物を贖い、アダムから始まった宇宙規模の崩壊を回復なさろうとしてきました。神は聖なる約束（聖契）を与え、モデルとなる国家を選び、御子を遣わされました。段階的に、神は少しずつその秘密――崩壊した世界にどのように癒しをもたらし、万物が修復されるのかという神の奥義――を明らかにしてこられました。

奥　義

明日、私はジャマイカでの訓練会の奉仕に行きます。私は飛行機に乗り、シートベルトを締め、・・・そして寝るでしょう！

これまで、現代ほど便利な世界に暮らした人々はいません。人々は飛ぶ夢を持ちました。自宅の実験室で作成した翼をくくりつけ、崖からジャンプし、その「翼」をはためかせ、……そして墜ちました。

飛行の原理という秘密を知らなかったので、長い間、人類は失敗を続けました。その秘密は長い間、人類には隠されていました。

ついに、飛行の秘密が明らかになる時がやってきました。知識と知恵に長けた人々によって秘密が発見され、今日、私たちは飛ぶことが可能になりました。

聖書が語っている「奥義」とは、飛行の原理の発見のように人間の側から到達できる秘密ではありません。それは神だけが自ら明らかにすることができる秘密なのです。

長い間隠されてきた驚くべき奥義が、時が満ちて、神に選ばれたパウロによってエペソの教会に宛てた手紙の中で明らかにされました。そしてこの奥義は私たちにも宛てられているのです！

奥義の解き明かし

エペソの教会に宛てた手紙の中で、使徒パウロは神が意図しておられる奥義、罪によって破壊された世界を修復する神のご計画を伝えています。神はパウロに奥義を明らかにされ、この奥義を他の人々に伝えるようにとパウロを召されました。もはやそれは神の秘密事項ではなくなったのです！パウロは書いています。「**この恵みを、神は私たちの上にあふれさせ、あらゆる知恵と思慮深さをもって、みこころの奥義を私たちに知らせてくださいました。それは、この方にあって神があらかじめお立てになったみむねによることであり**（エペソ人への手紙1章8～9節）」

「奥義」を要約するとこうなります：「アダムの反逆によって崩壊したすべてのものは、再び回復され、調和のとれたものとされる。救い主をこの世に送ることによって万物をご自分のものとして回復なさるということを神は創造以前から計画されていた。この癒しは、キリストを通して被造物が創造者の意図・御心・命令に服従することによって起きる」。

パウロが語った言葉からもそれを見てみましょう。パウロはその奥義の目的を「**天にあるもの地にあるものがこの方にあって、一つに集められる**（**エペソ人への手紙1章10節**）」ためであると記しています。

すべてのものがキリストの下に集められるというこの啓示がパウロに与えられたのは紀元1世紀のことでした。ある注釈者は、このことがどれほど壮大であるかについて解説しています。

ユダヤ人たちは単にユダヤ王国の救世主を期待していました。ところが神の意図された救い主は、「全世界の救い主」という称号すら十分ではない、「全宇宙の救い主」だったのです。なんという違いでしょうか！（*Davidson et al, The New Bible Commentary*）

パウロは奥義を伝える前に、この啓示が与えられたのは当時の書簡の読者たちだけでなく、現代に生きる私たちも含まれると言うことを明確に指摘しています。

この方にあって私たちは御国を受け継ぐ者ともなりました。みこころによりご計画のままをみな行う方の目的に従って、私たちはあらかじめこのように定められていたのです。

エペソ人への手紙1章11節

この奥義には、私たちの果たすべき役割も含まれているのです！ですからパウロは奥義を分かち合う際に、読者の目が開かれるようにと祈りました。それは神の偉大な目的を実行に移す人々が、その相続財産と復活の力の大きさを深く知ることができるためでした。

奥義の啓示

パウロはその奥義とは、「**天にあるもの地にあるものがこの方にあって、一つに集められる**（エペソ人への手紙1章10節）」ためであると記し、エペソの教会にその詳細を明らかにしていきます。奥義のいくつかの側面を理解するために、続く聖句を丁寧に見ていきましょう。これは非常に重要なことです！パウロの時代同様に、現代を生きる我々にとってもそれらは真実だからです。

また、神は、いっさいのものをキリストの足の下に従わせ、いっさいのものの上に立つかしらであるキリストを、教会にお与えになりました。教会はキリストのからだであり、いっさいのものをいっさいのものによって満たす方の満ちておられるところです。

エペソ人への手紙1章22～23節

1．また、神は、いっさいのものをキリストの足の下に従わせ

パウロはここで、神のご計画がキリストを通して「いっさいのもの」を和解させることであると確認しています。「いっさいのもの」がキリストの足の下に置かれるのです。

2．いっさいのものの上に立つかしらであるキリストを、教会にお与えになりました。

キリストはいっさいのもののかしらであり、神がすべてをキリストの足の下に置かれると言われていることは理解できます。しかし、そのキリストを「教会に」お与えになったのは何故でしょうか？神は、教会にどれほどの計画を用意しておられるというのでしょうか？パウロはエペソ人への手紙3章でそれを明らかにします。

3．教会はキリストのからだであり

教会はキリストのからだであるとパウロは記しています。体は頭が考えたことを実行に移します。キリスト（頭）が持っておられる計画は、そのからだ（教会）が持つ計画と同じであることは明らかです。これは大切なことです。キリストと同じ計画を持つ存在、それが教会なのです。そしてキリストは、父なる神が持っておられるのと同じ計画を持っておられます。

4．いっさいのものをいっさいのものによって満たす方の満ちておられるところです。

パウロは、キリストのからだである教会を、「**いっさいのものをいっさいのものによって満たす方の満ちておられるところ**」と説明しました。教会はキリストの満ち満ちた姿であると聖書は言っています。しかし残念なことですが、今日の多くの教会の姿は、キリストの満ち満ちた姿というよりも、崩壊した世界の姿を反映してしまっているように見えます。キリストが満ち満ちているのが教会本来の姿ですが、その可能性を十分に発揮することができずにいるのです。教会は、キリストの満ち満ちた姿というその本来の自己像にふさわしい姿に到達していません。教会がもしその姿に到達するなら、（キリストがそうであったように）教会は、「**いっさいのものをいっさいのものによって満たす**」ことになるでしょう。

5．その奥義とは、福音により、キリスト・イエスにあって、異邦人もまた共同の相続者となり、ともに一つのからだに連なり、ともに約束にあずかる者となるということです。

エペソ人への手紙3章6節

その後の3章で、パウロはこの奥義をこのように述べています。パウロは、今や異邦人もキリストのからだの一員であると説明しています。互いに敵対している人々同士が、家族としてひとつにされるのです。キリストは、分断され争い合う人々の間に、からだである教会を通して平和をもたらしてくださるのです（枠内の手紙にご紹介するように、今日においても、以前敵だったもの同士がキリストのからだによって一つにされています）。

ルワンダ　キガリ

一九九七年四月某日

ボブ兄弟へ

今月は、一九九四年に起こった大虐殺の追悼月間です。昨日、一万人のクリスチャンがキガリの街を行進し、賛美を歌い、神を誉めたたえ、第二歴代誌7章14節の御言葉に沿って平和と安全と悔い改めの祈りを献げました。

行進の終着点の国立競技場で、すばらしいことが起きました。以前私たちの教会員であったヘレン・Mという女性が大群衆の前で、E（男性　匿名）氏の傍に立っていたのです。E氏は、ヘレンの夫を殺した男性です。彼女は深い喪失感、悲しみ、苦しみを味わったに違いありません。

ヘレンと並んで立っていたE氏が会衆に向かってこう言いました「私はもはや自分をフツ*だと言いたくありません。ツチもフツも、神の前に救われていなければ同じことだからです。私はあなたの夫を殺した人々の中にいました。ツチであるというだけの理由で、彼を死に至らしめたのです。その後私はイエス・キリストを信じるようになりました。それからというもの、ヘレンのところに行って、『彼女の夫を殺したのは私です』と告白し赦しを乞わねばという切迫した思いが生まれ、心に平安がありませんでした。私はブルンジにいる彼女に手紙を書き、赦しを請うために彼女を訪ねました」。
彼女がE氏にかけた赦しの言葉です「神があなたを赦したのであれば、一体私が何者だからと言うので、あなたを赦さないでいる権限があるのでしょう」。全員が涙を流しながら見守る中、ふたりは抱き合っていました。

あなたの同労者であり兄弟

サイモン

＊訳注：ルワンダ虐殺…一九九四年四月にフツ系の当時の大統領が殺害されたことを皮切りに、フツの過激派がわずか100日の間にツチおよびフツの穏健派を合わせて80万人以上殺戮したと言われている。ツチ／フツの区別が固定化されたのは19世紀の欧州の宗主国の政治的意図によってであり、民族的には同じバンドゥー系という見解が主流になっており、近年では「ツチ族・フツ族」という表現は使われなくなってきている。

6．．．世々隠されていた奥義の実現が何であるかを、明らかに

エペソ人への手紙3章9節

パウロは次に、奥義の実現とは何かを明らかにするという恵みを神からいただいたと書いています。彼は、奥義がどのように実現されるのかを明らかにしています。「実現（*NIV*訳で*administration*）」という単語はギリシャ語の「*koinonia*」（参加するという意味）から派生したものです。十字架で流された血によって崩壊した世界を神と和解させてくださったお方、キリストご自身が「奥義」です。教会がキリストの働きに参加することによって、「いっさいのもの」を神と和解させるキリストの働きが全うされるのです！教会こそが神の奥義を実行に移すという重大な役割を与えられた存在であるということを、パウロは伝えています。

7.・・・教会を通して、神の豊かな知恵が示されるためであって、

エペソ人への手紙3章10節

パウロは続けます。神のご計画は万物を回復することであり、その豊かな知恵には多元性があり、多方面にわたる広がりがあります。神のご計画は、霊的な領域に限定されたものではなく、原罪によって崩壊したいっさいの被造物を含んでいます。キリストの意図に従う教会は、神の多面的なご計画（すべての被造物を回復する）を世に現し、この奥義を実行に移すのです。「この節に書かれている教会の役割を思うとき、ただ呆然としてしまう」とある人が書いていましたが、私は心の底からうなずきました。教会に与えられている可能性の大きさは、ただ呆然とするしかないほどのことなのです！そして、奥義の啓示はさらに続きます・・・。

8. これは、今、天にある支配と権威とに対して、教会を通して、神の豊かな知恵が示されるためであって、

エペソ人への手紙3章10節

過ぎ去った時代には、その偉大で多方面にわたる目的は神のうちに隠されていたのですが、今や地上の人々にだけではなく、霊の世界の支配者や権威者にも知れわたったというのです。「天にある支配と権威」とは、暗闇の世界、悪魔の霊的軍勢、また天使たち、神の国の霊的軍勢のことでもあります。サタンと天国の軍勢、そして霊的世界の隅々にまで、キリストによっていっさいのものをご自身と和解させるという奥義を、教会を通して知らせてくださるというのです。天の領域の全ての支配者や権威者が、世界という劇場を見守っています。彼らは多面的な神の知恵――平和をもたらし、分裂を終わらせ、崩壊を癒し、すべてのものを回復する驚くべき計画――をそこで目撃することになります。これらすべてのことが、教会によって実行に移されるというのです！

神の贖いの目的の実現――神の多面的な知恵
教会によって実行に移される

> **永遠杯（エターナル・カップ）**
>
> 競技場は人々で溢れかえり、フィールドでは試合が行われています。フィールドには二つのチームがいます。暗闇の王国と、光の王国（＝教会）です。スポーツの試合のように、スタンドには双方のチームのサポーターがいると考えましょう。それぞれのチームにはコーチがいます。イエス・キリストが教会側のコーチで、暗闇の王国のコーチはサタンです。神の子イエスは、良く練られたゲームプランを持っています。イエス様の戦略は素晴らしく、また多角的です。
>
> 教会がコーチのゲームプランに従って戦うなら、ワールドカップより優れた杯、エターナルカップ（永遠杯）を手にするのです！教会は地上においてだけでなく、永遠においても優勝するのです。
>
> （＊理解を助けるために私たちは比喩を使いますが、比喩を使うことによって常にいくつかの要点は捨象されます。この比喩においてもそうです。イエス様とサタンは同列ではありません！イエス様は全能の神の子であり、神格を持っています。しかしサタンは堕落した天使であり、その力は限定されています。）

奥義の解明

エペソ人への手紙1章は、奥義についていくつかの難解な質問を投げかけています。それらの質問のいくつかに、今は答えられるのではないでしょうか。

・**質問**：神はなぜ、「教会のために」いっさいのものをキリストの足元に従わせ、いっさいのものの頭となるように意図されたのでしょうか？

・**解答**：それは、神がご自身の目的を達成する手段として教会を選ばれたからです。いっさいのものを癒すという創造者の永遠の目的を達成するために、教会が中心的な役割を担うというのです。これ以上に偉大な目的と特権を、私は他に想像することができません！何という素晴らしい特権なのでしょうか？

・**質問**：キリストが「**いっさいのものをいっさいのものによって（エペソ人への手紙1章23節）**」満たされるならば、教会の役割とは何なのでしょうか？

・**解答**：キリストのからだである教会は、キリストと同じことをするように召されているのです。キリストは社会生活の全ての必要を満たされるお方です。ですから、崩壊を癒される神のご計画を携えた教会もまた、知恵を尽くして社会の全ての領域に侵入していくことが求められているのです。キリストのからだとしての「神の民」は、個人・家族・地域生活に入り込み、神がいっさいのものをご自分と和解させたいと願っておられ、また神にはその力があるのだということを世に顕す必要があります。教会が宣べ伝える希望は、人間社会が提供してくれる希望ではなく、奥義そのもの「**あなたがたの中におられるキリスト（コロサイによる福音書1章27節）**」が提供して下さる「**栄光の望み**」に基づくものなのです。

つまり、何が言えるのか…

神は、ご自身の偉大なご計画である贖いの目的を、信仰者である個人を通してだけではなく、教会（地域教会および普遍的教会）を通して成し遂げたいと願っておられるのです。教会がその任務を実行に移すとき、地域社会および国々において神の目的が達成されます。

つまり、社会を変えるという点において、教会は国家の大統領や首相・議員たち・経済界の指導者よりもはるかに重要な役割を担っているのです。神がその偉大なご計画を実行に移すために指名された主要な、かつ戦略的に最重要な機関は、政界や経済界ではありません。神は教会を指名されたのです。そして私たちは教会の頭であるお方に仕えています。私たちはこの「市長であるお方」のために働きます。そしてこの市長は万物を癒すご計画を持っておられるのです！

地域社会で奥義を現す

どの時代、どんな場所でも、地域教会の前には選択肢が置かれています。神のご計画の執行者となるか、もしくはならないかという二択です。同じ地域にある複数の地域教会にも、「地域のキリストのからだ」として、一致協力してそれを行うかどうかという同様の選択肢が置かれています。モーセがエジプトから導き出したイスラエルの民にも、あの世代の選択肢が与えられました。神はご自身のご計画は、彼らが約束の地に入ることだと言われましたが、彼らは恐れたのです！信仰がなかったために、彼らは真実な神の目的を体験できず、寄留生活に留まりました。その世代は約束の地に入ることはできず、祝福はその世代から取り上げられ、神はそれを次の世代に渡されたのです。

神は偉大な目的のために地域教会を選び、比類ないユニークな力を与え、働きを推進するために備えてくださっています。

● 地域教会は地域社会の縮図です。もし地域教会が神の御心に従うなら、社会に対して神のご計画のモデルとなることができるのです。

●地域教会が神の御心に従うなら、その地域において、神の似姿とご性質を地域に鮮明に現すことになります。神が置いてくださったその地域で、「神の代理統治人」として全被造物に仕えることになるからです。
●神は教会にリーダーたちを備え、与えてくださっています。リーダーたちは、神の偉大な目的のために教会の信徒たちを整えます。「神の民を整えて主の働きができるようにし、その奉仕を通して神の統治を拡げる」というのは、すべての教会リーダーについて言える、「教会リーダーの包括的な職務内容」なのです（エペソ人への手紙4章11～13節）。
●地域教会は教会全体として全員が協力して地域における働きを推進すると同時に、個々のメンバーがそれぞれ置かれた場で地域社会に仕え影響を及ぼすために、彼らを整え、派遣するよう期待されています。
●他のクリスチャン団体に与えられた限定的な使命とは違い、地域教会に与えられているのは神のご計画の全体像を包括的に現すという召しです。

ハーベスト財団での奉仕を通して、私は、人々が神のご計画に仕え始めた時、個人・教会・地域社会、そして国家に至るまで大きな影響力を与えるようになったという、数多くの証を聞く特権に与りました。既にこの奥義を実行に移している多くの神の民の証を、私はこの本に掲載しましたので、参考にしてくだされば幸いです。

しかし、私はあなたに違うことを提案したいのです。ここであなたに、少し時間をとって考えていただきたいと思います。あなたが置かれている地域社会に思いを巡らし、崩壊している特定の領域に目を向けていただきたいのです。そして、あなたの所属する地域教会が、和解と癒しをもたらす執行機関であることを思い描いてください。あなたの教会の人々が、キリストの満ち満ちた姿によって崩壊した社会のいっさいのものを満たしていることを想像してください。あなたは何を見るでしょうか?どんなビジョンが湧いてきましたか?もしイエス様が市長だったら、あなたが住む地域にはどのような変化がもたらされるでしょうか?

奥義の要約

パウロはエペソの信者たちにこの書簡を通して啓示された奥義を明らかにしました。この書簡には、教会の目的、戦略に関する神の啓示が網羅されています。彼は奥義を信者たちに伝え、そして私たちにも伝えています。

●**神の偉大な目的は、教会を通して達成される。**
- いっさいのものはキリストの足の下に置かれる。
- キリストはすべての頭となられる――教会のために。
- 教会はキリストのからだである。
- 教会はキリストの満ち満ちておられる場所である。
- かつての敵(サタンや悪霊ども)は一致団結している。
- 教会は奥義を実行するよう召されている。
- 教会は多面的な神の知恵を現すように召されている。
- 教会は、神のご計画を支配者、権威者にも知らせる役割を持つ。
- すべての地域教会のリーダーのなすべき仕事内容を要約するなら、「地域への奉仕のために教会員たちを整えてキリストの弟子とする」ことである。

● **教会は、神の偉大なご計画とダイナミックにつながっている。**

・すべての被造物を包含する神の目的は、いっさいのものをキリストの下に回復することにある。

・教会の役割は、神の偉大なご計画を実行に移すことである。

・教会はキリストのからだであり、キリストの満ち満ちておられるところである。

・キリストの下にいっさいのものを回復するという神の目的は、「教会のため」である。

・キリストに従う者、つまり私たちこそが教会そのものである。

・神のこの目的のなかで、私たちはひとつの役割を果たす。その偉大な役割は、「相続財産」と表現されている。

・キリストが血を流されたのは、いっさいのものが回復されるためであった。その手始めとして、神と人類の間の破れた関係の修復を成し遂げて下さった。

・この回復の業は、神から「遠く離れて」しまった人類を、キリストを通して、神との関係に連れ戻すところから始まる。

・回復された人々がキリストの似姿を生きることになるので、被造物のすべての領域――特に自分が影響力を持つ地域や職域――における神の御心を現すことができる。そのとき、神の変革と回復のご計画は推し進められる。

・キリストが再臨なさって、万物の和解は完成する。神の民に今日委ねられている責任は、神の支配される領域を拡大し、「主人が戻られるまで地上を占領（Occupy）」することである。「**私が帰ってくるまでこれで商売をしなさい（*King James* 訳では *"Occupy till I come."*）。（ルカによる福音書19章13節）**」

・神の民は、再び、神の代理統治人としての特権に与る。

奥義の宣言

奥義がどれほど壮大であるかを別の言葉で現している「メッセージ訳聖書（*the Message*）」のエペソ人への手紙1章22～23節を見てみましょう。非常に力強い文章です！

神はいっさいのものの責任者であられ、いっさいにおいて最終決定をなさるお方です。このいっさいの中心で、キリストが教会を治められます。つまり、私たちが目にしている教会は世界の周辺部に位置している存在ではなく、世界が教会の周辺をとりまいているのです。教会はキリストのからだです。キリストが語り、行動なさり、臨在によっていっさいを満たされる場所――それが教会なのです。*(the Message Version Bible)*

神がご自身の奥義を私たちに分かち合ってくださるとは、何という大きな特権でしょう！教会の中にキリストが満ちておられます。このキリストを現すように私たちには力が授けられているのです。現代に生かされている教会も、私たちが仕えている世界に向かって、この奥義を宣言していく任務を授かっているのです。

エペソ人への手紙

エペソ人への手紙は聖書の中で、教会のビジョンと目的について最も明確に語っている書簡です。パウロが、長きにわたって隠されてきた奥義――神の偉大なご計画と、教会を通してそのご計画を実行に移すという神のご計画――を明らかにしたのもエペソ人への手紙の中でした。

エペソの教会はこの啓示を受け取るのに最も適した教会でした。長期間、指導者としてパウロと共に働いたアポロ、プリスカとアクラらによってその土台が築かれたと考えられています。パウロは、この群れの世話をさせるためにテモテを派遣しました。使徒ヨハネとイエス様の母マリアも、この教会のメンバーであったと言い伝えられています。

パウロは他のどの教会で過ごしたのよりも長い期間をエペソの教会で過ごしました。エペソに着いた最初の3ヶ月間、パウロはユダヤ人の会堂で神の国について教えました。人々の反対に逢ってからはツィラノの講堂に移り、そこでさらに2年間教えました。そこを去った後、いつもしていたようにパウロはエペソの教会に対しても手紙を書き送りました。それがエペソ人への手紙です。他の手紙と同様、この手紙は他の地方の教会にも回し読みされたと思われますが、もともとはエペソの信者たちに直接宛てられたものでした。

信仰の初歩的学びの段階を終えていたエペソの教会は、パウロに啓示された教会に関するより深遠な教義を受け取る準備ができていました。パウロ(そして聖霊)は、これらの成熟したキリストの弟子たちに、個人的な魂の贖いの先にある段階に進んで欲しいと願ったのです。パウロは彼らに、「教会のための神が準備しておられる偉大な目的」という奥義を分かち合ったのです。

Scott Hahn, The Splendor of the Church より抜粋

◆7章　教会と今日の世界

～逆転を逆転する～

これまで私たちは、教会が社会に対して大きな変革をもたらしてきた歴史を見てきました。以下に紹介するのは、コソボにいる私の友人の宣教師から寄せられた、現代における社会変革の一例です。

コソボの某主要都市にいる私たちのチームリーダーが軍指揮官の事務所に招かれ、日頃の活動に対して感謝を表明されました。

「私は全面的にあなたがたを支援します。あなたがたのような人々は、この地域に他にいません。イスラム教徒である我らの兄弟たちも海外からやって来て数百億円もの資金を投入していますが、人々をじっさいに助けることはしてくれません。彼らがしているのは国中にモスクを建設することであって、あなたたちのように、食べる物、着るもの、住む家を人々に供給してはくれないのです。我々を本当に心配してくれているのはあなた方だけです」。

会合が終わりにさしかかったとき、指揮官とそこにいた大勢の出席者たちが、聖書とキリスト教の書籍を分けてくれないかと訊ねました。さらに指揮官はチームリーダーにこう言ったのです**「どうか我々の民を助けてください。どんなことでも自由になさってください。全面的に支援いたします。私はあなた方に全幅の信頼を寄せていますので、事前の許可申請も不要です」**。

イエス様が市長だったら、どんな地域でも、必ず変えられます！コソボからの報告のような証しは、今後も続けて私たちの元に届けられることでしょう。今日の世界中の教会にとって、このような素晴らしい変革は「どこでも見かける光景」でしょうか?世界の教会数とキリスト教信者の数は過去150年で爆発的な成長を遂げました。キリスト教徒の人口比率が増加するならば、その国におけるキリストの統治は可視化され、社会の有様は劇的に変わるはずです。全人口のたった一〇・五パーセントのキリスト教徒の存在が、ローマ帝国全体に大きな影響を与えたのですから!

残念なことですが、私たちは今日、しばしば逆の事象を耳にします。多くの社会において、教会の数が増加していながら、同時に社会は崩壊しているのです。教会は文化に対して力強く目に見える影響力を与えていません。最近、教会に対して私と同様な情熱を持つ盟友であるアフリカの兄弟と話しました。一九九〇年代、彼はアフリカ大陸南部にある、人口1・1億人以上のとある国で、「教会開拓ミニストリー連合」の指導者として奉仕していました。この団体によりますと、九〇年代だけで国内に一万の教会が開拓されました。彼は、これだけ教会が増えたなら、きっと社会に対して目に見える変革がもたらされるに違いないと思いました。現実はその反対で、その国は、ほとんど全ての社会的な側面において悪化しました。政治は民主制から独裁政権に変わり、社会の至る所に不正がはびこり、経済指標・公衆衛生・教育水準においても顕著な低下が見られました。一万の新しい教会が生み出されたのです!人口の70パーセントは、自分がクリスチャンであるといっています!教会成長と社会変革がこれほどまでに相関性がないという現実に直面したとき、もうこれ以上、誠実さと一貫性を保ち続けられないと感じ、彼はその奉仕を退くことを決めました。

この国だけが特別なわけではありません。グァテマラの人口の40パーセントが福音派のキリスト者であると自称していますが、同国は今も汚職・貧困・民族紛争の問題に頭を悩ませています。二〇〇四年の国連の報告によれば、一九九六年まで36年にわたり続いた内戦に対してグァテマラ政府は有効な手立てを講ずることが出来ず、20万人の死者と行方不明者を出した上に、殺戮に関与した犯人達は未だに裁かれていません。ルワンダでは人口の85パーセントがクリスチャンであると公言していたにもかかわらず、一九九四年に恐ろしい大虐殺を経験しました。アメリカ合衆国の85パーセントの人々がクリスチャンであると公言し、全人口の3人に1人が「新生した」クリスチャンであると言っていますが、社会の道徳的水準は著しい低下を続けています。

教会は本来、社会に変革をもたらす使命を帯び、その力も備わっているはずなのに、なぜじっさいはほとんど実現していないのでしょうか? 次のような要因があるのではないかと私は思っています。

・教会員の多くは、御言葉を聞くのみであり、行う者となっていない：

社会変革者や霊的刷新の指導者たちは説教のなかで、信仰と行動の双方が必要であると強調し、「行いのない信仰」や「信仰のない行い」などというものは無意味であると教えました。ところが今日、実践的に仕えるようにと人々に教えている教会は少数です。

・イエスを主と告白することは「イエスを主と言う」だけではなく、イエスに対する従順を意味するという真理を理解していない：

ただ信じるだけでは十分ではありません。悪霊でさえイエスが神の子であり、全宇宙の主であると信じていますが、悪霊はイエスの御心に従っていません。神の御霊が与えてくださる賜物としての信仰の真のしるしは、「愛を動機とする従順」という実を伴うことです。

・狭い解釈に基づいて大宣教命令が教えられてきた：

今日の教会の多くがその働きを大宣教命令に基礎づけていますが、この命令を「伝道と教会開拓への召し」という狭い解釈で捉えています。しかし、この御言葉を読むならば、そこにはより広くてより深い永続的な社会変革のビジョンが提示されているのが分かります。弟子とされ、バプテスマを受け、イエスの命令のすべてに従うよう教えられるべきは、(個人というよりもむしろ)「国々」なのです。

赤ちゃんが赤ちゃんを生む

グァテマラで地元の牧師を訓練しているキッシュインディアン（訳注：グァテマラ山間部に住むマヤ族のなかの、キチェ語を話すキチェ族）の友人は、神の御計画をあますところなく受け取る教会が建て上げられるために情熱を持って取り組んでいます。彼がこんな話をしてくれたことがあります。

ボブ、私が住んでいる部族の中にあるような教会は、もうこれ以上必要ないのではないかと思うことがあるんだ。村によっては、すべての通り沿いに教会堂が建っているが、それらの教会は互いに、説教のなかで隣の教会を非難しているんだ。例えば、「あの教会に行くということは、異端に荷担するということです。私たちの教会こそ、聖霊の力が働いておられる唯一の本物の教会なのです！」という具合にね。この地域の問題は、伝道がなされていないということではなく、クリスチャンと教会が弱く未成熟なことだと思う。赤ちゃんが赤ちゃんを生んでいるんだ！彼らは新しく生み出された教会の最初の急務が「次なる新しい教会を生み出すこと」だと信じている。でも教会も信者も霊的に成熟していない。仮に新しい信者、教会が生み出されたとしても、彼らには人々や教会を養育するということができていないんだ。

この話を聞いたとき、私は問題の根深さを思い知らされました。若者たちが子どもを育てられるような成熟した大人になる前に結婚、出産してしまうことを、私たち（アメリカ合衆国）の文化では、悲劇と考えます。それなのに、霊的な世界で同じことが起こると、（つまり霊的な赤ちゃんが新しく赤ちゃんを生み出したとき）「主を誉めよ！」といって手放しで大喜びするのです！

「ギリシャ的」宣教命令（グリーク・コミッション）

今日の多くの教会が従っているのは、グレート・コミッション（大宣教命令 *Great Commission*）というよりむしろ、グリーク・コミッション（「ギリシャ的」宣教命令 *Greek Commision*）と私が呼んでいる命令です。グリーク・コミッションという言葉は私の造語であって実際には存在しませんが、もしあるとしたら、それはこのようなものです「**行って、全ての人々に個人的な霊的回心をさせ、彼らが伝道と教会開拓をするよう教えなさい**」。

どうしてこれが「ギリシャ的」なのでしょうか？初代教会は、グノーシスというギリシャ的な異端と戦っており、その教えは、「霊的世界に属するすべてのものは善であり、物質界に属するすべてのものは悪である」というものでした。これは聖書的な教えではありません。御言葉が教えているのは、悪は物質的な世界と霊的な世界の双方に実在し、また神は自ら創造され「非常に良かった」と宣言された物質的な宇宙を贖われるということです。今日の教会に、自らがギリシャ的な異端を信奉しているという自覚は当然ありませんが、じっさいには無自覚に信じているということがあり得るのです。エイミー・カーマイケルという宣教師が20世紀初頭にインドに遣わされたとき、彼女は「ギリシャ的な思想」と戦わねばなりませんでした。インドで堕胎や女の子の間引きが習慣的に行われ、異教の宗教儀式の神殿売春婦になるために、小さな女の子たちが性的奴隷として売買されているのを知ったとき、彼女はぞっとしました！ヒンズー教の一派からの迫害や、イギリスの植民地政府からの抵抗にもめげず、彼女はそれらの女の子たちを守り保護するために、憐れみに満ちた慈善活動を開始しました。悲しいことに、彼女は多くの宣教師仲間たちからも批判を浴びせられました。その宣教師たちは、孤児院を建てたいという彼女の願いと努力は「世俗的な活動」であって、「魂を救う」という彼女の「本業」から外れていると主張したのです。それでも彼女は諦めませんでした。そして非難する人々に対して、こう言いました「多かれ少なかれ、魂というのは身体に堅く結びつけられています」。

そうです。魂は多かれ少なかれ、堅く体と結びついているのです！何故、私たちはそうでないかのようにふるまうようになってしまったのでしょうか？

思考の分断が教会の分断をもたらした

「霊的な働きと社会的な働き」という非聖書的な分断をもたらしたのは、近代の教会の「思考の分断」でした。その結果、19世紀のプロテスタント教会は、伝道の責任と社会的責任に関して互いに正反対の立場を取る二つの派閥に分裂してしまいました。

●伝道と教会開拓に重きを置く「保守派の教会」は、聖書が神の言葉であることを信じ、世界を霊的側面から説明しようと試みました。この人々は今日、福音派に属するほとんどの教会・ペンテコステ派・カリスマ派・ファンダメンタリスト（根本主義的キリスト教徒）、および神学的に保守的な見解を持つ教会や団体として知られています。

●「リベラル派の教会」は、教会の社会的責任に焦点を当てました。この方々は御言葉を字義通りに解釈するのではなく、科学と物質世界から世界を説明しようと試みました。リベラル派は社会問題に影響力を与えることを志向し、霊的な伝道活動にはあまり注力しませんでした。この方々は現在、主流派（訳注：*mainline denominations* のこと。米国のプロテスタントの穏健主義者と自由主義神学の信奉者。日本では日本基督教団の一部をはじめとするリベラル諸派が該当する）を構成する多くの教会と、自由主義神学を支持する教派・教団・教会として知られています。

なぜ教会にこのような分断が起きてしまったのでしょうか?その背景には欧米社会が通ってきた激動の歴史があります。南北戦争の後、奴隷制度、飲酒の是非、および終末論に関する見解の相違により、アメリカ合衆国の教会は深刻な分裂を経験しました。ヨーロッパでは、自然科学が流行しもてはやされ、「自然主義」と呼ばれる哲学が台頭しました。曰く、「真の知識に至った」人類は、もはや全宇宙のしくみを、科学と理性によって説明することが出来るようになったというのです。科学は、宇宙の起源を除くあらゆる事象を説明可能であると考えられました。ほどなく、チャールズ・ダーウィンという植物生態学者が現れ、起源の問題に対する解決を与えました。彼が言うところには、生命は偶然に誕生し、なんの導きも加えられず、ゆっくりと自然に進化して、今我々が見ている形になったというのです。自然主義の拡大形態である、進化論という名のこの哲学は全世界を席巻しました。自然主義者たちの理解によれば、人類は理性と科学さえあれば森羅万象についての真の知識に到達できるので、実在が証明できない霊的な世界というものはもはや意味を失ったのです。

リベラル派の教会と社会的福音

19世紀の西洋諸国において自然主義が哲学の主流になると、科学と理性によって居場所を奪われた教会は、これまで経験したことのない困難な状況に追い込まれました。ドイツの哲学者たちは、自然主義と神学を融合させ、キリスト教を自然主義的に解釈することで対処しようとしました。「高等批評」と呼ばれる神学的潮流が一八五〇年代のヨーロッパの神学校で生まれました。この教えは、アメリカの主流をなすキリスト教の教派や神学校に広く受け入れられ、全世界のリベラル派の教会の講壇で語られるようになりました。「高等批評」は、今日「社会的福音」として知られる流れを生み出しました。

彼らの焦点は、やがて来る霊的な神の国から、可視的な地上の王国へと移行しました。つまり「人間の努力と善行、社会運動と啓蒙された政治活動によって、社会的な発展が現世に実現されていくことを目指す」という方向性へと移っていったのです。この信条に基礎を置くリベラル派の教会は、社会問題の解決に重きを置くようになりました。社会的福音の主張を端的に言い表すならば、「神の国は、良い行いの結果、地上にもたらされる」ということになります。もはや個人のキリストへの回心は不要になってしまいました。

「大いなる逆転」と福音派の教会

この考え方は、「すべての個人は新生しなければならない」と堅く信じる福音派には、異端と映りました。福音派はその反動から、自分たちの信条を擁護することと福音伝道活動に没頭するようになりました。霊的側面にことさら焦点を当てるようになる一方で、福音派は社会的な活動にはほとんど関心を払わなくなりました。「社会変革をもたらす働きに対する甚大な投資」がなされてきたキリスト教史の大きな流れが「逆転」したのです。社会的活動に対するこの拒絶反応はやがて、「大いなる逆転」と呼ばれるようになります。

まもなく福音派の教会の視野は、伝道と教会開拓という狭い領域に固定されてしまい、神が関心を寄せておられるその他の領域はなおざりにされるようになりました。福音派の教会が設立した神学校や聖書学校で、神学生たちは伝道と霊的回心の方策について訓練を受けました。こうして設立された神学校や教会の大多数は、一九〇九年に初版されたC．I．スコフィールドの注釈が付属した聖書によって広く大衆の知るところとなった、ジョン・ネルソン・ダービーが提唱した「ディスペンセーション神学」と呼ばれる聖書の歴史観に大きな影響を受けました。ダービーの影響を受けた「スコフィールド注釈付聖書」は、20世紀前半に多くの福音派の教会および神学校で使われその注釈と解説は権威あるものとして扱われました。ディスペンセーション神学のもとで訓練された男女が卒業し、全世界に教会を開拓すると、結果的に保守派の教会の社会的影響力を失わせてしまうことになる、次の二つの信条が広まりました。

●イエスが再臨されるときまで、社会が悪くなるのは不可避である。
●イエスの再臨の後に来る「神の国」は、もっぱら未来に属する。

・世界が悪化するのは避けられない

当時の福音派は、教会が社会変革の働きに携わる理由はほとんどないと考えていました。結局のところ、イエスが再臨されるときまで世界は衰退するよう運命づけられているのです。福音派は世界の将来に対して悲観的になり、やがて来るキリストの統治を心待ちにするようになりました。この世は地獄に行く運命にあるので、最も大切な務めは、魂を救って天国へと導くことなのだという考えが広まりました。

世界の衰退は不可避であるというこの思想から、伝道者ドワイト・L・ムーディの「救命ボート理論」が生まれました。彼の有名な発言を意訳するとこうなります「**この世は沈み行く大船のようなものだ。神は私を救命ボートに乗せ、救命胴衣を与え、こう言われたのだ。**『**ムーディ、行って一人でも多くの人を救うのだ。大船のことをどうにかしようなどと思わなくて良い。この大船はどのみち沈むのだから**』」。ムーディ自身は福音の社会的側面にも注力していましたが、世界を沈み行く船に喩えた彼の理論は同時代の多くの人々の思考様式に影響を与えました。「救命ボート理論」はこの世代の宣教師たちに浸透し、彼らを介して全世界に伝播しました。

たしかに、この世界に悪が存在すると言う意味では、ムーディが言ったことは正しかったと思います。あらゆる世代に生きたクリスチャンたちは、この社会に留まり、なおかつ世俗的な価値観に染まらないということに苦闘してきました。信仰者は各時代において、この世の悪と対決し、悪から解放され、悪を避け、回避し、自己防衛し、分離されるために、ありとあらゆる方策を講じてきました。しかし、たとえ悪があるからと言って、信者がその家族や兄弟たちとともに自分自身を社会から完全に隔離してしまったとしたら、それは神の御心を無視していることになります。彼らはもはや、希望に満ちた神の変革の物語を人々と社会に届けることが出来ず、暗い世界にあって「世の光」として用いられなくなってしまいます。イエスの時代から現代に至るまで、あらゆる時代のクリスチャンたちは、自分たちの世代こそキリストが再臨される世代だと信じてきました。そうです。私たちは明日、来週、もしくは来年にでもキリストが来られるかのように日々を生きる必要があります。しかし、イエス様は、10年後、100年後、1000年後にも来られないかもしれないのです。その日、その時を知る人は、御父を除いては誰もいません。主イエスが再び来られるその日まで、神の国の働きを推し進め、世の闇を光によって「占領し」続けることを神は教会に期待しておられます。

・神の国はもっぱら未来に属する

これに加え、福音派の教会はディスペンセーション神学に影響された結果、「神の国」とはキリストの再臨の後にもたらされる霊的現実であると考えるようになりました。

イエス様は、「**わたしの国はこの世のものではありません**（**ヨハネによる福音書18章36節**）」と言われましたが、「**神の国はあなたがたのただ中にあるのです**（**ルカによる福音書17章21節**）」とも言われました。神の国は未来に属すると同時に、現在にも属するのです。イエス様はご自分に従う者たちに「御国が来ますように。みこころが天で行われるように地でも行われますように。（マタイによる福音書6章10節）」と祈るように教えられました。この祈りは、イエス様が再臨された後に御心がなるように、という祈りではなく、天で御心が行われているそのように、主の御心が今、ここにおいても行われますように、という祈りです。**現在、この地上で神の御心が行われるとき、今、この地に、神の国が来るのです。**

「未来にのみ属する神の国」という思考によって、教会は、現在において**万物の癒し**をもたらすという偉大な主の働きから離れてしまいました。神の国が未来にのみ属するとしたら、現在それがもたらされるよう、祈り働こうとは誰も思いません!

これまでの話をまとめたいと思います。20世紀初頭に、数多くの福音派の神学校で訓練を受けた若い牧師や宣教師たちが全世界に派遣され、宣教活動をし、教会を開拓していきました。彼らが欧米から諸外国に遣わされ、福音を伝道し、教会を設立し、各国の牧師を教え、他の人々にも同じようにするようにと弟子訓練した結果、ラテンアメリカ・アジア・アフリカの国々にも「ギリシャ的」宣教命令を、無自覚のうちに伝染する媒体となってしまったのです。19世紀における教会の分断の歴史のことを知らないキリスト者は、この分断とその上に構築された非聖書的な思想に、自らの信仰と働きを今でも基礎付け続けているのです。

ペンテコステ運動・カリスマ運動による「霊的覚醒」

保守派の教会はその後、ペンテコステ派と呼ばれる群れによって広がりを見せますが、彼らもまた霊的働きに重心を置いています。そのさらに10年後、カリスマ運動が起こり、この群れもまた、神学的保守派の間で爆発的に成長します。

ペンテコステ派は、一九〇一年および一九〇六年にアメリカで起きた霊的覚醒（リバイバル *Revival*）が火種となり、20世紀の初頭に立ち現れました。ペンテコステ派の強調点は福音派と同じく霊的な働きにあり、その焦点は個人の救霊、聖霊のバプテスマ、そして霊的賜物でした。福音派とペンテコステ派は、聖霊のバプテスマと霊の賜物の教義に関して互いに激しく対立していましたが、19世紀に現れたリベラル派に対抗するという点では一致していました。福音派は神学的論証や聖書弁証学によってリベラリズムに対抗したのに対し、ペンテコステ派は個人の霊的な体験によって対抗しました。ある人が著しているように、ペンテコステ派は現世の問題にも光を当てましたが、それは霊的な解決によってでした。「**私たちは魂の救済のために働くのに、どうして病人のためには祈らないのだろうか？イエス様の働きにおいて、この二つは互いに切り離せるものではなかった。イエス様は説教をし、病人を癒し、悪霊を追い出したのだから、私たちはそれ以下のことしかできないと、誰が言ったのだろうか？（*Farah,* “*American's Pentecostal*”）**」ペンテコステ派は福音の社会的役割に自覚的に焦点を当てることはありませんでしたが、初期のペンテコステ派の人々は社会に影響を与えていました。

ペンテコステ派の人々は直接的に政治に働きかけることはなかったものの、彼らの行動には社会的影響力と政治的発言力が伴っていた。初期のペンテコステ派の人々は平和主義者であると同時に禁酒法賛成者であった。また、彼らは宗教団体として、人種差別および女性への中傷に対して正式に反対を表明していた（*Stephens,* “*Assessing the Roots of Pentecostalism*”）。

ペンテコステ運動は、多民族、多人種にまたがるムーブメントとして広がりました。経済的には貧困層、および中産階級の下層の中間あたりに位置していた初期の信奉者たちは、まもなくキリストが再臨し、社会のすべての問題と病を解決されると信じていました。彼らは同時に、信仰と、神の超自然的な助けと、互いの重荷を負い合う相互扶助によって、経済的困窮者や社会的に虐げられた人々に手をさしのべ、人種差別の問題にも取り組みました。個人の聖化を追い求めることや、「世俗的な」行いを慎むことによって、彼らは1世紀のキリスト教が保っていた価値観を再建しようとしました。20世紀初頭、ペンテコステ派の信者はわずか少数でしかありませんでしたが、終末について語るこのムーブメントは全世界で力強い宣教活動を巻き起こしました。すぐにでもキリストが再臨されるという緊急性に後押しされ、ペンテコステ派の宣教師たちは伝道と教会開拓を最重要課題として邁進しました。加えて彼らは忠実だったので、20世紀中頃までにペンテコステ派は全世界で爆発的に増加しました。その後一九六〇年代まで、霊的な働きが最優先であるという彼らの価値観は変わりませんでした。

一九六〇年代の社会的混乱を経験したペンテコステ派の指導者たちは激動の時代について次のように要約しました。「**戦争、民族紛争、汚職――これらは今日の問題である。人々は文化、社会、道徳が向上するための答えを希求している**（*Carlson, The Assemblies of God in Mission*）」。教団は指導者達に対し、荒れ狂う時代に対しどのように応答すべきかについて調査研究するように指示しました。リベラル派の教会が社会的正義を擁護していたのに対し、ペンテコステ派の教団は、伝道、賛美と礼拝、教会開拓の刷新と再編成によって社会の病理に応答するべきだと結論づけました。激動の時代、ペンテコステ派の教団は他の多くのリベラル派や福音派の教会と同様、「ギリシャ的」思考様式に基づいて働きを推し進めたのです。

一九六〇年代はアメリカで初めてカリスマ派の教会が台頭した時期でもありました。霊の賜物の信仰はもはや、ペンテコステ派だけの教義ではなくなりました。一九七〇年代から八〇年代になると、主流派の教会、単立の教会や団体、カトリック教会にさえも霊の賜物に対する関心が沸き起こりました。カリスマ派は、奇跡・しるしと不思議・霊的権威を強調し、その熱意溢れる霊的な説教により、多くの国々で人々を巻き込んでいきました。20世紀の終わりに至るまで、カリスマ派の主要な働きは個人と教会の霊的刷新でした。伝道・礼拝・リバイバル集会・癒しと奇跡の集会・教え・書物・音楽・メディアなどを通して、訓練を受けた働き人たちはそのメッセージを世界に届けました。

ペンテコステ派とカリスマ派は飢え渇く世界に対して霊的な刷新をもたらしました。しかし、世界から身体的・社会的な飢餓がなくなったわけではありません!保守派の多くの教会が、身体的・社会的必要に応答していたのは確かですが、それらは多くの場合、二次的な優先課題と考えられました。「大いなる逆転」の後も、一貫して身体的・社会的働きを続けてきた方々もいます。彼らは自国または海外で病院・種々の医療機関・学校・孤児院・その他の慈善活動を設立し運営しました。しかし、場合によってはそれをしている当事者の口からさえ、彼らの身体的必要に対する働きは伝道のための手段であるという言葉が聞かれ、身体的・社会的に傷んだ人々を癒すという神の御心の実践と言うよりは、伝道という「より高い目標」のための手段であると認識されがちでした。

身体的・社会的な働きが必要な理由と、望ましい方法

これまで語ってきたことが、いまだに腑に落ちないと感じておられるクリスチャンの方がもしいらっしゃいましたら、私は二つの理由から、敢えてその方々にご忠告申し上げたいと思います。

- **第一に、私たちは憐みの行いを正当化する必要がありません。私たちは結局のところ、隣人を愛するように命じられているのです。**
- **第二に、憐みの行いは、霊的な回心を期待してなされるものではありません。霊的に応答するのは10人のうち1人だけと知りながら、イエスは10人のツァラアト患者全員を癒されました。**

イエスは何をされたか？

10人のツァラアト患者たちが癒しを求めてイエスのところに来ました。イエスは人の心の中を知られますので、戻って来て主をあがめるのは1人だけであることを知っておられました。

・もしイエスが伝道の目的のためだけに癒しを行っておられたなら、戻ってくると分かっていた1人だけを癒されたことでしょう。しかしイエスは全員を癒されました。

・応答には関係なく、イエスは必要を抱えた10人全てに対する神の御心を現しました。

神を知り、イエスの似姿に近づくために私たちは造られました。私たちもまた、霊的な応答のあるなしに関わらず、全ての人に対して神の愛と憐みを実践する必要があるのです。

次のように自問し、私たちは自らの奉仕活動を常に吟味する必要があります。

- **仕え、伝道しようとしている人々が、こちらに「隠された意図」があるのではないかと勘ぐる必要のない奉仕をするには、私たちはどのような態度を持つべきでしょうか？**
- **人々を「回心させたい魂」としてではなく、ひとりの人間として愛しているということを、私たちはどうやったら示すことが出来るのでしょうか？**
- **クリスチャンである私たちが、イスラム教やヒンズー教が運営している病院で治療を受けたとき、もし彼らの関心が私たちの身体の治療よりも私たちを改宗させることにあると気付いたら、いったいどのような気持ちになるでしょうか？**

第三世界における教会の働き

19世紀から20世紀初頭にかけてリベラル派と福音派双方の宣教師たちが派遣先の国々で各々の神学を伝えることによって、「社会的福音」と「霊的救済」という、欧米に端を発する働きにおける分断は、非西洋諸国にそのまま受け継がれました。福音派の宣教師たちが医療・教育・孤児院などを働きに取り入れることもありましたが、彼らの最終目標は常に個人の霊的回心にありました。

各国の教会指導者たちが伝道と社会的活動を組み合わせることもありました。たとえば日本の賀川豊彦は、著名な伝道者であると同時に社会変革者としても知られ、一九三〇年代にキリスト者による社会活動の代表的な担い手となりました。

教会が欧米から諸外国に拡がったとき、その民族や個人の自主独立心が育つ一方で、反対に温情主義と依存状態を生み出してきたのも事実です。欧米の宣教団体・開発団体とともに、私はこれまで25年間にわたり奉仕を続けて来ましたが、現地の開発途上国のみならず開発団体・宣教団体の側にも、温情主義や依存状態が生み出されていくのを観てきました。それについてご説明したいと思います。

宣教師や開発援助団体が善意に基づいて行ってきた活動が、現地と団体に温情主義を生み、それが現地の地域教会による包括的な奉仕の実践を無自覚のうちに妨げてきたのです。過酷に聞こえるかもしれませんが、それが私の観てきたことです。宣教師や開発援助団体の大部分は、経済的に豊かな西側諸国からやってきます。長年にわたり彼らの働きは、「**現地の人々は自力で問題を解決できないので、外部からの資金、物資、技術の支援が必要なのだ**」という前提の下に築かれてきました。プロジェクトは西側からの資本によって開始され維持されますので、現地の人々が既に自分たちに与えられている可能性を発見し活用するようには奨励されてきませんでした。善意の努力によって、実際には貧困を強化する依存的な思考様式が生み出されるという、皮肉な結果がもたらされてきたのです。

あらゆる国の人々が、工業先進国に神が与えられたのと同等の知性・能力・創造性、そして神ご自身のご性質を持っているということを、私たちは知る必要があります。彼らに対して神が抱いておられるビジョンを一緒に受け取り、神から授かった潜在能力と賜物を発見するための励ましが必要なのです。ルワンダやコソボに住む人々は、平和と繁栄を謳歌する国々に住む人々と同じだけの潜在能力を持っています。彼らは神に似せて創造されたのですから、神がお与えになった無限の可能性を持っているのです。神の国が建て上げられるために、神がその国に既にお与えになっている人材と資源があれば、本来事足りるはずなのです。

現地の資本を用いるべきだという話を私たちがしますと、物質的に豊かな者は貧しい者たちを助けるべきであるという御言葉を指摘する方もおられます。確かにそのとおりですが、現地の教会が主を見上げ、既に与えられているお金や資源を活用する前に外部から資本が投入されると、地に癒しをもたらす神の働きはかえって遅くなり、ときには妨げられることさえあるのです。現地の方々と協力して働く工夫が必要です。南米で牧師の訓練に携わるスタッフの、次の言葉に耳を傾けましょう。

欧米人の性急な問題解決志向は、多くの開発途上国に伝播してしまいました。彼らが現地の可能性を用いようとしないことが原因だと私は考えています。現地の人々は、自分たちには人的にも物質的にも資源がないという嘘をまるで真実のように受け入れてしまっているのです。思考における貧困は、ときには物質的な貧困よりも深刻です。

神学的な分裂、国家主義、そして温情主義の弊害があったものの、20世紀の福音派・カリスマ派・ペンテコステ派の教会は非西洋諸国で成長を続け、増え拡がりました。欧米のキリスト教徒は毎日7600人減っているのに対し、サハラ砂漠以南のアフリカ諸国では毎日16400人が教会に加えられ、韓国では一日あたり6つの教会が新規開拓されました。そうです。非西洋諸国において、教会は爆発的に成長しました。それらはどのような教会であり、それらの教会は、各国の社会にどのような影響を与えたのでしょう?

教会の大損失

19世紀、20世紀の教会は、悲劇的な損失を経験しました。教会が世界中に増殖し、キリスト者を公言する人の数は増加したにも関わらず、文化に対する影響力は失われてしまったのです。

教会は現実世界と霊的な領域の間に非聖書的な区分を設け、「言葉」と「行い」の間に非聖書的な隔たりを作り出してしまいました。リベラル派の教会は超自然的な聖書の権威と個人の魂の贖いに対する真理を失い、保守派の教会は神がお造りになった全ての領域に包括的に働きかけるという情熱を失いました。

教会は、盗難に遭ったのです！この分裂をもたらしたのは教会でも、自然主義でも、歴史上の出来事でもありません。多くの要因が絡み合い分裂が引き起こされましたが、それをもたらしたのはサタンです。サタンは教会を憎んでおり、サタンの願いは教会を破壊することです。サタンは、ふたつの派閥に分裂した教会の双方を「ペテンにかけた」のです。教会は、不正に奪われた領土を取り返さねばなりません。私たちは自らの確信を堅く保ちつつも、もし他者を裁いていたのだとしたら、悔い改め、互いに仕え合う道を模索するべきです。私たちは霊的に失われた人々を救いに導く働きと同時に、霊的・物質的・身体的・社会的に傷つき飢え渇くこの社会を変革するためにも適切な方策を模索せねばなりません。すべての教会が働きの全体像を再定義する必要があるのです。私の友人は、各派閥に属する教会に与えられているそれぞれの強さを、お互いが必要としていると指摘しています。「**リベラル派の教会は社会に何が必要とされているかを指摘し、福音派の教会は方策を練り上げ、カリスマ派・ペンテコステ派は計画の中に神が直接働かれていることを思い出させてくれるのです！**」

あなたが属している教派や教団は、これまでどのような道を歩んできたでしょうか？それよりも大切なのは、今、どこに向かっており、明日はどこへ進もうとしているのでしょうか？

調　査

スタッフの一人がアメリカの都市部で実施された民間の調査について分かち合ってくれました。調査ではこのような質問がなされました。

「**人生で最も危機的な状態になったとき、あなたは誰に助けを求めますか？**」

回答者は様々な答えを出しましたが、教会と答えた人は誰一人いませんでした！教会は、イエスが願っておられるようには、人々に認識されていないようです。

教会の損失は甚大だったのです。

「逆転の逆転」
～社会的関心への回帰～

福音派の教会が社会問題への関心を失った出来事は「大いなる逆転」と名づけられました。キリスト教会が社会を変革してきた長い歴史が「逆転」したからです。しかしとうとう、保守派の教会は伝道への情熱を失うことなく、再び社会問題に関心を寄せ始めたのです。それが「逆転の逆転」と呼ばれるようになったのは驚くに値しません。

一九六〇年代に世界中で起きた市民運動に触発され、保守派の教会はそれまで軽視してきた社会の現実に対して目を覚まし始めました。最初の転換点は一九七四年、スイスのローザンヌで開催された世界宣教会議でした。150以上の国々からの参加者は、主たる条文中に伝道だけでなく社会的責任も明記した「ローザンヌ誓約」に署名しました。一九八二年のローザンヌ会議では、「**伝道と社会的責任――福音派の使命**」という文書が作成され、改革はさらに前進しました*。この文書では社会的活動が、伝道の結実であると同時に架け橋でもあると定義されました。両者は福音によって相互にパートナーです。「**福音が根であり、伝道も社会変革もその実である**」。

その翌年に、ホイートン'83という会議が開催され、世界中から集まった福音派の兄弟姉妹達が、社会の必要に応答するために聖書から原則を探し、新しい方法を模索しました。会議の焦点は、包括的な宣教、福音伝道、および教会開拓をどのように統合していくかということでした。私はこの会議の議事録中の、「**人々の必要に応答する教会**」という章を執筆する特権に預かりました。

物語は一九八三年で終わりません！全世界の教会から、全人的で包括的な福音に立ち返るようにとの声が上がりました。今から10年後にも、まだまだ課題は残っていることと思います。しかし、ビジョンを受け取り、声を上げる人々は増え続けています！数多くの教会や人々が、「逆転の逆転」を開始しています。東アフリカのペンテコステ教会で・・・アジアのセル教会で・・・合衆国の数多くの教会で・・・ラテンアメリカの大きな教派で・・・東欧の集合住宅での集会で・・・太平洋沿岸諸国のカリスマ派の働きで・・・霊的な働きと社会変革を融合し始めた主流派の教会で・・・またイエスに従う全世界の人々の日常生活のただ中で、人々が続々とビジョンを受け取り、実践するのを私は見てきました。

＊訳注：本書が執筆された6年後の二〇一〇年にケープタウンで第三回のローザンヌ会議が開催され、「ケープタウン決意表明」としてまとめられた。日本語版は「いのちのことば社」から出版されている。

●この章の執筆中に、私はフランス語圏のアフリカのとある地域でカンファレンスを開催しているスタッフからEメールを受け取りました。

スウェーデンのペンテコステ派の教会は、現地のピグミー族に福音を伝えるだけでなく、彼らの自立のために農業指導も行っています。このような援助のおかげで、ピグミーたちは深い森林地帯に押しやられて、滅亡してしまう危機から免れています。この地域では地域開発の中心的役割を教会が担っています。一九三〇年代に来てくれたスウェーデンからの宣教師たちは、人々の必要にバランス良く応答する見識を持ち合わせていたのです。

●その数日後、ハーベスト財団の取締役会で、エチオピアの地域社会で現地の教会が担っている変革の役割についてあるスタッフが話してくれました。このスタッフは妻と共に3週間エチオピアに滞在し、私たちの訓練会に参加した地元の教会や団体のリーダーたちへの聞き取り調査を終え、帰国したところでした。訓練内容が実行され、社会変革の兆しが現れているかどうかを評価した彼らの期待は裏切られませんでした！

訓練会が行われたエチオピアのある村で、その一年後に現地のリーダーたちが何を学び、何を実践してきたか、彼らは訊ねました。村人たちが最も深い影響を受けたと語ったのは、聖書的世界観のセッション中の宗教改革者たちの精神：「**力の限り働き、力の限り節約し、力の限り与えなさい**」でした。村のリーダーたちは、この言葉をそのまま村の憲章に組み入れ、その価値観は地域全体で実行されました。報告によると、その地域はたった一年で目覚しい変化を遂げ、この憲章を持たない他のエチオピアの村々とは目に見えて違っているそうです。彼らは調査をこのような結論でまとめました。「**訓練を受けた地域教会が学んだことを実践するなら、地域住民の行動様式とその有り様は変革されます！地域教会は、社会変革の執行機関となり得るのです！**」

地域教会の指導者たちが、主の助けにより、包括的な宣教の原則を御言葉と祈りを通して自ら発見することがあります。一九八〇年代にハーベスト財団と協働したある村の教会の、驚くべき誕生の物語をご紹介します。

●あるヨーロッパの宣教師が、マリファナ栽培や血みどろの抗争などの無法状態で知られるメキシコの山間部にたった一人で入っていきました。彼が人々にイエスのことを伝えると、ひとりの男性が主に導かれました。その翌日、彼に洗礼を授けるために宣教師が再び山に入ると、なんとその男性は殺されていました！彼は村の親族同士の復讐闘争の只中にいたのですが、イエスを信じた後、拳銃の携帯を止める決心をしたのです。宣教師は洗礼式の替わりに彼の葬儀を執り行いました。しかし、その男性は殺される前に、一人の人を主に導いていました。後にその人は村の牧師になりました。

その牧師と、牧師を通して加えられた数人の人々を訓練するために、宣教師は定期的に山に入りました。人々は宣教師に教会を始めるにはどうしたら良いかを尋ねました。宣教師は彼らに、数日間山にこもって断食し、祈り、新約聖書を調べることを勧めました。彼らが自分たちの信仰を地域の中で実践するにはどうすれば良いのかについても聞いたところ、宣教師は神が必ず教えてくださると答えました。神は教えてくださいました！彼らは、ヤコブ書の中に、やもめの世話をすることは大切だと書いてある箇所を見つけました。神は彼らに「**村に7人の未亡人がいる。私がまずあなたがたにして欲しいのは、彼女たちのために家を建てることだ**」と語られました。この7人の未亡人は、終わりなき抗争と復讐劇の果てに、自分たちの夫を失った人々でした(彼女たちのために家を建てることは、地元の価値観に逆行することでした。村々には、男性優位の「マッチョ」思想が浸透していたので、男たちは自らのために家を建てることはあっても、女性のために家を建てるなどということは通常、考えられないことでした！)。その地域には他にもたくさんの必要がありました。水路も、病院も、教会の建物も、トイレも、整備された道も、電気もありませんでした。にもかかわらず神は、彼らに先ず未亡人のために家を建てることによって、神の国を実現するようにと語られたのです。彼らは実行しました！その出来事は地域に甚大な影響を与えました。じっさい、一家族を除いて全ての家族がキリストを信じる信仰を持つようになったのです。この実践は、周囲の地域のリバイバルの引き金として用いられました。教会は成長し、訓練された人々はその後もしばしば山にこもって断食と祈りをし、村と周辺の地域に大きな変革がもたらされました。この証しは特に劇的ですが、地域教会が素朴に神の愛を隣人に対して実践するならば、この物語と同じように、力強く神が働かれるのです。

- ブラジルの都市部にある小さな教会のメンバーは、毎週土曜日に集まって、神の愛を現す様々な奉仕活動を計画し、実践しています。それらの活動によって、地域社会にじわじわと影響がもたらされています。
- アフリカにあるいくつかの小さな教会が合同で土地を借り、農作物を栽培しました。その収穫物で、教会メンバー、貧しい地域住人30名、および地域で差別されている人々を支援しました。支援された人々のなかから20名が、最近になってキリストを信じました。

●アフリカの別の地域では、自分の家族を養うために他人の畑で労働する必要があるので、自分の畑に種を植える時間がなくなってしまうという悪循環がたくさんの世帯で起き、地域の貧困を生んでいました。ある地域教会は、食べ物と種と資金を集め、農作業のために雇われていた労働者たちにそれらを提供しました。その年の収穫の時期、労働者たちは自分の畑から十分な収穫を得ることが出来ました。

●アジアのある離島では小舟が唯一の交通手段です。小舟での通学も珍しくありませんでしたので、貧しい家庭の子どもたちはしばしば学校に行けませんでした。現地の地域教会は小舟を購入し、島の子どもたちが毎日学校に行けるようにしてあげました。島の人々は教会の愛の行動に非常に驚き、子どもたちは教育が受けられるようになりました。

神の偉大なご計画を語る現代の預言者たち

「逆転の逆転」が前進している2つの根拠を示したいと思います。

・スタッフのひとりがインターネットで不作為に選んだ3つの教団の教理を調べました。これらの事例では、リベラル派とペンテコステ派の教会はまだ霊的な働きと社会的福音を融合させていませんでしたが、福音派の教団は伝統的な福音派の信条に加え、神のより大きなご計画を注意深く織り込んでいました。

・ハーベスト財団のリーダーの一人は、合衆国における牧師向けのセミナーの多くが、地域における社会奉仕に主眼を置き始めていると指摘し、こう述べました「ポストモダンの現代においては、言葉より行動のほうがより説得力を持ちます。牧師たちはキリスト教信仰には実効性があり、教会が的を射た存在であることを、口で言うだけでなく世の中に対して実践してみせる必要性に気付いているのです」。

今日、教会の間に新しいそよ風が吹き始めており、人々は神の御心のすべてを執行する使節として生きることを学び始めています。この風には聖霊による証印が押されています。この風の吹くところには、崩壊した世界で神のご計画を実行したいという強い願いが起こされます。多くの個人や教会が、帆を張ってこのそよ風を受け止めています。私は神に祈っています。どうかこの人々を用いて、そよ風を力強い風へと変えてくださいますように。事実、聖霊は全世界の教会に同じメッセージを伝えておられます。神のご計画を語る現代の預言者たちの声に耳を傾けましょう。

教会が社会に与える影響を最も良く言い当てた言葉は、「贖い」よりも「変革」である。A. N. トリトンはこのように言っている「贖いによって、人間は神との正しい関係に立ち返る。この垂直的な変革は、社会変革の波紋を引き起こし、今度は周囲の世界に向かって水平的に拡がって行く」。

ジョン・ストット
教会学者　イギリス　一九八五

人がクリスチャンになるなら、その人の周囲も必然的に変えられる。

パトリック・バヤキカ
地域教会指導者　ウガンダ　二〇〇一

福音伝道が真に聖書的な方法で行われるなら、次のような人々を生みだす。罪から立ち返り、新しい人生を生き、真の尊厳と価値を体験する人々。以前は知らなかった神を今は知るようになり、全世界の統治者であるそのお方が自らの心の内に住んでくださっていることを知った人々。聖書の神の御名によって、抑圧と虐げの構造に立ち向かうような人々である。・・・イエスの御名と力によって伝道と社会変革が同時に行われた時に、クリスチャンの宣教の効果は最大となる。

ロナルド・J・サイダー
宗教学・歴史学者　アメリカ　一九九九

ツァオ先生の全生涯は三重の幻に捧げられた。中国人の福音化・中国の教会の「神の国」化・中国文化のキリスト化である。

ジョナサン・ツァオ博士を記念して
中国国際宣教会　二〇〇四

ウガンダのあるグループでは、リーダーの女性が、なぜ自分たちは全人的・包括的な働きを行うのかを説明し、「霊的、聖書的なものは万物と統合されねばなりません」と言うと、メンバーたちは応答してこう唱和します「身体と魂を切り分けることはできません」。

リベカと草の根の実践者たち
ウガンダ　二〇〇一

いかなる教会も、社会への実践的な奉仕なしに祈祷会を持つべきではない。なぜなら祈りは社会的必要と連動せねばならないからだ。

ドナルド・ブロッシュ
教会史家　アメリカ　一九七〇

福音は宣言されると同時に実践されねばなりません。神の国の福音を伝えるとき、ただ単に地獄から救われるということだけでなく、それが人々の生活と人生に対して実際的で適切な解決たり得ることを分かち合う必要があるのです。

ルース・コンチャ
全人的・包括的宣教の訓練者　ペルー　二〇〇三

20世紀の歴史は、「二者択一のキリスト教」という分断の物語である。リベラル派が痛みに耐えつつ再び正統的な教義に立ち返り、そして福音派がへりくだって再び地域社会と関わりを持ち、物質的・社会的必要にも働きかけるようになれば、分裂に橋を架けることにならないだろうか?今こそ「二者両方」のキリスト教に立ち帰るときである。真理と実証、宣言と受肉、困窮する人々に対する普遍的な恵みと魂の救済の驚くべき恵みの両方を、私たちは受け取るべきときが来たのだ。

ロバート・ルイス
牧師　アメリカ合衆国　二〇〇一

最後に、旧約の預言者たちが語る、古くて新しいメッセージに耳を傾けましょう。

不完全な礼拝から立ち返るようにとの叫び

働きにおいて神学的にバランスを欠く傾向は、旧約聖書の時代に既に存在していました。イザヤ書58章の最初の節で、神はイザヤに、「**大声で叫べ（1節）!**」と命じられました。神はご自身の偉大なご計画に対する人々の誤解を正したいと強く願われたのです。神はイザヤに、ただ人々に伝えるだけではなく、「叫べ」と言われました。イザヤを通して神がその民に与えたいと願われたのは普通のメッセージではなく、叫び声で語らなければ人々が耳を貸さないようなメッセージでした。私は神がイザヤに、「黙ってはいけない。あなたの声をトランペットのように響かせよ!大声で叫ばなければ私の民はこのメッセージに耳を傾けないから」と言っておられるのが目に浮かびます。

「**彼らは日ごとにわたしを求め、わたしの道を知ることを望んでいる。（2節）**」神は続けます。「彼らはまるで大筋において正しいことをしていて、『少しだけ』矯正するだけで済むかのように、私の心を知りたがっているが、じっさいはそうではない。彼らは私の命令に、完全に背を向けているのだ!」イザヤはさらに、神がこう言われるのを聞きます「彼らは私に正義と正しい裁きを求めている。彼らは私に近づいて欲しいと願い断食をし、こんな風に不平を述べるのだ『**なぜ、私たちが断食したのに、あなたはご覧にならなかったのですか。私たちが身を戒めたのに、どうしてそれを認めてくださらないのですか。（3節）?**』」。

神は語り続けます。「私があなたがたを認めないのは、私の言葉への従順やへりくだりだとあなたがたが思い込んでいるもの自体が罪に他

せいいっぱい大声で叫べ。角笛のように、声をあげよ。わたしの民に彼らのそむきの罪を告げ、ヤコブの家にその罪を告げよ。

イザヤ書58章1節

しかし、彼らは日ごとにわたしを求め、わたしの道を知ることを望んでいる。義を行い、神の定めを捨てたことのない国のように、彼らはわたしの正しいさばきをわたしに求め、神に近づくことを望んでいる。「なぜ、私たちが断食したのに、あなたはご覧にならなかったのですか。私たちが身を戒めたのに、どうしてそれを認めてくださらないのですか。」

イザヤ書58章2節～3節前半

ならないからだ。それらは私への反逆だ。それらが反逆である理由は、あなたがたの行いが、あたかも謙遜で、祈り深く、私の律法と心を探り求めているかのように見えるからだ。それらは外面的にはとても良い事に見えるかもしれないが、実際には反逆であり罪である。何故か? それは、あなたがたが私の言葉をただ聞くだけの者であり、実行する者になっていないからだ！」

イスラエル人たちが礼拝だと考えていたものはなんと、礼拝ではなく罪でした。彼らが神の気を惹くと考えていたことは、神への反逆だったのです。彼らは自分たちの捧げる礼拝が神の好意を得ており、断食や自己否定などの宗教行為によって神の祝福を得られると思っていました。彼らは神の注意は惹きましたが、神からの承認は得られませんでした。彼らの神への問いかけを見ると、彼らの本当の動機が何であったかが分かります。神の祝福のしるしが見られないと、彼らは不平を述べ始めたのです。神ははっきりと答えられました「今あなた方が行っているような断食によっては、あなた方の声が天で聞かれることはない」。神は、他者に憐れみと正義を行わない人々による宗教的な「へりくだり」を喜ばれませんでした。彼らは宗教行為としての断食は実行しながら、自己中心性を捨て去って愛の奉仕を実践することはおざなりにしていました。

それから幾世代かの後に、神はその受難のしもべ（キリスト）をイスラエルの只中にお遣わしになります。彼を主と呼ぶ者すべてが神の国に入るわけではない、とイエスは言われます。ある人々は「**わたしはあなたがたを全然知らない。不**

見よ。あなたがたは断食の日に自分の好むことをし、あなたがたの労働者をみな、圧迫する。見よ。あなたがたが断食をするのは、争いとけんかをするためであり、不法にこぶしを打ちつけるためだ。あなたがたは今、断食をしているが、あなたがたの声はいと高き所に届かない。

わたしの好む断食、人が身を戒める日は、このようなものだろうか。葦のように頭を垂れ、荒布と灰を敷き広げることだけだろうか。これを、あなたがたは断食と呼び、主に喜ばれる日と呼ぶのか。

イザヤ書58章3節後半～4節

法をなす者ども。わたしから離れて行け。（マタイによる福音書7章23節）」と言われるのです。イエスはなぜ彼らを「不法をなす者」と呼ばれたのでしょう?イエスの言葉を聞くだけで、それに従わなかったからです!

イザヤ書58章で、神に受け入れられない礼拝について明確に語られた後、神はご自身が望まれる礼拝について説明されます。それらは三対の御言葉から成り、それぞれの対句で神はご自分の受け入れられる礼拝と、それに伴う祝福について語られます。

- 最初の対句で、真の礼拝に不可欠な行動とは、社会的弱者の経済的・社会的必要に応答することだと神は言われます。そして神は、もし人々が従うならばイスラエルの傷を癒すと約束されます。
- 二番目の対句では、真の礼拝は人々との和解を含むことを指摘され、困窮者の世話をすることの必要性を再び確認されます。そして聖書を通じて最も美しい言葉で、神は癒しの約束をなさいます。
- 三番目の対句では、御言葉に基づき安息日を守るようにと神は言われます。とりわけ安息日を守る者は、自分の好き勝手な歩みをしたり、他者に対して「むなしい言葉」を語ったりしてはならない、と付け加えられます。そして神は再び、もし彼らが聞き従うなら、喜び・回復・祝福を与えると約束されます。

イザヤ書58章から、私たちは真に霊的な、バランスのとれた礼拝とは何かを学ぶ

まことの礼拝と民の癒し（イザヤ書58章より）

1～5節	**受け入れられない礼拝**
6～7節	**主に喜ばれる礼拝**
8～9a節	**癒しの約束**
9b～10a節	**主に喜ばれる礼拝**
10a～12節	**癒しの約束**
13節	**主に喜ばれる礼拝**
14節	**癒しの約束**

ことができます。それは外面的な義務や律法ではなく、神と人々に仕えるという実践を伴う心の態度です。イザヤ書58章は、神に従うことなしに宗教的な型をなぞることは、神への反逆であると私たちに「叫んで」います。パウロはテモテに、「**見えるところは敬虔であって・・・いつも学んではいるが、いつになっても真理を知ることのできない者たち（第二テモテへの手紙3章5～7節）**」を避けるようにと警告しました。私たちが宗教的な熱心さに力点を置くことをサタンは喜びます。それさえ出来れば、神の御心を転覆させられるからです。人々が神を礼拝しているつもりになっていても、他者への奉仕を伴わない宗教活動は、神に受け入れられません。たとえ故意ではなくとも、それらは罪なのです。

モーセは共同体・指導者・個人のそれぞれが犯す「故意でない罪」を指摘しました。モーセはたとえ意図的でなかったとしても、それに気付いたときには悔い改めと改善を命じました（レビ記4章、5章）。それと同じことが、今日の教会にも適用できると私は思いますので、以下のような悔い改めを提案します。

●先ず、聖霊によって導かれたなら、それが無知や無関心からであれ、不従順からであれ、教会の指導者とそのメンバーは、神に対して適切な礼拝を忠実に捧げていなかったことを悔い改めましょう。

●次に、置かれた地域における神の国の大使館としての教会の役割が何であるか、神が御心を教え、聖霊が新しい啓示を与えて下さるように祈りましょう。

●最後に、神のご計画として示されたことを行いましょう。個々のメンバーのレベルでも教会単位でも、身体的・社会的・道徳的に崩壊した地域社会の必要に忠実に応答しましょう。

まとめ

イエス様は再臨されるその時まで、ご自分の教会にこの地を「占領」して欲しいと願っておられます。「占領する（*occupy*）」の語源となった言葉には「商売する」という意味もあります。それはつまり、イエス様が市長だったらなさる活動を実行していくことを意味します。

● 教会によって整えられ、社会の中に遣わされた**個々のメンバー**が、その生き方と言葉によって、「神の道は社会を益する」ということを示していくとき、教会はこの世を占領しています。

● 同時に教会は、**共同体として**社会に出て行き、崩壊を癒す使者となります。

地域に置かれたすべての教会、牧師、メンバーは、もしイエス様が市長だったらなさることを聞かせていただき、それを実行することによって神の偉大なご計画に参加する必要があります。教会は自らを取り巻く文化の特性と文脈を加味し、その地域の人々の社会的・身体的必要に適切に応答する働きとは何かを模索せねばなりません。中南米はカトリック教会が強い影響力を持っており、自由主義神学が支配的なので、伝道や社会奉仕もそれを顧慮して行われねばなりません。アフリカのクリスチャンが包括的に人々に仕えようとするなら、アフリカ社会のアニミズム的な文化背景を理解せねばなりません。アジアには深刻な飢餓の問題があり、多くの未伝道地域があり、また政府による伝道活動の規制があるという問題も取り扱わなければなりません。個人主義がもてはやされるアメリカの教会は、互いに良き隣人になって共に生きるという価値観を再び燃え立たせるべきでしょう。

どんな文化の中にあっても、キリストがすべての人々の主です。人々と地域の生活領域すべてにおいて、教会がキリストの主権を宣言すると同時に実践しなければ、聖書的な社会変革はもたらされません。世界は神の愛について聞くだけでなく、それを体験しなければ神の憐れみをなかなか理解しません。教会は、地域の霊的・社会的・身体的必要を抱えた人々に奉仕し、キリストの力強い証人となるべきです。それを見た人々はこう言うでしょう。「あの人たちが信じている神は、なんと愛に満ち、偉大な神なのだろう！」

感謝を込めて

私の同労者の多くは非西洋諸国の牧師たちですが、彼らの多くは西洋の福音派によって遣わされた前世代の宣教師が開拓した教会で主に仕えています。殆どの場合、彼らが宣教師達から受け継いだ教会は、神の幅広い全人的な御計画に基礎づけられていません。この章で分かち合ったことを彼らと話し合うとき、彼らは安心します。彼らは心のどこかで、バランスの取れた全人的な働きに対する神からの召しを感じてはいたのですが、それを肯定する訓練を受けたことがなかったのです。

私は過去に生きた勇敢な宣教師たちを裁くつもりはありません。私は彼らのゆえに主をほめたたえます！次世代の主のしもべたちが、現在私たちのしていることを振り返った時、同じように彼らも、「今はまだ私たちには隠されている事柄」が欠落しているのに気が付くでしょう。私は、犠牲を厭わず全世界に出て行き、数えきれぬほどの地域において神の救いの恵みを宣べ伝えた前世代の主のしもべの方々に感謝しています。

父よ、

私たちの前を走った先駆者たちを感謝します。何百万人という人々が、彼らを通してあなたを知りました。私たちもまたあなたに嘆願します。どうかこの時代の教会が、あなたの御計画の全体像を見、明確で差し迫ったビジョンを受け取ることが出来ますように。どうぞ私たちに、先人達が持っていた情熱と勇気の分け前を与えてください。私たちを聖霊によって強め、サタンに支配された領域に出て行く勇気を与え、サタンを追い出し、キリストが来られる時まで「占領」させてください。

イエスの御名によって　アーメン

◆8章　神に用いられる教会の4つの資質

万物を回復するという神のご計画のなかで、教会は大きな役割を担っています。この任務は偉大です！神の目的に仕えるために、教会は神の御力とご性質をまとわなければなりません。教会は、市長であられるイエス様の御心とご計画を熱心に求め、用いていただきやすい器としていただく必要があるのです。前章まで私たちは、エペソの教会へのパウロの書簡のなかから、教会が握っている鍵となる役割を学んできました。この章で私たちは再びエペソ人への手紙を開き、市長の任務を担いたいと願うすべての教会に欠かせない4つの資質を学んでいきたいと思います。

- **謙遜**
- **愛**
- **奉仕の業**
- **一致**

これらが「主に用いていただきやすい教会が持つべき資質」です。これらの資質が備わった教会は、神のご計画を効果的に執行する有益な教会です。普遍的な教会であれ個別の地域教会であれ、これらが備わっていないならば、的を射た働きをすることは出来ないでしょう。

謙遜

エペソ人への手紙2章1～9節

エペソ人への手紙2章の中でパウロは、自分が何者なのかを思い出すようにと書いています。崩壊するこの世界とともに神に反逆していた私たちは、生まれながらに神の御怒りをその身に受けるはずでした。私たちが救われたのは神の大きな憐れみのゆえであり、私たちにその価値があったからでもなければ、良い行いをしたからでもありません。神が私たちにお与えになる役割がどんなものであれ、私たちは大いにへりくだってその任務を受け取り遂行すべきです。神が教会に与えられた任務にふさわしい行いを、私たちは何一つしてこなかったし、今も、そしてこれからもできないのです。むしろ私たちは失敗し、他者に対して自己中心的にふるまい、神のご性質をゆがめてしまうような者です。神から賜った任務に従事するにあたって、私たちは謙遜の外套をまとわねばなりません。私たちは自らの力でこの任務を勝ち取ったのではなく、神が賜物として与えてくださったのです。おごり高ぶる理由は何一つありません。パウロは書いています。

あなたがたは、恵みのゆえに、信仰によって救われたのです。それは、自分自身から出たことではなく、神からの賜物です。行いによるのではありません。だれも誇ることのないためです。

エペソ人への手紙2章8～9節

私たちは謙虚に仕えることによって、「教会における最高の召しはリーダーになることである」という間違った考え方に陥らずにいられます。南米で働く私の同僚はこのように語っています。

神学校で、何が自分の召命だと思いますかと私が質問すると、それはリーダーになることだと何人かが答えました。私は言葉を変えて再度質問をし、彼らが自らの本当の情熱に気づくように促しました「ああ、そうだった！」。彼らは言いました「私の情熱は傷ついた家族関係を回復することだった」「私は子どもたちに仕えたい」「私は薬物依存症患者への働きをしたいんだった」。

このような情熱こそ、神からの賜物です。召された者たちに誇り高ぶる理由はありません。神が与えてくださった情熱に従って、私たちは人々に仕えるだけです。謙遜を身に付けた教会は、無条件の愛で他者に仕えられるようになります。

●アジアのある国で、クリスチャンの医師と看護師が、評判の悪い刑務所付属病院の患者たちに奉仕する思いを与えられました。彼らは刑務所病院の責任者と面談し、キリスト教については語らないという条件付きで、なんとか許可を取り付けました。

四人たちに仕えるために彼らが病院に入ると、トイレも病棟も不潔そのもので、耐えられないほどの悪臭が鼻をつきました。医師と看護師たちは、その環境に怖じ気づき、たった1時間しかそこにいることが出来ず、福音を語れないことにも不満を感じたまま病院を後にしました。この出来事の後、私たちの訓練会に出席した彼らは、イエス様だったらあのとき一体何をされただろうかと考え始めました。彼らはもう一度そこを訪れ、今度はただトイレと病棟の掃除だけをすることを決意しました。地元の教会に協力を要請すると、最初の2つの教会には断られました。3番目の教会は元アルコール依存症患者の集まる教会でしたが、その教会だけが賛同してくれました。刑務所の責任者たちは再び許可を与え、キリスト教については語らないように念を押しました。彼らは掃除道具・手袋・作業着・マスクを準備して仕事に取り掛かりました。彼らはトイレを含め、すべてのものをきれいに磨き、約束通り福音を語りませんでした。看守たちは驚きました！彼らは好きなときにいつでも患者に奉仕することを認められ、現在では自由にキリストを伝える許可も与えられています。冒頭に書いた通り、へりくだることによって、彼らは神の働きに有益な者たちとなったのです！

愛

エペソ人への手紙3章17～19節

エペソ人への手紙1章でパウロは、教会は「**いっさいのものをいっさいのものによって満たす方の満ちておられるところ**（エペソ人への手紙1章23節）」であると書いています。あなたはこう思われるかもしれません「私の知っている教会は違う。私が知っている教会は、争いに満ちた場所だ！この言葉は真実ではない」。パウロはエペソ人への手紙3章で、満ち満ちた状態についてこのように説明しています。

こうしてキリストが、あなたがたの信仰によって、あなたがたの心のうちに住んでいてくださいますように。また、愛に根ざし、愛に基礎を置いているあなたがたが、すべての聖徒とともに、その広さ、長さ、高さ、深さがどれほどであるかを理解する力を持つようになり、人知をはるかに越えたキリストの愛を知ることができますように。こうして、神ご自身の満ち満ちたさまにまで、あなたがたが満たされますように。

エペソ人への手紙3章17～19節

パウロは、愛こそが神の満ち満ちたさまであることを知っていました。計り知れないその愛の高さ、深さ、広さ、長さは、私たちの理解を超えています。被造物を崩壊から回復するという神のご計画の礎石となるのは神の愛なのです。神はそのひとり子をお与えになるほどに世を愛されました。この愛は、すべてを包み込みます。パウロは、私たちが偉大な神の愛に根差し建て上げられることによって、キリストの愛が満ちたさまを現すことができるようにと祈りました。教会はこの「偉大な愛」をいつでも現わしているわけではありませんが、神に従うなら、教会は「偉大な愛」に生きることが出来るのです。教会は信仰によって救われましたが、従順によって聖別されます。イエス様は言われました。「**もし、あなたがたがわたしの戒めを守るなら、あなたがたはわたしの愛にとどまるのです。そ**

れは、わたしがわたしの父の戒めを守って、わたしの父の愛の中にとどまっているのと同じです。（ヨハネによる福音書15章10節）」キリストが父に従ったように、私たちもキリストに従うように召されています。そしてもし従うなら、私たちは神とキリストの愛の満ちたさまを現すことになるのです。それは創造の御業のときに現わされたのと同じ愛であり、キリストの贖いのときに惜しみなく注がれたのと同じ愛です。教会がこの愛に生きるなら、宣教の業の中に豊かな神の力が解き放たれます。教会のメンバーが神の愛に生き、みずから進んで他者に触れて行くなら、この世は教会を通して真実なる神の愛を知るのです。

◆あるアジアの美容師は、神の愛を現わすために自分の技能を用いました。彼女は精神的なハンディキャップを抱える子どもたちの施設を訪ね、無償で子どもたちの髪を切り、整えてあげました。また、彼女はお客さんの髪を切るとき、いつもキリストの愛が現われるようにと祈っています。

◆アフリカの教会のあるグループは、ＨＩＶに感染した若い男性を訪ねました。彼らは男性とその家族が苦しみの只中で神の愛に出会って欲しいと願いながら、男性にスープを食べさせてあげました。その後もグループは定期的に男性を訪問し、食べ物を届けることにしました。

◆ある未亡人の家が、強風のために壊れてしまいました。町の牧師はメンバーたちを動員し、それぞれ家を修繕する資材を持ってくるよう頼みました。メンバーたちは彼女の家を建て直し、以前にも増して強い家にしました。神の愛を生きる人々の行動に感動し、その未亡人は主を知るようになりました。

●教会メンバーたちが家々を訪問してＡＩＤＳ患者がいないか尋ねて回っていると、ある家の住人が家畜小屋を指さしました。そこには親戚のひとりが隔離され、ただ死ぬのを待っていたのです。患者の男性はヤギや鶏と一緒に、暗い場所に閉じ込められていました。教会メンバーたちは動物たちを他の場所に移し、家畜小屋だった場所に窓を備えつけ、男性の体をきれいにし、ベッドを作りました。男性の親戚が、どうしてわざわざそんなことをするのかと聞くと、そのクリスチャンたちは男性が神に似せて創造されたからだと答えました。男性が亡くなった後、信仰者たちの愛を見た親戚のうちの幾人かが神を信じるようになりました。

奉仕の業

エペソ人への手紙2章10節、4章11〜12節

福音の全体像を伝えるためには、「宣言（*proclamation*）」と「実践（*demonstration*）」の両方が必要です。「宣言」、つまり「説教、教えること」は不可欠ですが、「実践」を伴っていないメッセージはほとんど伝わりません。神の愛の福音を行動であらわすのが「実践」です。それは神の愛を「可視化」し、福音のメッセージを具現化します。教会は、創造のはじめから神が備えてくださった良い行いをするために、キリストにあって救われたのです。教会が良い行いを自分で選んで、それに対する神の承認と祝福を事後的に求めるのではなく、むしろ神があらかじめ備えてくださった良い行いをするように教会は召されているのだということです。パウロはこう書いています。

私たちは神の作品であって、良い行いをするためにキリスト・イエスにあって造られたのです。神は、私たちが良い行いに歩むように、その良い行いをもあらかじめ備えてくださったのです。

エペソ人への手紙2章10節

「良い行い」は、福音を構成する不可欠の要素です。教会による「良い行い」こそが、万物を和解させる神のご計画が成し遂げられるための実際的な方策なのです。

- **「良い行い」は、教会が頭（かしら）なるキリストにつながり続けている証拠です。**
- **教会が神のご計画の実現のために働くとき、「良い行い」とは何かが明らかにされます。**
- **「良い行い」は、教会の周囲の社会の「感じられる必要」を分析することから生まれるのではありません。私たちが必要だと感じることと、本当の必要は違います。本当の必要が何であるのかは、キリストが教会に啓示してくださいます。**
- **教会がやると決めたことに対して、後から神の祝福を求めるのは「良い行い」ではありません。**
- **神の啓示によって始まり、神に導かれ、神からの力を与えられた「良い行い」は、神によって祝福され、神のご計画を成就されるために用いられます。**

パウロは教会の指導者を使徒・預言者・伝道者・牧師・教師の5つに分類しました。しかしながら、これらの職務に共通する任務を、パウロはひとことで表しています。それは「**聖徒たちを整え、奉仕の働きをさせ（エペソ人への手紙4章12節）**」ることです。教会指導者の賜物や召しがいかなるものであろうと、それによってもたらされる結果は、「神の民が良い行いのために整えられること」でなければなりません。この箇所の意味するところは明白であり、私たちにこのように迫ります。

「**働きの結果として教会員が人々への奉仕のために整えられていないのなら、その教会指導者は与えられた任務を果たしているとは言えない**」。

私たちが「僕（しもべ）であるキリストの姿」を生きることなしに、福音の働きは完成しません。パウロはこう書いています「**私たちは自分自身を宣べ伝えるのではなく、主なるキリスト・イエスを宣べ伝えます。私たち自身は、イエスのために、あなたがたに仕えるしもべなのです。（第二コリント人への手紙4章5節）**」。行いの伴わない福音は不完全な福音です。その福音は、個人を改宗させるかもしれませんが、社会を変革する力はありません。完全な福音だけがその両方を達成できます。このように自問してみてください。

- **私たちは教会員を「良い行い」のために整えているだろうか？**
- **私たちの教会は「良い行いをする人々」という評判を獲得しているだろうか？**
- **私たちは、「良い行い」をするように導いて下さる神に従う心の用意が出来ているだろうか？**

これらの質問に「アーメン！」と答えたいくつかの地域教会の証を紹介します。

◆ミャンマーの地域教会のリーダーたちはマイクロファイナンス（訳注：困窮者たちへの小規模の資金融資）を立ち上げ、以前麻薬の売買で生計を立てていた人々にお金を融資し、彼らがビジネスを始められるように助けました。キリスト者たちによって示された愛と誠実さに触れ、多くの仏教徒がキリストに従う者へと変えられました。

◆ブラジルの教会のある女性は、スラム街を約4時間かけて掃除することに決めました。12人の人々が彼女を手伝いました。神の愛を可視化し、触れることが出来るようにしたいと願ったそのグループは、その後スラム生活者のために、そこに公園を作りました。

◆ルワンダの牧師と教会メンバーたちは、近所の孤児たちを訪ねました。子どもたちは孤独な生活をしており、その人生はAIDSと内戦によって破壊されていました。教会のグループは、子どもたちに食べ物を届け続けました。あるとき彼らが今週分の食べ物が残っているかどうか聞くと、孤児たちは食べ物を持っていませんでした。牧師と教会メンバーたちは孤児を持続可能な形で援助したいと願い、鍬（くわ）と、いくらかの穀物と、豆とトウモロコシの種を持ってきて、庭に畑をつくり、孤児たちと一緒に種を植えました。

仕えることの上に築かれる一致

一五〇〇年以上も前に、聖アウグスティヌスはこう言いました。

「**原則における一致、それ以外における自由、すべてにおける愛**」

最近、私は一致に関するこの格言の中に大きな不一致があることに気付きました！仕えることの上に築かれる一致について詳しく説明したいと思います。

奉仕の上に築かれる一致において、しもべである教会が共有するのは、必要に応答するというビジョン、心、そして神の御計画に対する理解です。教義が異なっているにもかかわらず、「他者に仕える」ということにおいて一致します。しかし、奉仕の上に築かれる一致は、御言葉が明らかにしている真理を手放すことまでは要求しません。どんな代価を払っても、大切な真理を握りしめましょう。

教会が奉仕における一致を目指すとき、アウグスティヌスの最後の言葉に注目しましょう。「**すべてに愛を**」これ以上に聖書的な言葉があるでしょうか？

一　致

エペソ人への手紙4章1〜6節、12節

人種・民族・文化・宗教・経済・政治上の立場の違いのために本来なら一致できないはずの人々が、教会に与えられた神の癒しの力によってひとつにされます。教会に与えられた力によって分断された世界に癒しを与えることは、教会に神が抱いておられる神のご計画の一部であり、その目的でもあります。この癒しが実現するのは、教会みずからがひとつとなり、一致しているときに限られます。

「さて、…私はあなたがたに勧めます。召されたあなたがたは、その召しにふさわしく歩みなさい。謙遜と柔和の限りを尽くし、寛容を示し、愛をもって互いに忍び合い、平和のきずなで結ばれて御霊の一致を熱心に保ちなさい。からだは一つ、御霊は一つです。あなたがたが召されたとき、召しのもたらした望みが一つであったのと同じです。主は一つ、信仰は一つ、バプテスマは一つです。すべてのものの上にあり、すべてのものを貫き、すべてのもののうちにおられる、すべてのものの父なる神は一つです。」

エペソ人への手紙4章1〜6節

この箇所のあとに奉仕の業と一致の関係が説明されています。教会指導者たちは、「**聖徒たちを整えて奉仕の働きをさせ、キリストのからだを建て上げる**(エペソ人への手紙4章12節)」べきだとパウロは書いています。キリスト者にとって、一致は神からの賜物であると同時に責務でもあると言った人がいますが、まったくその通りです！私はキリストのからだの一致を強く願ってきました。多くの教会が一致を求めて、教理的問題に関して共通の理解に達するために会合を重ねるのを、長きにわたって私は見てきましたが、時として、その試みによってさらに大きな分断

が生み出されてきたのです！しかし、私たちが働きを通して学んで来たのは、神の民が一致するための最も確実な方法は一緒に仕えることだ、ということです。

私たちの訓練会の目的は、教会が地域の人々に神の愛を実践できるよう整えることです。訓練会には様々な教派から多様な背景をもつ教会指導者たちが出席します。同じテーブルに座った彼らは、こんな話しをします。「お互いの噂を聞いていましたが、お会いするのは今回が初めてですね。私たちは保守的なブラザレンです。同じ地域に仕えることにお互い人生を捧げてきたにも関わらず、皆さんがリベラルなバプテストであるというだけの理由で、一緒に集まることをしてこなかったとは…」しかし、彼らはいま一緒に座っています。傷ついた世界に対して、教会がどのように神の愛を実践すれば良いかを学ぶという目的によって、神学的な違いを乗り超え、彼らはひとつの場所に集まったのです。

●中央アジアで私たちが開いた訓練会で、一致の力強さが顕著に現されました。国中のすべての教派から人々が一堂に会し、祈り、賛美し、戦略を立て、交わり、食事をともにしたのは、それが初めてのことでした。訓練会のなかで、教派の壁がもたらした過去の傷が告白され、赦されました。それは調理場にも起きました！別々の教会のメンバーたちが夕食を一緒に準備している間、彼らは悔い改め、自らの党派主義的な高慢を告白しました。当初、彼らは一緒に働くのを躊躇していましたが、聖霊が彼らに罪を示されると、赦しを乞い、互いに祈り始めました。彼らは最終日に奇跡を目撃しました。食事の予算が底をついていましたが、彼らが共に祈ると、神は肉と米を奇跡的な方法で備えてくださり、一週間の中で最高の食事を用意することができたのです。訓練会が終わるとき、5つの異なる民族、15の異なる教派から集まった牧師たちは互いに手をとり、自国のために涙を流して祈っていました。その出来事は、彼らの国の教会史の中で最も重要な転換点となったかもしれない、という報告を後日私たちは受け取りました！

教会が神に用いられるためには、一致という美徳が不可欠です！考えてみれば、教会それ自体が、互いに異質だった人々の集まりです。ユダヤ人と異邦人、市民と外部の者、内部の人と外部の人が、キリストにあるひとつの共同体、神の家族の一員、神ご自身が住まわれる生きた聖なる神殿として新しく建てられたのです。パウロは、「二つのものを一つに」「新しい一人の人」「同じ国民」「ともに建てられ」という言葉を使ってこのことを描写しています。彼は教会が一致するように懇願しています。私たちは一致のお手本を、父、子、聖霊の三位一体の中に見ることができます。

キリスト者自身が一致していないという偽善を世間の人々は見抜いています。私たちの周囲の人々が、神の家族のなかにある不一致を理由に、主と、教会と、その良い業を拒絶するのを、サタンは喜んでいます。教会によって社会が変革されないとき、まず原因を探るべきは、外の社会ではなく、教会の内側です。各地域教会のなかに、まず聖書的な一致が実現される必要があります。教会内での一致の結果、同じ地域におかれた教会間の一致へと導かれていくのです。

バルカン諸国において、教会の一致が神のご計画を推進させた驚くべき証を紹介します。

◆アルバニアとセルビアのイスラム教徒たちは、昔から福音を拒絶してきました。彼らにとって、キリスト者の神は「敵の神」だったのです！しかし、一九九九年の内戦後、イスラムのコソボ難民たちがアルバニアとセルビアに帰ってきたとき、私の友人の宣教師が言うには「何百人もの」セルビア人イスラム教徒がキリストを信じるようになりました。彼は「それはあまりにも短い期間に起こったので、一体何人が信じたのか把握できない」と言っています！人々がそんなにも劇的に福音に対して心を開いた原因は何だったのでしょうか？ほどなくして彼らは、その原因がアルバニアの教会にあることを知りました。自らも難民であるアルバニアの教会は、その只中でイスラム教徒の難民たちに対して神の愛をもって仕えていたのです。アメリカ合衆国の当局は、コソボ難民が出国したその日に、約50万人のコソボ難民のうち85パーセントがアルバニアのクリスチャンたちによって食糧・衣類・住居の援助を受けたと発表しています。３００万人のアルバニア人の中で、当時のクリスチャン人口はたったの６０００人という少数派でした！彼らが神の愛を実践したことにより、イスラム教徒たちは福音に対して心を開き、そして信じたのです。クリスチャンたちは、神の愛をただ実践に移しただけではなく、一致してそれを行いました。私の友人は、コソボで働いていた人々が幅広い多様な背景から来ていたことに驚いていました。福音派とリベラル派の兄姉たちが、ひとつのからだとして働いていました。教理的違いは、彼らが一緒に仕える障害にはなりませんでした。人々の窮状を目にしたとき、彼らは一致して仕えたのです。結果はどうだったでしょうか？多くの救いの実を実らせ、難民たちは援助を受け、神が崇められ、教会は強められました。そして、私の友人の言葉を借りれば「歴史的にキリストを伝えるのが最も難しかった何百人もの人々が、福音に対して心を開き、信じ」ました。

神に用いていただくために、一致は不可欠な性質です。しもべとなりなさい、というキリストの呼びかけに教会が従うときに現される一致は、何と力強いことでしょう！教会が一致した時の潜在的影響力は、この世に存在するいかなる組織にも勝ります！

4つの性質が相互作用する

謙遜・愛・奉仕の業・一致、これらの間には相互作用があり、合わさって働くときにより力強くなります！いったいどのようにそれが起きるのかを見ていきましょう。

1. すべての教会が謙遜を身に着ける必要がある

神はその偉大なご計画を実行に移すという大きな特権を教会に与えておられますが、それは受けるに値しない特権です。教会は神の驚くべき一方的な恵みによって選ばれたのであり、私たちに誇る理由はありません。この任務が達成されるのは私たちの能力や強さによってではありません。主は旧約聖書の中でもこの真理を強調しておられます「**権力によらず、能力によらず、わたしの霊によって（ゼカリヤ書4章16節）**」。

2. 謙遜が愛することを可能にする

教会が主から与えられた特権的な地位に値しないことを意識的に受け入れるなら、高ぶりは消えてなくなります。謙遜な教会は神の愛を受け、その謙遜と神の愛は傷ついたこの世界に流れ出していきます。謙遜な教会は積極的に、そして従順に神から託された愛の働きを実行に移していきます。その愛もまた、神から来るのです。パウロは、「**私たちに与えられた聖霊によって、神の愛が私たちの心に注がれている（ローマ人への手紙5章5節）**」と書きました。神はその無条件の愛を私たちに注いでくださいました。その愛によって私たちは他者の傷や必要に対して働きかけることができるようになります。私たちが他者を愛するその愛すら、神から無償でいただいたものなのです。

3. 謙遜は奉仕の業の動機となる

私たちは自分を良く見せたり、または良い人間であると他の人々に印象づけたりするために社会に仕えるのではありません。私たちは他の人々よりましな者だから仕えるのではなく、キリストが私たちに僕（しもべ）の心を与えてくださったから仕えるのです。僕の心は私たちにその資格があるからではなく、恵みの賜物として与えられました。私たちは神の作品であって、神は私たちがするべき良い行いをもあらかじめ備えてくださっています。パウロはギリシャ語で、私たちのことを神の「詩」、あるいは「傑作」と表現しています。私たちがあらかじめ備えられた良い行いを実行することによって、私たちを取り巻く世界は、神の傑作を目撃します。私たちが謙虚になる理由はもうひとつあります。それは神が陶器師で、私たちが作品だということです。神は奉仕の業さえもあらかじめ備えておられます！私たちがそれらを行うとき、人々は神の栄光を見ることになります。イエス様はこのように強調されました。「**あなたがたの光を人々の前で輝かせ、人々があなたがたの良い行いを見て、天におられるあなたがたの父をあがめるようにしなさい。（マタイによる福音書5章16節）**」

4. 神の愛を共に実践するときに、私たちはキリストにある一致を体験する

私たちの奉仕の業によって、神は栄光をお受けになります。驚くべきことに、教会が愛による奉仕の業を行うときに更にもうひとつのことが起こります。それは一致です。奉仕の業をともにすることは、神の民が一致するのにもっとも確実な方法のひとつだと神は示しておられます。異なる教会からの参加者が同じ奉仕の業に加わるとき、見えない心理的な壁は崩れ去り、お互いを「違った教派の人々」としてではなく、同じ目的のために働いている兄弟姉妹だと見るように変えられます。共に働くとき、彼らはもはや教理を弁護することも、自分たちの教会に人を勧誘することもなくなります。彼らの関心は、神が愛し、家族に加えたいと願っておられる地域の人々を愛することに絞られます。仕えることによってもたらされるこの一致は教理の均一性がなくても達成されますが、だからといってそれぞれが握りしめている聖書に基づく真理を手放したり薄めたりする必要もありません。さらに言えばこの一致は、共通の目的による功利主義的な一致とも違います。本当に必要なのは私たちが愛する同じ主への信仰の共有と、主のご臨在です。

エペソ人への手紙によると、謙遜・奉仕・一致がもたらす、もうひとつの副産物は「成熟」です。成熟というのは、単なる「頭で理解する知識」、知性主義、あるいは教理的理解を超えたものです。教会において成熟した人々とは、神の真理に精通した人々のことではなく、キリストに深く根ざし、神の御国の原理の正しさを日々の行動によって社会に現わしている人々のことです。

「弟子訓練プログラム」はキリスト者の成熟を目的としてつくられました。しかしそれらのプログラムの多くは、聖書研究・祈り・キリスト者の性質・聖別された生活など、弟子としての「垂直的な(〝神と私〟の)」側面にのみ焦点を当てています。そこには、パウロが成熟にきわめて重要で不可欠であると言及した「水平的な(〝他者と私〟の)」構成要素、つまり他者に対する良い行いが含まれていません。このような教材は、愛による他者への奉仕がなくても霊的な知識と霊的な活動さえあれば成熟は達成可能であるというメッセージを、言外に伝えてしまっています。プログラムの開発者たちは良い行いの大切さを知らないわけではありません。彼らは神を愛し隣人を愛することが、「律法と預

	謙遜
+	愛
+	奉仕の業
=	一致
+	成熟
+	キリストの満ち満ちた様

言者の要約」であることを十分すぎるほど知っていると思われます。ところが、彼らが開発した教材には、神の愛を実践的に現すことは含まれていないか、もしくはごくわずかな強調点しか置かれていないのです。これは非常に不幸な見落としです。しかし、これまでも見てきたように、教会指導者の役割は「**聖徒たちを整えて奉仕の働きをさせ（エペソ人への手紙4章12節）**」ることです。そのようにして整えられた神の民は「**完全におとなになって、キリストの満ち満ちた身たけにまで達する（エペソ人への手紙4章13節）**」ことができるのです。

生活における一貫性　～謙遜、愛、奉仕～

パウロがエペソの人々へ宛てた手紙の締めくくりとして、愛の実践的な適応を語っている箇所へと進んでいきましょう。パウロが意図したのは、人々が内面において一貫性のある生活を実践することでした。愛と奉仕の原則は、教会堂の壁の内でも外でも、人々の一貫したライフスタイルの一部となり影響力を発揮する必要があります。もし教会メンバーの生活に神の愛が欠けているなら、変革の力はほとんどすべての分野で弱まります。愛の原則について語った後で、パウロはその原則の実際的な適用について書き記しました。愛の奉仕を謙虚に実践した読者が一致と成熟を達成し、キリストの身丈にまで成長することをパウロは願ったのです。

- 享楽的な欲望を満たそうとせず、神の正義と聖さを生きること。
- お互いに嘘をつかず、真実を語ること。
- 恨みを抱き続けず、いつも互いを赦しあうこと。
- 他人のものを欲しがらず、額に汗して働き必要を抱えた人々に施しをすること。

●他者の信用を落とすようなことは言わず、互いを建て上げる言葉を使うこと。
●御霊の声に従い、神の聖霊を悲しませないこと。
●人々に対して恨みを抱かずに赦し、他者に対して悪を目論んだりしないこと。
●愛なる神に倣い、キリストのように犠牲的な愛を現すこと。
●性的汚れや貪欲、下品な冗談は、口にすることさえも避けること。
●会話のなかに互いへの感謝が満ちていること。
●不品行な者、汚れた者、むさぼる者こそが偶像礼拝者であり、そのような者たちが神の御国を相続することができないということをわきまえること。
●目を覚まし、不従順に歩まず、悪を明るみに出すこと。
●機会を十分に生かして用い、すべての瞬間に神のみこころを行うことを求めること。
●深酒に溺れず、聖霊に満たされること。
●互いに御言葉を分かち合い、心の中で、また一緒に、霊の歌を歌うこと。
●あらゆる面で人生にもたらされた神の祝福を感謝する心で生きること。
●自分の計画に固執せず、キリストにゆだねることによってそれを手放すこと。妻たちは夫に従い、キリストがその花嫁である教会にご自身を捧げられたように、夫たちは自分を妻に捧げること。子どもたちは両親に従い、父たちは子どもたちに過度な期待をせず、キリストの御国の子どもとして生きられるように訓戒することによって家族関係が世界の模範となること。

労働者たちは神の報いを信じ、キリストご自身に雇われているかのように仕事をすること。上司たちは自分も部下と同じく主に裁かれる存在であることを覚え、神の代理となって人々を公正で平等に遇すること。

パウロは手紙を終えるにあたって、神のご計画を行う教会になる特権は困難を伴うものであることを読者たちに思い出させています。教会が神の偉大なご計画を遂行するために選ばれた機関であることを敵であるサタンは知っていますので、光と闇の勢力争いは激化します。大方において、各時代におけるその戦いの勝敗は、神ご自身と神の御心に対して教会がどれほど真剣に献身しているかに左右されます。敵はあらゆる狡猾な策略を行使して教会を攻撃してきます。教会の注意をそらし、分裂させ、腐敗させることに成功すれば、神の働きを一時的に停滞させることができることをサタンは知っているのです。

避けることのできないこの戦いに立ち向かえるように、パウロは防御と攻撃のための武具を用意し、読者に向かってそのすべてを手に取るようにと呼びかけました。

- **防御の武具：真理、正義、信仰、救いの確信**
- **攻撃の武具：神の御言葉、聖霊、祈り**

希望の理由

エペソの教会に宛てられた、聖書のなかの最後のメッセージを、現代の教会は心に留めるべきです。それが記されているのは聖書の最後の書簡「黙示録」であり、このメッセージを語ったのはパウロではなくキリストご自身です。

エペソの教会が苦労し、忍耐し、良い行いをし、神からのものでない行いを拒絶し、真実と偽りを見抜き、困難の中でも耐え忍んだことの価値を主は認めておられました。同時にキリストは、エペソの教会が「初めの愛」を失ってしまったと警告しました。おそらくエペソの教会は、万物を癒す神のご計画を実行する動機となり、疲れを忘れるほどに神を喜ばせたいという気持ちを駆り立てられた原点であった、「キリストに対する強い愛」を失ってしまったのです。エペソの教会がもし初めの愛に立ち返らないなら、その燭台を取り外す、つまりその有用性を失うだろう、とキリストはおしゃいました。

私たちがもし初めの愛から離れてしまうようなことがあれば、どうか神が現代の教会を助けてくださいますように。主よ、どうか神への愛と情熱を刷新してください。御言葉は明確です。教会は勝利します。そして地獄の門もそれに打ち勝つことができません。

神の命令への応答を拒否した世代は祝福を失うことになります。エジプトの奴隷から解放された世代は、神がアブラハムに約束された祝福を受け取ることがありませんでした。彼らは敵と遭遇することを恐れ、占領せよという神の命令に対して無頓着でした。すべての世代の教会、そしてすべての地域教会は、神が再び来られる時まで「占領する」責任があります。それは、私たちが自分たちのいる場所にとどまるか、それとも神が私たちに持っておられる目的に従って一歩踏み出すかの選択です。その任務は不可能であるかのように見えるかもしれませんが、私たちの内に働く神の力によって、それは可能なのです。

どうか、私たちのうちに働く力によって、私たちの願うところ、思うところのすべてを越えて豊かに施すことのできる方に、教会により、またキリスト・イエスにより、栄光が、世々にわたって、とこしえまでありますように。アーメン。

エペソ人への手紙3章20〜21節

この節は教会を通して働く神の大きな力について私たちに思い出させてくれる、力強い神への賛美です！「教会の栄光」が、神の子にある栄光と同じ栄光であることに注目してください！栄光とは何でしょう？それはイエス様のうちに完全に現われた神の似姿のことです。では、それはどのように現わされたのでしょうか？父なる神の御心を行うことによってです。教会のうちに現わされる栄光も、まったく同じ方法、すなわち神の御心を行うことによって現されるのです。

神の栄光はまた、神の力とも結びつけられています。神の力はご自身の似姿を現すこと、つまりその御心を行うことによって現わされます。イエス様を死からよみがえらせたのと同じ力が、今日の教会には与えられているのです。しかしその力は、教会が神の御心を行うときにのみ与えられます。神の力はその御心を実現するために私たちのうちに働き、その実は尽きることなく永遠に残ります。なんと栄光に富んだ望みでしょうか！「希望の理由」とはこのことです！

私たちはしばしば、間違ったもの、すなわち目に見えるものに希望の理由を求めてしまいます。御国の果実は神からの賜物であり、人間の努力の結果もたらされるものではありません。私たちの確信は、約束を必ず果たされる神ご自身への信仰に基づくものでなければなりません。私たちが生きてこの目でそれを見ようと見まいと、この希望は変わりません。ヘブル人への手紙11章を読むとき、信仰の英雄たちの多くが約束の実現を見ずして生涯を終えたことを思い出させられます。私たちは神が忠実なお方であり、約束を果たされるということを信頼しなければなりません。このような信仰こそ、御国において神が義と認め、永遠の報いを伴う信仰です。

私たちが目に見える結果に希望を置くなら、実が見られないときには失望することになります。しかし約束を果たされる神の忠実さに希望を置くなら、波が逆巻き荒れ狂う嵐の只中でさえ、私たちはキリストが主であることを言葉と生き方で証し続けられるのです。この希望に満たされているならば、他の人なら死を見るような状況の中にでさえ命を見出すことができます。信仰のない人には絶望のようにみえても、私たちは勇気と希望を見つけられます。それは、「**アスファルトのひび割れを突き抜けてやがて花が咲くのを見る目、憎しみと敵意によってかき消された赦しの言葉を聞く耳、死と破壊の下におおわれた新しい命を感じとる手**（訳注："*A Guide to Prayer for Ministers and Other Servants*"というA.Jobの本に引用されているヘンリ・ナウエンの詩）」です。

私たちが神のご計画に参画するとき、神は私たちの祈りや想像をはるかに超えて働いて下さいます。神のご計画は膨大ですが、同時に、神は偉大なのです!ご自身のご計画を執行する神の力は、私たちの想像をはるかに超えて大きなものです。キリストのからだを一致させ、その身丈にまで成熟させ、崩壊した社会を癒すことによって、神はご自身のご計画を遂行しようとしておられます。主は国全体の崩壊ですら癒してくださいます!どうかキリストが私たちをご自身の知恵・愛・力で満たしてくださり、主が再び来られる日まで私たちが神の御心に奉仕できますように。神の偉大なご計画のなかにあって、自らに与えられた役割を、教会が自覚できますように。どうか私たちがへりくだり、悔い改め、そして人々に仕え始めますように。どうか神が私たちの地を癒し、回復してくださいますように。万物をご自身と和解させるという約束とご計画を果たして下さる神への信仰を、主が増し加えてくださいますように。どうか私たちが周囲の人々に、謙遜・愛・良い行い・奉仕の業をもって接することができますように。教会を有益なものにするこれらの性質が、イエス・キリストの教会に一致、成熟、キリストの満ち満ちたさまを現す力をもたらしますように。御国が来ますように。天でそうであるように地上にも、御心がなりますように!

これまでの章で、教会を通してもたらされる変革の聖書的、歴史的根拠、および非常に重要な4つの資質を見てきました。次の章で私たちは、地域教会がその文化を変革するという役割を果たすものとされていくのに有用な方法論を見ていきたいと思います。これら学びを通して、教会が地域社会のなかで従順に奉仕し、忠実に神の愛を現すことができますように。もしイエス様が市長であったらなさるように…。

奉仕のわざへの招き「あなたの行いを良く知っている」

「わたしは**あなたの行い**とあなたの労苦と忍耐を知っている・・・わたしは**あなたの行い**とあなたの愛と信仰と奉仕と忍耐を知っており、また、あなたの近頃の行いが初めの行いにまさっていることも知っている。・・・わたしは、**あなたの行い**を知っている。・・・わたしは、**あなたの行い**が、神の御前に全うされたとは見ていない。・・・わたしは、**あなたの行い**を知っている。見よ。わたしは、誰も閉じることのできない門を、あなたの前に開いておいた。・・・わたしは、**あなたの行い**を知っている。あなたは、冷たくもなく、熱くもない。」

イエス・キリストからヨハネを通して教会へ（黙示録2章、3章から抜粋）

「悔い改めて神に立ち返り、**悔い改めにふさわしい行ない**をするようにと述べ伝えてきたのです。」

パウロ、アグリッパ王への弁証の中で（使徒の働き26章20節　後半）

「このキリストによって、私たちは恵みと使徒の務めを受けました。それは、御名のためにあらゆる国の人々の中に**信仰の従順**をもたらすためなのです。」

パウロ、ローマ人への挨拶（ローマ人への手紙1章5節）

神は「ひとりひとりに、その**人の行いに従って報い**をお与えになります。」忍耐をもって**善を行い**…栄光と誉と不滅のものを求める者には永遠の命をお与えになります。

パウロ、ローマ人への手紙（ローマ人への手紙2章6～10節）

私は、キリストが異邦人を従順にならせるために、この私を用いて成し遂げてくださったこと以外に、何かを話そうとなどとはしません。キリストは、**ことばと行いにより**、また、しるしと不思議をなす力により、さらにまた、御霊の力によって、それを成し遂げてくださいました。

パウロ、ローマ人への手紙（ローマ人への手紙15章18～19節前半）

重要なのは**神の命令を守る**ことです。

パウロ、コリント人への手紙（第一コリント人への手紙7章19節）

愛によって働く信仰だけが大事なのです。

パウロ、（ガラテヤ人への手紙5章6節）

絶えず、私たちの父なる神の御前に、あなたがたの**信仰の働き**、**愛の労苦**、主イエス・キリストへの望みの忍耐を思い起こしています。

パウロ、テサロニケの信者への挨拶（第一テサロニケ人への手紙1章3節）

また、**みことばを実行する人になりなさい**。自分を欺いて、ただ聞くだけの者であってはいけません。

ヤコブ、全世界に散らされたユダヤ人キリスト者たちに対して（ヤコブ人への手紙1章22節）

父なる神の御前できよく汚れのない宗教は、**孤児ややもめたちが困っているときに世話をし……**

ヤコブ（ヤコブ人への手紙1章27節）

また、互いに勧め合って、**愛と善行**を促すように注意しあおうではありませんか。

ヘブル人への手紙の著者（ヘブル人への手紙10章24節）

善を行うのに飽いてはいけません。失望せずにいれば、時期が来て、刈り取ることになります。ですから、私たちは、機会のあるたびに、すべての人に対して、特に信仰の家族の人たちに**善を行い**ましょう。
パウロ、ガラテヤの信者たちに対して（ガラテヤ人への手紙6章9～10節）

このように、あなたがたの光を人々の前で輝かせ、人々があなたがたの**良い行い**を見て、天におられるあなたがたの父をあがめるようにしなさい。

イエス様、山上の垂訓（マタイによる福音書5章16節）

すると、王は彼らに答えて言います。「まことに、あなたがたに告げます。あなたがたが、これらのわたしの兄弟たち、しかも**最も小さい者たちのひとりにしたのは、わたしにしたのです。**」

イエス様、弟子たちへの説教（マタイによる福音書25章40節）

私たち一同も、なくてはならないもののために、**正しい仕事に励む**ように教えられなければなりません。それは、実を結ばない者にならないためです。

パウロ、テトスに対して（テトス人への手紙3章14節）

私たちは神の作品であって、**良い行い**をするためにキリスト・イエスにあって造られたのです。神は、私たちが**良い行い**に歩むように、その良い行いをもあらかじめ備えてくださったのです。

パウロ、エペソ人に対して（エペソ人への手紙2章10節）

＊各節の強調は著者

第三部

文化を変革する地域教会

天の御国は、パン種のようなものです。女がパン種を取って、三サトンの粉の中に入れると、全体がふくらんで来ます。(マタイによる福音書13章33節)

あなたがたは、世界の光です。・・・あなたがたの光を人々の前で輝かせ、人々があなたがたの良い行いを見て、天におられるあなたがたの父をあがめるようにしなさい。(マタイによる福音書5章14～16節)

序章　文化を変革する地域教会

旧約聖書の時代、エゼキエルはイスラエル人から「私たちはどうして生きられよう（*How should we then live?*）」と問われました。一九七六年に、フランシス・シェーファー博士が同じタイトルで本を書き、チャック・コールソン氏も二〇〇一年に「私たちはどのように生きたら良いのだろうか？（*How Shall We Live?*）」というタイトルの本を執筆しました。これら2冊の本は両方とも、自分たちの置かれた文化の中でクリスチャンが個人として果たすべき役割についての本です。それと同じぐらい重要なことに、教会が置かれた地域社会において協力して神から与えられた役割を果たすというテーマがあります。個々のメンバーたちが生き、働く社会の各領域において影響力を持つように整えられると同時に、神に選ばれた変革の執行機関としての地域教会が、置かれた文化の中で主に仕えるチャレンジを受け、認識するという差し迫った必要があるのです。

第二部では、御言葉に述べられていることや歴史を調べることによって、広義の「教会」に対して神が持っておられる偉大なご計画を見てきました。私たちは教会の性質・歴史・役割について語ってきました。第三部では、今度は地域教会に焦点を当て、各地域教会がどのようにして置かれた地域と国の変革の執行機関となり得るのか、ということを見ていきたいと思います。

パン種は変化を引き起こすものです。イエス様はこう説明されました。「**天の御国は、パン種のようなものです。女がパン種を取って、三サトンの粉の中に入れると、全体がふくらんで来ます。（マタイによる福音書13章33節）**」

私は、イエス様が少年のとき、母親のマリヤが家事をする間、興奮して話しかけているのを想像します。イエス様は彼女が忙しく家事をこなしながら、パン生地にパン種を入れるのを見たことでしょう。彼女はパン生地を何度も何度も打ち、パン種を生地全体の中にまんべんなく行きわたらせます。イエス様は、これまでに何度も見てきたように、それを観察しています。彼女はパン生地を脇にどけて待ちます。小さな少年にとって、待つと言う事は非常に難しいことです。特に焼きたてのパンの美味しさを知っている時には！でも、母親はこう説明します。今はパン種が働くのを待っている時なのよ、と。パン種の働きによって、パン生地は新しく、別の何かに変化して行き、さらに時間が経つと、とても美味しいものになるのです！

何年か後に、イエス様は群衆を前に、天の御国について沢山のたとえ話を用いて説明していました。イエス様は天の御国はからし種を植えるようなものだと言われました。最も小さな種を植えたとしても、最も大きな庭木に成長するのです、と。その時、イエス様の頭に少年のころの経験がよみがえり、このようなたとえ話をされました「天の**御国は、パン種のようなものです。女がパン種を取って、三サトンの粉の中に入れると、全体がふくらんで来ます**」。パン種は徐々にパン生地に浸透していきます。ひと窯分のパン生地全部が変わってしまいます。パン種は、変化の「請負人（エイジェント）」なのです。同じようにして、福音の力が人々の人生に浸透していく時に天の御国は成長していきます。キリストの似姿に変革されつつある人々は、その人を取り巻く世界に浸透し、影響を与えていきます。デイビッド・バーネットはこのように説明しました。

（イエス様は）御国の生活がこの世界でどのような性質を持つかということについて、非常に効果的な3つの比喩を用いています。塩、光、そしてパン種です・・それらの物質は、ダイナミックに既存の空間に浸透していきます。塩は食品に浸透していきます。光は暗闇に輝きます。パン種はパン生地を発酵させます。一方、御国の共同体は既存の社会に浸透していき、人々を全人格的に変えてしまうような文化の変革をもたらすのです。（*Burnett, "The Healing of the Nations"*）

地域教会とその構成メンバーは変革されます。その次段階として、変えられた人々は周囲の変革を活性化させる執行代理人となっていくのです。一致して仕えることによって、教会の人々は変革の執行者として、文化の中に浸透し、変化を引き起こしていきます。御国のパン種は成長し、浸透していくのです！イエス様がもし現代に生きていたら、文化に神の意図する変革を引き起こしたウガンダの首都にある大教会を、「これは御国のパン種だ」と表現されたかもしれません。

●非常な困難の中で奉職するウガンダのカンパラ市警は、しばしば市民から嘲笑され、批判されていました。そしてそのことは、彼らの仕事の質と士気を引き下げてしまっていました。地域の価値を建て直したいという願いを与えられたカンパラのいくつかの教会のメンバーたちは、その地域にとって警察がいかに重要であるかを悟りました。彼らは他の市民たちと違い、警察の不十分さに焦点を当てるのではなく、逆に励ましを与えることに決定しました。教会メンバーたちは警察に感謝を現わし表彰する大規模で感動的な一日がかりのイベントを企画しました。「警察に感謝を表す日」の最後に、警察幹部がこう述べました「皆さんがこうして公に感謝を現わしてくださったことによって、われわれ警察がどれほど大きな力と激励をもらったか測り知れません」。警察は、難しい状況の中にあって、より良い仕事をする動機付けを受け、警察と教会の間に橋がかけられました。警察官の中には、教会のカウンセリングやミニストリーと連携を取りたいという関心を示した人々もいました。

しかし、それ以上にすばらしいことは、警察に対して教会が聖書の原則に基づいて継続的なメンターをする扉が開かれたことです！以下がその物語です。

●「警察に感謝を表す日」のかなり前に、小グループの数人の女性メンバーたちが警察署を訪ねて「私たちは警察の方々に仕えたいのです」と言いました。警察官は、「どんなことができるのですか?」と聞きました。彼女たちは「そうですね。私たちは価値観や倫理観を教えることができると思います」と答えました。「でしたらそれを、私たちの警察学校の訓練生たちに教えてくれますか?」以降彼女たちはまる一年間、毎週2時間、警察学校の訓練生たちへの授業を行いましたが、受講生たち自身も、自分たちが教会から教わっていたということを知りませんでした！訓練学校の卒業式に招かれた女性たちは、警察長官からこう告げられました「訓練生が風紀の問題を起こさなかったのは今年が初めてです。これからも毎年、私たちの警察学校で教えていただくわけにはいきませんか?」。想像してみてください！数多くの課題を抱えた国の首都の警察学校訓練生たちを、教会が聖書の原則に基づいて「訓練」しているのです。

社会に影響を与えるのに、これ以上素晴らしい機会があるでしょうか?パン種がパン生地全体に浸透し、変化させるように、地域教会が文化に浸透していく何という素晴らしい方法でしょうか！市長であるイエス様のために働く、なんと大きな機会でしょうか！地域教会が文化に変革をもたらすとき、キリストに従う者たちは国を弟子とすることができるのです。

第三部では・・・

- 神が地域教会を用いて文化を変革するとき、人々は神の与えられる自由に入れられるということを見ていきます。
- 聖書的変革の意義を調べ、伝道と教会開拓が文化の変革の始まりに過ぎないということを見ていきます。変革は、キリストが再び来られるまで完成することがないプロセスですが、教会は現在この地上で神の意図を実行に移し、もしイエス様が市長だったらならなさるだろうことを行うことによって、将来もたらされる変革のモデルとなるように神から期待されているのです。
- 神の壮大なご計画を地域教会のビジョンとし、DNAの中に取り入れ、実行に移していくためにはどのようにすれば良いのかということを見ていきます。また、牧師やリーダーたちがどのようにしてビジョンを設定し、それを教会に伝達し、教会の人々を通してそのビジョンを地域社会で実践していくのかを見ていきます。
- もし教会が社会における神のご計画のすべてを顕していきたいなら、そのアプローチは包括的なものでなければならないことを理解していきます。それは講壇から語られる説教からメンバーの個人的な日常生活に至るまで、教会の営みのすべての部分に浸透する必要があります。教会が目指す変革は、まずそのリーダーとメンバーの生活の中で実践される必要があります。
- 富んでいようが貧しかろうが、神はご自分のすべての子どもたちに、現在持っている中から忠実に神に捧げるように召しておられるということを見ていきます。私たちが犠牲的に捧げるとき、神はそれを用い、私たちの想像を超えて捧げられたものを増加させ、地上における神の目的を推し進めてくださるのです。

第三部の前提

私は神学書や歴史書を読むのが好きです。しかし、最も大切にしているのは、御言葉からの学び、教会で実際に行われている働き、そして目に見える具体的な実践です。御言葉や書物から得た知見と、具体的な実践や経験から得た知見の双方から、教会に関するいくつかの前提を学んできました。それらのいくつかを既に見てきましたが、ここでもう一度、第三部の前提としていくつかを紹介したいと思います。

前提1：イエス様が教会をお建てになったのは、国々を弟子とし、あらゆる地域において人々を教えて彼の教えに従うようにするためである。教会はイエス様のすべての命令への従順を教えることによって神の国を広げていく。

ご承知のように、イエス様はご自身の弟子たちに国々を弟子とし、バプテスマを授け、命じておいたすべてのことを守るように教えなさいと言われました。言い換えると、教会は文化全てを弟子化し、変革するために遣わされたのです。弟子とされた国の人々は、単にキリストの命令を知っているだけではなく、キリストの命令を生活の中で行っている人々です。キリストの名によってバプテスマを授かり、弟子とされた人々のライフスタイルは社会全体に影響を及ぼし、国全体がキリストのご意志に完全に浸されています。文化すべてが弟子化され、変革されるのです。イエス様は、現在この地上において神の御心が行われることによって神の国が来ると言われました。神の御心が行われ、神の統治が広げられた度合いに応じて、神の御国はこの地上に広がって行くのです。

前提2：普遍的教会には種々の組織的表象があるが、イエス様がご自分の目的を実行するように命令された第一の執行機関は、地域教会として現された教会に対してである。地域教会がその造られた目的を理解し、その役割を果たすとき、癒しと回復の働きに、神ご自身が介入される。

教会は、協力して行う活動を通しても、またメンバー個々の生活を通しても、地域社会における生活領域において変革をもたらすよう召されています。神の御心すべてを受け入れ実行していくためには、教会自体が変革されていなければなりません。

新約聖書において、教会は、明確にキリストの体として表現されています。キリストの体である教会は、その頭であるイエス・キリストの御心を行う必要があります。それぞれのメンバーは体の中でユニークな役割を与えられています。メンバーたちは社会のあらゆる領域から教会に来ています。神の愛にはえこひいきがありません。神の恵みと、キリストの十字架の業による罪の赦しを個人的に受け入れることによって私たちは教会に所属するようになります。本物の回心は、主であるキリストに対する愛と従順をもたらします。神は、ご自分の民を奉仕の業のために整えるために召し出された教会リーダーたちを用いて教会を整えられます。この世界に対してご自分の愛・意図・目的を顕すために、神は共同体としての教会、および教会の個々のメンバーを用いることを選ばれたのです。

前提３：物質的資源に恵まれていないからといって、地域教会は置かれた地域において人々に仕える働きをしなくても良いということにはならない。

地域教会の人々が、裕福だろうと貧しかろうと、神の命令に従い犠牲的な愛をもって他者に仕えるとき、神は彼らの努力に報い、献げられた資源を増加させ、神の国の影響力を増大させて下さいます。神に明け渡す資源というのは、経済的なことに限定されません。神の民がその存在と所有物のすべてを神に捧げるとき、神はその人々が周囲に与える御国の影響力を増し加えて下さるのです。

前提４：キリストの教会には、目に見える現れと見えない現れとがある。現在のところ、それには少なくとも三つのタイプの表現型がある。

教会には目に見える現れと見えない現れとがあります。教会の目に見える現れは、クリスチャンの個人や組織によって構成されます。教会の目に見えない現れは、宗派的・宗教的にどこに所属しているかとは無関係に、キリストを通して神と和解させられたすべての人々によって構成されます。

地上における教会には、現在、少なくとも三つの表現型があります。

・普遍的教会は、すべてのクリスチャン・組織・交わりを包含します。

・地域教会は、自分たちは地域教会だと認識しているキリスト者の交わりです。その規模は小さな家庭集会であることとも、何千ものメンバーを抱えていることもありますが、人々は神にある歩みを共にするために、定期的に集まります。また、地域教会は牧師やリーダーたちによって主導され、メンバーはたいてい同じ地域に住んでいます。

・パラチャーチ(訳注：超教派的なキリスト教団体のこと)は、最近になって現れたものであり、御言葉のなかに直接的な言及はありません。この人々はより専門性の高い働きに携わり、地域教会よりもその働きの照準は限定されています。

前提５：教会は、神の目的を果たす単なる執行機関や道具以上の存在である。

キリスト者の共同体は神にとってユニークな存在であり、計り知れない価値を与えられています。神は教会を永遠の愛で愛されます。教会はキリストの花嫁です。地球と今の社会はいつか終わりを迎えますが、教会は永遠に続きます。神のこの永遠の愛は、地上における神の変革のご計画のなかで果たすべき教会の役割を軽減したり免除したりするものではありません。むしろ逆に、キリストとその花嫁との親密な交わりに入れられるとき、教会はキリストの御心を行いたいとさらに強い願いが与えられるのです。

どうかこれらの前提によって、あなたとあなたの教会が神からの励ましと促しを与えられますように。教会が神からのビジョンを受け取り、イエス様が市長だったならそうなさるように、神の幅広いご計画を実行に移していくことができますように。

◆9章　地域教会による社会変革

〜聖書的変革を目指して〜

大規模な福音伝道集会を開催し、何万人という人々が手を挙げてキリストに従うという決心をしたとしても、それだけでは変革とは呼べません。ある国の人口の50パーセントの人々が、「新生した」クリスチャンになったとしても、それをもって社会と文化の変革が起きたとは言えません。ウガンダの全人口の80パーセントの人々が「自分はクリスチャンである」と自称していた同じ年に、ウガンダは国連の汚職ランキングでアフリカのなかで2番目に退廃した国であると評価されました。変革は起こっていなかったのです。すべての家から歩いて行ける距離に教会堂が建ったとしても、それで聖書的な癒しと回復が起こったということにはなりません。今申し上げたすべては良いことですが、変革ではないのです。

変革についてご説明するために、アメリカ合衆国のある大きな大学で最近起きた出来事をご紹介したいと思います。その大学の評判は悪く、アメリカで2番目に大きな「パーティースクール（訳注：学業をおろそかにして、アルコールやドラッグなどの放縦に明け暮れる学生文化があるという評判を得ているアメリカの大学　英語版 *Wikipedia* より）」というレッテルを貼られており、多くの学生たちは大酒やドラッグやセックスに明け暮れる大学生活を「エンジョイして」いました。その大学で、学生伝道の働きが始まりました。3年間で数千名の学生たちがキリストに出会い、クリスチャン学生の発言力が強まり、キリスト者が学生リーダーとして選出されるまでになりました。学生会長、学生社交クラブの役員、キャンパス組織のリーダーなどに、信仰を持つ学生が選ばれるようになりました。3年後、その大学は、「パーティースクール」のトップ10にすらリストアップされなくなりました。学生たちと共に働いた牧師は、これを「ラディカルな変革」と呼びました。

素晴らしいこの証に大きな敬意をもちつつも、私はこの「変革」という言葉の使い方には同意しかねます。政治的な発言力が大きくなるのが「変革」ではないですし、それは霊的な救いそのものを指す言葉でもありません。変革は霊的な救いの業から始まりますが、それ以上のものです。変革は人々が神の御心を行うことによってもたらされます。学生たちがキャンパスライフと私的な生活の双方で神の御心を現すことを心から求めるとき、大学において神の癒しと変革が起こります。また変革は、学生達が神の目的のために、「変革の執行機関」である地域教会と共に働くときに起こります。地域教会との連携のなかで、学生たちが学業に精をだし、他の学生や教授たちとの関係を改善し、スポーツを楽しみ、キャンパスの内外で計画的、意図的に地域に仕え、隣人を愛するとき、変革がもたらされるのです。

聖書的変革

「変革」の辞書的な意味は、「物質的にものの性質や性格が変化すること」です。私が菜食主義者になれば、私の食習慣は「変革」したと言えますし、私が一度も打ち間違いをしなくなったとき、私のタイピング技術は「変革」したと言えます。ひるがえって「聖書的な変革」とは、人類が神に反逆したことによって崩壊したすべてのものの癒しを意味します。神の国の働きである聖書的変革は、個人・家族・地域・社会・文化そして国が、神の御心を実行に移していく時に起こります。

読者の皆様と一緒にこれから学ぶのは、このような変革についてです。この変革は神の働きであり、私たちの働きではありません。しかし神は、どのような条件を満たせば私たちがその癒しと変革を受け取れるかについて明らかにしておられます。その条件とは、ただキリストを救い主として受け入れるだけではなく、神の御心を行うことです！

霊的改心は変革の扉を開きますが、それは生涯を通じたプロセスです。使徒パウロでさえ、自らの人生の終わりに、個人的な変革の業は未完成だと考えていました。彼は自分が旅の途中にあり、キリストの似姿に変革されている途上であることを知っていました。それは彼がキリストのおられる場所に行く時まで終わらない旅路だったのです。

変革のプロセス

「変革」という言葉は聖書の中で、弟子たちの心や人格が「変革」された、といった文脈で使われています。また、死後に復活する体のことを「変革」された体と表現しています。社会・文化あるいは国が「変革」されると私たちがいうとき、それは個人が変革されることによってその影響力が家族・コミュニティ・社会全体に浸透していくことを指しています。文化や社会といったものは、個人の救済や新生と同じように霊的に贖われるわけではありません。贖われた個人が新しい命によって周囲に良い影響を与えることによって、社会は変えられていくのです。彼らは真理の代弁者となり、システムを再構築し、正義と憐れみを体現する者となり、人々の中にある神の似姿を見出していきます。彼らは、イエス様が市長だったならなさるような憐れみに満ちた行いを実践します。

これを明確に裏付ける聖書箇所があります。旧約聖書の随所には個人・家族・地域コミュニティ・町々・社会・国家など、あらゆる生活領域における変革が言及されていますし、新約聖書のエペソ人への手紙4章17～5節、20節には、新しく創造された個々の信者たちが身に付けるべき性質が述べられています。続くエペソ人への手紙5章21～6章5節では、家庭生活の変革について語られています。

生活のあらゆる領域がキリストによって導かれ支配されていくとき、個人は変革されていきます。パウロはこう書きました。「**この世と調子を合わせてはいけません。いや、むしろ、神のみこころは何か、すなわち、何が良いことで、**

神に受け入れられ、完全であるのかをわきまえ知るために、心の一新によって自分を変えなさい。(ローマ人への手紙12章2節)」神の御心が何であるかを知っているだけでは十分ではありません。生活様式が神の御心に従って作り変えられたときに初めて、私たちの意識や生活が変革されたと言えるのです。

変革とは、私たちがキリストの命令を理解し、それに応答していくという絶え間ないプロセスです。私たちはキリストの似姿に造り変えられますが、それは突如として起こることではありません。赤ちゃんが急に十代や大人になることがないように、私たちも一足飛びに成熟したキリストの弟子になるということはありません。キリストと共なる歩みを始めたばかりのとき、私たちの従順は未成熟でぎこちないものです。従順の歩みを繰り返していくとき、私たちはキリストに似せられるということの真の意味を理解するようになっていきます。生活のあらゆる側面でキリストが主となっていく度合いに応じて、私たちは変革されていくのです。変革は聖霊の御業ですが、その前提条件である従順の実践は私たちがなすべきことです。使徒パウロはコロサイの信者たちが霊的な知恵と理解力によって真の知識に至った結果、「**主にかなった歩みをして、あらゆる点で主に喜ばれ、あらゆる善行のうちに実を結び、神を知る知識を増し加えられ・・・神の栄光ある権能に従い、あらゆる力をもって強く(コロサイ人への手紙1章9～12節)**」されるようにと神に祈りました。

変革は個人から始まり、家族、地域社会、国へと波及していきます。これもまたプロセスであり、個人と家族が神の御心に広く深く従うのに応じて、地域社会に及ぼされる影響力も強まります。さらに、変革された地域社会がその文化に影響を与えていくとき、国は変革されるのです。

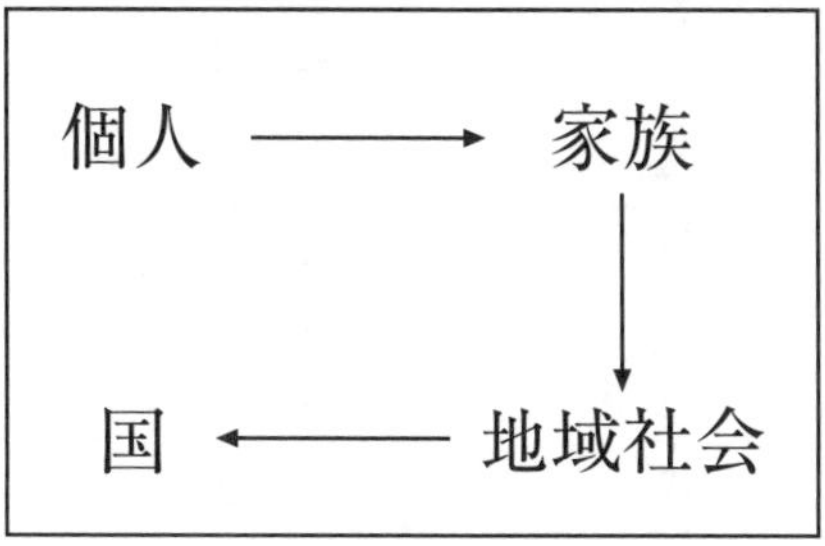

個　人

聖書は、私たちはキリストにあって「**新しく造られたもの**（第二コリント人への手紙5章17節）」であると語っています。私たちは「**新しく生まれた**（ヨハネによる福音書3章3節）」者です。神が意識・性格・行動を変革されるとき、人は変えられます！変革はプロセスであり、変革の物語はそれぞれにユニークです。個人を変革される神の驚くべき力についての実例を紹介します。この男性が変革されたことにより、どれほど多くの人々の人生が変えられたかに注目してください。

●とある「福音に対して閉ざされた」国に住むある牧師はモスクで伝道文書を配布していましたが、政府から布教活動の許可が取り消され、この行為は禁止されてしまいました。この伝道は人々の不評を買っていましたが、私たちの訓練会に出席して神の愛を主体的に実践していくことについて学んだ彼は、新しい計画を思いつきました。彼は4人のボランティアを募り、パンを購入して地域の病院に行き、患者たちを訪問してパンを分け与え、彼らのために祈っていいかどうか許可をもらいに行きました。幸い許可は下りたものの、彼らが派遣されたのは治療不能な統合失調症患者の閉鎖病棟でした。患者の中には何年もの間ひとことも言葉を話していない男性もおり、顔がむくみ変形したその男性は歩く代わりに腹ばいで移動し、片方の耳は大きく膨れ上がっていました。彼の行動はひどいもので、全身が汚れていたので、彼に手をおいて祈った後、ボランティアたちは手を洗ってからでないと他のものには触れられないほどでした。翌週、牧師とボランティアたちがもう一度その病院を訪問すると、背の高い痩せた男性が精神科の個室病棟の鉄柵の前に立っていました。彼らがその男性に患者のグループのところに連れて行ってくれるようにお願いすると、彼は「私は先週あなたたちに祈ってもらった者ですが、あの祈りがとても効果的だったので、できればもう一度祈っていただけませんか」と言いました。グループは彼に見覚えがなかったため、時間がないから他の重症患者を紹介してほしいと頼むと、彼は病棟に案内してくれました。病棟のスタッフに、彼こそが先週あなたたちが祈ったあの異様な風貌の男性だと告げられたとき、チームは驚きました！男性は癒されたのです。彼は歩き、そして話しています。彼は文字を書くことさえできるようになっていました。彼の診断書は「治療不能」から「治療の見込みあり」と書き換えられました。その後もボランティアチームは病院を訪ね、患者たちのために祈り、パンと着る物を届け続けました。他の患者たちにもその男性に起こったのと同じようなことが起き始めました。病院側は、次回は800名の患者全員と職員のために祈って欲しいと彼らに依頼しました。この働きのうわさを聞いた多くの人々が働きに加わるようになった結果ボランティアチームは大きくなり、3年後には5つの病院、5つの孤児院、2つの刑務所、薬物とアルコール依存症患者たちのリハビリセンターにいる合計2600名の人々に仕えるようになっただけでなく、ストリートチルドレンとホームレスの人々のための働きも開始しました。

家　族

個人は家族に影響を与えます。御言葉はそのことを確証しています。親は子どもたちに、神を愛する生き方を実践的に教える必要があります。年配の女性たちは若い女性たちに家族を愛する模範を示し、執事や長老は良く家庭を治めていなければなりません。まず個人と家族が率先して神の意図に従って生活し、共に他の人々に仕えることで聖書的変革はもたらされます。周囲の人々に影響を与えた私たちのスタッフの家族をご紹介します。

●ハイチにいるスタッフ夫妻とその家族は、祈りの時間、自宅での食事、教会の集まりに、いつも隣人を招待していました。彼らの子どもたちは、隣人の必要に配慮するように教育されていました。次第に家族の一員のように交わるようになった経済的に貧しい隣人たちに対して、彼らはさまざまな形でイエスに従う生活スタイルを教えました。家族はその人々を家事や雑事を手伝ってもらうために雇用したり、彼らに寝泊まりできる場所を与え食事を施したりもしました。スタッフ家族が、他者の必要について話し合う場を設け、隣人に仕えるよう励ますと、彼らは地域を掃除するプロジェクトを計画し、実行しました。私はこのスタッフが年間計画に書いた文章が気に入っています「わたしたちは地域に対して『大きな視野』を持ち続けたい」。

地域社会

変革された個人や家族は、神が目的をもって自らをその地域に住まわせておられることに気付きます。変革された人々は地域社会に対して「大きな視野」を持つようになるのです!箴言31章では家庭の内と外で奉仕する女性がほめたたえられていますが、その夫は町の中で人々に尊敬され、その地域の長老たちと共に座に着く、とあります。地域社会は公的な指導者によってのみ影響を受けるのではなく、非公式な人々のつながりによっても影響を受けます。パウロはテモテを訓練しましたが、そのパウロがテモテに教えたことは、自分から学んだことを他の人にも教えることができる忠実な人たちに委ねるようにということでした。

地域社会で人々に仕えるということは、国にさえ影響を与えます。長く敵対している人々に愛の奉仕が行われるときには特にそうなのです。

●東アフリカのとある国に住むボニフェイス牧師は、奉仕と赦しの行為によって地域に影響を与えました。その国では過去に残酷な虐殺が起き、その結果多くの人々が亡命者となりました。最近になって亡命していた人々が戻ってくるようになったのですが、自分たちの住んでいた家々は破壊されたままでした。ボニフェイス牧師は帰還した敵対勢力の人々を見て、「信頼を失った人々に神の愛を現すには、どうすれば良いだろうか？」と思いめぐらしました。彼は教会メンバーたちを動員し、帰ってきた人々のために壊された家を修繕するという行動を起こしました。反目していた部族がなぜ自分の家を直してくれるのかいぶかしがる人々に、ボニフェイス牧師は神の愛を実践したかったのだと説明しました。アフリカにいる私の同僚はこう言っています「この国の多くの人々が、彼の小さな愛の行動を見ました。助けられた人々の多くは、ボニフェイス牧師が彼らに示した愛の源泉であるお方についてもっと深く知るために、教会に来るようになっています」。

国

このような実例を読んでもなお、個人や地域社会が国に影響を与えるということを実際に想像するのは難しいかもしれません。しかし、御言葉はこれもプロセスの一部であると私たちに思い出させてくれます。影響は地理的に拡がるだけでなく、文化と人々の信仰体系にも浸透していきます。ちょうどパン種がパン生地に浸透していくように。

弟子たちが証人となる力を受けるようにイエス様が語られた、よく知られた御言葉にはこうあります。「**エルサレム、ユダヤとサマリヤの全土、および地の果てにまで**（**使徒の働き1章8節**）」。弟子たちが当時いたエルサレムという土地は、伝統的な信仰と文化の中心地であり、そこではイエス様に従う者たちは少数派でした。ユダヤはイスラエルの「県」の一つであり、エルサレムはその県内にありました。サマリヤはユダヤの北にある地域です。聖書には、イスラエル人たちがサマリヤ人を、憎むべき混血の民として見下していたことが記されています。神の変革の力は敵とされている地域の中心にさえ及ぶとイエス様は言われたのです！これはラディカルな変革です！「地の果て」とは、単に場所のことではなく、その日イエス様の声を聞いていた弟子たちの小さな群れには想像もできないような人々・国々・文化のことを指しています。聖霊に満たされた彼らは、やがて国々の祝福と変革へとつながる働きを始めていきました。

聖書は国々や地上の人々に対する神のご計画の一端を私たちに教えてくれます。詩篇作者を通して、「**すべての国々は彼をほめたたえ**（詩篇72篇17節）」る、と神は約束しておられ、他の箇所では、「**わたしに求めよ。わたしは国々をあなたへのゆずりとして与え、地をその果て果てまで、あなたの所有として与える。**（詩篇2篇8節）」とあります。神はまた国々が神の主権に従うというご自身の意図を明らかにしておられます。「**やめよ。わたしこそ神であることを知れ。わたしは国々の間であがめられ、地の上であがめられる。**（詩篇46篇10節）」

アフリカ・ワーキング・グループは小さな団体ですが、ハーベスト財団、および国際飢餓対策機構と共に働いてきた大変刺激的な働きです。彼らのビジョンやストラテジー（戦略）には胸躍らされます。そのビジョンは国のみならずアフリカ大陸をも包含し、ＡＩＤＳ・貧困・内戦・干ばつなどによる荒廃のただ中にすら希望を見いだしています。彼らの戦略は教会と連帯し、教会を通して働くことです。彼らのビジョンは国と大陸を回復し弟子化するというとてつもない大きい夢です。彼らは変革の源であるお方こそが「国々の希望」であるということを知っていたのです。

変革の中心にある教会

個人、家族、地域社会、国というように変革のプロセスを見てきましたが、もうひとつ、これらすべての「中心」として変革に欠かせない鍵が残されています。それは、教会です！

神様はご自身の偉大なご計画を成し遂げるにあたり、教会が国を弟子とするという方策を定めておられます。イエス様は弟子たちに、国々を弟子とし、バプテスマを授け、ご自分の命令に従うよう教えるように、と命じられました。行ってバプテスマを授け教えるだけでは国は弟子とされません。人々が生活のすべての側面、社会のすべての領域において主に従うときに変革が起きます。伝道とバプテスマは弟子化への扉を開きますが、弟子訓練、つまり人々が主に従うように教えることは、教会がたゆまず行うべき働きなのです。

神によって変革の中心として選ばれた教会はそのご計画を遂行していきます。教会は個人、家族、地域社会、国という、社会のあらゆる層に神のご計画を伝え推進していきます。教会はメンバーたちを整え、彼らが社会の隅々にまで出て行き、生活のすべての領域において神の御心と愛を現すよう励ますのです。

ある人が聞きました。「もしあなたの教会が明日閉鎖したら、あなたの街の人々はそれを気にも留めないでしょうか？それとも彼らは閉鎖に反対してくれるでしょうか？」教会が地域社会に忠実に仕えていれば、その答えは後者になることでしょう。そのような教会に私たちは出会ってきました。教会が地域に根ざし、創造性を発揮し、犠牲を払い、一貫して隣人に仕えていくとき、聖書的変革が社会に浸透していったのです。

●ブラジルの小さな貧困地区、ジョーズ・リセットで、数年間にわたり教会メンバーたちが身体的、霊的、社会的、そして知的な領域で地域に働きかけた結果、変革が起こりつつあるという目に見える証拠が現れてきています。

●ベネズエラの首都カラカスにある都市部の居住区カラピタでも同様の変革が起きました。教会が十年間にわたって地域が抱える多様なありとあらゆる必要に応えることによって、地域において具体的で力強い役割を担うようになりました。取り組んだ領域は、麻薬撲滅のための集会からバスケットボールリーグまで、母の日のお祝いから病院での植樹活動、側道から校舎の修繕まで、幅広いものでした。

●ドミニカ共和国にあるいくつかの「不法定住者居住区」において、教会が20年間続けた包括的宣教活動の結果、劇的な変化が起こりました。私たちの訓練を受けた数百人の牧師たちが他の人々を訓練し、互いに手を取って働きを励まし合いました。教会が災害時にも被災者に支援の手を差し伸べるなど、意図的に教会外の人々に仕えたのです。

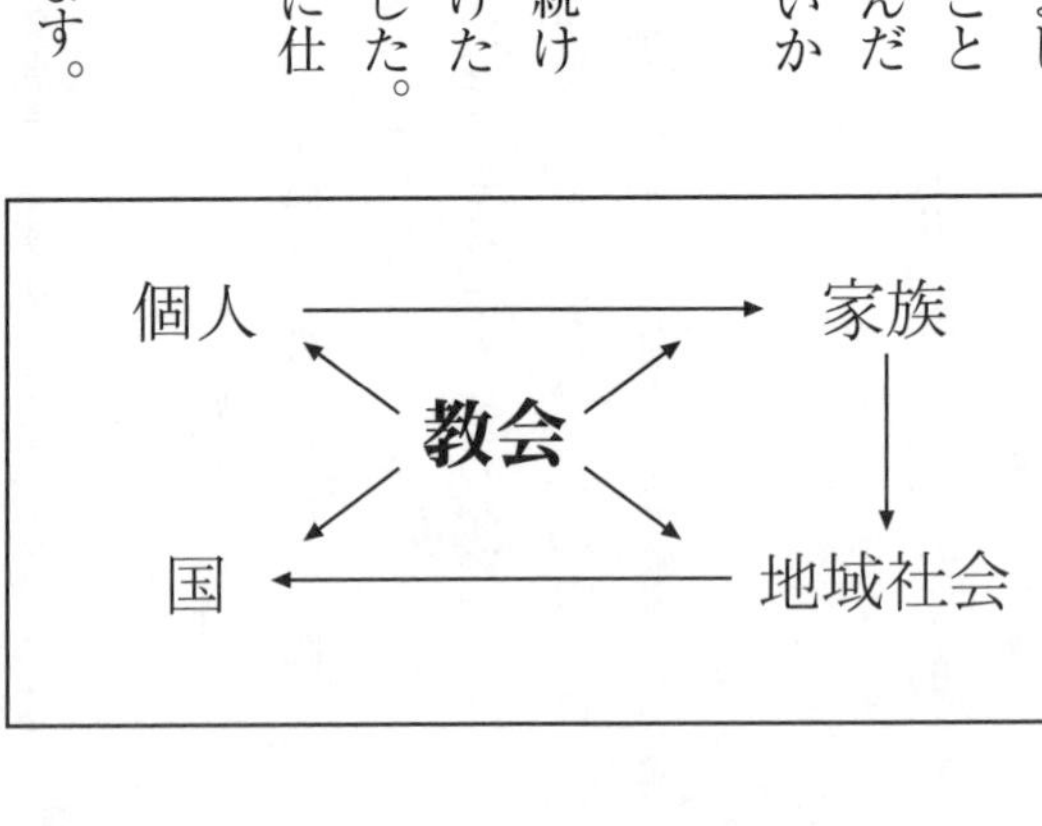

続いてケニアの不法定住者居住区で現在進行している変革について詳しくご紹介します。

●廃棄された金属や木材を組み合わせたバラックが立ち並ぶスラムであるカギシュには、15名の会員を擁する教会がありました。この教会は我々が主催するカンファレンスへの招待状を受け取り、21歳のメシャクが参加メンバーに選ばれました。メシャクは「イエス様に従うということはやってもやらなくても良いようなことではないのだ!」という新しいビジョンを抱いて教会に戻りました。メシャクと、長老のディスマスと、牧師と牧師夫人が地域に神の愛を現すプロジェクトを祈り求めると、主は答えて下さいました。それは教会の建物を使って小学校を始めることでした。

彼らはすぐに、授業料を払えないために自分たちの子どもを公立学校に送れないでいた教会員たちに話すことから始めました。数名の親たちがこの「学校」に子どもたちを送ることに同意してくれました。机も本も教材もない教会の一室で、教師の資格のないメシャクと牧師夫妻は、6歳から12歳までの13人の子どもたちを教え始めました。地域住人たちはその学校に非協力的で、夜になると建物に忍び込んで備品を盗む住人すらいました。開校から7か月後に初めて支払われたメシャクの「給料」は保護者からの献金と集めた授業料からまかなわれましたが、その額はたったの1ドルでした。メシャクとディスマスは近所の子どもたちを招き続け、学校は大きくなっていきました。まもなく、教室には45名の様々な年齢の子どもたちが集まるようになりました。6か月目に2人目の教師が、8か月目に3人目の教師が加えられました。生徒が100名になったとき、二人の教師が互いに背を向け、ひとつの部屋で2つの授業が同時に行われるようになりました。学校が大きくなっていくと「うるさい」という理由で他の地域に引っ越す隣人も現れました。それによって、学校はより大きな土地を使えるようになり、開校から2年が経つ頃には教室は10クラスにまで増え、日曜には礼拝のためにも使用できる建物が敷地内に二つ建てられました。

翌年、カワングワレ近郊の1ブロックの土地とそこにあった建物を購入し、教会はそこに移動しました。6年後、この学校は17名の教師、5名の職員、445名の生徒を持つまでに拡大していました! 新しく誕生した政権によってすべての公立小学校の授業料が無償化されたとき生徒数は600名から445名に減りましたが、同地区に2校ある他の私立小学校の1校は閉鎖したのに対し、この学校はキャンセル待ちの入学希望者が多くいるという状態でした。

これはまだこの地域、教会、学校の物語の「序章」にすぎません。この働きの直接的な結果として、近郊に10名の教師と60名の生徒からなる新しい高校が建ちました。メシャクたちが始めた学校が移動した穴を埋めようと、カギシュにある他の教会が小学校を始め、別の教会は働く母親を持つ20名の子どもたちの面倒を見る児童保育施設を始めました。元の教会は60名に成長し、新たに40名のメンバーからなる枝教会を開拓する準備をするまでになりました。やがてこれらの教会はそれぞれに他の地域で2つずつの教会を生みだしました。元の牧師は3年前にウガンダに移住して高校を開設し、その高校は成功しています。生徒、先生、親たちの需要が生まれたため、食料品店が新しくカギシュに移転してきました。新しい学校の建物の周りでは小規模のビジネスが始まり、新校舎の建設のため、建設会社が仕事を開始しました。

とても、とても小さな教会と、そのメンバーたちによる犠牲的で従順な奉仕から働きが始まった6年後には、カギシュとカワングワレの地域社会と教会には目に見えて大きな結果がもたらされました。実際、カギシュ（「ナイフ」あるいは「刺さる」という意味）という地域名を、ルイタ（「危険なものを取り除く」という意味）に改名しようという提案が地域の人々から出されたのです。

この地域におきた変革の全体像をご存じなのは神ご自身だけですが、私たちは地域社会にもたらされたインパクトを以下のように集計しました。

- 32のフルタイムの雇用
- 5つの学校
- 1000名の生徒
- 6つの新しい教会
- 数えられないほどの新しい信者
- カギシュとカワングワレに生み出された新しい産業
- カワングワレの経済発展

社会の変革

街の問題にかかわることは教会の最優先事項ではないかもしれませんが、もし教会が社会において神のご計画を担おうと思うなら、それは優先事項に組み入れられてしかるべきです。旧約聖書のレビ記のほとんどは市民生活と、現在で言うところの「民法」に関するものですから、神は行政に関心を持っておられるということが分かります。神はご自身の「モデル国家」であったイスラエルの中に、正しい統治が実行されることを願われました。異教徒の国においても人々を益するために、神は超自然的な方法でご自身を代表する者たち――ヨセフ、ダニエル、ネヘミヤなど――を召し出されました。聖書にはエジプトでのヨセフ、バビロンでのダニエル、ネヘミヤの物語について多くの記述があり、それらを読むとき、イスラエルの民が亡命先の異教徒の国の平和のために祈るように奨励されていたことを知ります。「**わたしがあなたがたを引いて行ったその町の繁栄を求め、そのために主に祈れ。そこの繁栄は、あなたがたの繁栄になるのだから。（エレミヤ書29章7節）**」イエス様もまた、私たちが神の国の国民としての義務を果たすだけでなく、私たちが置かれたその社会における市民としての責任も果たすようにと明確に語っておられます。最後に、ローマ人への手紙の中で、この世の政府は神の関心の中にあるとパウロは私たちに思い起こさせています。この世の政府や行政機関は神によって立てられ、公益のために奉仕するように神によって権威を与えられているのです（ローマ人への手紙13章1節）。

国家の変革のような大事業を想像するのは難しいかもしれません。しかし、主の御名で呼ばれている神の民が、神のご支配の下にへりくだるならば、国の弟子化や社会と文化の変革がもたらされると理解するとき、それは途方もないことではないと気付くでしょう。これまで見てきたように、神はイスラエルに対し、自らへりくだり、祈りを捧げ、御顔を慕い求め、その悪い道から立ち返るなら、彼らの地を癒し、彼らの罪を赦すと言われたのです（第二歴代誌7章14節）。

変革と社会正義の実現

良い住宅や、識字教育や、未婚の母のための駆け込み産婦人科や、刑務所ミニストリーによって社会が変革されるのではありません。これらの働きは社会に良い影響を与えますが、その影響は根本的な問題がもたらす「結果」に対してであり、それは社会病理への「対症療法」に過ぎないのです。原因の根っこに働きかけなければ、不正、社会の崩壊、道徳の腐敗といった「実」は現れ続けるでしょう。

イザヤ書58章は、私たちが原因と症状の双方に働きかけているとき、私たちは真に神を礼拝していることになる、と語っています。イザヤ書58章7節で、神はすべての礼拝者に対し、飢えた者にパンを分け与え、家のない貧しい人々を家に入れ、裸の人に着せ、肉親の世話をするようにと命じておられます。

同時に、社会不正の深層にある根本原因に影響を及ぼすように用いられる人々もいます。6節で言及されているのは、「悪のきずなを解き」「くびきのなわめをほどき」「しいたげられた者たちを自由の身とし」「すべてのくびきを砕く」ことが礼拝なのだ、ということです。「解く」「ほどく」「自由の身とする」「砕く」といったこれらの言葉は権威に関わる言葉です。政治、行政、経済の世界で影響力と権威のある地位に置かれたキリスト者たちは、不正の根本原因に働きかけるように戦略的に配置されているのです。イザヤ書59章でも、権威者たちに主にある影響を及ぼすようにと神は命じておられます。問題の根元に斧を当てなければ、社会は引き続き不正、崩壊、道徳腐敗を刈り取ることになります。教会は指導的立場にある人々が神のご計画を現すような影響力を発揮するように励ますとともに、次世代においても御国の影響力を及ぼすために、若い人々が将来、社会において影響力を発揮できるような人材になれるよう奨励し援助すべきです。ある民間組織において指導的立場にあるキリスト者の実践をご紹介します。

●地域社会を網羅するネットワーク機関の代表者である女性は、自らの立場を「神聖な責務」だと述べています。彼女は会議のときにはいつも自分の隣に空席を用意し、イエス様がその会議のリーダーであることを忘れないようにしています。地域社会のネットワークのための話し合いにイエス様が「出席される」のです――市長のように――。

クリスチャンのラジオコメンテーターであり、作家であり、プリズン・フェローシップ・ミニストリーという受刑者への働きの創始者チャールズ・コルソンは、かつて政治的権力を悪用したために刑務所に収監されたという経歴を持っています。彼は自身のラジオ番組の中で、この世界に影響を与えようとするクリスチャンは、ビジネス・文化・政治・公民などの分野において権力――正しい種類の権力――を得るのが最も効果的な方法だと語っています。コルソン氏はまた、権力を求めることは御言葉に反することではないとも言っています。権力そのものが最終目標になってしまうと危険ですが、権威ある立場は、聖書的に奉仕するためのより大きな扉を開くことにもつながるのだと。コルソン氏は権力を与えられた者たちがその権力を悪用しないためには、キリスト者が教会に深く根を下ろし、生活全般を見守りアカウンタビリティ・パートナー（訳注：説明責任を互いに負い合う相手）となってくれる友人を周囲に置くべきだと奨励しています。

一般論として、敬虔な信仰者が権力と影響力を持っているとき、教会は社会不正の根本原因に対して最も効果的に働きかけることができます。地方自治体において社会構造の不正を正す権威があるのは市議会や市長です。もしそのような地域的課題に取り組むよう召されているメンバーが教会にいるなら、私たちはその人が地方議会のなかで責任ある立場を得られるよう励ますべきです。そのような人材を放置してはなりません。周囲の人々は彼らを支え、彼らのために祈り、彼らを励まし、そして彼らとアカウンタビリティを持つようにしましょう。

私たちが問題の根っこと人々の苦しみの双方に対して積極的に働きかけるなら、イザヤ書58章で神が約束された癒しが実現します。

「そのとき、暁のようにあなたの光がさしいで、あなたの傷はすみやかにいやされる。あなたの義はあなたの前に進み、主の栄光があなたのしんがりとなられる。そのとき、あなたが呼ぶと、主は答え、あなたが叫ぶと、『わたしはここにいる。』と仰せられる。（イザヤ書58章8～9節）」

社会正義を求めるとき、私たちは以下のことを心に留める必要があります。

- 権威ある立場を神から与えられた人は、自分の願っていることを推し進めるのではなく、神が願っておられることを推し進めるべきです。たとえ正しい動機で権威を持つに至った人であったとしても、すべての人は罪深い存在です。アクトン侯爵の警告は非常に適切です「権力は腐敗を招きやすい。そして絶対的な権力は例外なく腐敗する」。権力をもったクリスチャンは、祈り深く、注意深く、一貫して自らの王であるお方に対してへり下って服従しなければなりません。
- 権威ある立場にあるクリスチャンは、自らを支え、アカウンタビリティを担ってくれる地域教会の指導者およびメンバーを持つべきです。
- 社会不正によって苦しんでいる身近な人々に対して働きかけることは、あらゆるキリスト者が実践できることです。権威のある立場を生かして問題の根に直接影響力を行使できる人もいますが、私たちの誰もが投票したり、公共空間で声を挙げたり、新聞に投書したり、献身的に祈ったりすることで、そして日常生活や職場で神の愛と原則を実践することによって、社会に変革をもたらす影響力を持っているのです。

もうひとつ付け加えさせてください。私たちがいつも強調していることですが、金銭的に恵まれていない教会が「貧しすぎる」という理由で地域社会に仕えることができないということなどあり得ません。それと同じように、地域教会も個々のキリスト者も社会正義を実現するのに「権力がないからできない」ということはあり得ないし、現在権威ある立場に敬虔な信仰者がいないからといって、何の影響力も与えられないということもあり得ないのです。神の御国の大使館として召されている教会には、その働きのために神ご自身からの権力と権威がすでに与えられています。神に派遣された大使として、私たちは主の御名の権威によって神の代弁者となり得るのです。

文化の変革～道徳・規範・世界観・信仰が変えられる～

ここまで行政における変革のプロセスを見てきましたが、それは変革のための唯一の方法でも、最善の方法でもありません。神の民が忠実に「もしイエス様が市長であったなら、何をなさるだろう?」という問いに向き合い、追求していくなら、私たちの地域社会や国は変革されていきます。神の力に満たされた謙遜な人々が、置かれた場所で主のご性質を現していくなら、神の変革が地域にもたらされていくのです。

私たちの社会や文化は明らかに変革を必要しています。パウロが言うように、すべてのものはキリストと和解する必要があり、私たちは和解の使者です。人々は霊的刷新を必要としています。私たちが生きている社会は神の意図と聖書の原則に基づく価値基準・規範・道徳によって変革されねばなりません。私たちが主の道に従い、神の国が私たちの生活と教会の隅々まで浸透していくなら、国々は正義・規範・道徳・世界観、そして信仰において弟子化されていきます。

どのような社会であれ、その病理をリストアップするのに時間はかかりません。私は自国の文化について様々な問題を思いつきます。伝統的な家族観はすたれ、権威に対する畏敬は消え失せ、大量消費主義が猛威をふるい、メディアはキリスト教の品位を落としています。大衆は自らを「霊的」であると公言していますが、大多数の人は神を抜きにした世界観に生きています。性的に純潔を守らないのは何とも思われていませんし、政治やビジネスの世界でなされる決定は聖書の基準からかけ離れています。暴力、犯罪、麻薬、人種間対立はほとんどすべての地域社会に浸透し、胎児、病人、高齢者の尊厳は傷つけられています。エンターテイメント業界は道徳の腐敗を推進し、職業倫理は下がってきています。人々は神や隣人への尊重よりも自己の権利や自由を重んじています。

アメリカ合衆国に住む洗礼を受けたクリスチャンのうち、聖書的な世界観を持っているのはわずか9パーセント、全人口のたった4パーセントに過ぎなかったという調査結果は驚くに値しません。この調査によると、聖書的世界観を持っている人々はそうでない人々に比べ、婚外で同棲すること、泥酔すること、ホモセクシャル、神を冒涜すること、不倫や浮気、ポルノ、堕胎、ギャンブルを行い関わることに対する寛容さが、はるかに低い傾向がありました。調査者たちはこうコメントしています。

もしイエス・キリストが私たちの生き方のお手本としてこの地上に来られたのなら、私たちの目標はイエス様のようにふるまうことであるべきです。悲しいことに、一貫してイエス様の愛、従順、優先順位を実行に移している人はほんのわずかです。多くの人々がイエス様のように行動しない最大の理由は、彼らがイエス様のように考えていないからです。…ほとんどのアメリカ人は、日常生活の困難や機会に際して、どのように聖書の原則を当てはめ、調和と統合がとれた意味深い対処をしていけば良いかを知らないようです。

おそらくあなたも、ご自分が暮らす社会がどのように神の意図から逸脱しているかをリストアップし、社会がもつ世界観がどんな風に聖書的でないかを説明できるでしょう。アメリカの首都にある教会が、社会と国家の最も深い病理に対して主の御心を現すためにした実践をご紹介します。この実例はあなたに大きな励ましを与えるに違いありません。

●教団教派を超えた代表者からなるグループが、市内でポルノと卑猥な言葉に反対する大きなデモ行進を行いました。ある日曜日の朝、首都のすべての教会で、礼拝に出席した人々は嘆願書にサインしました。社会に広がる性的不道徳に反対する公のデモ集会参加への呼びかけも行われ、デモの当日、市街地広場にはあらゆる年齢層から約1000名の人々が集まりました。教会指導者たちも参加し、人々を励ましました。市街地の交通規制が行われる中、デモ参加者は政府高官が待つ議会議事堂に向かって静かに行進しました。デモ行進の6名の代表者たちは、議会議事堂前で上院議長、各省庁の長官、議員に名簿を提出しました。フロアにはジャーナリストが大勢集まっていました。カトリックの大司教が12000名の市民の名簿を手渡すと、多くの政府高官たちが抗議文に目を通すと約束しました。それは合衆国の教会が一丸となって、ひとつの体として国が抱える問題について声を発した初めての出来事でした。その日、新しい歴史がつくられたという強い感覚がその場を覆いました。私たちの同僚はこう言いました「デモを呼び掛けた代表者たちは、社会問題に対して人々を動員する教会の対応の素早さに驚いていました。参加者たちは、自分たちが立ち上がるならば教会はもはや国の中で無視される存在ではないと悟った、と口にしていました」。

私たち教会は、現代の世界で地の塩、世の光となる必要があります。私たちには、市長であるイエス様の香りと光を社会と文化にもたらすという任務と機会が与えられているのです。だとしたら、私たちはどのように生きたら良いのでしょう?

社会変革——それは持続可能か?

過去に聖書的変革を経験した社会であってもその実が継続しないこともあるのでしょうか?ラビ・ダニエル・ラピンは著書、「*Equal Earthquakes with Unequal Results*（地震の規模は同じでも被害は異なる　未邦訳）」の中で、その質問に光を当てています。ラビ・ラピンは、聖書的世界観を持つ国とそうでない国の間では、同じ規模の自然災害が起きた時に死者数が全く異なると述べています。聖書的世界観を持つ国では似たような大災害が起きたときの死者がはるかに少ないのです。彼はこう結論づけています。

古くからユダヤ教とキリスト教の価値観を土台に形成された西洋諸国はこの領域で大きな益を受けている。運命決定論に重きを置く他の多くの宗教とは違い、ユダヤ教およびキリスト教は全く特有の教理を有しており、その信者に信仰という枠組みを与えている。他の文化では人々は神が与える運命を甘受することで神を喜ばせることができると信じられているが、聖書的な思想によって形成された社会は、明日はより良く変えることができ、またそうすべきなのだという信仰体系を持っており、より良い未来を創造することは道徳的に価値あることとみなされているのである。

ラビ・ラピンは、聖書的世界観に背を向けるなら、その文化は大きな危険に晒されると指摘しています。ソロモン王の時代のイスラエルが神の掟に従うことをやめたとき、世界で最も繁栄していた国は捕囚の民へと転落しました。ヨーロッパや北アメリカの諸国がその聖書的な起源から離れた今、衰退は始まりつつあります。ある世代は創造者を知り、愛し、従う献身の度合いを増やし、別の世代はそれらを減らします。命に至る神の命令に対してある世代がなす従順や不従順は、その次の世代に影響します。ある世代が神とその創造の意図に立ち返れば、次世代は引き上げられ、逆に神の御計画に背を向ければ、退行のスパイラルが引き起こされるのです。

社会変革は持続可能ですが、それぞれの世代が命か死を選択する責任を有しています。世代を超えて継続する教会が文化に介入することにより、非聖書的な原則が世代から世代へと受け継がれるのを食い止め、持続的に地域社会や国を命へと導くことができます。

地域教会が社会に影響を及ぼす4つの理由

ラビ・ラピンが示唆しているように、クリスチャンは神が考えるように考え、神が意図したように生きることが可能です。そうするならば、教会は地域社会に影響を及ぼす独自かつ戦略的な位置におかれています！私たちの最大の強みは教会の頭であるキリストですが、それに加えて、地域教会が置かれた地域社会において影響を与える存在である戦略上の4つの理由を挙げることができます。

1. 地域教会は包括的な使命を帯びている

神の偉大なご計画を真剣に受け止めるのなら、地域教会は個人と地域の身体的・霊的・社会的・知的な必要といった、人々の生活のすべての側面に対して関心を持つはずです。その教会はメンバーの面倒を見るだけでは満足しません。自分の地域社会の中だけに関心はとどまらず、神の包括的な視野を持ち、関わる働きの領域を限定しません。神の偉大なご計画を内面化した教会は、生活のあらゆる領域に意図的に働きかけるはずなのです。

2．地域教会はそのメンバーを継続的に整える

教会員たちは定期的に、自主的に集まり、説教、聖書研究、日曜学校、小グループなどを通して教えられ、励まされ、整えられます。継続的に集まることによって、メンバーたちは自分たちが家庭、地域社会、会社、学校などどこに置かれていたとしても神に喜ばれる生活を送るすべを学びます。使徒パウロは教会指導者の任務は神の民を奉仕の働きのために備えて整えることだと言いました。「整える」というのは、ただ知識だけを提供するのではなく、人々に準備と経験を提供し、技術、態度、理解、能力、霊的賜物、信仰、そして忠実さを向上させることです。

3．地域教会は社会の幅広い領域に浸透する

地域教会のメンバーは、置かれた地域社会の社会的、経済的階層、民族や人種、教育レベル、そして職種の見本市です。教育機関・ビジネス界・サービス業・メディアやアートの世界・スポーツ界・医療関係・福祉事業・農業・セールス・手工業・製造業・法律・肉体労働・政府機関に関わっています。これほど多種多様な背景をもつ人々が、ひとつの献身を共有するような集団が、他のどこにあるでしょう？

単独の地域教会では、地域社会のすべての領域を完全に網羅するのは難しいかもしれません。しかしながら、地域教会のメンバーが社会のあらゆる分野に存在するとき、イエス・キリストの教会は社会のすべての領域にその代表者を送り込んでいることになります。複数の地域教会が一致して働くなら、そのメンバーたちが生活し、働き、集まり、買いものをし、勉強をし、レジャーを楽しむ社会の様々な場所や領域において、神の御心を現す機会をもつことになるのです。教会が社会のあらゆる領域に存在するとき、文化に対するその影響力の累積は最大化されます。キリスト教会が社会の隅に追いやられればその影響力は小さくなりますが、たとえ排斥されたとしても、光が闇に打ち勝つように、教会は社会に浸透していくことができるのです。

4．教会メンバーは全生涯を通して人々に関わることができる

人々が生涯を通して自主的、継続的に集まり、生き方を学べるような機関は稀です。地域教会は、子ども、十代、若者、青年、壮年、年長者にいたるまで、すべての年代に対し、人生を通して整えるという使命を帯びています。このような特権を持つ機関は、社会のなかにほとんどありません！教育機関は生徒たちの人生について語りますが、それは彼らが生徒である期間だけです。会社は従業員の人生に影響を与えますが、それは従業員が雇用されている期間に限定されます。政治家は市民について語りますが、それは主に彼らが選挙事務所にいる間だけです。

超教派的なキリスト教団体は地域教会と同じ強みを持っていません。世界中に支部をもち、多額の予算を動かしている大規模な超教派の働きですら、小さな地域教会が主から与えられている任務の大きさにはかないません。軍隊と大学のキャンパスでの働きのために立ち上げられた国際ナビゲーターという団体は、多種多様な文化と多くの国々で伝道と弟子訓練に携わっていますが、それでも地域教会の働きのほうが広い射程を持っています。「神の福音をすべてのビジネスマンに証しする」という目標を掲げるビジネスマンズ・フェローシップ・インディア（ＢＭＦＩ）は、インドの複数の都市に活動拠点を持ち、より大きな世界的なネットワークの一部であり、女性や若者に対する働きを行う下部組織も作られています。しかしそれでもなお、主に託された任務は地域教会のそれよりもはるかに狭いものです。超教派的なキリスト教団体の人々の人生に対する関わりは一時的であり、そのつながりは、団体の専門分野がメンバーの関心と合致する間に限られます。私は多くの超教派的な働きの存在を神に感謝しています。しかしそれらは地域教会に与えられた働きの可能性を肩代わりすることは決してできないのです。

人々が持続的に互いに助けあいながら整えられ成熟していくとき、地域教会はその壁の向こう側に拡がる世界に対して奉仕の働きをなしていきます。地域教会は驚くべき集団です！神の満ち満ちた姿によって満たされ、神の力がその中に働き、神の栄光が教会には満ちているのです――あらゆる時代の、あらゆる世代のなかで！

教会成長について

今日、多くの教会が間違って信じている神話があります。それは、より多くの人々が伝道され、教会の人数が増えるなら、社会は自動的に変革されるという神話です。しかし、教会の第一の目標は人数が増えることではありません！数的成長が最優先された結果、本来の福音の真理を「軟化」させ、文化の悪の側面と対決するのをやめてしまうということさえ起きます。使徒パウロは、私たちは戦いの只中にいると言いました。それは小競り合いではなく、大きな危険を伴う戦いです。私たちは自らの立場を死守し、敵対者に立ち向かわねばなりません。人々をおびき寄せて仲間に加わらせるために福音のメッセージを「軟化」させるというのは、払うには大きすぎる代償です。

私の同僚のひとりが、二種類の地域教会の対照的な傾向を喩えて「湖のような教会」と「川のような教会」と表現しました。それは教会の立地条件のことではなく、働きにおける思想を表現しています。湖には巨大なものもありますがその可能性は限定的で、それは大きくなるか、もしくは小さくなるかのいずれかです。さらに、湖には淀む危険性があります。これに対し、川はどこかに流れていきます。それは勢いがあり、流路を変えることができ、人々をその流れる場所に運ぶことができます。湖のような教会はひとりでも多くの人を集める場所であり、人々の人格や奉仕における成長よりも、湖のサイズによって成功が定義されます。川のような教会は、その流路にいる人々に影響を及ぼし、その影響は川岸を越えてあふれ流れます。「教会に何人いるのか？」というのが湖教会の質問であり、「来た人々にどんな変化があったのか？」というのが川教会の質問です。「集会に何人が参加したのか？」というのが湖教会の思想であり、「その集まりは人々に影響を与えたのか？」というのが川教会の思想です。

神の国の原則のなかで成長している教会の献身したメンバーは、救い主のご支配の元で個人的な生活、家庭生活、地域生活のすべてにおいて主のご支配を現していきます。教会がそのように成長していくときに、地域社会は変革されます。天でなされるように地上でも神の御心がなされるならば、神の国は可視化されます。それは数ではなく従順の問題です。神の御心がなされるとき、神は教会を用いて文化を変革されるのです。

御国の成長！

この話題について書きながら、私は数年前の気まずい発言を思い出しています。国際的な慈善団体、開発団体のリーダーたちの集まりで、援助と開発における地域教会の役割について講演する機会を与えられた私は、心を注ぎだし、大きな情熱を持ってメッセージを語りました。

講演が終わりにさしかかったとき、私は予定になかったことを口にしていました「新しいミレニアム（千年紀）を迎えるに当たり、世界中でわき起こっている教会成長に対する熱狂について耳にしていますが、私はそれが地獄から出てきたアイディアだと思っています」。私は人々の献身的な教会開拓運動を、サタンからのものだと言ってしまったのです！きっとあなたは、そのとき私に対して向けられた会衆の沈黙と冷たい視線を思い浮かべられるでしょうが、実際にそれは起きました。私は即座に、言ってはいけないことを言ってしまったと察知しました。私は自分の真意をその場で釈明することはせず、聴衆に対してキリストにある赦しを乞いました。

あの時私が伝えたかった真意は、「教会成長は、御国の成長とイコールではない！」ということであり、今もそのメッセージを情熱とともに確信しています。

地域教会の力と可能性

世界のどこにおいても、地域教会はその文化への影響において、他のどのような社会的機関よりも大きな可能性を備えています。その可能性について考えるとき、キリストがなぜ教会、とりわけ地域教会を神の偉大なご計画の執行機関としてお定めになったのかが分かってきます。教会は神の国を伝え、拡大します。加えて教会は、神の御心が天でなされているように地上でもなされることに貢献します。地域教会の多くはこのような影響力を持っているようには見えませんが、その最大の理由は、教会が自らに託された任務と神から与えられた可能性を自覚していないことにあります。

全体主義国家の政府はいつも、教会の潜在能力を恐れてきました。サダム・フセイン失墜の後、イラクの牧師がこう言いました「サダム・フセインは脅威となる者はすべて粛清したが、教会が脅威だとは考えていなかった。結局のところ、私たちは恐れのゆえに伝道するのを躊躇し、互いに言い争いをしているだけの集団だったのです」。どうやらフセインは、キリスト教会を全く恐れていなかったように聞こえます！しかし、別のイラクの牧師に耳を傾けてみましょう「私たちはフセインの統治下で生き残る術を学びました。彼は私たちのすべての志と夢を打ち砕きました。彼の統治下では、夢を持つことは禁止されていたのです」。フセインは教会を恐れていなかったかもしれませんが、教会の潜在能力を恐れていました。教会を弱体化させ、恐れさせ、分裂させ、夢がない状態に保っておくことを、彼はわきまえていたのです！教会は本来、力強く、その可能性は甚大です。ハデスの門ですらそれに打ち勝つことが出来ないとイエス様は言われました。

私が住んでいる人口３５０万人の街には数え切れないほどの地域教会があります。私が属している教会単独では大きな影響力を持ちません。たった一つの地域教会によって社会の構造的不正や、文化の道徳的、倫理的な退廃が変革されることはほとんど起こりえないことでしょう。しかし複数の地域教会が協力して働くとき、神はその御心を実現するような社会変革をもたらされます。もし私が暮らす街のすべての地域教会がビジョンと目的を共有し、神の正義と御心を求めるなら、街どころか国外にすら影響をもたらすことでしょう！

国を弟子とする働きのために、教会が一致して奉仕の業を行うとき、その可能性は力強いものになります。イエス様は一致を最重要事項のひとつと考えておられましたから、弟子たちと、将来のキリスト者たちのためにこのように祈られました。「**・・・それは、彼らが全うされて一つとなるためです。それは、あなたがわたしを遣わされたこ**

と、あなたがわたしを愛されたように彼らをも愛されたこととを、この世が知るためです。(ヨハネによる福音書17章23節)」教会の一致を見るとき、世界はイエス様とその愛を知ります。

教会とキリスト者個人は、社会の中で神の御心を現し、傷ついた人々に仕え、社会・倫理・道徳的指針となるために神によって召し出されました。教会は行動せねばなりません。ただし、自らの力によってではなく、神の力によってそうするのです。神は力強いお方であり、私たち抜きでも変革をもたらすことがおできになります。しかし神は私たちを用いることを敢えて選ばれました。神は遂行不能な使命を私たちに命じられるような無責任な方ではありません。私たちを任務に就かせるにあたり、神は私たちを整え、力と賜物を与え、必要な出会いを与えられます。教会は神が用いられる道具であり和解の使者です。全宇宙の主であられる神は私たちにはとうてい理解できない深遠な理由のゆえに、傷ついた世界の只中でご自分のご計画を遂行するための手・腕・足・口としてご自分の民をお用いになるという選択をされたのです。教会を除いてこんな潜在的可能性が他にあるでしょうか?人がキリストにあって霊的に新生し、成長し、全人生を通じて忠実にキリストに仕え、世界に影響を及ぼしていくような機関が、教会の他に考えられるでしょうか?教会以外のどのような場所で、信仰から離れたキリスト者が再び立ち返り、赦され、神の国のために有益なものとして回復されることができるでしょうか?教会の他にどのような場所で、高齢者がその人生で初めて神の御国に迎え入れられ、子どもたちや壮年のメンバーたちと全く同じく受け入れられ、等しく価値あるものとみなされるでしょうか?

神は地域教会とそこに集う人々に、個人、家族、地域社会、そして国々に仕え、影響を及ぼし、聖書的な変革をもたらして欲しいと願っておられます。次の章では、どうしたら包括的宣教が地域教会の「DNA」となっていくのかをご説明します。イエス様が市長ならば、地域教会はどのように整えられ、奉仕の働きに召し出され、地域における神のビジョンが啓示され、共有され、実行に移されるのかについて、その方法論を学んでいきましょう。

◆10章　地域教会を包括的な宣教のために整える

私は20年以上にわたり、第三世界（*Two-Thirds World* 訳注：20世紀に「開発途上国」と呼ばれていた、世界人口の3分の2の人々が暮す主にアジア、アフリカ、南アメリカの諸国を指して使われる言葉。直訳で「三分の二世界」）において働きをしてきました。そのなかで私は、神が多くの地域教会の目を開いてくださり、霊的な領域だけを宣教と考える狭い宣教観が、聖書に示された神の偉大なご計画への理解へと変えられ、自由にされていくのを目にしてきました。霊的な側面だけを「宣教」と考える狭い宣教観を持っていると、傷ついた世界に対して神が抱いておられる大きな御心の一部分にしか関心が向きません。教会が狭い宣教観しか持っていない場合、御国の大使館として主の偉大なご計画を遂行するのは困難です。しかし、ひとたび市長であられるイエス様に促されて教会のメンバーが動員され、包括的な変革の働きを実践していくなら、劇的で胸躍る結果がもたらされます！

包括的な宣教は決して、福音を宣言すること――神の愛と贖いを言葉や文書によって伝達すること――の必要性を軽んじるものでないことをここで私は強調したいと思います。福音伝道は、教会が神の御心全体を行うにあたり、「両輪のうちの片方の車輪」です。しかしここでは「もう一方の車輪」である、神の愛の実践に焦点を当てていきたいと思います。私たちはこれから、どのように包括的な宣教が地域教会とそのメンバーの生活のなかに深く根ざしていくかを見ていきたいと思います。

アフリカのとある教団に属する地域教会が「互いに愛し合う」ということを年間のテーマとして掲げました。それは良いことです！しかし、私たちはこう言わないように気をつけましょう。「あれは去年のテーマだ」と！包括的な宣教が教会のDNA（訳注：教会の文化に深く根ざした特性という意味で、以後「教会のDNA」という表現が使用される）になるならば、隣人を愛することは私たちの生涯の、そして永遠のテーマとなるのです。

DNAを内面化する

私がセル教会（訳注：小グループを基本単位とする教会形成のスタイル）主催のカンファレンスで教えている時に、本質的な質問が挙がりました。グローバル・セルチャーチ・ムーブメント（世界セル教会運動）の指導者のひとりがこのように言ったのです。

「ボブさん、世界中の様々な地域教会を見てきたあなたに聞きたいのですが、包括的な宣教をその在り方の一部としている地域教会は、他の教会とどんな点が違っていましたか？彼らがこの教えを握りしめ、それを生活に取り入れられたのはなぜでしょう？私たちは自分たちの教会でカンファレンスを開きました。いくつかのシードプロジェクト（訳注：愛の種まき計画のこと、14章で詳述）も実施しました。しかし私は自分たちの教会にとって、この教えがそれ以上の何かになってほしいと願っています！私は、これが私たちの存在の一部となってほしいのです！包括的な宣教が地域教会のDNAとなるために不可欠な要素とは何ですか？」

なんという質問でしょうか！DNAとは科学的には、各々の個体に独自な「遺伝情報という記号」を有するものです。私のDNAは私と、私の外見と、私の能力と、私の性質に関する情報を含みます。それは子どもたちや孫たちに伝達される私固有の性質です。地域教会のDNAとは、その教会のアイデンティティ、性質、価値観、教会がそのメンバーに伝達する固有の性格を定義し、物語る何かです。

私の友人はそのとき、包括的な宣教が深く浸透し、それが教会のアイデンティティの礎にまでなるにはどうしたら良いのかを尋ねました。私はその夜遅くまで起きて、適切な答えを探し、翌朝までに5つの性質をリストアップしました。次に私はそれをウガンダの大きな教会の牧師のところに持っていき、話し合いました。彼が牧師として奉仕する教会は包括的な宣教理解をDNAとして内面化していますから、彼の意見を確認したかったのです。じっさい、その教会に加わりたい人がいたら、彼はこのように言うそうです「私たちの宣教理解は包括的で、それが私たちの教会の在り方になっています。もしあなたが私たちの働きに参加したいと思われるなら、そのことをご理解いただき、心の準備をしておいてください。私たちの教会に加われば、あなたは包括的で全人的な奉仕をすることになるからです」。教会のDNAが何であるかを事前に知らされるので、教会に加わる人々は自分たちに期待されていることを理解しています。彼らはスモールグループに加わり、地域コミュニティへの奉仕の働きをし、さらにそれらに関して説明責任を負います。メンバーたちは教会の性格を理解しています。ウガンダのその牧師は、私がまとめた5つの要素に同意してくれました。その後、さらにもう2つの要素を私の同僚が付け加え、全部で7つの要素が完成しました。

地域教会のDNA、その7つの要素

1．確信：教会の最高責任者が「キリストの愛を実践しないことは考えられない」というほどに、強い確信を持っている。

指導者に確信がなければ、たとえその教会が包括的、全人的なプロジェクトを時々行っていたとしても、包括的宣教は教会のDNAとはなり得ません。彼らはまた、隣人を愛する実践の結果、その実をもたらすのは神であるということも確信している必要があります。自分が実を見る必要はありません。神が果実をもたらすのは次の世代かもしれないのです。

2．悔い改め：包括的宣教をDNAとする教会は、過去の不従順を悔い改めている。その教会は過去に歩んでいた道から引き返し、神とともに全身全霊で新しい道を歩んでいる。

私たちが訓練会を開催するほとんどの教会では、聖霊がすでに人々の目を開き始めておられ、神のご計画の包括性への関心が高まっています。神は、牧師や指導者の内側に働き、教会が置かれた傷ついた社会に対する答えは神の国の到来にあるという、本物の飢え乾きを与えておられます。自らの働きと神がその地域に対して願っておられることの間に、隔たりがあることに彼らは気づきはじめています。彼らは、教会が神の意図された本来の可能性に達していないことを理解しています。意図的でなくても、神の御心に届かないことは「罪」であり、そのふさわしい応答は悔い改めです。でも、ここで説明させて下さい。「悔い改める」とは、回れ右をして進行方向を変えることです。立ち返り、聖霊の働きに任せ、私たちを変えてくださる神に身を委ねることです。聖書には、大切な出来事を記念し、忘れないための多くの儀式が記されています。教会は、自らの目が閉ざされていたことに対して悔い改め、進行方向を変えて一歩を踏み出した日を記念する礼拝か、その他の決起集会をすることができるかもしれません。

3．献身：メンバーたちの包括的宣教の実践を促し助けるために必要なことなら何でもする、という献身を、牧師と指導者が有している。

牧師と指導者は教会のためにビジョンを掲げて働くと同時に、個人生活のなかででも愛の奉仕をします。その生活は献身、犠牲、時間、努力を要し、ときにはリスクも負います。組織形態を変革したり、これまで続けてきたいくつかの活動から手を引いたりする必要があるかもしれません。教会員の数や献金額が減るかもしれませんし、奉仕の業に取り組むために、新たな予算を組む必要が生じるかもしれません。または教団や同僚から「以前と変わったこと」に関して疑いの目で見られるかもしれません。教会リーダーたちは包括的な宣教が内面化され、それが教会の自然な姿の一部になるために、それでもなお進んでいくという完全な献身を有しています。

4．適用：地域教会の指導者たちが、説教においても自らの生活においても、包括的宣教を適用することを強調している。

教会活動の中には包括的な宣教が目に見える形で反映されています。教会指導者たちは包括的宣教について考え、教えるだけではなく、この後の章で紹介するような、愛の訓練や愛の種まきプロジェクトなどを実施し、適用しています。ほとんど全ての説教や学びにおいて、包括的なものの見方が語られ、実践され、適用されます。

5．継続的な教え：教会メンバーたちは「良い業を実践するように」という主の命令を常に思い出す機会を与えられている。

包括的な宣教が導入されるきっかけはカンファレンスかもしれませんが、それで満足して終わりにしてはいけません。それは誰かに福音を伝えてキリストに導いたものの、その後、それについて二度と語らずに、信じた人が福音を理解し、福音に根差す生活をすることを期待するようなものです。

6．アカウンタビリティ：包括的宣教を内面化した教会は、愛の奉仕を忠実に実践し、個人および小グループ単位で真の説明責任（アカウンタビリティ）を持つ。

教会リーダーたちは、自らとメンバーたちに、愛の奉仕を行う責任を課します。それについて尋ねられることを人々は期待しており、小グループのリーダーは、自分たちのグループが行った働きや活動について報告します。すべてのメンバーが説明責任（アカウンタビリティ）を持ち、教会もまたメンバーに対して説明責任を持ちます。会計、出席者数、会員制度、受洗者、献身者についてと同じように、教会は包括的な宣教活動についても会員に報告します。

7．承認：包括的宣教が地域教会のDNAとなっている教会では、メンバーや教会が行った愛の奉仕に承認を与え、喜び合う。

これは、良い行い自体を喜び祝うという意味ではありません。聖霊の働きによって人々が励まされ力を与えられ、神の国の大使として用いて下さったことをお祝いするのです。以下のような方法があると思います。

- **日曜礼拝**：毎週の礼拝の中で短い証の時間を持つ。その際、それをした人が讃えられるのではなく、神の民を通して現わされた主の栄光に注目が集まるようにする。「**このように、あなたがたの光を人々の前で輝かせ、人々があなたがたの良い行いを見て、天におられるあなたがたの父をあがめるようにしなさい。**（マタイによる福音書5章16節）」
- **小グループ**：日曜学校、聖書研究会、セルグループのなかで、前回の集会から今まで、参加者の従順な愛の奉仕を通して主がどのように働いて下さったかを分かち合う時間を設ける。
- **その他の媒体**：教会の掲示板、週報、機関誌に、愛の奉仕の写真や証を掲載する。

霊的に新生したとき、私たちは「キリストのDNA」を持つ者とされました。私たちはキリストの似姿に変えられることができるようになったのです。DNAは既にあるのですが、私たちはそれを「発現」させなければなりません。包括的、全人的なメッセージは御言葉にも記されています。地域教会の指導者がそれらを生きたものとして用いるなら、それらは教会のDNAとなります。これからみなさんに分かち合う物語を読むとき、罪の自覚と悔い改めによって、地域教会の中に包括的宣教のDNAが構築されるプロセスを理解していただけると思います。

罪の自覚と悔い改めの物語

旧約聖書には重要な教訓が記されています。長い間失われていたモーセ五書が神殿で発見されたとき、自分自身と民の生き方がどれほど神の意図からかけ離れてしまったかを悟ったヨシヤ王は涙を流しました。彼らは悔い改め、向きを変えたのです。

●一九八六年に開かれたハーベスト財団の国際会議で、私たちは働きの戦略についての評価を行いました。多くの議論の後、私たちはデイケア施設、孤児院、キリスト教医療団体との働きから手を引き、地域教会の働きに集中すると決定しました。翌月、ハイチのポルト・オ・プリンスで持たれたスタッフ会議で特別な祈りの時間を持ったとき、自分たちはキリストの花嫁である教会を無視してきた、という罪の自覚が聖霊によって私たちに与えられました。それは神聖な時であり、ハーベスト財団の歴史における非常に重要な瞬間でした。ポルト・オ・プリンスでの悔い改めを境に私たちの方向性は変わった、とその後の私たちは言うようになりました。最近、私たちは財団の歴史をまとめた記念誌を作成しました。驚いたことに、私たちの記憶より一か月前に方針転換は決定され発表されていました。あの会議の日、聖霊に罪を示され悔い改めたことによって、はじめて転換が私たちの心に刻み込まれたのです。

●ニカラグアのトマス牧師は小学校しか出ておらず、とても内向的な性格でした。彼はメンバー数30名の教会で、20年にわたって奉仕していました。毎晩、教会に集まる10名前後の人々は、その地域に対してきわめて批判的な態度を保っていました。あるとき、神はメンバーたちの心と目を開き始められました。彼らは公の場所に人々を集め、今まで地域に対する愛が欠けていたことを悔い改めました。トマス牧師は教会のリーダーシップ改革を行い、小グループを主体とした牧会を始めました。18か月の間に、教会は200名以上のメンバーを持つまでに成長し、家庭聖書クラブには700名以上の子どもたちが集うようになりました。教会は文字を読めない成人のための識字教育、マイクロエンタープライズ(訳注：経済困窮者が小さなビジネスを始めるために初期費用を低利子または無利子でローンする仕組み)、三カ所での保育所を開始し、最近、クリスチャンスクールを開校するための土地を購入しました。この驚くべき変革は、彼の宣教観と地域社会への関わり方が劇的に転換したことに要因があるとトマス牧師は述べています。

●「人々の必要にキリスト者はどのように応答すべきか」というテーマの学びを導いた直後、ドミニカ共和国のある牧師は教会に悔い改めを呼びかけました。彼らは、自分たちが今まで地域の貧しい人々に対してその物質的必要に応答してこなかったと気付かされました。多くの教会メンバーが、一週間に2時間、その職業上の技能を用いてボランティアに参加すると約束しました。職業を直接役に立てることのできないメンバーたちは、地域奉仕の働きのために、各々自分たちの2時間分の時給を献金しました。

地域教会への神のビジョン

地域教会が包括的なビジョンに目覚め、メンバーを包括的な宣教の働きのために整えるとき、次の各段階を踏む必要があります。神の包括的な御心を知り（*identify*）、メンバーにそれを伝え（*impart*）、地域社会でそれらを実行に移す（*implement*）のです。

整えるというのは単に教える以上のことです。模範を示し、方策を用意し、資質を磨き、時間をかけて振る舞いを教え込み、より高い目標を抱かせ、知識と経験を付与し、助言者となり、弟子として訓練することです。整えるというのは幅広い養育なのです。

教会指導者に包括的なビジョンを描いていただくために、私たちはこう問いかけます。「もしイエス様が市長だったなら、あなたの地域はどのように変わるでしょうか？」ビジョンは鍵となる要素です。聖書はこのように言っています。「**幻のない民は滅びる。**（***Where there is no vision, the people perish.*** 箴言29章19節 *KingJames*訳）」。ビジョンのない教会は現状維持以外に殆ど何も成し遂げられません。そのような教会が地域に神の国の影響力をもたらすことは、あったとしてもごく限られたものです。しかし、ビジョンを握りしめた教会は、今のこの世界でも永遠の観点からも、意義ある偉大な働きをする可能性を秘めています。

通常、教会に対する神のビジョンは羊飼いから羊へと波及していきます。そしてそれは、ミッションステートメント（訳注：組織とメンバーが共有すべき価値観や果たすべき社会的使命の声明）、講壇、日曜学校、小グループ、そして奉仕のプロジェクトにいたるまで、教会の営みのすべてに浸透し促進していきます。ビジョンを伝達し、実行に移し、それが教会の生き方を形作るまでに強められていくことは決定的に重要です。

主任牧師が、あらかじめ副牧師や協力牧師、長老、役員、教師、スタッフなどの教会リーダーたちにビジョンを伝達しておくと、たいへん効果的に教会全体に波及させることができます。牧師と教会リーダーは共通のビジョンを受け止め、実行し、人々が神の御心に近づけるように協力しながら牧会していく必要があります。

さらに、このビジョンが教会の一貫したメッセージとなるとき、説教は非常に効果的に働くようになります。会衆は礼拝の時間に一度だけ神のビジョンについての説教を聞くだけでなく、日曜学校、聖書の学び会、家庭集会、弟子訓練会、賛美や若者の集会、カウンセリングの働き、伝道チームでも一貫したメッセージを聴くことになります。

教会のミッションステートメント、もしくはビジョンステートメント（訳注：組織が将来的な実現を目指している目標や夢を文章化したもの）の中に包括的宣教を織り込むことは非常に大切です。それらは労力を使って作成する価値があります。たとえば、ある有名な教会指導者はその教会の働きの明確な要約、つまり、なぜ教会が存在するのかという理由を、大宣教命令と愛の大命令の融合として表明するミッションステートメントを作成しました。ビジョンステートメントは、教会の地理的背景、誰にどのように仕えるのか、最終的に目標とする姿など、その地域教会に独自に与えられた神からの召命を定義します。個人的に、私は普段「ビジョン」を幅広く普遍的なもの、「ミッション」を個別的で独自なものとして使い分けています。いずれにしても、地域教会の普遍的、個別的な召命が、包括的な神の御心を反映していることが鍵となります。教会のミッションステートメント、ビジョンステートメントの双方が、霊的、身体的、社会的側面を含む神のすべてのご計画に言及していることが重要です。以下のリストは私が細心の注意を払ってまとめた項目です。ステートメントには、このような概念を織り込むことが考えられます。

- キリストこそが主であることが宣言され、このお方のゆえに、他の人々に仕える。（第二コリント人への手紙4章5節）
- 全世界に出て行き、国々を弟子とし、主の道を教える。（マタイによる福音書28章19節）
- 神の御心を行い、神の国を拡げる。（マタイによる福音書6章9〜10節）
- 創造された万物が回復されるために働く。（コロサイ人への手紙1章20節）
- 共同体を大切にし、交わり、教え、祈る。（使徒の働き2章42節）

- 地の塩、世の光、イースト菌（変革のためのパン種）になる。（マタイによる福音書5章13～16節、13章33節）
- 公義を行い、誠実を愛し、へりくだって神と共に歩む。（ミカ書6章8節）
- 歌と賛美による礼拝をささげる。（コロサイ人への手紙3章16節）
- 奉仕の働きのために聖徒たちを整える。（エペソ人への手紙4章11～12節）
- 「最も小さな者」たちに対する働きを、主に対してであるかのように行う。（マタイによる福音書25章40節）
- 共に集まり、愛と善行を促し、励まし合う。（ヘブル人への手紙10章24～25節）
- 互いに仕え合う。（ローマ人への手紙12章13節）
- すべてにまさって神を愛し、隣人を愛す。（マタイによる福音書22章37～39節）

ハーベスト財団にはミッションステートメントとビジョンステートメントがあります。私たちが「単に良いこと」に忙殺され神が召し出して下さった目的から外れてしまわないように、毎年開催されるスタッフ会議の中でそれらを思い出す時間を設けています。もし教会にまだミッションステートメントやビジョンステートメントがないのなら、牧師と献身的なリーダーが協力してそれを作り上げることができるでしょう。特定の教団に属している教会ならば、ミッションステートメントは教団のものを準用し、ビジョンステートメントのなかに包括的な視点を組み入れることも考えられます。

ビジョンの力

宣教師になって間もないころ、私は非行少年たちのための特別な学校を創立運営していました。少年たちは地域社会の最下層に近いところで生まれ育ち、拒絶され、自分たちは重要でないと感じていました。彼らは自分たちが重要な役割をもって神によって創造されたことを知らなかったのです。彼らは権威に逆らい、問題を起こし、様々な反社会的な行為をする「札付き」の不良たちでした。

スタッフの一人が、この少年少女たちに知的発達障害の子どもたちの施設でのボランティアをしてくれないかと呼びかけました。その際、ボランティアには名札が与えられ、正式にボランティアスタッフとして登録されるのだとも付け加えて伝えました。少年少女たちの仕事は利用者に話しかけ、車いすを押し、患者の口のヨダレを拭き、ほとんど人と交流のない人々のそばにいてあげることでした。

奉仕の初日、奇跡が起きました！普段はだらしない服装で、猫背で歩いている少年少女たちが、その日は背筋をのばし、清潔な身だしなみで登校してきたのです。

何がこの違いを生んだのでしょう？彼らは自分たちへの神のビジョンを垣間見たのです！他者に仕えるという行為を通して、神は彼らが重要な存在であり、彼らの内側には御子イエスの似姿があるという確証を与えられたのです。

ビジョンを伝え、実行する

牧師とリーダーが包括的なビジョンを掴みとったら、次はこのビジョンが伝達され、教会に集う個人、家族、小グループが実行に移す段階に入ります。この時点で教会の牧師やリーダーの中には、「待てよ、私たちの教会は小さいし、予算も少ないのだから、メンバーたちはそんな働きに参加してくれるはずがない！」と考え始める方もいらっしゃいます。しかし、これは長い時間と多額のお金を投資する大規模なプロジェクトではありません。確かにこれは大規模なビジョンですが、それは小さいけれど犠牲を伴うお金、時間、才能などの投資による、小規模なプロジェクトによって達成されるのです！広範囲にわたる偉大な神のご計画を達成するにあたり、小さな行動は重要でないように思われるかもしれません。しかし、千里の道の到達も、眼の前の一歩から始まります。ひとつの行動が実践されるたびに、神の御心は達成されていくのです。私は良くこのような話をします「象を食べ切る最善の方法は何でしょうか？……それは、一口ずつ食べることです！」。私は文字通り象を食べる話しをしているのではありません。巨大な責任に直面するたびに、大きなビジョンはひとつひとつの小さな行動によって達成される、ということをこの話しは私達に思い出させてくれます。

ミャンマーで集会を催したとき、私たちは参加した数百名の牧師と教会リーダーに、小グループに分かれていただき、グループごとに地域社会に対する小さな奉仕のプロジェクトを計画し、全体の前でそれを分かち合っていただくようにお願いしました。そのカンファレンスに出席していたある医師の女性は、国が抱える必要が膨大であることを知っていましたので、自分の小グループが計画する素朴なプロジェクトが重要な意味をもつようには思えませんでした。しかし、他の30の小グループが計画と発表を終え、発表されたすべての計画を見たとき、全員の犠牲と証が合わさったときの力強さに彼女は驚きました。

伝統的な教会もそうでない教会も、「一度に、一口ずつ」神のビジョンを実行するために、人々を動員するにはどうすれば良いかという、いくつかの方法をご提案いたします。

置かれた場所で！

神がご自分の民にご自身のご計画を実行してほしいと願われる第一の場所は、それがどんな場所であれ、彼らが置かれたその現場です！ところが地域教会はしばしば、メンバーの個人的な生活の現場において証するという、最も大きな変革をもたらす可能性に満ちた活動のために人々を整えることを怠ってしまうのです！教会リーダーの仕事は、聖徒たちを奉仕の働きのために整え、動員することです。――「**聖徒たちを整えて奉仕の働きをさせ・・・（エペソ人への手紙4章12節）**」キリストに従う者として、私たちは特別に「聖別された」時間ではなく、一日のほとんどを過ごす仕事や生活の現場において神の御心を行うことを期待されています。それは家庭や、工場や、印刷会社や、会社事務所や、病院や、議会かもしれません。すべてのキリスト者は神の国の大使であり、最も大きな影響を与えることのできるその場において神の目的を現すのです。

ヘブル人への手紙10章は、このメッセージを確証しています。「**いっしょに集まることをやめたりしないで、愛と善行を促すように注意しあおうではありませんか。（訳注：ヘブル人への手紙10章24、25節より部分的に抜粋）**」この節は「集まる」と「散らされる」という二つのことをつなぎ合わせています。教会の人々は愛と憐みの奉仕をするために教えられ、励まされるために集まり、学んだことを実行するために四方に散らされていくのです。人間がより良く神に仕えるにあたって、励ましと、教えと、アカウンタビリティを必要としていることを、神はよくご存じだったのだと私は信じています。

教会で励まされ、整えられるだけにとどまらず、自らが置かれた現場で仕えた人々の証をいくつか見てみましょう。

- ある土曜日に、二人の看護師が親戚を訪ねて近くの街に出かけました。彼女たちは赤ちゃんを持つ母親と妊娠中の女性たちを集めて、健康管理、出産、育児、食習慣、家族計画、そして基本的な衛生知識について話し合う場を設けることにしました。約100名の若い母親たちが集まり、多くの新しい知識を学びました！

●アジアに住む退職した技術者であるクリスチャンは、彼と隣人が住む地域の道路補修事業の計画を買って出ました。隣人たちのほとんど仏教徒でしたが、その区域にはモスクも、公立の小学校も、仏教の寺院も、孤児院も、バプテスト教会もありました。隣人たちはお金を出し合い、退職した技術者は道路補修チームを組織しました。彼は神に信頼しつつ道路補修を行い、隣人たちに愛の手をさしのべ、奉仕を続けました。

●韓国に住む数名のクリスチャン看護師は、低い賃金の埋め合わせをするための常套手段として行われていた処方薬に対する上乗せ請求をしないことに決めました。さらに、彼女たちは最も困窮した患者のために無料で薬を処方するための義援金を募り始めたのです。

説教や学びを個人の生活に適用する

地域教会全体を包括的な奉仕へと動員するというのは、平たく言えば、説教や学びを聞いた全てのメンバーが、その置かれた場所で聞いたことを適用する道備えをすることに他なりません!学びや、小グループでの集まりや、説教の最後に、リーダーは次のようなことをするべきです。

- **現実的で、具体的で、すぐに実行可能であるような適用を計画するよう励ます。**
- **聞いている人が自分の生活にどのように適用するかをチャレンジする。**
- **そこにいる他の仲間も聞いたことを自分の生活に適用できるように祈るように促す。**
- **次の集会または礼拝のときに、どのような適用をしたかの報告または証をお願いする。**

1. 現実的で、具体的で、すぐに実行可能であるような適用を計画するよう励ます。

（枠内の例を参照のこと）説教者はしばしば、聞いた人が自分とは関係がないと感じ、すぐに忘れてしまうような大規模な適用を語ってしまいがちです。聴衆はその適用を自分でやってみようとは思いません。そうではなく、説教者は現実的で、具体的で、すぐに実行可能であるような適用を考えるように聴衆を励ますべきです。牧師やリーダーたちは自らがどのように現実的、具体的、即座に適用し、そこから何を学んだかを分かち合うと良いでしょう。

- 適用は、日常的な他の責任とバランスがとれた、現実的なものでなければなりません。
- またそれは、「何を、いつ、誰のために、または誰と、それをするのか」というように、具体的でなければなりません。
- それが、次の礼拝や集会までに終えられるような即座に実行可能であるものなら更に素晴らしいでしょう。
- 適用するために払われる犠牲は食事、隙間時間、余暇、睡眠などの時間であって、家族、仕事、教会奉仕などの優先順位の高い他の責任のための時間をおざなりにするべきではありません。

現実的で、具体的で、実行可能な適用

あなたが自分を傷つけた人を赦すことについて学んだとします。適用を考えなければならないとき、実行に移される可能性が高いのはどちらでしょう?

プランA：「過去に私を傷つけたすべての人を赦す機会を探す」

プランB：「次の月曜、同僚を喫茶店に誘い、関係を改善したいので、私のことを赦してほしいと告げる。意見の不一致にこだわるのをやめて、新しい段階の友情を築いて行こうと提案する」

プランAは抽象的すぎます。すべての人を赦すのは現実的ではありませんし、行動に具体性が欠けています。誰を赦すのかが特定できておらず、即座に適用することができません。時間が設定されていませんし、これが実行に移されたかどうかを知ることは困難です。

プランBは3つの要件すべてを満たしています。平日に喫茶店に誘うのは現実的で具体的です。壊れた関係が何かが特定されており、それを修復するための計画が立てられています。この適用は即座に実行可能です。翌週、この適用は実行に移されていることでしょう。

2．聞いている人が自分の生活にどのように適用するかをチャレンジする。

牧師や小グループリーダーは、説教や学びの後、個人的適用をするよう聴衆を促す必要があります。「いつも何かを学んでいるが、何も行動しない」という習慣から離れるよう励ましましょう。彼らが祈り深く神の導きを求められるように手引きしましょう。そうすることで聴衆は神から適用を示され、それらについて神の助けを求めるように促されます。

3．そこにいる他の仲間も聞いたことを自分の生活に適用できるように祈るように促す。

礼拝や集会の終わりに、牧師や小グループリーダーたちは参加者に、自分の決断を隣の人と分かち合い、互いに祈りあうように促します。これは小グループでのほうが容易に行うことができますが、礼拝の途中、礼拝の後にも行うことができます。分かち合うことによって、人々は自らの適用を明確に自覚できます。また、他者が自分の適用のことを覚え、祈ってくれたという事実は、私たちに勇気を与え、背中を押してくれます。

4．次の集会または礼拝のときに、どのような適用をしたかの報告または証をお願いする。

牧師とリーダーたちは、メンバーに適用の報告を提出していただくか証をしていただくかして、アカウンタビリティ

（説明責任）を確保します。小グループならば集会の最初に全員の簡単なレポートを分かち合うことができるでしょう。教会の礼拝では、一人の人が証をするか、もしくは会衆に2、3人ごとのグループに分かれていただき、お互いに簡単な分かち合いをしていただくことが出来るかもしれません。これによって適用が実行に移されたことが確認され、行動に移すということの重要性が再認識され、人々が互いに励まし、祈りあうことを励ますことになります。

土台がしっかりしていなければ、大きな建物を建てることはできません。同じように、キリストの統治が社会に確実に拡大していくためには、キリストに従う者たちが強い土台を持たねばなりません。正しい神学を持ってさえいれば強い土台があるということにはなりません。私たちの日常生活の中で神のご性質が実践されていることが必要なのです。人々は教会で奉仕の生活を訓練され、地域社会の中に出て行ってキリストのご性質を反映していかねばなりません。使徒パウロは、私たちが聖く、純粋で、落ち着いた生産的な毎日を送り、酒に溺れず、聖霊に満たされ、感謝するように命じています。個人的な日常生活において神のご性質に近づく者となっていないならば、私たちは他の人々に神のご計画を宣べ伝えることは殆どできません。聖く、落ち着いた生活を営む個人による犠牲的な神の愛の実践は、ときには教会を総動員した取り組み以上に神の国の力強い影響力をもたらすことがあります。そのような実例をご紹介していきます。

●ひとりの靴職人のことをお話しさせてください！ブラジルの教会で、私たちの作成した包括的宣教の訓練コースが教えられました。靴職人のジョーは全過程に参加しました。私たちのスタッフが靴屋に彼を訪ねると、驚いたことに彼は、貧困家庭のマイコンという若者を弟子として迎え、靴づくりの技術と神への信仰について弟子訓練をしていたのです。情熱的なクリスチャンのジョーは以前から人々を助けたいという願いを持っていましたが、訓練コースのなかで個人的な適用を考えたことで、さらに目が開かれたのでした。ジョーが信仰を分かち合い仕事場で弟子訓練した若者は、もし彼に出会っていなければ他の路上生活者達に「弟子訓練」され、犯罪や薬物などの悪習慣に染まっていたでしょう。

包括的宣教は、家族で一緒に適用に取り組むようにも励ます必要があります。家庭は、学校、職場、農場、隣人、アパートの管理人、また種々の公的サービスといった地域社会の多くの組織と自然なつながりを持っています。神はそのような場所のすべてにおいて、御心が行われるように願っておられます！家族の目が開かれて周囲の必要を見つけ、それに応答するように訓練される必要があります。そして地域教会は、家族が一致して神に仕えるよう動員する必要があるのです。教会が家族を動員するとき、それは現在の必要を満たしているだけではなく、次世代の訓練をしていることにもなります。他者に奉仕するように育てられた子どもたちは、夢と目的と仕える心をもった大人に成長するでしょう。

説教

牧師が神の偉大なビジョンによって完全に捉えられ、会衆への説教にそのビジョンが反映されているならば、その説教は感染力を持ちます。神のご計画すべてを包含するビジョンを伝達する上で、説教は明らかに重要な要素です。御言葉を語るとき、牧師たちはいつもこう自問する必要があります。「この御言葉が示唆する包括的宣教の実践に関して、私は何を語れるだろうか？」慣れ親しんだ聖書箇所を学び、説教の準備をする牧師に対して、私はへりくだってこのように神に祈るよう励まします。「この教会に対する神の御思いのすべてをこの御言葉から知ることができるよう、どうか私の眼を開いてください」と。ビジョンの伝達は、御言葉に根差している必要があります。それによって教会メンバーたちは、このビジョンがただの良い考えや、新しい教えではないことを知ることができるからです。御言葉を通して、人々はこのビジョンが神の教会、および自分たちの地域教会に対する神の御心なのだということを確認する必要があるのです。会衆は説教を通して、神が歴史の中で、そして現代も、全世界の教会を通して社会を変革なさっているということを知るのです。

説教というのは、それを語る人の人生のなかで生きられ、実証されている必要があります。牧師たちは、隣人、地域社会、町、そして国に関心を抱き、様々なかたちで接点を持っているでしょうか？教会の人々はそれを知っているでしょうか？イエス様は道を示し模範となるために弟子たちの足を洗われました。私は説教する時、過去の経験や世界の様々な地域から寄せられた証を織り交ぜます。しかし聞いている人が最も深い関心を示すのは、私の人生に先週、あるいは昨日、神がどのように働いて下さったかを証しするときです。

私はしばしば、会衆にアンケートをとるよう牧師たちにお勧めしています。そのアンケートに、先週、先々週、3週間前、1ヶ月前の説教のテーマを書いていただくのです。牧師たちは人々がどれほど早く説教を忘れ去って行くかという現実を突きつけられることになるので、失望しないように前もって心の準備をしておいてください、という注意を私はいつも忘れずに付け加えます。

しかし、説教が記憶され、そして実践に映されるということも起こり得るのです！以下にいくつかのご提案をします。

- ただ聞くだけではなく、適用されることを前提にして説教を構成する必要があります。
- 説教の最後に、聴衆の一人一人は具体的で、現実的で、すぐに実行可能な適用をする決意を促される必要があります。もし説教のなかで具体的な適用が勧められなければ、聞いた人々は「いつか、どこかでより良い生き方をしたい」という温かい気持ちに包まれるだけで終わってしまうでしょう。このような決意は、月曜日からの日常が始まるか、もしくは礼拝後の立ち話が始まった途端に消えてなくなってしまいます。
- 説教を通して聖霊が語ってくださるのでなければ、永遠の重要性を持つような変化は、決して起きません。説教を準備するとき、私たちは聖霊の導きに対して敏感でなければいけません。

説教は人々を変えるか？

多くの説教者は御言葉と聖霊が人々に気付きを与え、人生に変化をもたらすと期待していますが、それは放っておいても起きるわけではありません！

妻と私は、最近ある教会を訪れました。説教は、被造物を大切にすることによって神を崇める、という内容でした。メッセージはしっかりしていて、牧師は適用することを勧めましたが、致命的な要素が欠落していました！

そこには応答する時間がなかったのです。聴いている人々が祈り深く個人的、具体的、現実的な適用を考える時間は用意されておらず、実践的な行動をするという決断を促す招きもなされませんでした。

…説教の結果、被造物に対する自らの態度を本当に変えた人は、そこにいた聴衆の一握りにも満たないことでしょう！

小グループ

おそらく小グループは、具体的で、現実的で、すぐに実行可能な適用を励ますのに最も適した場所です。小グループを包括的なビジョンのために整え、動員する鍵となる原則をいくつかご紹介します。

● 教会は包括的な奉仕のためにメンバーを整える場所として、わくわくするような小グループを提供できます。このような活動は、日曜学校、聖書研究会、祈り会、家庭集会、セルグループ（訳注：「キリストの身体の細胞」の比喩としての小さな集まりのこと）などに容易に導入することができます。

●小グループのリーダーは、自らが教えることの中に、いつでも包括的な神の働きに関する示唆を与えることができるように整えられている必要があります。彼らはメンバーたちが自ら原則を発見し、それを生活のなかで適用することができるように集会をファシリテート（訳注：集まりのなかで、参加者の発話を促したり話の流れを整理したりすること）する訓練を受けている必要があります。

●小グループは、個人の適用を促します。集会の終わりに、メンバーたちは学んだことを今週どのように適用するかを分かち合い、互いの適用のために祈る時間を持ちます。次の会の最初に、その適用を分かち合うための時間が設けられます。「第四部」にご紹介する「愛の訓練」を用いることができるでしょう。

●地域社会や文化に対する自らの可能性と責任についての意識が高まってきたら、グループが置かれた場所で、神の愛の実践を一緒に計画することができます。「第四部」の「愛の種まきプロジェクト」を用いることができるでしょう。

●小グループは、包括的宣教を実践するための小規模なプロジェクトを計画するのに適しています。地域に奉仕する際には、大きなひとつの伝統的教会よりも、複数の小グループやセルグループを整え・動員するほうが簡単です。小グループがチームとして奉仕するとき、それは非常に良く機能します。

●どんな小グループであっても包括的宣教を励ますことが可能です。小グループには、家族的な集まりと、共通の関心によって結びついた集まりという二種類があります。家族的な集まりならば、定期的に集まり、それぞれの適用を励まし、祈り、神を賛美し、一緒に実践する奉仕の計画を立てることが容易でしょう。共通の関心によって結びついた集まりとは、人生のなかで特定の共通項を持つ人々によって構成されるグループのことです。医療、特定の専門分野、ビジネスマン、教師、小さな子どもを持つ母親、写真愛好家の集まりなどが可能でしょう。このような集まりは、自分たちが影響力をもつ分野において神の御心を証することができます。ビジネスマンのグループでは、例えば脱税、収賄問題の領域で神の御心が行われるよう働きかけたり、低所得層の家族に対して何らかの援助を計画したりできるかもしれません。

ある韓国の教会の小グループから次のような証が届きました。

●この韓国の教会は、25のセルグループを抱えていました。各セルグループは、地域社会に奉仕する小規模なプロジェクトを遂行し、その費用は毎週のセル集会で集められる献金から賄われました。いくつかのセルグループは地域生活支援センターに行き、どのような支援を必要とする隣人が地域にいるかを調査しました。食事を作って地域に住む老夫婦のところに届けたセルグループは、老夫婦の家の中が散らかった状態なのに気づき、その必要に応答するために再度訪問しました。別のグループは、障害を抱えた二人の人を訪問しました。一人は37年間ベッドに寝た切りになっていた人で、彼らはその人の体を洗う手伝いをしました。もう一人はクリスチャンで、彼らはその人と共に素晴らしい礼拝と交わりの時間を持ちました。また別のグループは、障害を持つ少年の誕生会を開いてあげました。その少年の両親はクリスチャンではありませんでしたが、彼らがプレゼントとバースデーカードを持っていくと、両親は少年に対するこの愛の行為をたいへん喜びました。

教会や小グループは、隣人に目を向け、病気で掃除や洗濯や料理や身の回りの世話ができなくなってしまった高齢者を探すことができるかもしれません。あるいは、隣人の最大の必要は孤独かもしれません。高齢者の中には、助けてくれる家族も友人もいない方もいらっしゃいます。教会の家族や小グループが彼らを「扶養家族」として迎え、面倒を見て差し上げられるかもしれません。次に紹介するものは、神が年老いた未亡人の世話をなさるために神が用いられた二つの教会の証です。

●ドミニカ共和国の小さな教会で、教会メンバーたちは低所得者層の居住区に7名の未亡人がいることに気が付きました。この未亡人たちには、世話をしてくれる家族や親戚が誰もいませんでした。教会は彼女たちを「扶養

チャンたちの憐れみに満ちた奉仕の結果、7名の未亡人全員がキリストを信じるようになりました。教会は未亡人たちがキリスト者であるかどうかに関係なく彼女たちに奉仕することを決めていましたが、クリスえ、それ以上のものを受け取りました。彼女たちは神の御心と愛の素晴らしさの、力強い証を体験したのです。家族」として迎え入れ、家族の一員としてお世話をしました。未亡人たちは教会の家族から実際的な助けに加

● 韓国で包括的宣教を学んでいた学生に、自らの地域にいるクリスチャンではない方々にキリストの愛を実践するようにという課題が出されました。その教会のスタッフたちも、小グループとして同じ課題に取り組むことに決めました。教会スタッフたちは行政機関を訪ね、その地域で最も大きな必要を抱えているのはどんな人々なのかを聞きました。彼らが訪ねていったうちの一人は伝統的な呪術を行う高齢の女性霊媒師でした。彼女は偶像と宗教的な絵画に囲まれて一人で暮らしていました。彼女の家は荒れ果てていました。スタッフたちはしばらく話し合った後、家を掃除するのを手伝い、再訪することを約束しました。その新たな関係を神は喜び、祝福してくださいました。翌月、教会スタッフたちは他の二つのグループに呼びかけ、その女性の家の大掃除を決行しました。加えて、募られた献金によって家の大事な部分の修繕もすることができました。数カ月後に、その同じ学生たちに、「学んだことを、その知識を必要とする誰かに分かち合う」という、別の課題が出されました。副牧師はその霊媒師の女性に分かち合うことにしました。話し合ううちに議論はキリストのことに及び、彼女は自らの人生を主に捧げました。二人はその場で家の中の偶像や魔術の道具を探し、それらを廃棄しました。彼女は次の日曜日、生まれて初めて礼拝に出席しました。彼女は質問するすべての人に、あなたもイエス・キリストに人生を捧げたほうが良いと語っていました。

地域に散在する「問題」を神の視点から見るときに、地域教会の会衆は変えられます。

会衆

●エチオピアの教会の副牧師が私たちの訓練会に出席しました。彼の教会の会衆は、教会の敷地内に住みついてしまったストリートチルドレンをどうするかという大きな問題について議論してきました。訓練会の後、その子どもたちは「対処すべき問題」ではなく、「奉仕する機会」と見るべきだという確信を持つようになりました。その副牧師は教会に戻り、自らの確信を人々に伝えました。牧師の分かち合いに心動かされた12名のメンバーからなる委員会が設置され、彼らは子どもたちに対する仕える働きを組織し始めました。彼らは献金を募り、子どもたちに食べ物と衣服を提供しました。それだけでなく、洗車、靴磨き、小さな商品を売り歩くことを教えるなどして、子どもたちが自活できるようにも助けました。子どもたちの多くはその後再び家族と暮らすようになり、教えてもらった小規模のビジネスを続けました。親たちもこの働きに参加するようになり、保証人となって子どもたちのビジネスの後方支援を始めました。

社会の必要に応答するために地域教会を動員するには、様々な方法があります。教会が隣人に対する神の御心を発見し、その人々に神の愛を実践するにあたって、「第四部」で紹介する方法論を利用することができるでしょう。会衆は、ただ地域への奉仕活動に参加するだけでなく、正義と公正と御言葉に啓示された神の御心を具現化するような市民活動に参加するようにも励まされる必要があります。預言者ミカは私たちに良い指針を与えてくれています。「**人よ。何が良いことなのか。主は何をあなたに求めておられるのか。それは、ただ公義を行い、誠実を愛し、へりくだってあなたの神とともに歩むことではないか。**（ミカ書6章8節）」会衆が参加可能な市民活動には、次のようなものがあります。

- 教会が特定の社会的、または政治的な問題に関わるように導かれているなら、それについて講壇から語り、特に関心のある人々からなるグループを組織するように励ます。また、様々な集まりの中でその問題に対する教会の見解を発言する。
- 特に重要な社会問題については、他の教会や地域のネットワークに参加する。もし可能なら、既存の団体を見つけてその運動に加わる。
- 礼拝、週報、祈りのしおり、小グループなど、教会員の祈りの生活の中に、大切な社会問題をいつも織り込むようにする。
- メンバーに、社会問題に関する情報収集をするようにお願いする。問題に対する正統な聖書的解釈は複数あるかもしれないことを伝えた上で、持ち寄った情報をもとに御言葉を調べるよう励ます。人々が各々の見解を分かち合い、他者の意見を聞けるような場を設ける。このようにして、社会問題に対して神の国の原則を当てはめ、それを行動で現すことができるように、人々を意図的に訓練する。
- 社会のなかで指導的な立場にあるメンバーを支援するためのグループを提供する。彼らのために祈り、彼らの決断や行動にアカウンタビリティ（訳注：説明責任とフィードバック）を提供する。
- 若い人々が就職活動をする際、彼らが公益や政治の領域において幅広い関心を持つよう励まし、社会のなかで神の国の代表者となれるように支援する。

草の根運動と社会的活動

しばしば、教会メンバーの誰かがビジョンを与えられ、包括的な社会奉仕や社会的活動を個人的に始め、次第に教会の他の人々を巻き込んだ活動に発展することがあります。多くの場合、それは教会のミニストリーとなり、その結果、教会のリーダーシップの下に置かれます。「草の根の創始者」と教会のリーダーたちは、良いコミュニケーションを保ち、お互いに尊敬を払う必要があります。

教会はまた、メンバーたちが個人的に社会活動に参加するのを奨励する必要があります。個人レベルの社会活動には次のようなものがあります。

• 隣人の集まり、地域の自治会、地方自治体の評議会、地域の学校の会合に出席する。
• 重要な社会問題に関する公の討論の場に出席する。出版社や政治家に投書をする。
• 地域の指導者を訪ね、その働きに対して彼らに感謝を表す。彼らに、何か教会に協力できることがあるか聞く。彼らが直面している重要課題のリストをもらえるか聞き、どんな風に祈ったら良いか尋ねる。彼らが望むなら、その場で祈る。そこで聞いた地域の課題を教会に持ち帰り、祈りと支援をお願いする。
• 地方自治体や国の選挙で投票する。
• 神を敬う政治家の事務所の手伝いをする。自治体主導のボランティアに参加する。
• 自分の人生に影響を与えた社会問題について公の場で発言する。

弟子訓練

キリストに従う者は、放っておけば自動的に整えられ、社会のなかで神の御心をあらわすようになるというわけではありません。パウロは、自覚的に神のご計画を実践しているキリスト者たちを「大使」と表現しました。教会のメンバーは、神の御心を効果的に行う大使として整えられる必要があります。キリスト者は弟子訓練において基礎的な信仰体系を学ぶと同時に、学んだこと、つまりキリストの命令に従って自らが置かれた日常生活のなかで神の御心を実行することを、自覚的におこなっていくように励まされる必要があります。

大使はただの市民ではなく、自らが代表する政府の計画を遂行するために意図的に行動します。同じく、キリスト者はその任務、つまり出て行って福音を宣べ伝え、人々を弟子とし、神の命令に従うように教えることに関して、自覚的に行動する必要があるのです。

私たちは意図的であるだけでは十分ではなく、戦略的である必要もあります。神の御心を遂行する機会は毎日たくさんあり、その数は手に余るほどです。それらのなかからどの機会を生かすかということにおいて、私たちは戦略的であるべきです。他の機会も有効なのには変わりませんが、数ある中で最も豊かな結果を生じさせるのが戦略的な機会です。神のご計画を最も前進させる可能性が高い機会を見つけ出し、それを活かす必要があります。

3．**弟子訓練のなかで三番目になさなければならないのは、文脈化の訓練です。**弟子たちはその本質において良き知らせである神のご計画を、人々が良き知らせとして受け入れやすいように伝える方法を学ぶ必要があります。文脈化とは、あるものを状況に即するように適合させ、その状況に合わせて形作る過程のことです。例えば、霊であられる神が人間の姿をとったイエス様をお遣わしになることによって、ご自分の愛のメッセージを文脈化されました。またイエス様は、農耕社会で暮す人々に、種まきや刈り取りの喩え話をすることで神の国のメッセージを文脈化されました。

弟子訓練の二つのケース

ケース1：社会福祉の専門家がキリスト者になり、地域教会の弟子訓練プログラムに参加しました。彼女はどのように弟子訓練されるべきなのでしょう?

このような弟子訓練は、一対一、またはごく少人数のグループで行われるときに最も効果的になります。教会は、弟子訓練プログラムを意図的に行う必要があります。教会は神様の偉大なご計画を遂行することに熟練した人材を選出して訓練し、その人が他の人々を弟子化するように励まします。弟子訓練を受ける人は、より成熟し、経験を積み、幅広い知識を持つその人から学びます。訓練のために共に過ごす時間のなかでは、特定のテーマ、御言葉、祈り、霊的成長、問題解決、励まし、共に奉仕をすることなどに焦点が置かれます。神の国の大使を整える弟子訓練においては、次の3つの鍵となる性質が伝達される必要があります。

- **情熱的なビジョン**
- **戦略的な計画**
- **文脈化**

1. キリストの弟子を「大使とする」ために先ずしなければならないことは、「万物を和解する」という神の御心を伝達し、情熱を伴ったビジョンを共有することです。このなかには以下のことが含まれます。

- 包括的な神の御心の大きさ。特に、国々がキリストの弟子とされることの重要性
- 個人が神の御心に従う重要性。個人の従順と国が弟子とされることの関連性
- 宇宙規模の神の目的のために人生を捧げることの、比肩するもののない特権
- そのビジョンを追い求める情熱

2. 次にしなければならないのは、弟子が神の御心を遂行する大使としての戦略を持つように訓練することです。弟子たちは意図的かつ戦略的になるよう訓練される必要があります。

• **情熱的なビジョン**：信仰の基礎を学ぶに際して、新しくクリスチャンになった彼女は無味乾燥な情報よりも、神との出会いを必要としています。「弟子訓練の教科書」である聖書は、崩壊し傷ついた人類に対する神の救いの業を記した真実で輝かしい物語です。聖書の物語を伝えるとき、彼女が美しく偉大な神のご計画というビジョンをつかみ取り、それに対する情熱をはぐくむような方法でなされねばなりません。特に彼女は社会福祉士ですので、イエス様ならば人々にどのような社会奉仕を提供なさるかを理解し、そのように、自らが管轄している地域住民に対するビジョンを受け取るよう励まされる必要があります。このような情熱とビジョンが育てられ、その実現のために祈るよう彼女は促されるべきです。仕事で関わる人々に神の御心がなされるような仕方で、彼女が職務を果たすために必要な勇気、強さ、能力を神に祈り求めるように訓練される必要がありま す。社会福祉士が情熱をもって労するべきビジョンというのは、このようなものです。

• **戦略的な計画**：弟子たちは継続的、意図的に、神の国の大使としての自らの役目を自覚するように訓練される必要があります。ですから、新しく弟子となった彼女も、日々の生活の大小の出来事の中に、神のご計画を前進させるような機会がないかどうかを探すように育成されるべきです。彼女の意図は「機械的・自動的」である必要はありません(猟師は「私はレイヨウ*を探している。レイヨウを探しているんだ」と繰り返し口に出したりはせず、周囲の気配に神経を研ぎ澄まし、どちらに歩を進めるか、どのように歩くか、そしてどのような音を立てるかについて注意深く振る舞います)。そのようにキリストの弟子は、神経を研ぎ澄まし神の御心を意図的に遂行する機会に敏感な「猟師」となるように励まされるべきです(*訳注：レイヨウ——ウシ科のほ乳類で、アンテロープとも呼ばれる。アフリカ大陸から狩猟目的のために北アメリカに持ち込まれた)。

弟子たちは意図的、かつ戦略的であるようにも訓練される必要があります。社会福祉士は、一日のうち何度も神の目的を推進する機会に遭遇するでしょう。彼女は地域住民に神の慰めや希望を分かち合うことができますし、必要を抱えた住民に行政サービスを提供することができます。職員会議で公正な判断が行われるように進言することができるかもしれませんし、道路で物乞いの人とすれ違うかもしれません。はたまた、友人から助けを求める緊急の電話を受けるかもしれません。通常、私たちが一日に遭遇する神の目的を前進させる機会の数は、私たちがこなせる量を上回ります。無数の機会の中から、いったいどの機会が戦略的に最も重要かを見極めることができるよう、神に知恵を求める訓練が必要なのです。

たとえば、上に挙げた中で最も戦略的に重要な機会が、職員会議だったと仮定します。会議で話し合われる議題は、地域住民へのコンドームの配給についてです。社会福祉士として、彼女はその地域においてこのテーマが感情的にデリケートな問題であることを知っており、コンドーム配給の背景にある組織の意向は安全なセックスを推進するという方向性であることも知っています。職員会議に出席すれば、住民と直接接する時間は少なくなるかもしれませんが、彼女は弟子訓練の中で学んだことを生かして、戦略的により重要な職員会議に時間を投資する道を選ぶことでしょう。

- **文脈化：**彼女はまた、状況に応じて神のご計画がどのように現わされるべきかを判断するために訓練されねばなりません。たとえば、先の職員会議で神の国の大使として効果的に働くためには、彼女は神のご計画に沿う自らの意見を、同僚たちに文脈化（適合させ・形作り・合わせる）することを学び、会議の中で他の職員がその提言を賢明な代替案として考慮してくれるようにする必要があります。その議題に関する同僚たちの見解を事前に把握し、彼らが聖書的な代替案を考慮に入れ、採用してくれるような提言方法を祈り深く選択するように弟子訓練の中で整えられねばなりません。その会議で「私はキリスト教徒ですが、婚外の性交渉は罪だと聖書には書かれています。申し訳ありませんが、私は住民が罪を犯すことを奨励するような企画に荷担できません！」といった発言をするのは選択肢のひとつです。確かにこういった発言は神の御心を真正面から表明したことにはなるかもしれませんが、おそらく信者でない同僚たちは疎外感を覚えますので、建設的な代替案が考慮してもらえる可能性は少ないでしょう。このような発言は神の御心を適切に文脈化したとは言えません。より文脈に即した提案として例えば、セックスに関する聖書的な理解を深めるようなパンフレットを作成し、次回の会議でそれを検討するのはどうでしょう、と提案することができるかもしれません。また、キリスト教徒でない同僚に「聖書はこう教えています・・・」と直接的に言うことなしに聖書的な見解を伝えられる、さらにすぐれた提案方法が他にもあるかもしれません。

「今から」仕えよう

信仰の基礎を学んでいるときから、新しく信徒になった人は生活のなかでの他者への奉仕を、意図的に実践する必要があります。

多くの弟子訓練コースの弱点は、他者に対する神の愛を実践することがおざなりにされていることです。訓練の後半になってやっと愛の実践が出てきたりすると、訓練の最終章に達していない多くの参加者は、仕えるという責任を免除されているように感じます。より多くの知的訓練を期待するのが習慣化してしまうと、いつまで経っても生活のなかで愛の奉仕を始めなくなってしまいます。

しかし、私たちは仕えるために救われたのだ、とパウロは言いました! 愛をもって隣人に仕えることは、成熟した信者のみに課せられた責任ではありません。それはキリストにある赤ん坊から最も成熟した聖徒に至るまで、すべての信者への至上命令です。私たちは、新しく信じた人に「今から」仕えるように弟子訓練するべきです。

ケース2：高校を卒業した無職の若者が教会で救われ、イエスの弟子として歩み始めました。彼はどのように弟子訓練されるべきでしょう？

•情熱的なビジョン：この新しく弟子となった無職の若者も、信仰の基礎を学ぶだけでなく、学んだことを生活に適用できるように助けられる必要があります。彼にはどのようなビジョンが伝達される必要があるでしょう？彼は弟子訓練の中で、労働の意義について教えられ、金銭的報酬があってもなくても、仕事――つまり、良い働き――のために自分が神によって創造されたことを理解する必要があります。もしイエス様が無職だったらどうなさるでしょう？私は、イエス様なら求職なさると思います。そしてイエス様は職探しをしながら、その地域社会の抱える必要を熟視し、心を砕かれるでしょう。この若者はイエス様に倣って僕（しもべ）の心を現すような活動を始めるように励まされる必要があるかもしれません。彼は他の無職の若者のためにスポーツの交わりを企画できるかもしれませんし、若いエイズ患者の友達になったり、弟や妹の面倒をみたりすることで両親を助けることもできるでしょう。

ちなみに、本書の第9章には、このケースと同じような状況の若者の話が出てきます。メシャクは学校に行けない子どもたちに対して神の国のビジョンを持っていました。彼は子どもたちが読み書きを学べるようになるのを夢見ていました。この無職の若者とその友人たちは、7ヶ月間、無給でスラムの子どもたちに勉強を教えました。彼らは毎日、互いに尋ね合いました。「今日は何か食べた？」もし仲間の誰かがまだ食べていなかったら、他の仲間が自分の食べ物を分けてあげました。この若者たちは学校に行っていない地域の子どもたちに対する神の偉大な御心を受け取っており、自分たちが神の大使であることを自覚していたために、そのビジョンには情熱が伴っていました。

本書第5章にも、同じような若者の話を紹介しました。ギザチュウです。彼は貧しい10人家族の子どもの一人でした。彼が受け取ったのは、彼が暮す街のストリートチルドレンに対する神のビジョンでした。彼の持ち物はとても十分とは言えませんでしたが、彼と友人たちはストリートチルドレンたちに食べ物を分けあたえ、シャワーを浴びさせ、聖書の学び会を開催しました。神は彼らの忠実で従順な行動を祝福され、彼らは現在、ストリートチルドレンに対する目を見張るような素晴らしい働きを展開しています。

職がないということは呪いにもなりますが、それは同時に賜物ともなり得ます。もしあなたが不本意ながらも無職の状態になったとしたら、それは創造的で生産的な方法で御国の拡大のために用いられるために神が与えてくださった一時的な贈り物だと考えましょう。この無職の若者は弟子訓練の中で、現在の困難な状況を用いて、神がどのようなことをしてくださろうとしているのかというビジョンを受け取る必要があります。メシャクやギザチュウのように、彼もまた神からのビジョンを受け取ったと考えてみましょう(このように、神の国のビジョンを受け取った数多くの無職の若いクリスチャンたちの群れが起こされた時、社会にどのような変化がもたらされるか想像してみてください)。

- **戦略的意図：**私は無職の若者が漫然と座り、カードゲームを楽しみ、友達とおしゃべりをし、そして犯罪に関わってしまうのを、世界中で見てきました。しかし、クリスチャンは「無職」だからといって、非生産的で手持無沙汰な状態にとどまるべきではないのです。有給の仕事に就いていようがいまいが、クリスチャンは誰でも「王の王」であられるお方の大使です。彼らには非常に重要な任務が託されており、弟子となったこの若者も例外ではありません。彼は与えられた時間を使って何をなすかを決めたなら、それを意図的かつ戦略的に実行に移すように訓練される必要があります。彼は意図的に良い奉仕に従事し、最も戦略的に神の目的を前進させるような方法を探し求めるように訓練されなければなりません。そのように訓練されるなら、彼はメシャクやギザチュウのように、自らのライフワーク（神が彼にお与えになった召命・使命）を発見することでしょう。

・文脈化：仮に、この無職の若者に与えられた情熱と戦略が、その街に住む無職の若者たちへのミニストリーだったとします。私の観察に基づけば、無職の若者たちに対して神の御心を文脈化することに最も長けているのは、キリストの弟子として神からのビジョンを受け取った無職の若者です。私が出会ってきたそれらの若者たちはエネルギーと創造性に満ちており、神に信頼することを学んでいました。また、自分たちが抱えているのと似たような困難の中にある他の人々とのコミュニケーション技術は、教師たちよりも洗練されていました。この若者は、自らが置かれた状況のゆえに文脈化に長けており、そのために訓練される必要がないかもしれませんが、それでも彼は牧師とメンターに、励まし、祈ってくれるように、また大胆さと戦略的な知恵が与えられるように、支援を依頼する必要があります。彼はまた、地方自治体から助成金を取り付けたり、ボランティアを組織したり、問題を解決したり、新しいプログラムを開始したりするような局面が訪れたときには、知恵深く自らのメッセージを文脈化できるよう訓練される必要があります。

補足：キリスト教が迫害されている社会に置かれた教会に向けて

ハーベスト財団が関わっている多くの教会は、キリスト教に敵対的な政府や世俗的な社会の影響下にあり、クリスチャン人口が著しく少ない非キリスト教的な国家に置かれています。しかし、そのような社会の中でも教会は神のご計画を実現していかなければなりません。それを実現するための一つ目の方法は隣人への個人的な愛の実践、もう一つの方法が自分の意思をはっきりと言葉に出して伝える「言挙げ（ことあげ）」を通して説得することです。

神はこの方法を用いて人々に語りかけられるのです。神は私たちに、正しいことを無理に選ばせることはなさいません。私たちに選択肢を与え、その選択の結果がどうなるかを知らせてくださり、そして決定は私たちにお委ねになるのです。「言挙げ」を通して説得する際のいくつかの原則を紹介します。

- **声を上げよ！ 黙っていてはいけない。**
- **主張を表明するとき、ただ聖書だけを根拠として頼るのは十分ではない。**
- **関心のある社会的な諸問題を聖書的な観点で解釈し提言できるように、それらの問題について勉強し、よく調べねばならない。**
- **世俗的な社会に暮す人々が、神の方法が自分たちの益になるのだということに気付けるような形で言挙げする。**
- **言挙げする自分自身の日常生活が聖書的であり、自らの主張と照らし合わせたとき、生活全般に一貫性があるかどうか吟味する。**

教会は、神のご計画が行われることこそが地域社会に最大の利益をもたらすということを一般の人々が理解できるように助ける必要があります。社会生活を含む人生のすべての側面における神の御心を教え推進することなしに、教会が国や地域社会を弟子とすることはできません。

また、教会が社会的な奉仕をすることに許可を与えない政府も存在します。このような政府は、教会の働きを「霊的な」必要に応答することと定義し、改宗させることで国民が「獲得される」ことのないように守っています。しかし、彼らが奉仕を禁止する本当の理由は、教会が人々の身体的、社会的必要に応答することに関わり始めたときの影響力の大きさを恐れているからなのかもしれません。反キリスト教的な政府は、包括的な奉仕によって教会の力が増大することを警戒しているのです。

しかし、いかなる政府であろうと、キリスト者が個人として神の愛を隣人に実践することを禁ずることはできません。聖書はこれを非常に的確に表現しています。「**しかし、御霊の実は、愛、喜び、平安、寛容、親切、善意、誠実、柔和、自制です。このようなものを禁ずる律法はありません。（ガラテヤ人への手紙5章22〜23節）**」私の観察では多くの場合、グループで取り組む活動よりも、個人的な神の愛の実践の方がより大きな神の国の影響力を発揮します。政府がグループでの奉仕活動を禁止したことによって、個人による愛の実践にエネルギーや時間が集中的に使われ、その結果、むしろより大きな影響力がもたらされる可能性すらあります。私たちが普段、自然なかたちで人間関係を保っている人たちに対して、静かに、犠牲を伴った方法で、個人的に愛の実践を行う道は常に開かれており、それは力強い影響をもたらします。

教会を任命し、遣わす

クリスチャンは、クリスチャンでない人々を教会に連れてくるにはどうすれば良いかについて語り合います。それは「非教会的な人々を、教会化する」ための話し合いです。しかし、人々に愛を届ける最も効果的な方法は、教会の側が世の中に出ていくことです。私たちは逆に、「教会的な人々を、非教会化する」必要があるのです！私たちは、教会と地域社会の間に橋を架ける必要があります。神の愛を知るために、人々は必ずしも「教会というクラブ」に所属する必要はありません。

次の御言葉は、異文化への宣教を励ますために、昔から用いられてきました。この御言葉は、地域教会がそのメンバーを世の中に送り出し、言葉と行いによってイエス様が主であることを「宣べ伝える」責任を表現している、とも理解することができます。

しかし、信じたことのない方を、どうして呼び求めることができるでしょう。聞いたことのない方を、どうして信じることができるでしょう。宣べ伝える人がなくて、どうして聞くことができるでしょう。遣わされなくては、どうして宣べ伝えることができるでしょう。次のように書かれているとおりです。「良いことの知らせを伝える人々の足は、なんとりっぱでしょう。」

ローマ人への手紙10章14～15節

ほとんどの牧師は、教会のメンバーが「遣わされる」ことを願っています。私の提案は、教会がただ単にビジョンを説教し伝達し、訓練し、メンターし、適用を励ますにとどまらず、整えられたメンバーたちを、彼らの周囲の世界に対して公式に任命し、「派遣する」ことを始めてみてはどうかというものです。教会の中で一般的に行われていることは、信仰の旅路の様々な場面でそれを記念し覚えることです。新しく信じた人は救われた証をし、洗礼を受け、メンバーとして公式に受け入れられます。新しく夫婦になった者たちは結婚式を行いますし、新生児のためには献児式が執り行われます。牧師になると按手礼や叙階がなされますし、誰かが地上における旅路を終えたときにはその人を覚えるために記念礼拝が行われます。しかし、ひとつ大切な出来事が見落とされています。それはイエスの弟子として歩む信仰の旅路において、もしかしたら最も重要な出来事かもしれません。その出来事とはつまり、キリストとその教会が、彼らを公式に神の大使として派遣したことの承認です。彼らは置かれた地域や職域がどこであれ、その現場に証人として神によって派遣されたということを会衆の前に認められるのです。世界で最も偉大なこの任命を、任命式として公の場で共に覚えるのはいかがでしょう?教会員のメンバーシップなら証明書、結婚なら指輪があるように、「派遣式」では僕（しもべ）として仕えたキリストの御姿の象徴として記念の手ぬぐいを渡すのも良いでしょうし、奉仕の象徴として洗足式をしても良いかもしれません。どのような形であっても、これを読んでいる牧師と教会指導者の皆様に、このような派遣式を執り行うように私は強くお勧めします！

結論

結論を申しますと、私は教会に、包括的な宣教を数ある選択肢の一つとして、「試してみる」という扱いをしていただきたくはありません。包括的宣教は、それが地域教会の自己規定の基礎となり、そのDNAの一部となったときに初めて最大の効果を発揮します。もし教会が神によって召された本来の姿、つまりイエス様が市長だったらなさるように地域に仕え、地域社会にキリストを顕現する群れとなることを願うなら、包括的宣教は不可欠な要素なのです。

神の国の包括的なビジョンはまずリーダーたちが受け取り、次に教会に伝達され、そして地域社会で実行に移される必要があります。教会は個人、家庭、小グループ、会衆全体という各段階で、教会堂の壁の外で奉仕するために整えられなければなりません。

歴史において最も偉大な目的の達成のために、神はご自分の民となった全員に貢献の機会をお与えになっています。神は私たちを万物の代理統治人として召しておられ、私たちの行動による影響力は、永遠に続きます。私たちが神の御心に沿って行ったことのなかで、重要でないことなど存在しません。神殿で二枚の硬貨を投げ入れたあの未亡人は、その献金が2000年以上も語り継がれることになるとは想像さえしていませんでした。私たちもまた現在見えるところをはるかに超えて、イエス・キリストの教会の一員として、未来を生きる世代に対して大きな影響をもたらします。もし歴史を貫く神の素晴らしいご計画と自らの人生に関連があることを理解したら、私たちはそのために生き、そして死ねる、これほど尊い目的はないと思うことでしょう。神の偉大な御心の中で、我々の世代の教会は過去の世代にもまさって重要な役割を与えられているという呼びかけに私たちは気付く必要があります。

この章では、地域教会がメンバーを包括的な奉仕へと動員するにはどうすれば良いのかを学んで来ました。次の章では、市長であられるイエス様が、その市民である私たちに、どのように私たちの持てるすべてを捧げるよう求められるのか、そして神がご自分の目的のために、どのように驚くべき増加の奇跡を行われるのか、ということを学びたいと思います。

◆11章　神の国の算数
〜奉仕のための掛け算〜

● ギザチュウと彼の仲間たちは、幼い頃からイエス様を信じてきました。彼らは良い教えを教える正統的な教会で育ちましたが、彼らが暮す文化では、貧困問題を解決するには海外からの資金援助が不可欠だと信じられていました。持てるものを増やしてくださる神の力についてはもちろん聞いていましたが、それを実際の生活に適用することについては学ぶ機会がなかったのです。それは、彼らの社会に蔓延する「外部からの援助のみが貧困を解決できる」という信念に反することだったのです。枠内の証を読めば、神がどのように彼らの信念と行動を変えて下さったかが分かります(私に大切なことを教えてくれてありがとう、ギザチュウ)。

教師を教える

エチオピアのアジスアベバで路上生活者への働きをしている若者たちを訪ねたときのことを私は忘れられません。数年前に、私はその若者たちのリーダーの2人に出会っていました。彼らは私たちのカンファレンスに出席してくれたのです。当時、彼らは何名かの路上生活者への働きを悪戦苦闘しながら行っていました。カンファレンスの中で、彼らは神がご自分の子どもたちが払った犠牲を増加させてくださるということを聞きました。それから2年後に、私はそのミニストリーのリーダーであるギザチュウに会ったのです。カンファレンス後の2年間で、ミニストリーは大きく拡がっていました。ギザチュウは、何百という路上生活者たちミニストリーを行う40名のスタッフとボランティアワーカーの組織図を私に見せてくれました。

彼らのプログラムは、売春少女たちのリハビリから、街に出向いてストリートチルドレンにならないように子どもたちの家族に働きかける予防プログラムに至るまで、多岐にわたっていました。

　私は驚き、「一体どうやってこんなことが起きたんだい？」と聞きました。からかうように私を見て、ギザチュウはこう言ったのです「どうして僕に聞くんですか？持てる物を捧げたとき、神がそれを増やして下さるという『神の国の算数』を僕たちに教えてくれたのはあなたじゃないですか！これは、あなたの教えの結実ですよ」。


　前章では、私たちは人々を宣教に動員することについて学びましたが、この章では奉仕のための掛け算について学びます。増加させるのは神ご自身です。これはシンプルですが、力強いメッセージです。私はこのメッセージを語るのが好きです。なぜなら、このメッセージが世界中の、ことに経済的に貧しい国々の教会指導者たちを解放し、イエス様が市長であったならなさるだろうことを実行するように彼らを解き放つことを私は知っているからです。

　今日、第三世界（訳注：主にアジア・アフリカ・中南米にある開発途上国のこと）にある多くの教会は、依存的なマインドという牢獄に繋がれています。神は、崩壊する世界を癒すご自分の力を解き放つ管として教会を用いたいと願っておられます。しかし、現地の教会が神よりも外部からの援助に信頼を寄せている間は、神はそれをなさいません。もちろん、神が援助をお用いになることもありますが、それでもなお、教会は神を第一に頼る必要があります。神以外のものを頼るとき、私たちは創造者以外のものを礼拝するという行為、すなわち偶像礼拝に危険なまでに近づいてしまうのです。

　カンファレンスの中で「神の国の算数」を教えるとき、私たちは良く親しまれた聖書の物語を数学の方程式で現わします。最初に方程式に変換するのは、イザヤ書40章29節の「**疲れた者には力を与え、精力のない者には活気をつける。**」という御言葉です。私は会場の中から、5名のボランティアを指名して前に出てきてもらい、それぞれの人にこの節から取られた単語や記号を書いた大きなカードを持ってもらいます。そして会衆に、イザヤ書40章29節の御言葉が表す内容になるように、カードを持った5人を動かして並び替えをしてもらいます。この箇所の答えは次のような順列になります。

私たちの弱さ × 神 ＝ 強さ

この短い一節には、神の国の算数のメッセージが要約されています。この御言葉は、私たちが自らの弱さを神に差し出すとき、神がそれを増し加えてくださるということを教えてくれます。神は私たちの弱さを強さに変えられるのです。

この御言葉はこのように続きます。「**若者も疲れ、たゆみ、若い男もつまずき倒れる。しかし、主を待ち望む者は新しく力を得、鷲のように翼をかって上ることができる。走ってもたゆまず、歩いても疲れない。（イザヤ書40章30～31節）**」

私たちがこれを自力で達成することはできませんし、自分たちの内側から出てくるようなものでもありません。これは並外れた変革であり、神がなさる奇跡です。「潜在意識で強く信じるなら、積極思考の力があなたの状況を変える」というような成功哲学とは違い、神の国の算数は私たち自身の弱さを認めるところから始まります。若者も疲れ、たゆみ、若い男もつまずき倒れるのです！私たちが自らの弱さを認めたときに初めて、私たちはその弱さを神に捧げることができるようになります。神の国の算数の法則によって、神は奇跡を行われ、私たちの弱さを強さへと変革されるのです。

カンファレンスの中で、私はいつも、4つの聖書の物語を人々に楽しく話して聞かせます。そして参加者に小人数のグループに分かれてもらい、その物語を現す数式を完成してもらいます。彼らが完成させたら、私は参加者と共に、そこで学んだ真理を復習します。そしてその真理は、神以外のあらゆる人や物質や金銭に寄せていた依存心から人々を解き放っていきます。

聖書の方程式

私は最初の物語をこのように語ります。

昔々、バラクという少年がいました。10歳になる彼は今朝、「有名な先生が湖のところに来て説法を行っている」と近所の人々が噂しているのを耳にしました。バラクはお母さんのところに行って言いました。

「お母さん、僕も湖のところに先生の話を聞きに行ってもいいかな?」

「だめよ。湖は遠いの。今日はお父さんがいないから、そんなに遠くに行っちゃダメ。歩いて一時間もかかるのよ」

「お母さん、お願い!大丈夫だよ。僕はもう10歳になるんだから!」

「バラク、あなた、まだご飯を食べてないでしょう」

「僕はお腹が空いてないんだ!お願いだよ!行かせてよ!」

「わかったわ。でもそのかわり、何か食べ物を持って行くのよ」

そして、バラクの母親は台所のテーブルに布巾を広げ、陶器の壺のところに行き、1つ、2つ、3つ、4つ、5つの、今朝焼いたばかりのパンと、市場で買ってきた2匹の焼いた魚を取り出しました。彼女はパンと魚を布巾の上に置いて包み、それを紐で縛ってバラクに持たせました。少年は帯にそれを結びつけ、扉を開けて出ていきました。

バラクは殆どの道のりを走って湖畔へと急ぎました。到着してみると、あまりにも大勢の人々が集まっていて、先生の教える声が聞こえないほどでした。大人ならばおとなしく人々の最後尾に腰を下ろしたことでしょうが、10歳のバラクは違いました!彼は人混みをかき分けて進み、最前列に辿り着いたのです。

バラクは先生が何を言っているのかほとんど理解できませんでしたが、なぜか不思議と、引き込まれていきました。説教者のご多聞にもれず、その先生も長時間話しました！午後4時頃になると、バラクのお腹が鳴りました。彼はすぐさま、母親が持たせてくれたお弁当のことを思い出しました。彼は群衆の最前列でお弁当を食べるのはいかがなものかと思いましたが、「でもこっそり食べれば、だれも僕が何かを食べてるとは気づかないだろうな」と思いました。そしてバラクはその小さなお弁当を地面に静かに置き、注意深くそれを開きました。彼はお腹が減っており、お弁当は美味しそうでした！彼が最初のパンに手をつけようとしたそのとき、お付きの人の中の数人が先生に向って何かを言いました。時刻も遅くなってきていたので、近くの村で食べ物を買うために、いったん群衆を解散させたらいかがでしょう、と彼らは提案していたのでした。バラクは先生がこう言うのを聞きました。「**彼らが出かけて行く必要はありません。あなたがたで、あの人たちに何か食べる物を上げなさい。（マタイによる福音書14章16節）**」

弟子のひとりのピリポが、ここにいる全員を食べさせるには、ひとり一口ずつですら給料8ヶ月分以上もかかってしまいます、と異論を唱えました。たまたまバラクの隣に座っていた別の弟子のアンデレは、彼が小さなお弁当を開けたのを目にしていました。彼は先生――もうお分かりでしょうがこの先生とはイエス様です――に言いました「イエス様、私たちにあるのは、これで全てです」。アンデレは布巾の中身を数えて報告しました。「5つのパンと2匹の魚だけです」イエス様は言いました「それを私の元に持ってきなさい」。バラクの心の中ではどんなことが起きていたでしょう「僕はお腹が空いているんだ。僕はこれしか持ってない。もしこれを先生にあげちゃったら、何も食べるものがなくなっちゃうよ。うーん、でも、僕はあの先生が好きだから、先生がくれっていうなら、差し上げよう」。

このあと何が起きたかは、ご存じのとおりです。バラクは持てるすべてだった自分のお弁当をアンデレに差し出し、アンデレはそれをイエス様に差し出ました。イエス様はこの小さなお弁当を手に神に感謝の祈りを捧げ、それを割いて群衆に配ったのです。

その夜、バラクが家に帰って母親とどんな会話をしたかを想像してみましょう。

「お母さん！お母さん！すごいことが起きたよ！先生が僕のお弁当を取ったんだ！」

「先生が何をしたって？」

「お母さん、すごいんだ！先生が僕のお弁当を取って、それを沢山の人全員に分けてあげたんだ。すごくすごくすごーくたくさんの人にだよ！みんなが食べ終わった後も、12個のかごいっぱいのパンが残ったんだよ！」

「バラク！大げさに話しを膨らますのをやめなさいって何回言ったらわかるの！」

バラクの話が誇張でなかったのは、皆さんもご存じのとおりです。


ここまで話したところで、私はカンファレンス出席者に尋ねます。

もしあなたがこの少年だったら、どんなふうに感じますか？もし自分の唯一の食べものが帯に結び付けてあって、それを差し出すようにイエス様が言われたらどうしますか？イエス様は他の方法で群衆を食べさせることも、当然お出来になったはずです！イエス様は盲人を癒し、嵐を静め、水の上を歩かれました。その気になれば石をパンに変えることもできましたが、イエス様はそうなさいませんでした。その替わりにイエス様は、少年が持っていたなけなしの食べ物を差し出してくれないかと頼んだのです。

次に、参加者にこの物語をどうしたら数式で表せるかを話し合っていただきます。小人数のグループにはそれぞれカードのセットが用意されていて、それを並び替えて聖書の物語を数式で表すことができるようになっています。

解答例はこのようなものです。

そこには少なくとも1000人の女性と子どもがいたと見積もると、最低でも6000倍の掛け算になります！

では2番目の物語に移っていきましょう。

弟子たちと一緒に神殿のところに座っていたイエス様は、人々がやってきては献金を捧げるのを観察していました。裕福な人々が献金箱のところにきて、持ってきた献金を捧げるところを容易に思い描けます。銀貨を投げ入れたときに鳴るカチンという音に人々が気づくように、背筋を伸ばし、胸を張り、銀貨を持ったその手を思いっきり高く上げるのです。それを見るイエス様のうんざりした顔を想像できますか？

少年
+5つのパンと2匹の魚
×イエス様
―――
=5,000人の男性の食べ物
+女性と子どもの食べ物
+12のかご

そこへ、一人のやもめが身を低くかがめながら入ってきました。実際、彼女は誰にも気づかれたくなかったのです。彼女の献金はその日に稼いだ二枚の小さな硬貨であり、捧げ物としてそれは非常に少額だったからです。彼女がその硬貨をどんなに高く上げたとしても、それが献金箱に落ちたときにカチンという音はしなかったでしょう。しかしそれは重要なことではなく、やもめはたとえ少額だったとしても、それを神に捧げたかったのでした。

イエス様はすべての事情をご存じでしたから、そのやもめのところに行って言うこともできたでしょう「女の方よ、神はあなたの払った犠牲を喜んでおられる。しかし、神は千の丘にいる牛の群れをも所有しているのだ。神はあなたのお金までも必要としてはおられない。この小さな二枚の硬貨はあなたの財産のすべてでしょう。あなたはこの捧げ物をする必要はない。どうか、市場に行って今日の食べ物を買ってきなさい。神はあなたの経済的必要を気にかけておられます。ありがとう。でも、どうかご自分を大切にされるよう、御父の祝福とともにお願いします」。

しかし、イエス様はそのようには言われず、逆に彼女が全財産を捧げるままになさいました。イエス様は「御父に代わって、あなたに感謝を申し上げます」とすら言いませんでした。彼女は、誰にも気づかれないことを願いながらそのまま去っていきました。しかし、イエス様は彼女をしっかり凝視していました。そして意味深い発言をなさいました。「**わたしは真実をあなたがたに告げます。この貧しいやもめは、どの人よりもたくさん投げ入れました。（ルカによる福音書21章3節）**」

イエス様が言われた、彼女が他の誰よりも多く捧げたというのは一体どういう意味かを考えてみましょう。もちろん、彼女は持っていたすべてを捧げたのですから、比率において最も多くを捧げたことになります。裕福な人々は有り余る中から捧げましたが、彼女は乏しい中から捧げたのです。裕福な人々は犠牲を払いませんでしたが、そのやもめは犠牲を払いました。裕福な人々は献金を捧げた後で食事をしましたが、やもめは食べるものがなく空腹のままでした。

これらはすべて正しい解釈ですが、私は、このやもめは裕福な人よりも、文字通り多くのお金を捧げたのではないか、と提唱したいのです。あなたはこのように言われるかもしれません。「いや、やもめが捧げたのは価値の低い硬貨二枚だが、裕福な人はその100倍、いや1000倍の価値の銀貨を捧げたじゃないですか」と。私も以前はそのように考えていましたが、このやもめの献金に「神の国の算数」を適用したとき、新たな気づきを与えられたのです。

カンファレンスで各小グループにこの数式を作っていただくと、いつも、次のような等式が物語を最も良く現わしているという結論になります：

やもめ +2枚の硬貨 ×イエス様
=2000年間のインスピレーション

やもめの献金は、2000年の間に何倍に膨れ上がったのでしょうか?歴史を通じて様々な世代の信仰者が、このやもめの例に倣って、予定していたよりも多くの献金を捧げてきました。これは、聖書全体のなかで最も偉大な掛け算の物語かもしれません!

3番目の物語はこれです。

イスラエルで起きた飢饉は長期にわたっていました。3年もの間、雨が降らなかったのは、エリヤが不義の報いとして飢饉を送るよう神に祈った結果でした。怒ったアハブ王はエリヤを探していました。神はエリヤを谷間に導き、嵐をもって彼を隠しました。神はカラスにパンと肉を運ばせて養い、エリヤはそれに加えて小川の水を飲みました。しかし干ばつはあまりにひどく、小川も干上がってしまいました。神はエリヤに、異邦人の街ツェレファテに行けば、そこであなたを養うとお告げになりました。その道のりは90マイル(約145キロメートル)にもおよびましたが、エリヤは歩いてそこまで行きました。飢饉の只中でしたから、それは非常に長い道のりでした。目的地に着いたときには、エリヤの喉はからからに渇いていました!

街の門にさしかかったとき、彼は一人の女性に出会いました。彼女はやもめで、薪《たきぎ》を拾っていました。エリヤの名はこの地方にも知れ渡っていました。人々は彼を捕えて殺そうとしていたのです!その女性の話し方からして、彼女はエリヤのことを知っている様子でした。私が想像するに、彼女は「指名手配中の」この預言者を前に、若干おびえていたのではないかと思います。なんとこの神の預言者は、飢饉で食べるものがないから何か分けてほしいと彼女に頼んだのです。神に飢饉を起こして下さるように祈ったのは自分なのに!彼らの会話はこのようなものだったと想像できます。

「すみませんがご婦人、私はとても喉が渇いています。どうか瓶一杯の水を下さいませんか？」

「はい（恐れの表情を顔に浮かべて）。ここで少し待っていただけますか？」

「もしできることなら、何か食べるものも一緒に持ってきて下さらないでしょうか？」

「実のところ（あからさまに怪訝な口調で）、私の家には少しだけ小麦粉と油がありますが、私と子どものために小さなパンをひとつずつ焼いたらそれで終わりです。それは私たちにとって最後の食事です。それを食べてしまったら食料は尽きて、あとは死ぬのを待つだけなのです」

「恐れることはない。神様があなたたちの必要を備えていて下さいます。飢饉が終わるまで、小麦粉と油は尽きることがないでしょう」


家に戻ったやもめは、信仰によって最後に残った小麦粉と油をとり、パン生地を作り、街の門のところで拾っていた薪でそれを焼きました。材料はすべて使いきったはずなのに、瓶の中には油と小麦粉が残っていました！彼女はエリヤのところに戻り、この奇跡について報告しました。そしてその備えは次の日も、また次の日も続きました。事実、その備えを食べつないだ彼女と息子と家族、そしてエリヤは飢饉が終わるまで生き延びることが出来たのです。

カンファレンスの小人数のグループで等式を完成させてもらう時には、3年間の飢饉のうちの残りの2年間、やもめと彼女の息子、もう3人の家族、そしてエリヤが一緒に瓶の備えから食べたと仮定します。このレッスンを要約する数式は、次のようになるでしょう。．．

やもめ +ひとつのパン ×神
=1日2つのパン（2食分） ×6名（やもめ、息子、エリヤ、3人の家族） ×365日 ×2年間
=6,570個のパン（6,570食）

私たちの仮定が史実に近かったとすると、最初の物語と同じく、これは６０００倍以上の掛け算ということになります。驚くべきことです。しかし、もっと驚くべきなのは、神がご自分の預言者を養われたその方法です。神は、考え得るかぎり最も貧しいやもめを用いられたのです！彼女と息子と家族は飢死する寸前でした。

これは驚くべきことではないでしょうか？私たちが知る神様は、このようなお方なのでしょうか？私たちが知っている神は、貧しい人々を気にかけられるお方です。神は他の方法でエリヤを養うこともお出来になったはずです。神は、エリヤを養う方法として、これ以外にも何千通りもの別の手段を用意できたはずです。それなのに神はこの方法を選ばれました。少年と彼のお弁当に目を留められたときと同じく、神は自らの最後の食事の材料しか持っていないやもめに目を留められ、「私に先に食べさせてくれませんか？」と言われたのです。興味深いではありませんか！

この3つの物語を神の国の数式で表すと、次のようになります：

これらの物語に含まれる教訓は、イエス様の生涯を通して一貫して見られます。イエス様はこの世の物質的なものをほとんど持っていませんでした。イエス様はあるときこのように言われました「**狐には穴があり、空の鳥には巣があるが、人の子には枕する所もありません（マタイによる福音書8章20節）**」。にもかかわらず、イエス様は誰よりも大きな犠牲を払われました。主はご自分の命を捧げられたのです。

最後に、もうひとつの物語をご紹介します。こちらはハッピーエンドではありません。イエス様がご自分の王国について語ったときの物語です。

神の国の数式

すべての人（たとえ貧しかったとしても）
＋神に対する信仰
＋犠牲を伴う捧げ物
×神

＝偉大な掛け算
＋他者への祝福
＋神が崇められること
＋個人的な祝福（ないこともある）

ある裕福な人が長い旅に出ようとしていましたが、出発の前に召使いたちを集めて自分が留守にする間の指示をしました。主人は三名いた召使いのそれぞれに自分の財産の分け前を任せ、帰ったときに利益を得られるような何かに投資するよう命じました。召使いたちの能力に応じ、一人には5タラント、もう一人には2タラント、最後の一人には1タラントを預け、主人は旅に出ました。

長い旅から帰って来ると、裕福な人は召使いたちを召集しました。そこではおそらく、このような会話がなされたと想像できます。

「さて、シメオン、お前は何をしたのだ?」

「ご主人様、市場はとても賑わっていました!私は商売をし、預かったお金は2倍に増えました。旅立ちの時に預けてくださった5タラントを投資して得た10タラントがここにございます」

「良くやった、シメオンよ!お前は良い仕事をするのでもっと重要なことを任せることにしよう。私はお前を家族の一員に加えることを考慮に入れようと思う!」

次に、主人は二番目の召使い、ジョシュアを呼びます。

「ジョシュア、私が留守の間どうしていた?」

「ご主人様、市場はたいへん活気づいていました。預けてくださったものを投資して、私も2倍に増やしました。これが預けてくださった2タラントを使って儲けた4タラントでございます」

「良くやった、ジョシュア!誇らしいよ。お前は預けたものをうまく運用した。私はお前を家族に加えることを検討したい」

三番目の召使いが主人に呼ばれました。

「良く来てくれたアナニヤよ!私が預けたタラントを使ってお前はどんなことをしたか聞かせてくれるか?」

アナニヤの顔を見たら、彼がこれからどんなことを言おうとしているのか予想できたでしょう。彼は主人と他の二人の召使いを前に、明らかに居心地の悪そうな表情を浮かべていました。

「ご主人様、あなたは1タラントしか私に預けてくださいませんでした…。たったの1タラントですよ」

アナニヤは同僚二人を、嫉妬のまなざしで一瞥し、震える声で言いました。

「ご主人様、ご存じのとおり、あなた様はやり手の実業家として名高いお方です。私はそれを知っていましたので、怖くなって預かったものを投資しませんでした。私はあなた様から預かったタラントを安全に保管するために地下に埋めておきました。私はタラントを紛失しておりません。私はひざまずき、あなた様から預かったタラントを、今ここに謹んでお返しいたします」

アナニヤが話している間に、主人の表情は変わっていきました。主人はアナニヤに答えましたが、彼を名前で呼ぶことすらしませんでした。

「お前は悪い怠け者だ！やり手の実業家である私が利益を期待していると知っていたのなら、どうして私の資産を銀行に預けなかったのか？そうすれば少なくとも、私は利息を得ることができたではないか！護衛官よ！役立たずのこの男から1タラントを取り上げて、シメオンに渡すのだ。この男を敷地の外の、悲しみと後悔で満ちた暗い場所に放り出してしまえ！」

何と非情な措置でしょうか！これは本当に、私たちが知っている神様なのでしょうか？神は貧しい者を憐れまれるお方です。そして三番目の召使いは、明らかに貧しい者でした。神は彼に憐れみをかけようと思われなかったのでしょうか？この怖がりの召使いは持っていたものを取り上げられるだけではなく、王国に留まることさえ許されず、追放されてしまったのです！

カンファレンスの小人数のグループでこの物語を要約する数式を作っていただくと、次のようになります。

召使い
+1タラント
×0

=0
+暗闇に放り出された召使い

神の国について学べること

これらの4つの物語は、私たちすべてに対して、特に自分は貧乏だから日々生活していくだけで精一杯だと信じているクリスチャンに対して、重要な示唆を与えています。紹介した物語と数式は次のようなことを教えてくれます。

- **その経済力や社会的地位がどのようなものであろうと、すべての人は持っているものを捧げるようにという神からの呼びかけを受けている。貧しい人々ですら、その呼びかけから除外されない。**
- **私たちが持っているものが「少なすぎて」もしくは「小さすぎて」、神に用いていただくことができないという状況はあり得ない。**
- **置かれた状況がどんなものであっても、神がお求めになるとき、私たちは捧げなければならない。**
- **捧げるとき、神に対する信仰と愛が動機であるべきで、物質的な見返りを動機としてはならない。物質的な見返りや神からの備えはあるかもしれないが、与えることや捧げることの土台にあるのが、その見返りに何かを受け取ることであっては決してならない。**

● **私たちが犠牲的に捧げると、それは増加の奇跡をもたらす。神はいつも私たちが捧げたものを増やしてくださる。**
● **犠牲が大きければ大きいほど、大きな増加がもたらされる。**
● **おそらく最も厳しい教訓：もしリスクを恐れて神に任せられたものを投資しなければ、私たちはそれを失うのみならず、主人の家から外に放り出されるというリスクを冒すことになる。**

これらの物語をみるとき、私たちは、なぜ愛の神がこのような大きな犠牲を要求されるのかと疑問に思います。しかし、私たちが見てきたのは、人々が愛と従順をもって犠牲的に捧げるとき、神の国の力が解き放たれるということです。神は私たちに、ご自分に似た者となって欲しいと願っておられます。そして愛による犠牲は、神のご性質の一部なのです。私たちが神のご性質に似せられれば似せられるほどに、私たちは実り多くなり、周囲の人々の祝福も増します。犠牲を払うようにとの呼びかけは、確かに、私たちを愛してくださっている神――愛の神――からのものなのです。

あなたの手の中にあるものは何か？

多くのクリスチャンたちはこのように言います「私は神の国のために何一つできません。私にはカリスマ性がありませんし、リーダーでもありません。私は説教や教えをすることができませんし、貧しい人を助けるほどのお金も物も持っていません」。自らを不適格者だと感じているこのような人々の、聖書に出てくる最初の代表的人物はモーセです。神は燃える芝の中にご自分を現され、モーセに語られました「モーセよ、私はあなたに、パロのところに行き、私の民をエジプトから連れ出して、彼らの祖先に与えると約束した地に導き入れて欲しいのだ」。モーセがそのときどんなことを考えたか想像できます「神様、あなたは何も分かっていません！私はエジプトで指名手配中の身です。私は殺人を犯し、国外に逃れて40年が経つのですよ。私は現在のエジプトの文化にも情勢にも疎く、そんなことをする備えなど、まったく何も出来ていないのです」。モーセはこんな内容のことを言いました「誰のことです?私ですか?」。彼は尋ねました「パロのところへ行って奴隷となっているイスラエルの民をエジプトから導き出すよう要求しなければならない私とは、一体何者なのでしょう?」。

神はお答えになりました「しかし、モーセよ、私があなたと共にいるのだ」。そこでモーセは一連の言い訳を述べます「神様、私は話すのが上手くないのです。私にはカリスマ性がありません。私の兄の方が私よりも適任かと思われます」。

神はモーセにこう言われます（このとき神の声に苛立ちが込められていたのを、私はありありと想像できます）「モーセよ、あなたの手の中にあるそれは何だ?」。モーセは答えます「これは、ただの棒きれ…杖です」。神はモーセにそれを投げるように命じられます。モーセがそれを投げると、何とそれは蛇に変わりました！神はそれを再び拾うようにおっしゃいます。驚くべきことに、モーセが蛇を拾うと、もう一度杖に戻りました。神は、パロの前でご自分の御力を現わすためにその杖をお用いになりました。神はまた、イスラエルの民がエジプトの軍隊に先立って渡るために紅海を二つに分けるときにもそれをお用いになりました。また砂漠の真ん中で喉がカラカラに渇いた民のために岩を叩いて水を出させるためにも、神はその杖をお使いになりましたし、イスラエルの軍隊が敵を打ち負かす力を保持するときにもそれをお用いになりました。神がお用いになる前、それはただの棒きれでした。モーセは、神がお与えになった使命を果たすのに自分は不適格だし、自分の持ち物は不十分だと考えました。モーセに杖を地面に投げてみよと言われたとき、神はこう言っておられたのです「モーセよ、あなたが持っているものがどんなものであったとしても、それを私に捧げてみよ。そうすれば私はそれを受け取り、神の国の拡大のために用いる」。

自分たちの手の中にあるものが何だったとしても、神はそれを捧げるように願っておられ、神がそれを用いてくださるのだということを、私たちは忘れてはなりません！これはリスクを伴うように思えることもあります。現代のアフリカで、ギザチュウと友人たちはリスクを冒しました。ストリートチルドレンや貧しい人々に仕えたとき、彼らは神の国のために犠牲的な投資を行い、神がその働きを祝福されたのです！

地域教会への教訓

これらの物語は地域教会に対しても大きな教訓を含んでいます。

- 地域教会は、たとえ物質的に豊かでなかったとしても決して力がないわけではない。愛と従順によって捧げられたものを神は増加させ、ご自分の栄光のために豊かに用いてくださる。神が栄光をお受けになるとき、神の国は拡大する。
- 地域教会がその持ち物を自分たちのためにため込んでおくことは危険である。教会もまた、他者の必要に対して神の憐れみを現わすために持ち物を用いるべきである。
- 教会の外にいる人々が援助を受け取るとき、そこに愛による犠牲が伴っているならば、裕福な人の余り物で同じ事がなされるのに比べ、その影響力は遙かに大きい。
- 教会はメンバーに与えることを教える必要がある。私たちは神の国の算数の原則を教えなければならない。それを教えないという事は、神が与えようと願っておられる祝福を彼らから盗むことに等しい。
- 外部の人々を援助するためにお金を投資するだけでなく、メンバーを動員して喜びと犠牲をもって奉仕することによって、教会は「犠牲的に与える人々」として社会に認知されねばならない。

●恐れないようにしよう。増加してくださる神に信頼を置こう。三人の召使いたちの違いの一つは、彼らが「信仰」という言葉をどのように解釈したかにある。最初の二人は、それを「信頼」と「リスク*」であると解釈した。彼らがリスクを冒したのは盲信のゆえではなく、神への信頼のゆえだった。三番目の召使いは信仰を、リスクではなく「恐れ」であると解釈した。それは手にしたわずかなものを失うのが怖いという恐れだった。

*訳注：「リスク」にあたる日本語の単語は存在しない。*risk*の語源はラテン語 *risicare* は「勇気をもって試みる」ことを意味する。それから派生した英語 *risk* も、動詞としては同じ意味をもつ。そのため、マイナスだけを考慮する方法は語源から外れており、プラスとマイナスを考慮する方法の方が語源に近い。

これらの物語の時代から、神は変わっておられません！現代の地域教会が体験した、いくつかの「神の国の算数」を見ていきましょう。

●住人の80パーセントがイスラム教徒の地域にあるセル教会に、17歳から30歳の年齢層から構成される若い社会人たちのセルグループがありました。当初、そのセル教会はイスラム教徒の隣人たちから嘲笑されていました。しかし、そのグループは毎週土曜日の朝、地域のイスラム教徒の子どもたちに基本科目と英語のスキルを教え始めました（隣人の多くの子どもたちは父親から見捨てられており、貧困のため学校に行けませんでした）。当初5人の子どもたちから始まったそのクラスには、間もなく50人以上の子どもたちが集まるようになりました！ある教会員の女性は、教室として使うことができるようにと自分のアパートの部屋から家具を運び出しました。彼女の部屋は2クラス分の教室として使われ、もうひとつのクラスはベランダに集まりました。そのセルグループのメンバーたちは、必ずしも必要ではない買い物を差し控えて貯めたお金を何人かの子どもたちの学費に充てることを決意しました。その地域の大多数を占めるイスラム教徒たちは、この献身的な若いクリスチャンのグループに心を開き、好意的な目で見るようになりました。私たちのスタッフの一人がセルグループのメンバーに聞きました。「欧米のどの宣教団体から支援を受けたのですか？彼らはどのくらいの資金援助をしてくれたのですか？」彼らは笑って言いました！「いや、分かってないなぁ。僕らは自分たちが持っているものだけでやってきたんだ。外部から来たものなんてないよ。全部、僕たちの中から出てきたものだよ」。彼らは自らの手の中にあったものを投資し、神がそれを増加して下さったのです。

●グァテマラのスラム街にラ・ベルダドという教会があります。教会の建物はベニヤ板の壁とブリキの屋根で出来ており、床はむきだしの地面でした。私たちへの報告が届いたとき、その教会のメンバーは80名程度でした。その教会が初めてハーベスト財団の「自らの持てるものを捧げて隣人に仕える」という教えを聞いた時、彼らは「私たちは貧乏ですから、それはできません」と言いました。牧師は彼らにチャレンジしました「皆さんは沢山の食べ物を持っているわけではないかもしれない。でも、少しの砂糖、米、石鹸やその他の物資を、皆さんよりもさらに貧しい人々に分けて差し上げることはできるのではないでしょうか」。神からの語りかけへの応答として、その週のうちに、メンバーのそれぞれが少量の食べ物を持ってきて、教会の共用の籠の中に入れました。毎週、その教会はクリスチャンでない非常に貧しい一家族に食べ物の籠を分かち合いました。地域社会に住むいずれかの一家族が、毎週キリストの愛をその目で見ることになりました。神は教会員たちの犠牲的な捧げ物を増し加えて下さいました。

●神は子どもたちのレクリエーションという目的のためにすら、増加の奇跡を行われます！アリゾナ州のある教会が、貧困地区の住人への働きのために衣料品を届けに行きました。この団体が主催する夏の遠足には、貧困世帯からの子ども達が何百人も参加します。子どもたちが一番好きなプログラムは市民プールに行くことでしたが、参加者の多くは水着を持っていませんでした。教会で子どもたちの水着が必要だとアナウンスされると、街の外から来た訪問者が主に心を動かされ、水着を買うために1000ドルを寄付したのです！教会員のデイビッドはいくつかの店を回り、1000ドルで最も良い買い物ができるのはどこかを調べました。彼は割引率がいちばん高い店を選び、子ども用の水着150枚を注意深く選び、それらをすべてレジの上に載せました！彼の後ろに並んでいた人の中には、その買い物のせいで自分たちのレジ待ちが長くなると思い、嫌な表情を浮かべる人もいましたが、彼のすぐ後ろに並んでいた年配の女性は彼に、子どもが沢山いらっしゃるのですか、と聞きました。彼は笑って「いいえ、違うんです」と言いました。そしてこれらの水着はクリスチャン主催の夏の遠足に参加する貧困家庭の子どもたちにプレゼントするためのものであることを説明しました。店員がレジ打ちをする間、女性はその光景を見守っていました。合計金額が1000ドルに達し、勘定が終わりました。それは125着分の代金で、残りの25着は予算の1000ドルをオーバーしていました。デイビッドが、残った水着を店の棚に戻してくると店員に言うと、彼の後ろに並んでいた女性が言いました「待って下さい。もう25着分のお代を私に払わせて下さい」。デイビッドはこの初対面の女性の気前の良さと神の素晴らしさに驚きました。彼は、神の国の算数の実例を目の当りにしたことに気づいたのです。

この章の冒頭で紹介したギザチュウとの対話のように、「神の国の算数」を教えてから数年後に神が何をしてくださったかという物語を人々から聞くとき、私たちは感謝に満たされます。つい最近もそのような報告を受け取りました。私たちは2002年10月にコンゴ民主共和国で初めてのカンファレンスを開きました。2003年1月、カンファレンスから3か月後に、訓練会の講師の元に届いたレポートを紹介します。

●昨年10月にコンゴでカンファレンスを導いてくださってありがとうございました。参加者が貧しい人たちに自らの持ち物を分かち合い始めたとき、カンファレンスは実を結び始めました。私たちは既に4ヘクタールの畑に作物を植え、家の庭でアヒルと鶏を育てるための小さな農場を作りました。また、お金を捻出してカメラを2台購入し、小さな写真館を始めました。プロジェクトは実を結んでいます。私たちは将来、近所にパン屋を開きたいという計画も抱いています。プロジェクトは「アムケニ！（目を覚ませ！の意）」と名付けられました。皆さまが来てくださったおかげで、無関心だった私たちは目を覚ましたのです。

2004年2月に同じ講師がコンゴの他の場所でカンファレンスを導きました。最初のカンファレンスに参加した人々が、遠隔地から危険な道路を運転して再び参加してくれました。彼はこのように報告しています。

●昨日、【名前は伏せますがコンゴのとある町】から彼らはやってきました。主を賛美します！カンファレンスに参加して、人々が内戦の後、どのように自活するかを学んだかという証を聞いて私たちは驚嘆しました。地域住民と協働で始めた郊外の畑は順調でした。人々は普段、魔術師たちを恐れて成功しているように見られるのを隠していました。彼らはわざと作物を狭い区画に植え、きたなく疲れ切ったように見えるような服を着ていたのです。神の真理を知ったことによって人々がサタンの嘘から解放されたとき、彼らは広い畑で作物を育て、家族にも食べさせてあげるようになったそうです。難民キャンプでも同じことが起きました。内戦が終わると外部からの援助は打ち切られましたが、カンファレンスに参加した人々は、彼らに外部からの支援なしで自活することを教えたのです！彼らは病院を再建しただけでなく、その運営のために自ら組織を立ち上げました。彼らは今、医薬品を探しています。驚くべき変化です！！

さらにその数日後、彼は神の国の算数のまた別の実例をコンゴからメールで送ってくれました。同じカンファレンスの中で証された実話です。

●コンゴ国内から彼らが来てくれたことで、私たちは非常に助けられました。彼らはこの地域に暮らす人々と同じような状況下にあるにもかかわらず、過去1年半の間に彼らの持てる資源を神が素晴らしく増加させて下さったのです。二つの実例を挙げます。彼らは二匹の妊娠した豚を購入し、それらを育てています。豚は繁殖し、彼らは貧しい人々にその豚を提供しています。豚の餌を買うのに十分なお金はありませんでしたが、彼らは隣接する醸造工場からの廃棄物を引き取り、それで豚を十分に養っていくことができたのです！もうひとつの神の国の算数の証は、村の人々が自活していくための作物を植える目的で購入した1ヘクタールの畑です。土地の所有権を手にした後、その土には豊富なコバルトと銅が含まれていることが判明しました！政府は最近、その区画に対して、手作業の採掘（大きな掘削機を使わない採掘）の許可を出しました。彼らは採掘の準備をしていますが、もしこれが上手く行けば、次のプロジェクトのための資金に充てる予定です。たとえば彼らは、同じ村の人々に煉瓦の作り方を教え、小学校の建物を建設することができるように助けています。彼らは木を切って加工し、たるき（訳注：屋根に使う加工された構造材）を作る技術も持っています。唯一欠けている技術は合板で屋根を作ることでしたが、採掘によって利益が出れば、村の人々にこの技術も教えることができるようになるそうです。数日後、この力強いクリスチャンたちはカンファレンスを後にし、自分たちの町に帰っていきました。その後、私たちのスタッフである講師は再びメールを受け取りました。

●地元に戻るとすぐに私は長期計画に着手しました。毎週土曜日、街の近隣地区に住むクリスチャンとその住人たちを集め、訓練会を開きます。その地区には、長い間電気が来ていません。前回のメールにも書きましたように、私たちはその地区に電気を供給するために、老朽化した鉄道から古くなって使い物にならなくなった木柱を引き取って来てそれを電柱として使い、電線を購入して現在工事を進めています。3か月後には、この地区の人々に電気が供給される予定です。

私たちはこれらの兄弟たちの物語の結末をまだ聞いていませんし、この人々が犠牲的に投資したものを神様がどのように増加させて下さったかという結果の全容も見ていません。創造者の子どもとして、私たちには欠乏の只中にあってもリスクを冒すのに十分な理由があるのです。このリスクは盲信や蛮勇ではなく、神への信頼です。リスクを冒すとき、私達が失うことを恐れている持ち物や投資それ自体すら、そもそも自分のものでないことを思い出す必要があります。「**というのは、私たちをご自身の栄光と徳によってお召しになった方を私たちが知ったことによって、主イエスの、神としての御力は、いのちと敬虔に関するすべてのことを私たちに与えるからです。第二ペテロの手紙1章3節**」神は、ご自分に栄光を帰すのに必要なすべてを私たちに与えてくださっています。神はご自分の子どもたちの忠実な行いを尊ばれるという確信と希望があるのですから、教会は勇敢に神の愛を実践する必要があります。「重大な犠牲を払わない人生というものは、勇敢な行動を伴わない人生でもある（神学者アーバン・T・ホームズ3世の言葉）」ということを私たちは忘れないようにしましょう。

結論

「神の国の算数」を通して、神は、貧しくても富んでいても、ご自分のすべての子どもたちに御国を広げる目的のために自らの手の中にあるものを犠牲的に捧げるように召しておられることを学びました。その動機は見返りに何かを受け取ることではなく、与えられた賜物を神に用いていただき、神に栄光をお返しすることです。私たちが犠牲的な愛をもって神の召しに応答するならば、神は私たちの思いを超えてその捧げ物を用いてくださいます。私たちがその結果を見るか否かに関わらず、神はそれをしてくださいます。神は私たちが持っているものがどんなものであろうと、また私たちがどこにいようと、それを捧げるように召しておられます。私たちに託されたのは宇宙規模の働きです。しかし、神がそれを成し遂げるためにお与えになった、教会を通して解放される増加の力もまた宇宙規模なのです！

資源に乏しい教会は、包括的に地域に仕えるとき、まず外部からの援助を期待しがちです。彼らは神以外のものを第一の拠り所とすることが偶像礼拝であるということに気付かず、貧しさマインドに囚われてしまっています。実際に、神が外からの物質的援助を送って下さることもあるかもしれませんが、それでもなお、私たちが第一に信頼すべきは神ご自身であるべきです。

私たちは、勇敢にキリストに従う男女の物語を見てきました。置かれた社会の様々な領域において、彼らは市長であるイエス様に応答し、仕えています。私たちはこれからもそのような人々に出会い続けることでしょう。その生き様と実践によって、神の言葉が真実であると証明しているこのような兄弟姉妹のゆえに、私は心から神に感謝します！

第四部では、地域教会とそのメンバーが遣わされた現場においてキリストを代表する者として御言葉を実践するための有益なツールを紹介します。これらのツールは長年、全世界で用いられ、キリストに従う者たちが祈り、戦略を立て、自らが配置された場所において神の愛を実践していくのを促進してきました。読者の皆様も、このツールが有益であることをご自身で体験して下さることを祈ってやみません。

第四部

変革のツール

「まことに、まことに、あなたがたに告げます。一粒の麦がもし地に落ちて死ななければ、それは一つのままです。しかし、もし死ねば、豊かな実を結びます。」

ヨハネによる福音書12章24節

序章　変革のツール

第四部では、神の愛とご計画を現すために、これまで全世界の個人や教会によって実際に用いられてきた計画と報告のための「ツール（方法論）」を分かち合いたいと思います。最初に、次章で紹介するツールの中で頻繁に用いる、「人間の必要の4つの領域」についてご説明します。

ラテンアメリカの教会が物質的に貧しい地域においてバランスのとれた働きを構築するのを助けるために、ハーベスト財団は一九八〇年代初頭からシンプルな方法論を用い始めました。私たちは、ギリシャ人の医者であったルカが聖霊によって霊感を与えられ、イエス様の成長を記録させた言葉を用いました。「**イエスはますます知恵が進み、背たけも大きくなり、神と人とに愛された。（ルカによる福音書2章52節）**」というこの節は、私たちが人間の発達と神の御心について考えるための、実用的でシンプルな方法を提供してくれました。イエス様が成長されたのと全く同じように成長しなさいと私たちに教えている御言葉はありません。しかし、イエス様は人間の形をとられた永遠なる神ご自身です。イエス様は人類に対する神の御心を100％具現化した唯一の人間ですから、私たちはイエス様の成長に関するルカの記述を雛形として用いることにしました。この短い節の中に、人間の発達の4つの領域が出てきます。

- 「背たけ」における成長は、身体的発達を現します。
- 「神に愛された」という記述は、霊的発達を示唆します。
- 「人に愛された」という記述は、社会的発達を現します。
- 「知恵」における成長は、身体的・物質的・霊的側面・人間関係のすべてにおいて、神の道・指針・意図・命令・御心に従うとは何かを学ぶということを現しています。

私たちは、個人・家族・教会・地域社会、そして社会全体が成長について考えるための良きモデルとして、ルカによる福音書2章52節を用いることが出来ることに気づきました。働きの中でこの方法論を用い始めた当初、私達は物事をあまりに単純化しすぎているという批判もいただきました。その通りです。何が人類を繁栄させ何がそれを阻むのかを研究するために、大学のあらゆる学部が存在していることも、人間と社会の発達や発展が、もっと複雑な言葉で表現されることも私たちは知っていました。しかし私たちの信念は、そのような複雑な概念をマスターしなくても、全ての人に働きかけ、国家に変革をもたらすことが出来るというものでした。人間の発達や社会の発展に関する学問的に厳密で複雑な方法論は、そうするのがふさわしい文脈においては役に立つでしょう。しかし、私たちが奉仕していた地域教会にとっては、そのような厳密性や複雑性は、むしろ働きの障害になるように思われました。有能な神学者たちが世代を超えて深く掘り下げ続けられるほどに神の御言葉が深淵なのは確かです。しかし同時に、御言葉はシンプルで、現実的で、そして実用的なものでもあると私たちは信じています。

私たちはまた、神が意図されている範囲を超えて御言葉を解釈しているという批判もいただきましたし、このような御言葉の濫用は必ず失敗を招くだろうとも言われました。しかし、初期の二つの経験によって、私は医者ルカが書いたこの短い一節が、人々に肯定的な影響をもたらすと確信するようになりました。最初の経験は、ホンジュラスのテグシガルパの貧しい地域で起こりました。私はその前の年にそこを訪れ、地域住民の会議においてルカによる福音書2章52節について教えました。次のストーリーは、この地域でその一年後に起こったことです：

● 舗装されていない道を私が歩いていると、知らない男性がニコニコしながら近づいてきて、スペイン語でこう言ったのです「イエス様は知恵・背丈・神と人との関係において成長されたんです。だから私たちもそのように成長しましょう」。私は彼に聞きました「あなたはクリスチャンですか?」。彼は言いました「いいえ、違います。でもあなたが去年教えに来て下さったあの会議に参加していました。そこで聴いた、私たちもイエス様と同じように成長する必要があるっていう内容を今も覚えているんです」。彼がキリストにある兄弟ではなかったことは残念でしたが、この教えが彼の頭の中に一年間、留まり続けたということに励まされました。

第二の経験はブラジルで起こりました：

● 私はユース・ウィズ・ア・ミッション（訳注：若者を世界宣教に動員するという理念を持つ国際的な宣教団体）のブラジルへの宣教師のグループにルカによる福音書2章52節を教えました。彼らは後に、ブラジル全土の各地に別々に派遣されていきました。その中の二人の生徒は、人里離れたアマゾン川流域に生活しているサタリー・インディアンという部族に遣わされた独身女性でした。その部族の識字率は大昔から低かったため、彼女たちは物語や絵を使ってメッセージを伝えました。サタリー部族の人々に教えた後、その宣教師たちは4つの領域を見せ、自分がどの領域で働きたいか選んで欲しいと言いました。その川で暮らす民族はビジョンを明確に受け取り、宣教師たちはルカによる福音書2章52節の領域に沿って、4名の長老とその助手を村人たちの生活を指導し管理するよう任命し、弟子訓練したのです！

• **知恵**：知恵の領域の責任者の男性は、地域社会の指導者となりました。彼は自らが宣教師となり、自分が学んだより広い視野に立つ働きについて、川の上流、下流の同じ部族の人々に教えていきました。ある女性は彼から教師になる訓練を受けました。その部族は幼稚園、大人のため識字クラスと手芸教室を始めました。

• **身体**：この領域の責任者に任命された男性は、毎週土曜日に地域奉仕プログラムを組織しました。既にこれは伝統になっていましたが、それまできちんと組織化されたことはありませんでした。彼は人々を、田植えをする班、牛たちのために牧草地を作る班・・・という風に責任ごとにグループ分けしていきました。もうひとりの責任者は村のための保健師になり、また別のもうひとりは毎週土曜日の地域奉仕プログラムの食事係を統括するリーダーになりました。

• **霊**：この領域の責任者は宣教師チームと共に教会を牧会しました。また別の責任者は、訓練を受けてカウンセラーとなりました。教会の執事を引き受ける人や、賛美の責任者となった人もいました。

• **社会**：この領域の指導者となった男性は、村人たちを編成してスポーツチームを作りました。彼は地域のレクリエーションに女性も参加できるようにしました。これは彼らの文化にはなかったことです。この活動は村が一致団結する原動力となりました。

私たちは多くの地域教会から、このモデルが働きのなかで非常にうまく機能したという反響をいただきました。ルカによる福音書2章52節の方法論は理解しやすく、覚えやすく、また実行に移しやすいのです。この方法論は20年以上にわたり、多くの文化圏で、ほぼ全ての大陸におよんで、数千の地域教会で用いられてきました。第四部で紹介するツールには、個人と地域教会が隣人に対して働きかけるにあたり、この方法論、つまりイエス様の成長の4つの領域が組み入れられています。私は自分自身でもそれらを用いてきましたし、全世界で用いられてきた何千と言う適応例を見てきました。私は心からこれを皆さんにお勧めいたします！

第四部の内容

- 私たちは、個人や地域教会が小さなプロジェクトを実行することにより、その置かれた現場において、意図的に神のご計画を実現するために影響力を発揮するためのツールを見ていきます。
- クリスチャン個人が家族・教会・地域社会に対して愛の行動を実行していくことにより、他者に仕えることを習慣化するための、「愛の訓練」というツールをご紹介するとともに、実生活においてそのツールを用いた具体例やレポートもご紹介します。
- 私たちは「愛の種まきプロジェクト」の計画を学んでいきます。このツールは、地域教会や小グループが、教会の外にいる人々に対して神の恵みを現す小さく具体的な行動を計画する助けになります。教会が小さなプロジェクトを積み重ねていくとき、そのビジョンや影響力は、地域へのより大きな働きへと発展していきます。愛の種まきプロジェクトの証と評価方法もご紹介します。
- 私たちは長期にわたる働きを計画することを学びます。この章では、実例を分かち合うとともに、地域教会が、より長期間にわたって地域に仕えていくことを計画し、評価するためのツールをご紹介します。
- 個人およびグループで奉仕する際、その従順と忠実さを評価するためのツールを見ていきます。

第四部の前提

前提1：種は、愛の奉仕の良い喩えである。とりわけ、それが犠牲を伴うものだという意味において。奉仕の影響力の大きさは、しばしば払った犠牲と比例する。

御言葉のなかでイエス様は、種という言葉を奉仕の比喩として用いられました。実際、私たちは種の喩えから学んだ原則に基づく「愛の種まきプロジェクト（*Seed Project*）」というツールを開発しました。

種から学ぶことのできる最も重要な教えは、イエス様がやがて来るご自分の死について語られた箇所に見ることができます。「**まことに、まことに、あなたがたに告げます。一粒の麦がもし地に落ちて死ななければ、それは一つのままです。しかし、もし死ねば、豊かな実を結びます。**（ヨハネによる福音書12章24節）」

種は犠牲の象徴です。種というものは、その創造の目的を果たすために、死ななければならないのです！種が死ななければ、実を実らせることは出来ません。もし死ねば、それは何倍もの実を生み出します。種にとっても人間にとっても、死ぬことは最大の犠牲です。神が人となられたお方にとっても、それは同じでした。イエス様は弟子たちに、弟子となることの代価は自分を否定すること――イエスに従うこと以外全てのことに対して死ぬこと――であるとはっきりと言われました。神の国の経済原則では、癒しの力・救いの力・変革の力を解き放つのは究極的な犠牲、つまり死なのです。

私が最も好んで人々に分かち合う犠牲と結実の実例は、牧師たちの訓練会で私がお話させていただいたインドのある地域で、学んだことを実践した牧師が体験した証です。

● ある一人の牧師はとても貧しい田舎の地域からやって来てその訓練会に参加しました。彼の教会員たちは抑圧された少数派として、その地域で暮らしていました。彼は、自分が学んだことをどのように実行に移して良いか分からずにいましたが、自分と教会員たちが置かれたその場所で神の愛を実践する必要があることは確信していました。訓練会の後、そのインド人の牧師は教会のメンバーたちに学んだことを分かち合いました。牧師は教会の女性たちに、隣人のヒンズー教徒たちに、クリスチャンに応答できる必要がないかどうか探してもらえないかと提案しました。女性たちは承諾してくれました。彼女たちは何人かのヒンズー教徒の女性たちが、インドの女性の伝統的着衣であるサリーを1着ずつしか持っていないことに気付きました。季節は夏でした。その地域の夏は非常に暑く、湿度が高くなります。サリーは、一日働くと汗を吸い込みますので、必ず洗う必要がありました。1着しかないサリーを洗ってしまった女性は、それが乾くまで家の中で一日中待っていなければなりませんでした。女性たちは次の日曜日にこのことを教会で分かち合いました。牧師は、メンバーの中に3着サリーを持っていて、1着を差し上げてもいいという方はどれぐらいいますか?と聞きました。一人、また一人と、会衆の女性たちが手を挙げ始めました。次の朝、女性たちは必要を抱えた隣人たちのところに行き、自分達のサリーを差し出しました。ヒンズー教徒の隣人たちは深く心に触れられました。あるヒンズー教徒の女性は、クリスチャンの女性に、「私のお腹の赤ちゃんのために、あなたが信じている神に祈りを捧げていただけませんか?」とお願いしてきました。その教団の指導者は、この行動がヒンズー教のコミュニティだけでなく、教会自身に対しても大きな変化をもたらしたと私に教えてくださいました。以前、クリスチャンたちは、自分たちは影響力のない虐げられた少数派だと考えていました。この出来事以降、彼らは地域に影響を与えることが出来ると悟るようになったというのです。

私は幾度も自問しました。もしクリスチャンの援助団体が同じ村にやってきて、全員に無料でサリーを配布したら、結果は違っていただろうか?その場合、もっとたくさんの衣服を供給することが出来、もっと大規模に広範な身体的必要を満たすことが出来たかもしれません。しかし、私にはそれらが教会の女性たちの数枚のサリーと同じような影響をもたらすとは考えにくいのです。援助団体の行動は感謝されるでしょうが、人々はこう考えます。「だって、それが彼らの仕事でしょう?」と。クリスチャン女性たちからの贈り物は、本物の犠牲の現れでした。この大きな変化は、彼女たちの犠牲がもたらしました。名もない小さな人々が犠牲を払って仕えるなら、その影響力は甚大なものとなります。

種の原則は真実です。私たちが犠牲を払って神の愛を実践するなら、つまり私たちが他者を愛するために自分に死ぬなら、それが与える影響は、有り余るもので仕えたときよりもはるかに大きなものとなるのです。麦の種子は、「地に落ちる」必要があります。種はその可能性を開花させる前に、死ぬ必要があるのです。

奉仕が与える影響は多くの場合、払った犠牲に比例すると私は信じています。私は次のようにそれを表現しました。

- **犠牲が少なければ、神の国のためにもたらされる影響も少ない。**
- **犠牲が大きければ、御国のための影響力は大きい。**
- **神の国の影響力は、払った犠牲の大きさに比例する。**

御言葉にもこのことが記されています。パウロは、豊かに蒔く者は豊かに刈り取ると私たちに言っています。「**私はこう考えます。少しだけ蒔く者は、少しだけ刈り取り、豊かに蒔く者は、豊かに刈り取ります。(コリント人への手紙第二 9章6節)**」豊かに蒔くというのは相対的な言葉であり、与える人がどれぐらい持っているかによって、その量は変わってきます。しかし、ひとつだけ確かなことは、犠牲を払うことなしに、本当の意味で「豊かに」蒔くことは出来ないということです。最も小さな種でさえ、それが犠牲を伴って蒔かれたものであれば、大きな結果を生み出します。イエス様は教えられました。

天の御国は、からし種のようなものです。それを取って、畑に蒔くと、どんな種よりも小さいのですが、生長すると、どの野菜よりも大きくなり、空の鳥が来て、その枝に巣を作るほどの木になります。

マタイによる福音書13章31〜32節

前提2：収穫をもたらすのは主である。私たちは従順に種を蒔かなければならないが、実りを豊かにするのは神である。

イエス様は弟子たちに、奉仕の業による影響力があったとしても、彼ら自身がその功績を称えられるわけではないと教えられました。

わたしは、あなたがたに自分で労苦しなかったものを刈り取らせるために、あなたがたを遣わしました。ほかの人々が労苦して、あなたがたはその労苦の実を得ているのです。

ヨハネによる福音書4章38節

これは私たちにとっても真実です。神は私たちが働きを始めるずっと前から、関わる人々の心に働きかけてくださっているのです。神がしてくださったことの功績を自分のものとするのはあまり賢い行為とは言えません。それは危険ですらあります。神から功績と栄光を盗むことになるからです（預言者マラキは、「人は神から盗めるだろうか？」と問うています）。御国の影響が私たちの従順によってもたらされたように見えるとき、私たちは心の内においてもその言葉においても、いったい誰に功績を帰すのでしょうか？パウロはこのように言っています。「**それで、たいせつなのは、植える者でも水を注ぐ者でもありません。成長させてくださる神なのです。（コリント人への手紙第一　3章7節）**」

私たちの従順と奉仕の最終目標は、キリストの支配が拡大することです！イエス様は弟子たちに、神の国が来ますように、また天で行われるように地においても神の御心が行われますように、と祈るよう教えられました。私たちの目的は、神の御心を行い、神の国をこの地上に来たらせることです。数多くの人々がキリストを受け入れたことや、素晴らしい聖書の解き明かしをしたことや、教会が成長していることや、学校や病院、クリニックを設立したことそれ自体を誇りとするのは的外れです。

私たちは、人々を神の御許に引き寄せられるのは神ご自身であることを忘れないようにしなければいけません。私は訓練会に出席した牧師の方々の中で、カリスマ派・ペンテコステ派に属する教会で奉仕しておられる先生方に先ず手を挙げてもらいます。その後に、カリスマ派・ペンテコステ派以外の教会からの先生方に手を挙げてもらいます。こうすると、全員の参加者が簡単に「分類」されます。私はまず、ペンテコステ派・カリスマ派ではない先生方に伺います。

「仮にあなたがバプテスト教会の牧師だったとしましょう。派遣された教区において、何ヶ月、あるいは何年にも渡り、あなたは一生懸命『種を蒔き、耕して』きました。あなたはエネルギーと情熱を傾け、言葉や行いで福音を宣べ伝えてきました。あるとき、新しい教会が町にやってきました。あなたが必死でキリストのために勝ち取ろうとしてきた人々が、新しくやってきたそのペンテコステ派の教会で救われました。あなたはどう感じますか？あなたなら、どうしますか？」

訓練会でこの質問をすると、たいてい牧師の方々はバツの悪そうな顔をして笑います。時には、深い憤りを感じると分かち合ってくださる方もいます。私がいったい何を聞こうとしているのか、先生方は分かっておられます。神の国に人々を引き寄せられるのが神であるとしたら、私たちは神の国の成長に対して関心を寄せれば良いのであって、自分自身の王国の成長には関心がないはずです。この原則は他にも様々な領域に適用できます。私たちの自己犠牲を伴う奉仕の業の動機は、キリストの王国を建て上げるという目的であるべきで、働きの実や自分の属する教会の成長を誇ることが動機になってはいけません。

南米で牧師たちを訓練する働きに携わる仲間が、同じような心配を口にしていました。「教会員の増加に強調点を置く教会」のことを、彼女は説明しました「それらの教会は活動主導型で、多くのプログラムや方法論に溢れてはいますが、キリストの教会の本来の目的に焦点を当てるということを忘れてしまっています」。彼女はまた、種と教会成長の類似点から、このように言っています。

●教会成長のことを心配する必要はありません。あなたの教会に神から与えられた目的に焦点を当て続ければ良いのです。水をやり、肥料をやり、耕し、雑草を抜き、刈り込みをし続けましょう。神は、あなたの状況に最も適したペースで、ご自分の教会をその御心の大きさに成長させてくださいます。神は、目に見える結果がほとんどないままに、あなたが何年も労苦するのを良しとされるかもしれません。それでも失望しないようにしましょう！今は見えなくても、地面の下では神の御業が進行しています。これから起きる御業に備え、地下では根が生長しているのです。神が深い知恵をもってなさっている全てが、たとえあなたには分からなくても、主を信頼しましょう。神はご自分のなさっていることを良くご存知であられる、という確信をもって生きることを学びましょう。あなたが神の永遠の目的の上に働きを建て上げている限り、あなたが失敗するということはあり得ないのです。それは勝利を収めるでしょう…「タケノコがいっせいに地表に顔を出すときのように、時が来れば、神は一晩で状況を変えることがお出来になります。最も大切なことは、あなたが神の目的に留まることです（リック・ウォレン著『*Purpose Driven Church*』395項）」。

種というのは当初、小さく取るに足りないように見え、さらには自らを犠牲にして死を経験します。しかし「最高の庭師」であるお方の計らいのもとで、種は収穫をもたらすのです。私たちの務めは、庭師であられる主のご指示に従い、自分たちのためではなく、そのお方のために従順に犠牲を払って種を蒔き、耕し続けることです。

前提3：生活の中でキリストの愛を現すことが習慣化されるには、個人も教会も訓練を必要としている。

私は「いと高き方の下に」という本を読んでいて、著者オズワルド・チャンバースの、ペテロの手紙第二 1章5～8節に対する洞察からチャレンジを受けました。

「こういうわけですから、あなたがたは、あらゆる努力をして、信仰には徳を、徳には知識を、知識には自制を、自制には忍耐を、忍耐には敬虔を、敬虔には兄弟愛を、兄弟愛には愛を加えなさい。これらがあなたがたに備わり、ますます豊かになるなら、あなたがたは、私たちの主イエス・キリストを知る点で、役に立たない者とか、実を結ばない者になることはありません。（ペテロの手紙第二 1章5～8節）」

チャンバースはこのように解説しています：

「徳というのは全て、私たちが自分の人生に「付け加えて」いくものです。自然な状態で、あるいは超自然的にも、生まれながらに徳が備わっているという人は誰もいません。徳は発達させる必要があります。習慣についても同様で、神が私たちの内に与えてくださった新しい命という土台の上に、主にある習慣を自ら形成していかねばならないのです（オズワルド・チャンバース『いと高き方のもとに』7月15日の項　翻訳は本書訳者）」。

キリストの愛を現すことを生活の習慣とするために、私たちは自分を鍛錬する必要があります。これは個人においてもそうですが、地域教会においても同様に真実です。ペテロは徳を付け加え、発達させねばならないと記しています。そして意識的に努力することなしに、徳が付け加わり発達するということはまず起こり得ません。ペテロが書いた手紙のこの箇所から私たちが受け取るのは、自己を鍛錬して愛と成熟を身につけるようにという神からの召しです。前章の「神の国の算数」で学んだように、それを増加させて下さるのは神様の役割です――そして主は実際、そうして下さるのです。

前提４：教会の働きは、個人単位でも教会全体としても、神の愛を現す生活がその基礎にあるべきである。

第四部では、2つの主要なツール、「愛の訓練」と「愛の種蒔きプロジェクト」を学びます。数多くの教会が私たちの訓練プログラムを利用してくださるようになったとき、私は2番目のツールである「愛の種まきプロジェクト」ばかりに教会が焦点を当てることに、次第に危機感を抱くようになりました。

私は警告を発したいと思います。人々は「愛の種まきプロジェクト」に興味をそそられます。それらは短期間に、確実で分かり易く目に見える結果を生み出しますから、その力強さは魅力的です。プロジェクトは情熱をかき立て、胸躍るような変化をもたらし、劇的ですらあります。しかもそれは、理にかなった働きです。しかし、私は人々が「愛の訓練」には同程度の重要性を感じていないように見えることに対して不安を覚えます。個人的な「愛の訓練」は、どういうわけか、「愛の種まきプロジェクト」のように胸躍り力強いものであるとは感じられないようです。私は同意するわけにはいきません。どちらも胸躍るものであり、最重要です。両方を行う必要があります。一貫性が鍵なのです。グループでいるときには隣人愛を実践していても、教会の個々のメンバーが一人でいるときは何もしていないなら、人々はそれに気付きます。逆に隣人に仕える個人のメンバーはいても、教会全体としては愛の奉仕を何もしていないなら、同様に人々はそれを感じ取るでしょう。

医療に喩えてみましょう。医療には、予防と治療という全く異なる二つのアプローチがあります。予防は人々が大きな病気を避けるように助け、治療は人々が病気になった後に助けます。昔から、医学生が専門分野を選択するとき、予防よりも治療の分野のほうに人気が集まります。治療の方がより劇的な変化をもたらすように見えるからです。外科が良い例です。個人的に、私は外科医を神に感謝しています。彼らの技術がなければ、私は今この世に生きていないでしょう。しかし、もし治療に費やされるのと同じ時間とエネルギーとお金が予防に使われていたら、社会全体の健康状態に与える影響は治療よりはるかに大きいのです。

同じように、「愛の種まきプロジェクト」と「愛の訓練」は、愛の奉仕を実践するための全く異なるツールです。「愛の訓練」と比べたとき、「愛の種まきプロジェクト」は、外科手術のように、より劇的で大きな変化があるように見えるかもしれません。しかし、個人の従順――隣人を愛するようにとのキリストの命令に対する信仰者一人一人の応答――は、社会全体を変革するために、遥かに大きな力を生み出すのです。

教会における包括的宣教の方策が「愛の種まきプロジェクト」しかないというのは、危険です：

- 「愛の種まきプロジェクト」はその性質上、関わる人の割合が少なくなります。おそらく年に4回プロジェクトを行った場合でも、参加率は教会全体の3割程度に留まると思われます。しかし、関わっていない人でも、「私は包括的宣教を実践している教会に出席しているから、この宣教の関係者だ！」と感じます。自分たちが活動的に人々に仕えていると錯覚してしまうのです。「プロジェクトによる免責」が、実際には個人をその隣人を愛することから逆に遠ざけてしまうのです！

・「愛の種まきプロジェクト」に関わっている教会の人々は、それが神の愛を現す唯一の方法であるかのように考えてしまうことがあります。彼らは、「私はプロジェクトをした。仕事をやり終えた」と言うかもしれません。それは「私は日曜日に出席しているクリスチャンだ。だから他の曜日はクリスチャンである必要はない！」と言っているのと同じです。

もしどちらかひとつを選ばなければならないなら、私は「愛の訓練」を取ります。地域教会の個々のメンバーが、奉仕と愛を生活の中で自己鍛錬するのを励ます方を私は選ぶでしょう。会衆の一人ひとりが地域に神の愛を実践することに情熱を燃やすなら、次第に教会もそれに協力し始めるだろうと思うからです。

しかし、感謝すべきことに、どちらか一つだけを選ぶ必要はありません！教会は神の国の実現のために、両方のツールを用いることができます。「愛の訓練」では、個人は御国の「大使」となり、「愛の種まきプロジェクト」を通して教会は御国の「大使館」となるのです。教会が地域に対して神の愛を現すとき、個人的なレベルと教会の組織的なレベルの双方において働きをしていく必要があります。

両方のツールを使うということは、二つのプログラムを並行して実施する以上のことを意味します。それは、教会のＤＮＡ（遺伝子・本性）そのものを、生き方によって変革していくことなのです。つまり、こう言っているのと同じです「私たちは隣人を愛する集団です。私たちの働きは愛することです。個人の生活においても、グループとしても、――家でも、職場でも、一緒に集まるときも――自分を愛するように隣人を愛するのです」。

愛の奉仕は、ライフスタイルなのです！クリスチャンの成熟のどの段階にいる人でも、「愛の種まきプロジェクト」や「愛の訓練」をやり終えたなら、手ぬぐいもプロジェクトの評価シートも洗面所に放り出し、自己満足に浸っているべきではありません。違います！ひとつのことをやり終えたら、ただ黙々と、次の愛と奉仕の準備を始めるのです！

もしイエス様が市長だったら、イエス様はその民――個人と教会――に、小さな、犠牲を伴う種を蒔き続けるように励ますだろうと私は信じています。第四部で学ぶツールを用いて、御言葉の中に出てくるような愛の奉仕と同様の種を、私たちは蒔き始められます。市長であられるイエス様は、御言葉の中でそうしてくださったように、現在も私たちの犠牲的な努力を祝福し、増加し、豊かに用いてくださるでしょう。

変革というのは、神と隣人を愛する人々によって忠実に、従順に蒔かれた小さな種から発生します。続く章でご紹介するツールを学ぶとき、読者の皆様は、世界中の様々な地域で市長の御心に従って種を蒔いている、主にある農夫たちに出会うでしょう。

もしイエス様が市長だったらそうなさるように、これらのツールと報告が、あなたとあなたの教会、そして教会のメンバーたちを励まし整え、神の変革のご計画を実行に移す助けになりますように。

◆12章　愛の訓練
〜キリストに従う個人のために〜

教会は信ずる者たちの群れであり、複数の個人からなる「体」です。ですから神の愛を世界に現す教会の働きというのは、個人単位と教会単位の双方の働きを含んでいる必要があります。「愛の訓練 *Discipline of Love*」は、キリストに従う個人が、他の人々に対して神の愛をもって仕えるという「技能」を向上させるのを助ける目的で作られました。それはこのような質問です。「もしイエス様が市長だったら私の住む街が変革されるように、もしイエス様が私の人間関係のコーチだったら、私の家族・教会・地域はどのように変わるだろうか？」初めに、私が心の底から支持している次の言葉を紹介します。

地域教会が本当に文化を変革したいのであれば、その教会が包括的宣教のプロジェクトを行っているかどうかよりも、教会の個々のメンバーが、生活の中で一貫性をもって愛し仕えることを訓練しているかどうかのほうが、遥かに重要である。

この文章に目を留めてください。これまでの章で、教会が文化を変革すべきであるということを私たちは学んできました。塩・光・パン種が周囲の環境を変革していくのと同じように、御国の価値観をもって、最も効果的に文化に浸透していくことができるのは、教会のメンバー一人ひとりなのです。ウィリアム・ウィルバーフォースは奴隷制度を撤廃する法案を何度も提出しました。しかし社会の大多数の個人が命と人間の尊厳に関する聖書的理解を自分のものとしたときに初めて、その法案は可決したのです。

私たちは「愛」の定義について再考する必要があります。私たちの文化は愛について多くの誤解をしています。愛は感情である、愛は自然に発生するものである、人々は愛に「落ちる」、愛は温かい感情を必要とする、といった誤解です。もし私たちの文化が言っているのが本当の愛ならば、それを「訓練する」というのはあり得ないことになります！しかし、「愛の訓練」は温かい感情というよりも、従順な奉仕について語っています。それは自然発生的な良い行いというよりも、鍛錬された決断のことを指します。それは私たち自身の願いというよりも、神の命令に対する忠実さのことです。愛がなければ私たちの良い行いには何の価値もありませんが、愛というのは感情ではありません。愛は他者に仕えるという忠実な決断です。この訓練に取り組むとき、自分が本当に心を尽くし、精神を尽くし、思いをつくして神を愛しているか、そして自分自身を愛するように隣人を愛しているかということを私たちは突きつけられます。「私たちの神への愛は、他者を愛することによって表現される」とイエス様は仰っておられたと、私は信じています。私たちが隣人を愛するかどうかは、イエス様にとって決定的に重要なことでした。なぜならば、それが私たちの神への愛の表れだからです！

何故、愛は訓練を必要とするのでしょうか？使徒パウロは若き被後見人のテモテにこう言いました。「**肉体の鍛練もいくらかは有益ですが、今のいのちと未来のいのちが約束されている敬虔は、すべてに有益です。**（**テモテへの手紙第一4章8節**）」祈り・聖書を読むこと・黙想・成句暗記・断食などの様々な霊的行為に関しては、訓練が必要であることを人々は進んで認めます！このような霊的訓練と同様に、神の命令に従って他者を愛するためにも、私たちには神の助けと個人的な鍛錬とが必要なのです。生まれながらに私たちに備わっている性質は利己的です。加えて、私たちが暮らす不完全な文化による「弟子化」は、自分自身を第一に愛することを奨励します。例えば、敵を愛することは自然には出来ません。それは御国の文化です。それには献身と、神への愛と、大きな恵みと、そして訓練が必要なのです。

個人の変革

訓練を用いて神が私たちを変革なさる事項には、次のようなものがあります。

- **他者の必要に対する、広い視野とバランスのとれた応答**：性格や才能の違いによって、私たちは無意識にある特定の種類の必要に重点的に応答する傾向をもちます。しかし訓練によって、より広い視野で必要を捉える敏感さを身に着けることが出来ます。
- **神の愛を知る**：私たちが他者の必要に対して敏感になりそれに応えていくとき、自分自身が神の憐みと愛の幅広さを経験し、理解するようになります。
- **創造性と神への信頼**：「愛の訓練」に取り組むとき、私たちは普段しているレベルを超え、今までしたことのなかった行動をするようにと導かれます。創造的な仕方で他者の必要に応答するとき、潜在的可能性が引き延ばされ、私たちは神にもっと信頼するようになります。
- **愛の出所として、神を指し示すことが出来るようになる**：私たちが仕える人々は、その愛が神から出たものであることを知るようになります。
- **他者の必要に応答することにおける熟練**：私たちが何か新しいことを努力して始めるとき、最初はぎこちないところから始まります。訓練を継続することによって熟練し、私たちはそれをより自然な振る舞いとして行えるようになります

• 従順における一貫性：他者に対して恵みを流す管となりなさいというキリストの召しは、愛と従順のライフスタイルへの召しです。

• 神との親密さ：神の愛が私たちを満たすとき、私たちは神とより親密になります。神の愛が私たちを通して流れるので、私たちは他者を愛したいと願うのです。神との親密さは、神に聞き、その御心を行う力の源泉であると同時に、その結果でもあります。

• 敵を愛する愛：訓練によって私たちは、普段なら愛するのが難しいと思うような人々を愛する機会を得ます。そのような愛は彼らと、私たちと、そして周囲の文化に変革をもたらします。

文化の変革

神は崩壊した文化を、教会を通して、そして教会の個人を通して変革なさりたいと願っておられます。神は緻密な戦略のなかで、私たちを社会の中のそれぞれの場所に配置なさいました。「**神は、ひとりの人からすべての国の人々を造り出して、地の全面に住まわせ、それぞれに決められた時代と、その住まいの境界とをお定めになりました。（使徒の働き17章26節）**」神は私たちに権威と責任を与えておられるのです！他者を愛する訓練は次のような点で個人が文化を変革する助けになります。

• 神の偉大なご計画：神は私たちの日々の行動を通して、万物の和解という偉大なご計画を実現されます。（無数の神の国の大使たちが、その生活のすべての領域で意図的に神のご性質を現しているところを想像してみてください！）

• より小さな計画：私たちは塩・光・パン種であると言われています。これらの三つに備わった共通の性質と同じく、私たちは自らの置かれた環境を徐々に変革していく者なのです――ただ私たちが創造された本来の目的を実行することによって――。

- **神の御国が可視化される**：それぞれが置かれた文化において、人々が目で見て理解できる方法で、私たちは御国の価値観の生きた模範となります。イエス様は弟子たちに、世界は彼らを注視していると言われました。彼らが互いに愛し合っているのを見るとき、世界は彼らがイエスに属していると知るであろう、と。
- **人間関係のコーチ**：個人が、その全ての人間関係において神を第一とするとき、文化の変革が始まります。家庭・教会・地域社会が変革されます。イエス様は市長であるだけではなく、私たちの人間関係のコーチでもあられます。
- 懐疑的な人々への明確なメッセージ：私たちの良い行いは、良き知らせを伝えます。この世界は、言葉と行動が一致している人を見たいと飢え渇いています。私たちは自らが置かれた周囲の文化に対して、行動を通して「語りかける」のです。

訓練の実例

次のチャートは、12の枠それぞれに、「愛の訓練」の実例を記したものです。これらはあくまで参考事例ですので、実際にこれと同じことをするのが正解という意味ではありません。「愛の訓練」に取り組むとき、神によって配置された環境・生活様式・人々に即した実践方法を自ら模索していく必要があります。

「愛の訓練」では、4つの「必要の領域」と3つの「奉仕の文脈」において仕えることができるように訓練します。後の項において、詳細をご説明します。

付録Cに空欄の記入表を添付しました。この記入表をコピーし、愛の奉仕を計画するためにお用いくださり、他者を愛することによって神を愛する訓練を始めてみましょう。

愛の訓練　記入例

	知恵	身体	霊	社会
家族	1 今週、家族のデボーションで箴言を読み、それをどのように適用するかを食卓で話し合う。	2 夕食の後、今週は3回皿洗いをする。	3 今週、家族の祈りの時間を、毎回違う子どもたちに担当してもらう。	4 子どもを知り合いに預け、伴侶と二人だけでデートに行く時間を作る。
教会	5 今週のデボーションの時間は日曜に語られた礼拝説教の適用を考えることに費やす。	6 週末に、教会事務所にボランティアを申し出る。	7 今週、毎日15分を教会の牧師とリーダーたちのためのとりなしの祈りに費やす。	8 家族で週末出かけるとき、教会のシングルペアレント家庭の子どもの一人を一緒に連れて行く。
地域社会	9 投票で選ばれた地域の指導者のところに行き、地域の問題を教えてもらい、何か自分に出来ることがないか聞く。	10 今週、道を歩くとき足元のゴミを毎日拾う。	11 隣人をお茶の時間または夕食に誘う。	12 近所の子どもたちと一緒にサッカーをする。

「愛の訓練」記入表の使い方

必要の領域

4つの必要の領域はそれぞれ、ルカがイエス様の成長を記述するのに用いたものです。「**イエスはますます知恵が進み、背たけも大きくなり、神と人とに愛された。**（ルカによる福音書2章52節）」つまり、イエス様は知恵において発達し、そして身体的・霊的・社会的にも成長されたということです。これら4つの領域は人間の必要を考えるときにも有用です。

1.「知恵」は、人生の全てに関する神の御心を学ぶことです。この場合の「知恵」とは、知能指数や学歴の高さ、心理的発達度、または知識の多さを指すのではありません。

例：身体に関わることや、霊的生活や社会生活に関する神の御心を知ること。

2.「身体」は、物質的な世界に関わるすべての必要を含みます。

例：健康・清潔な水や空気・衣服・住居・食べ物・衛生・土地・雇用

3.「霊」は、霊的な事柄に関するすべての必要を含みます。

例：神との出会い・霊的な救い・祈り・賛美

4.「社会」は、他者との関係に関連する必要を含みます。

例：友情・共同体の一致を促進する活動・報告責任（アカウンタビリティー）・慰め

奉仕の文脈

1. 「家族」は伴侶・子ども・両親・兄弟・姉妹・義理の兄弟姉妹や親子・親戚全般・ルームメイト・そして近い間柄の友達に対する奉仕です。

2. 「教会」は牧師・教会リーダー・教会のメンバー・教会のグループのメンバー（聖歌隊・若者グループ・家庭集会・ミニストリーチーム）、そして教会の建物に対する奉仕行為も含みます。

3. 「地域社会」は隣人・同僚・特に必要を抱えた人々（病気の人・問題を抱えた人・ホームレス・囚人・教育を受けられない人・貧しい人）・地域の問題に対して行動しているグループ・地域の生活環境、さらに学校や職場環境への奉仕を含みます。

実際の証の紹介——柔軟性の大切さ——

次に、世界中から寄せられた「愛の訓練」の実例を紹介します。これらの証は励ましとチャレンジを与えると同時に、記入表をどのように利用したら良いかを理解する助けになります。しかし、この記入表は柔軟性をもって用いるように作られていることを忘れないようにしましょう！楽しんでください！これはそれぞれの領域が厳密に定義され完全に区分けされた分類表ではありません。むしろ、普段の生活で自然に目に留まりがちな必要の領域や文脈を超えて、私たちが必要を見つけ、新鮮な方法で人々に仕え、必要に応答していくのを助け、私たちの可能性を「引き伸ばして」くれるためのツールです。これを用いることによって、私たちは神の愛を包括的に現す訓練と習慣を身につけることが出来るのです。

●家族

枠1　家族／知恵：

他者に新鮮な方法で仕えることを学ぶために、あるアメリカ人の家族は「*BASICS*」というハーベスト財団が作った包括的弟子訓練を取り扱った教材を用いています。

枠2　家族／身体：

アフリカで包括的宣教を教えているある牧師は、彼の生徒のこのような報告を知らせてくれました。

「私の生徒の一人は牧師ですが、靴を一足しか持っていませんでした。その靴は磨り減ってきていましたので、彼は断食して食費を節約し、靴を買うお金を貯めていました。彼が教会で教えていると、義理の姉の衣服がぼろ布に近い状態になっているのに気付きました。自分自身を愛するように隣人を愛しなさというチャレンジを受けているように感じた彼は、貯めていたそのお金で義理の姉のために服を買い、自分の靴に関しては神に委ねることに決めたのです」。

枠3　家族／霊：

ある女性はクリスチャンでない家族のために祈るというテーマの本を読んでいました。彼女は身近にいる家族を集め、まだクリスチャンでない家族や親戚一人ひとりのためにとりなす祈り会を主催しました。

枠4　家族／社会：

様々な国々の男性たちが、伴侶のために思慮深い愛の行為を実践しました。ある男性は（普段そんなことをしたことはありませんでしたが）、奥さんが映画を観にいけるようにアレンジしました。奥さんはとても喜びました。他の男性は、奥さんに花束を買い、愛の言葉を書いた手紙を添えてプレゼントしました。

●教会

枠5　教会／知恵：

2001年9月11日のテロの後、あるアメリカのクリスチャングループは、国際情勢とイスラム教に関する小グループでの討論会を教会で開催しました。彼らの動機は、神が信仰者にどのように応答して欲しいと願っておられるのかを共に求め、学ぶことでした(彼らは同時に、アフガニスタンの子どもたちに靴を贈るための献金も募りました)。

枠6　教会／身体：

南米から、このようなアイディア豊かなレポートが寄せられました！

「教会の子ども部屋がたいへんな暑さだったので、ガブリエラは結婚祝いにもらった大きな白い扇風機を教会に捧げました。彼女はまた、教会に献品された新しいお皿を用いて特別な料理を用意しました。また別の暑い日に、彼女は家からミキサーを持ってきて教会の10代の若者たちと賛美チームのために美味しいレモネードを作りました」。

枠7　教会／霊：

あるアメリカの夫婦は、教会の年配の女性の視力が低下して聖書が読めなくなってきていることを知りました。彼らは聖書朗読カセットテープを見つけ、それらを贈り届け、楽しい午後を一緒に過ごしました。彼らがそのとき見つけた大きな拡大鏡は、女性が聖書を読む助けになりました。

枠8　教会／社会：

ある男性は、彼の通っている教会で働くスタッフたちに仕えることに決めました。彼は果物とお菓子を買い、それらをバスケットに入れ、教会に持って行き、受付テーブルのところにこのようなメモ書きを添えて置いておきました。

親愛なる教会スタッフの皆様

神様が私たちに下さった人間関係をお祝いするのは良いことです。そうすることで私たちは神様をたたえ、互いを励まし、互いの存在を喜ぶことができるからです。休憩時間、昼食の後、どのような時間でも結構ですので、今日、この果物やお菓子を召し上がりながら、皆様がそのような時間を持って下されば幸いです。

キリストにある皆様の兄弟より

● **地域社会**

枠9　地域社会／知恵：

アフリカの同僚からこのような実例が届きました。

「妻と私は基本的な衛生環境が整っていない田舎に住んでいます。母親たちは汚染された水を子どもが飲んでも気にかけないため、子どもたちは下痢・マラリア・コレラ等の病気になっています。私の妻は看護師です。私たちが地域の母親たちを対象にして、公衆衛生に関する基礎講座を開くと、50名の母親が参加してくれました。まず、神が私たち人間をご自分に似せて創造され、私たちに被造物を大切に管理し、子どもたちを祝福する者たちになって欲しいと願っておられるということを私が語りました。続いて妻が、健康維持、下痢やマラリアを予防する方法について語りました」。

枠10　地域社会／身体：

ブラジルに住むある女性は、近所で工芸品を売っている年配の男性に会いました。病院を強制的に退院させられた彼は、故郷に帰る為のお金を必要としていたのでした。女性は近所の人々にこのことを分かち合いました。彼らは長距離バスのチケット代をカンパし、その男性が故郷に帰れるようにしてあげました。

近所への奉仕の実例：
アメリカのあるクリスチャンは、隣人の庭の芝を刈りました。綺麗な庭を見た隣人は、彼に感謝しました。

枠11　地域社会／霊：
隣人に対して神の愛を現したアフリカのある家族は、次のような証を送ってくれました。
私の隣人たちの人生は偶像礼拝に支配されています。クリスマスの後、私はとても貧しいこの地域に住む人々に対して神の愛を現すことに決めました。地域の子どもたちのためにささやかなクリスマスパーティーを催すことにしたのです。驚いたことに、なんと120人もの子どもたちが私たちの家に詰めかけたのです！何人かの母親たちも参加してくれました。彼らは食べ、飲み、ダンスをし、賛美歌を覚えました。その中にいた何人かの子どもたちにとって、それは人生で初めて体験するお祝いのときでした。子どもたち中の20名がイエス様に人生をお捧げする決心をしました。

枠12　地域社会／社会：
二人の神学生が仏教徒の子どものベビーシッターを引き受けたことによってもたらされた影響を、私たちのスタッフが分かち合ってくれました。
アジアのある国の神学校の近くに仏教徒の女性が住んでいました。ある日の午後、彼女は小さな子どもを家に残して出かけなくてはいけなくなりました。子どもが一人でいるのを見つけた二人の神学生は、その女の子に話しかけ、一緒にゲームをし、母親が帰るまで面倒を見てあげました。母親はとても驚きました。この愛の実践を通して、母親はキリストを知るようになりました。

「愛の訓練」クイズ――次の実例を分類してみましょう

市長であるイエス様の「実務執行者」として人々が実際に行った次に挙げる証を分類してみましょう。実践の中には、12個ある枠のうち2つ以上の枠に当てはまるものもあります。正解(の一例)を、章末に掲載しました。

1. **病気の隣人への食事**：こちらはアフリカから寄せられた実例ですが、世界中のどこででも起こりうることです。私の隣人が病気になりました。妻と私は隣人の家に昼食を持って行き、信者でないその家族とともに食事をしました。隣人はその時間を楽しみ、私たちのしたことを喜んでくれました。

2. **祈りのパートナー**：ある人は教会のメンバーに、紙切れに自分の名前を書いて箱に入れてくれるようにお願いしました。その後、一人が一枚ずつ箱から紙切れを取り出し、そこに名前が書かれていたメンバーのために祈るということに決めました。

3. **地域の見回り班**：ある夫婦は、地域の治安向上ための見回り班を組織しました。何か危険なことや犯罪があったときに警報を鳴らすという訓練会を隣人とともに行ったのです。プログラムを始めるにあたり、夫婦は地域の見回り班によるパーティを催し、隣人たちがお互いを良く知ることが出来るように工夫しました。

4. **祝福の布**：あるスタッフのご主人は、中央アメリカの民芸品店で綺麗な生地を買ってきました。彼はそれを「祈りのショール」として使うことにしました。折に触れて、彼は奥さんと彼の肩にその生地を掛け、奥さんのための特別な祝福を祈るために用いました。

5. 妻の買い物を容易に：アジアのある牧師は、彼の妻にどのように仕えればよいか、神に祈りました。妻にとって二人の子どもを連れて買い物に行くことは大変なことでした。彼は一緒に買い物に行き子どもたちを見てあげることもできましたが、長期的な解決は何かないかと考えました。主は彼にアイディアを与えられました。彼は妻にインターネットで買い物する方法を教えるために、2時間のレッスンをしました。

6. あなたのトルティアを分けてくれますか？：中央アメリカにいる同僚がこのような体験を話してくれました。

私が道端で少年と話していると、そこに知らない男性が通りかかり、男性は卵がいっぱい入ったトルティアを少年に分け与えました。私は彼に、私にもトルティアを分けてくれませんかとお願いしました。彼はすぐに分けてくれました。彼は驚き、中産階級の私が、彼に食べ物を分けてくださいとお願いしたのが信じられないという様子でした。私は、あなたが今私に下さったトルティアは神からの賜物です、と言いました。彼は、なぜそうなのかと聞いてきました！私は、彼にまずトルティアを与えて下さったのは神だから、私が彼からいただいたトルティアは神からの賜物なのですよと説明しました。互いに会話を交わすなかで、私は神が彼のことを愛し、彼の生活の面倒を見てくださる方であることを説明しました。たとえ彼が路上生活者であったとしても、そうなのですよと。会話の後、私は彼を誘って、オレンジジュースをご馳走しました。別れ際、私は彼に聞きました「このオレンジジュースを下さったのは誰ですか？」。彼は即座にこう答えました「そりゃ決まってます、神様ですよ」。

7. 新人職員を歓迎する：アメリカでの話です。その日は若く人見知りの新入社員が初出勤する日でした。そのオフィスで働いていたあるクリスチャンは、花瓶に花をあしらえ、「ようこそ！あなたの入社を歓迎します！」というメモ書きを置いておきました。彼は、新しい職場の初日はとても緊張するものなので、神の祝福でその新人を歓迎してあげたかったのだと分かち合ってくれました。

聖書からの助言と励まし

「愛の訓練」をするにあたり、聖書からの励ましと助言を見ていきましょう。

- **神は私たちとのコミュニケーションを望まれる**：「あなたが右に行くにも左に行くにも、あなたの耳はうしろから「これが道だ。これに歩め」と言うことばを聞く。（イザヤ書30章21節）」イエス様は言われました。「わたしの羊はわたしの声を聞き分けます。またわたしは彼らを知っています。そして彼らはわたしについて来ます。（ヨハネによる福音書10章27節）」

- **愛は私たちの試金石である**：「愛は寛容であり、愛は親切です。また人をねたみません。愛は自慢せず、高慢になりません。礼儀に反することをせず、自分の利益を求めず、怒らず、人のした悪を思わず、不正を喜ばずに真理を喜びます。すべてをがまんし、すべてを信じ、すべてを期待し、すべてを耐え忍びます。（コリント人への手紙第一　13章4～7節）」

- **神は今も働いておられる。その働きに参加しよう。**：「イエスは彼らに答えられた。『わたしの父は今に至るまで働いておられます。ですからわたしも働いているのです。……父がなさることは何でも、子も同様に行うのです。』（ヨハネによる福音書5章17節～19節より抜粋）」イエス様は父がなさっておられることを観察し、それを行いました。私たちも神が何をなさっておられるかを知り、それに参加することを期待されています。

- **神の御言葉を思い巡らす**：神はしばしば、御言葉を通して私たちに指針を与えられます。例えば、「互いに」という聖書の箇所は、仕えることに関する理解を促進してくれます。それらの箇所を――または聖書の他の箇所を――黙想するとき、神からの指針が与えられ、神の栄光のために他者に愛を現すような奉仕の行動へと私たちは導かれます。

――「互いに」という言葉が含まれる聖書の箇所――

1. 兄弟愛をもって心から互いに愛し合う(ローマ人への手紙12章10節)
2. 互いに人を自分よりまさっていると思う(ローマ人への手紙12章10節)
3. 互いに愛し合う(ヨハネによる福音書13章34〜35節/ローマ人への手紙13章8節)
4. 互いに受け入れ合う(ローマ人への手紙15章7節)
5. 愛をもって互いに仕え合う(ガラテヤ人への手紙5章13節)
6. 互いの重荷を負い合う(ガラテヤ人への手紙6章2節)
7. 愛を持って互いに忍び合う(エペソ人への手紙4章2節)
8. 互いに忍び合い、他の人に不満を抱くことがあったとしても互いに赦し合う(コロサイ人への手紙3章13節)
9. 互いに罪を言い表す(ヤコブの手紙5章16節)
10. 互いのために祈る(ヤコブの手紙5章16節)
11. お互いに親切にし、心の優しい人となる(エペソ人への手紙4章32節)
12. キリストにおいて神がそうしてくださったように、互いに赦し合う(エペソ人への手紙4章32節)
13. 互いに勧め合って、愛と善行を促す(ヘブル人への手紙10章24節)
14. 互いに励まし合い、互いに徳を高め合う(テサロニケ人への手紙第一 5章11節)
15. 日々互いに励まし合って、だれも罪に惑わされてかたくなにならないようにする(ヘブル人への手紙3章13節)
16. 必要なとき、人の徳を養うのに役立つ言葉を話す(エペソ人への手紙4章29節)

17. 聖徒の入用に協力する（ローマ人への手紙12章13節）
18. 互いに一つ心になる（ローマ人への手紙12章16節）
19. これらの言葉をもって互いに慰め合う（テサロニケ人への手紙第一4章18節）
20. 互いに人を自分よりもすぐれた者と思い、自分のことだけでなく他の人のことも顧みる（ピリピ人への手紙2章3～4節）
21. 詩と賛美と霊の歌とをもって、互いに語る（エペソ人への手紙5章19節）
22. 知恵を尽くして互いに教え、互いに戒め、詩と賛美と霊の歌により、感謝にあふれて心から神に向かって歌う（コロサイ人への手紙3章16節）
23. 互いに訓戒し合う（ローマ人への手紙15章14節）
24. キリストを恐れ尊んで、互いに従う（エペソ人への手紙5章21節）
25. 聖なる口づけをもって互いのあいさつをかわす（ローマ人への手紙16章16節）

訓練の5つのステップ

「愛の訓練」を実行する際に助けになる指針をご紹介したいと思います。

1. 祈る：まずは霊的な備えをします。神があなたに応えてほしいと願っておられる特定の必要を見つけられるよう、助けを求めましょう。聖霊があなたに与えられる思いに耳を傾けましょう。日々の祈りの中にこれを加えるのも良いでしょう。

2. 必要を特定する：このステップは、ただ単にどの枠を訓練するかを決め、計画をし、神との親密さを深めるというだけにとどまりません。それに加えて、神があなたのために備えてくださっている良い行いが何であるかを祈り求めましょう。これらの行いは、あなたが普段している以上の行動である必要があります。

3. 行動する：必要に応答するための行動を計画しましょう。訓練には次のような条件があります。

- 人々の注目があなたにではなく、神の御心に向かうような行動であること。
- 奉仕する相手が歓迎していないことを押し付けないこと。
- あなたが普段から行っているレベルを超えたものであること。
- 犠牲が伴っていること——ただし、他の責任をおろそかにする言い訳にはしない。

4. 振り返りと記録：行動してから24時間以内に、行動を振り返り記録しましょう。次に記録の一例をご紹介します。付録Cに、空欄の記録様式を添付しました。ある同僚は、記録したレポートを自分自身にEメールし、考察を深めるために役立てています。アカウンタビリティ（報告責任）を持ってくれるパートナーに同じメールを転送することも出来ます。

5. 実践をまとめる：次の表に、実践の要約を記録します。手帳の見開きなどにこれを貼っておくのも良いでしょう。

- □ 祈り
- □ 特定
- □ 行動
- □ 熟考
- □ まとめ

枠番号:8番　**日付**:4月22日　**文脈／領域**:教会／社会

1. 見つけた必要は何でしたか?それに対しどのように応答しましたか?

教会スタッフの親密さを向上させるような何かをすることにした。スタッフのためにお菓子を買い、教会に持っていった。バスケットにお菓子を入れ、メモ書きと共に届けた。

親愛なる教会スタッフの皆様
神様が私たちに下さった人間関係をお祝いするのは良いことです。そうすることで私たちは神様をたたえ、互いを励まし、互いの存在を喜ぶことができるからです。休憩時間、昼食の後、どのような時間でも結構ですので、今日、この果物やお菓子と共に、皆様がそのような時間を持って下されば幸いです。

キリストにある皆様の兄弟より

2. どのような霊的に備えをしましたか?

この行動を主が用いて下さり、スタッフの絆が深まるように祈った。

3. この実践によって、あなたが仕えた人(また人々)が神の御心に近づけられるのに役立ちましたか?役立ったとしたら、それはどのようにですか?

スタッフがメモ書きを読んだとき、お互いの交わりを喜んで欲しいという神の願いを知ることになる。お菓子があることによって、何もないときよりも交わりが楽しくなる。

4. この実践によってあなた自身は神の御心に近づきましたか?それはどのようにですか?

買い物、バスケットのアレンジ、届けることに合計2時間を要した。その分の仕事の遅れを取り戻すために、今夜は事務所で残業をする必要がある。このことは、私にとって、「他者のために自分の時間を犠牲にする」という訓練になった。

5. この実践を通して、あなたは何を学びましたか?

奉仕の目的をより明確にすることができた。バスケットに、「互いの存在を喜び、お祝いするためのバスケット」と書いたリボンを付けておくと更に良かった。

「愛の訓練」実践のまとめ

	知恵	身体	霊	社会
家族	1. 日付: 記述:	2. 日付: 記述:	3. 日付: 記述:	4. 日付: 記述:
教会	5. 日付: 記述:	6. 日付: 記述:	7. 日付: 記述:	8. 日付: 記述:
地域社会	9. 日付: 記述:	10. 日付: 記述:	11. 日付: 記述:	12. 日付: 記述:

訓練のステップ	訓練のガイドライン
• 祈る——霊的な備え • 必要を特定する • 行動——必要に応える • 振り返りと記録 • 実践のまとめ	• 人々の注意があなたではなく、神の御心に向かうようにする • 歓迎されない行動を押し付けない • 普段しているレベルを超える • 犠牲を払う——しかし他の責任をおろそかにしない

仕える――神との共同作業

ある同僚が、仕えるということについて貴重な洞察を与えてくれました。

- 神は私たちの優先順位を変えるように迫っておられる。「**神は、みこころのままに、あなたがたのうちに働いて志を立てさせ、事を行わせてくださるのです。ピリピ人への手紙2章13節**」私たちが忠実に人々に仕えるように「望ませ」、「行動する力」を与え、整えて下さるのは神である。
- 必要を感じ取る敏感さの源は神である。「**わたしはあなたがたのからだから石の心を取り除き、あなたがたに肉の心を与える。わたしの霊をあなたがたのうちに授け、わたしのおきてに従って歩ませ、わたしの定めを守り行わせる。（エゼキエル書36章26b～27節）**」
- 仕えるべき事柄に関して神の御心を知ったなら、私たちは具体的行動をもってそれを行う必要がある。「**私たちは神の作品であって、良い行いをするためにキリスト・イエスにあって造られたのです。神は、私たちが良い行いに歩むように、その良い行いをもあらかじめ備えてくださったのです。（エペソ人への手紙2章10節）**」

職場で「イエス様の見習い」になる

「フルタイムの奉仕者」になるために、牧師になる必要はありませんし、パスポートを取って宣教師になる必要もありません!私たちは既に、神によって奉仕や宣教の現場に遣わされているのです。今置かれている場所において「愛の訓練」を実行するとき、神は私たちを「イエス様の見習い」として、職場で神を愛し隣人を愛する機会を発見できるように成長させてくださいます。

『*The Divine Conspiracy*（神との共謀者　未邦訳）』という本の中で、著者のダラス・ウィラード師は本書に出てくる「市長の質問」と非常に良く似た質問を、個人レベルでしています。「**もしイエス様が私だったら、彼は私の人生をいったいどのようなものにされるだろう?**」そしてウィラード師は、私たちが最も多くの時間を過ごす場所――職場からそれを始めるよう提案しています。

あなたの仕事、つまり収入を得るための職業について考えてみて欲しいのです。それは「イエス様の見習い」を実行するのに最も適した場所のひとつです。イエス様の弟子となるということは、職業生活のなかで、イエス様なら何をなさるかを知り、それに倣うことを意味します。新約聖書はこれを、「**イエスの名によって(コロサイ人への手紙3章17節)**」すべてを行う、という言葉で表現しています。

斧の取手を作るのもタコスを調理するのも、自動車の販売も幼稚園で教えることも、銀行の融資をするのも役所に勤めるのも、伝道することもキリスト教の教育プログラムを運営することも、芸術の世界で自己表現をすることも、第二言語として英語を教えることも、あらゆる仕事に神は強い関心を寄せておられます。神はそれらの仕事が、「良い仕事」であって欲しいと願われます。それらはなくてはならない仕事であり、さらに言えば、イエス様ならばなさるような方法でそれらはなされるべきなのです。

(*The Divine Conspiracy* 285-286)

見習い工は、師である熟練工からライフスタイル・商売の作法・仕事の技術を学びます。地域社会で私たちが「愛の訓練」をするとき、職場において神が私たちの前に送って下さった人々に注意を払う必要があります。イエス様の見習いとして生きるということは、良い仕事をすることに加え、神がそこに置いてくださった人々に仕え、愛を示すということも含んでいるのです。――イエス様ならばそうなさるように!

さあ、始めましょう！

「愛の訓練」を始めようとする方々のための、いくつかの指針をご紹介します。
- まずは、一週間にひとつの実践から始めることをお勧めします。枠は12個ありますので、12週間をかけて12種類の実践を行います。
- ひとつの実践に要する時間は30分から数時間ぐらいが適切でしょう。ときには丸一日、あるいはそれ以上の時間を要する実践があってもかまいません。実行に要する時間は、応答する必要の性質と、割くことの出来る時間によって変わってきます。最初は一時間以内に終えられる短い実践から始められることをお勧めします（振り返りやレポートを作る時間はこれに含まれません）。
- 枠番号に沿って実践してみましょう。最初の枠は「1．家族／知恵」です。あなたの家族の誰かが、人生の何らかの側面に関して神の知恵と御心を理解できるように助ける実践を考えましょう（たとえば、家族で聖書研究会をして、お金の倹約・男女交際・教育・親子関係について学ぶのも良いかもしれません。箴言はとても役に立ちます。または、家族で一緒に日曜日の礼拝説教の適用を考えるというのも良いかもしれません）。

続いて次のように、枠番号に沿って実践を進めてきましょう。

家族：（2）家族／身体　（3）家族／霊
　　　（4）家族／社会
教会：（5）教会／知恵　（6）教会／身体
　　　（7）教会／霊　（8）教会／社会
地域社会：（9）地域社会／知恵　（10）地域社会／身体
　　　（11）地域社会／霊　（12）地域社会／社会

このように順序だてて行うことによって、様々な領域の必要に対して敏感になり、あなたが普段なら気付かないような必要に応える助けになります。

- 一週間経っても、課題の枠の必要を見つけられなかった場合は、祈りと黙想に時間を割き、与えられた洞察を記録しましょう。

「愛の訓練」は、頻繁に繰り返し行う必要があります。なぜなら、それはあなたのライフスタイルを作り変えるためのツールだからです。常時ではありませんが、私は今でもこの訓練を個人的に用いています。私たちは、神の愛をあらゆる領域で自然に実践することが習慣となるまで、この訓練を続ける必要があります。

アカウンタビリティ

「愛の訓練」は、次のようなアカウンタビリティ（訳注：報告責任のこと）を確保することにより、さらに効果的に行うことができます。

- 小グループで訓練を行うときは、リーダーが指針を決め、アカウンタビリティが保たれるようにアレンジします。
- 一人でこの訓練を行う方は、アカウンタビリティを担ってくれる相手を探しましょう。パートナーになってくれる友達や、小グループのリーダーや、牧師と月に1回か2回会い、気付いたことを話し、励まし、相談し、祈るときを持ちましょう。
- 最後の実践を終えたら、リーダーまたはパートナーにあなたの日誌・実践のまとめ・学んだことを記録したものをコピーして渡します。リーダーかパートナーが短い感想を書き加えるとよいでしょう。

上級者向け学びと適応

さらに進んだ学び・適応・評価をご紹介いたします。これまで紹介した一連の「愛の訓練」を学び、一通りやり終えた人々に使っていただけるとより効果的です。

●離れた地域への奉仕

紹介した3つの「奉仕の文脈」に加えて、「離れた地域」を付け足します。これは私たちが「地の果て」の必要に応えるようになる訓練をするためです。この文脈は、離れた場所にある地域や海外の人々を含みます（例えば自然災害の被災者や、戦争・紛争の犠牲者、福音が届いていない国や民族の人々を含みます）。

●上級者向けのペース

- **プラン1（4～6週間）**：1週間につき、ひとつの文脈の4つ全ての領域の必要に応えます。最初の週は家族から始めるとよいでしょう。次の週は教会、その次は地域教会、というように続けていきます。1日につき2つ以上の実践を行わないようにします。ある日にひとつの領域に仕えようとしてうまくいかなかったら、その次の日に同じ領域にチャレンジします。それでもうまく行かなかった場合は、次の領域に移ります。4つの文脈を一通り終えたら、さらに2週間をとってうまくいかなかった領域に再挑戦する期間に当てましょう。

	知恵	身体	霊	社会
離れた地域	13.	14.	15.	16.

・**プラン2（4週間）**：1週間につき4つの実践を行います。枠番号に沿ってではなく、気が付いた必要について、どの枠からでも4つを選びます。日誌に実践の記録をとってください。振り返って、自分がどの領域、あるいは文脈を見過ごしがちだったかを見直し、それはなぜかを考えます。こうすることによって、あなたが敏感に必要に応えることが出来る「得意な領域や文脈」と、より成長する必要がある「苦手な領域や文脈」を知ることが出来ます。

●上級者向け実践方法

より大きな実践を考え、1週間にひとつそれを行います。それぞれの実践に数時間から半日を費やします。順番は枠番号に沿う必要はありません。この実践をすることによって、より深い訓練をすることができます。

●適用

「愛の訓練」を普段の生活の中に自然なかたちで適用させ、愛をもって人に仕えるということがライフスタイルの中に深く根ざすようにします。

●最後の考察

要約・評価・考察を記録します。

1. 仕えることにおいて、あなたが得意とする部分、および苦手な部分はどこですか？
2. この実践（訓練期間）を通して、あなたは主にあって成長しましたか？どのように成長したかを記録してください。
3. どの実践が、他者に最も良く仕える結果になったと思いますか？その実践と、理由を教えてください。
4. あなたの生活の中で、神の愛を実践することにおいてさらに上達したい枠（領域／文脈）はどこですか？

結論

「愛の訓練」の学びを終えるにあたり、皆様に次のことを覚えていただきたいと思います。私たちは自己鍛錬と良い業によってのみ成長するのではありません。しかし、神が私たちの前に送ってくださった他者を愛することによって、私たちは偉大な愛なる神に対する自らの愛を行動で現すのです。神ご自身のために、家族・教会・地域社会に仕え続けましょう。教会は、もしイエス様が市長だったらなさるように、地域に仕えることを期待されています。同じように、教会に集う私たち一人一人も、イエス様が私たちの人間関係の監督だったらなさるように他者に仕えることを神は願っておられるのです。

愛の訓練クイズの答え

1. 枠10　2. 枠7　3. 枠12　4. 枠3　5. 枠2　6. 枠9　7. 枠12

◆13章　愛の種まきプロジェクト

ここで、本当にイエス様が市長だったらと想像してみましょう。イエス様は、「職務を執行する職員たち」を招集されました。その職員とは私たち——地域教会——のことです。イエス様はご自身の計画を遂行して欲しいと言われます。私たちは考えます。「でも、どうやって?」イエス様は私たちに、種を蒔く働きというのは小さく、しかし犠牲をともなう方法でなされるものだと教えてくださいます。そして、これを用いて全世界の人々が計画を遂行するように、イエス様は「愛の種まきプロジェクト（*Seed Project*）」と呼ばれる方策を紙に書き始められます。集められた私たちは、イエス様が何か素晴らしいことを今から教えようとしておられるのを感じます・・・

「自分たちが仕えている神様を、良くご存じのようですね」

西アフリカのある教会は、その国で最も人口が密集したスラム街で「愛の種まきプロジェクト」を実行しました。そのスラム街にはトイレもなければ、ゴミを収集する仕組みもありませんでした。その教会は地元ラジオ局の電波を通して、地域の人々に「一緒に清掃活動をしましょう!」と呼びかけました。教会のメンバーは清掃活動の前日にその地域を訪れ、住民たちと交流し、「ジーザスフィルム*」を上映しました。プロジェクトの当日、集まった大勢の住民たちを乗せるために、教会はバスを二台用意しました。教会のメンバーと地域住民との交流は今まで見たことのないものでした。誰が教会からの参加者で、誰が地域からの参加者か区別がつかない中、一緒になって歌を歌いながらゴミを拾い、草取りをしました。たった一時間のうちに、広大なその地域は驚くほど綺麗になりました!

その地域コミュニティのリーダーの一人であるイスラム教徒の男性も、プロジェクトに積極的に参加してくれました。

彼は次の日、教会の牧師のところに来てこう言いました「もし私が出席しているモスクで信者たちにこの清掃活動に加わるように呼びかけても、誰一人参加しないでしょう。でもあなたたちクリスチャンは遠くからわざわざやってきて、このひどい匂いにもかかわらず喜んで私たちと一緒に働いてくれました。あなたたちは、自分たちが仕えている神様を、とてもよくご存じのようですね」。

＊訳注：一九七九年に宣教団体キャンパス・クルセード・フォー・クライストが作成したイエス様の生涯を描いた映画。１１９７カ国語（二〇一四年現在）に翻訳され、世界で最も多くの言語に翻訳された映画としてギネス認定されている。

敵のために耕す

アジアのある牧師が私たちの訓練会に出席しました。その後、彼は地域教会に出向き、「愛の種まきプロジェクト」の講義をしました。その地域に住む5人の子どもを持つ未信者の男性は、雨期が来る前に田んぼを耕しておくことが出来ませんでした。その上、彼は病気で、耕作用の牛を一頭しか飼っていませんでした。牧師は、その男性とは別の部族出身の教会メンバーたちと、この男性について話し合いました。昔からその部族同士は敵対していたのですが、教会メンバーたちはこの男性のために「愛の種まきプロジェクト」を実行したいと言いました。彼らは6頭の牛を男性の田んぼに連れて行き、田植えの準備を手伝いました。部族間の反目を乗り越えたこの愛の行動は、男性とその家族に大きなインパクトを与えた、と牧師は報告してくれました。次にその地域を訪れた時、牧師はその男性の長女がイエス様を信じ、バプテスマを受けていたことを知りました。さらに、長女以外の家族も教会に出席し、キリスト教信仰について学んでいました。その男性本人も部族の言葉で聖書を学びたいと願っていました。そこで教会メンバーの何人かは男性のところに行き、建物を建て、その部族の言葉で礼拝を持つようになりました。報告によれば、その村において、二つの異なる部族の間に一致が築かれつつあるとのことです。

精神疾患を病む当事者に対する神の愛

南米のある地域教会は、認知症の高齢者、鬱病や神経症の患者のためのケア施設に暮らす人々に対して「愛の種まきプロジェクト」を行いました。教会メンバーたちは2軒のケア施設を訪れ、患者たちと時間を過ごし、イエス様について証し、教会の婦人たちが手作りした小さな贈り物をプレゼントしました。「この贈り物は、神の愛を形にしたものなのですよ」という言葉を添えて。奉仕チームがキリストを救い主として受け入れるよう招きをすると、ローザとエリザベートという2人の患者が応答しました。施設の患者と教会のチームの双方に神の国の影響と変革がもたらされました。

家庭内暴力を受けている女性への援助

アメリカの教会学校の奉仕チームは、家庭内暴力の被害女性への救援物資を分類し整理するという「愛の種まきプロジェクト」を計画しました。不健全で危険な生活環境から女性とその子どもたちを守る一時的な避難所であるそのシェルターホームの住所は秘匿されており外部に知らされていません。施設には物資が送られてきますが、女性やその子どもたちが本当に必要としているものとは関係ないものがほとんどでした。加えて、地域の人々が衣類や生活実用品を送ってくれるのですが、施設のスタッフたちは多忙で、それらを分類し役立てる時間がなく、支援物資を入れておく在庫棚は満杯になっていました。「愛の種まきプロジェクト」のために結成された地域教会のチームは、それらの物資を分類し、使用可能な物資の一覧をリストにして棚に貼り出しました。その結果、物資の中には、施設と避難した女性たちが今すぐに必要としているものも、実は数多く含まれていたことが分かりました。ボランティア活動中に、チームのメンバーたちはかくまわれた女性たちと会話をする機会がありました。プロジェクトの最終日、チームはシェルターホームの管理職たちと手に手をとって祈りました。その後のフォローアップのために、チームの一人は贈呈用の聖書を置いておき、施設にいる間女性たちが読んだり、施設を去る際に家に持って帰ったりできるようにしました。

「愛の種まきプロジェクト」のシンプルな定義

今挙げたようなものが「愛の種まきプロジェクト」の実例のいくつかです。「愛の種まきプロジェクト」は、短期間で行うことのできる、小さくシンプルな働きです。南米のケア施設でも、アジアの水田でも、アフリカのスラム街でも、アメリカのシェルター施設でも、主体的に行動したのは地域教会であり、現地に元からあった資源が使われ、教会外の人々に対して神の愛を実践する働きがなされました。大規模なプロジェクトではありませんが、数多くの要因が複合したときの潜在的な影響力は甚大なものでした。

「愛の種まきプロジェクト」の目的

「愛の種まきプロジェクト」を通して、地域教会は置かれた地域コミュニティに神の愛を実践しますが、同時にそれを実施する教会みずからに対しても、大切な三つの目的を達成します。

1．包括的宣教とライフスタイル

「愛の種まきプロジェクト」には、弟子訓練に不可欠な要素が自然な形で織り込まれています。プロジェクトに取り組むことによって、教会メンバーは包括的宣教を実践するライフスタイルを自然に身につけることができます。

2．依存体質からの脱却

「愛の種まきプロジェクト」を実践することによって、「地域教会は外部の援助に頼らずとも包括的宣教を実施できる」ということが確証されます。

3．長期間にわたる大規模な働きに備えて経験を積み、自信を深める

「愛の種まきプロジェクト」によって、教会メンバーはプロジェクトを計画し、それを実行に移すという経験をすることができます。それらの経験によって自信が深められ、より大きく長期間にわたる包括的宣教の働きをするために備えられます。地域教会が行う小さなプロジェクトは、しばしばより大きな神の愛の実践へと成長します。

> ☑ 包括的宣教とライフスタイル
> ☑ 依存体質からの脱却
> ☑ 長期間にわたる大規模な働きに備えて経験を積み、自信を深める

アフリカ、アジア、南米、そしてアメリカの地域社会の人々は、包括的宣教によって神の愛と配慮を体験しました。先にご紹介した地域教会は外部の力なしで地域に仕えましたから、最初の二つの目的は達成されています。これらの教会を通して神が長期的な働きを起こしておられるという追跡調査は今のところ十分に行われていませんので、第三の目的が達成されたかどうかは未確認ですが、私にはそれが達成されつつあるという確信があります。ご紹介した教会も、「愛の種まきプロジェクト」に取り組んだ世界中の他の多くの教会も、包括的に地域に仕える習慣を身につけ、さらにすぐれた方法で神のために地域に仕える経験を積み、自信を深めつつあります。

「愛の種まきプロジェクト」の性質

次に挙げる性質は、「愛の種まきプロジェクト」を実施する際に役立つ指針です。これらは厳格なルールではなく、できる限りこれに合わせることが望ましい基準のいくつかです。

1．「愛の種まきプロジェクト」は、祈りの中で行われなければならない。

・「愛の種まきプロジェクト」は、祈りを通して聖霊の導きと力を受けることによって実行されます。このプロジェクトはイエス様の命令に対する意識的な応答として、聖霊の力によってなされます。プロジェクトの準備段階・プロジェクトの最中・プロジェクトの後、すべての段階で、祈ることは重要な焦点のひとつであるべきです。

・祈りによって始められず、祈りによって維持されていない場合、その働きが聖霊の力を体験することも「神の国の算数」を目の当たりにすることもほとんどありません。

・ネヘミヤは、エルサレムの城壁が崩され、門が焼かれたままになっていることに神によって気付かされました。それを聞いた時から、彼は常に祈りの中で事を進めました。王の許可を得るとき、城壁を建て直しているとき、民の反対にあったとき、そして再建の後で、彼は祈りました。彼がしたすべてのことは、「祈り漬け」でした。私たちもネヘミヤに倣いましょう。

●神は今でも祈りを通してプロジェクトを導かれる！

私たちのスタッフのひとりがメキシコで「愛の種まきプロジェクト」を教えました。彼は訓練会の中で、小グループに分かれて神の計画を祈り求めてプロジェクトを計画する時間を持ってもらいました。小グループの間を静かに歩きながら話し合いを聞くうちに、「地域社会への奉仕として地元の海岸を綺麗にする」という同じ大きなプロジェクトの一部として、神が各小グループにそれぞれ違う役割を分配しておられるのを目の当たりにしたと彼は言っています。

「愛の種まきプロジェクト」の10の性質

1. 祈りの中で行う
2. 操作ではなく、憐れみによって
3. 神の御心が動機
4. 思慮深く計画する
5. シンプルで短期間
6. 地域の資源を用いる
7. 教会外の人々を対象とする
8. 利益を受ける人が参加する
9. 霊的インパクトがある
10. 御国の基準で評価する

2.「愛の種まきプロジェクト」は傷ついた世界に対する神の憐みの現れであり、伝道のために人を心理的に操作する道具ではない。

- 「愛の種まきプロジェクト」は、無条件で隣人を愛するようにというイエス様の命令に従う機会を私たちに与えてくれます。奉仕の第一の動機が魂の救いと教会成長であるなら、その奉仕は人を心理的に操作するためのものになってしまいます。イエス様は人を操作なさいませんでした。イエス様が人々を癒やされたのは、その行動によって父の憐みの心を現すためでした。癒された何人かはイエス様を主と告白しましたが、そうでない人もイエス様は癒やされました。私たちも、隣人を愛するという神の命令に従うことのみを目的とし、他のいかなる意図も持たず、人々に仕えるべきです。

・「愛の種まきプロジェクト」の結果として、多くの人々が救われることもしばしばありますが、そうならない場合もあります。私たちは御国が拡大するのを見た時に喜び踊りますが、忠実に種を蒔き、その実を自分の目で見ないときもまた、喜び踊るのです。

3.「愛の種まきプロジェクト」の動機は神の御心であり、実行する力は神から来る。

・私たちが目にするプロジェクトの多くは、必要が見つかったり感じられたりしたとき、人々から要望の声が挙がったとき、または外部からの援助や人材が与えられたときに実施されます。しかし、そのような方法論には、人間的な憐れみが動機となり人間の力によって実行される、ただの「慈善事業」になってしまうという罠があります。神を信じる者の働きはこれとは違い、私たちの人間的な憐れみに基づくのではなく、人々に対する神の御心を現すものであるべきです。

・「愛の種まきプロジェクト」にとりかかるとき、最初にするべきことは神の御心を求めること、祈ること、御言葉を読むこと、そして、地域について良く知ることです。私たちはこのように尋ねるべきです。「天の父よ、私たちは何をしたら良いですか？」私たちは、自分たちの目についた地域の必要をいったん脇によけておいて、神様の御心を求め、それを動機とすべきです。私たちの奉仕の働きを方向付けるのは、「私たちが感じる必要」ではなく、神ご自身であるべきです。神が指し示される方向性が、私たちの感じる必要と一致している場合も少なくはありません。しかし私たちは、「感じられる必要」が第一の動機とならないように、常に気をつけていなければいけません。

4.「愛の種まきプロジェクト」は思慮深く計画されなければならない。

・イエス様は弟子たちに、払うべき犠牲について教えられた際「費用を計算しなさい」と言われました。この言葉の中でイエス様は、計画の成功のためには緻密な計画が必要であるという一般原則を教えておられます。計画には準備・祈り・記録・実行・評価が含まれます。次のチェックリストは、「愛の種まきプロジェクト」の計画における各段階で用いることのできる一覧です。

☑対象となる課題、あるいは必要は何ですか?
☑その必要に関する神の御心は何でしょうか?
☑神の御心を現すために、どのような活動または働きをしますか?
☑このプロジェクトが奉仕の対象とする必要の領域は何ですか?
☑各段階で相談する人、必要な予算または物資、それらを用意する責任者、それらの締切り日時を記録しましょう。
☑計画表を見直して、計画した必要の領域の他にも満たされる領域があるかどうか確認しましょう。
☑「愛の種まきプロジェクトの10の性質」の各項目が満たされているかを見直しましょう。満たされていない項目があるなら、それは何故か話し合ってください。

・ある人々が恐れているように、計画することが聖霊の導きの邪魔をするということはありません。牧師の中には、話すときに聖霊の導きがあったときにそれを台無しにしたくないという理由で説教を計画的に準備することをためらう方がいます。同様の理由で、地域の必要に応答するように導きを感じているのに、具体的な計画を立てない地域教会もあります。しかし、御言葉は、塔を建てる前に費用を計算するべきであること、王が戦いを交える前に敵の数を数えるべきであること、蟻は冬に備えて食物を貯蔵すること、エルサレムの城壁は綿密な計画の下に再建されたことを思い出させてくれます。計画は重要です。そして良い計画のためには、聖霊の導きが不可欠です。私たちは計画を中断することなしに、エリコに向かう途中で強盗に襲われた男性を助けてあげることができるのです。私たちは可能な限り、いつでも計画をしなければなりません！

5.「愛の種まきプロジェクト」はシンプルで短期間なものである。大規模になったり、複雑になりすぎたりしないように気をつける。

- 「愛の種まきプロジェクト」はシンプルで短期間である必要があります。プロジェクトそのものは1日か2日で終わるものである方が良いでしょう。しかし準備にはより多くの時間がかかります。

まずは小さい山から！


孫は私のことが大好きなので、私が頼んだことは何でもしてくれます。私は山に登るのが好きです。もし私が孫に「おじいちゃんと一緒に山に登りたいかい?」と言ったら、彼は「もちろん！絶対登ろうよ！」と言うでしょう。

でも彼は転び、手や膝をすりむき、あざを作り、なかなか登れず、楽しくない時間を過ごします。次に私が「一緒に山登りに行こうか?」と誘ったら、彼は言うでしょう「おじいちゃん、僕はやめておくよ。難しすぎるんだもん」。何故でしょう?それは私が彼の経験と能力を超えたことをするように頼んだからです。

教会も同じです。メンバーが歩くことを覚える前に登山に誘わないようにしましょう。まず彼らに必要なのは、「それをしたことがある」という経験と自信です。

・小さなプロジェクトには大きな利点があります。神は小さいけれど忠実になされた働きを尊ばれ、それを用いて大きな結果を見せてくださいます。神は、「足し算式」ではなく、「掛け算式」にその実を増やしてくださるのです。また、人々は小さな働きを完成させる過程で、信仰と能力において成長します。小さなプロジェクトは、「大怪我」のリスクを冒さずに失敗を経験する機会を与えてくれます。大規模なプロジェクトが失敗した場合、人々は失望して、もう二度と挑戦したくないという気持ちになるでしょう。しかし小さなプロジェクトの失敗は、次に生かせる教訓を学ばせてくれるのです。小さなプロジェクトは人々を大きなプロジェクトのために整えます。またいくつかの小さなプロジェクトが組み合わさることによって、地域におけるその影響力は小さからぬものとなります。人々が働きと奉仕のライフスタイルを身につけたとき、小さなプロジェクトのインパクトはさらに大きなものとなります。

6.「愛の種まきプロジェクト」は現地の資源を使って実施される。

・資金援助などの外部からの支援は助けになります。しかし、いつ、どのようにそれが導入されるかというのは非常に大切な問題です。地域教会は、外部からの援助に頼る前に、自分たちの持ち物を犠牲的に投資する必要があります。外部からの援助が先に来ると、無力感と依存心が強まり、地元の主導権は窒息状態となって、人々は神よりも人や資金のことを第一に考えるようになってしまいます。

・外部からの援助は、次のような場合には有効です。
(a) 人々が既に、自分たちの持ち物を犠牲的に用い、率先して仕えているとき。
(b) 現地にあるものでは代用できない外部からの物資が必要なとき。
(c) 外部からの援助によって、現地の資源が何倍にも用いられるとき。
(d) 最終的にすべての必要を満たすのは神ご自身なのだということを、人々がしっかりと理解しているとき。

・「愛の種まきプロジェクト」は、教団本部・ワールドビジョン（訳注：キリスト教理念に基づく国際的な援助団体）・国連やその関連団体など、外部の団体からやってきた資源ではなく、現地に既にあるものを用いて実施されます。外部からの援助に頼らないということは、地域教会の予算や人員以外には何も使えないという意味ではありません。地域教会は、地域コミュニティの一部なのです。例えば教会が地域のために橋を建設したり、ぬかるんだ道路に排水溝を作ったりするとき、地域の人々が労働力を提供したり、セメントを買うために資金を出し合ったりする可能性が考えられますし、また多くの場合、その方が良い結果をもたらします。

7.「愛の種まきプロジェクト」は教会の外の人々に向けられた奉仕であるべき。

・私たちは、教会の人々に神の愛を現すだけでは十分ではありません。隣人を自分たち自身のように愛せよというイエス様の命令への応答として、私たちは地域の

塩として生きませんか?

訓練会の中で、私は好んで人々にこう聞きます「この中で、塩が好きな人は手を上げて教えて下さい」。ほとんどの人が手を上げます。「そうですか。分かりました」私は言います。

「では、今日家に帰ったら、スプーンに山盛りの塩を盛ってください。そして、それをたいらげてもらえますか?」会衆の表情はたちまちゆがんでしまいます!すると私は言います。

「みなさんは、塩がお好きだと答えられたはずですが･･･」参加者は答えます「確かに塩は好きです。でも、ボブさんのやり方は濃度が高すぎます!」。教会についても同じことが言えます。私たちはひとつの場所に集まりすぎています。私たちは地の塩であって、教会の塩ではありません!私たちは塩を入れる袋から出て、教会を地域に運んでいかなければなりません。私たちは、「過剰に教会化された人々」を「脱教会化」する必要があるのです!

人々に奉仕するのです。教会の内部の人に対してミニストリーをすることは良いことですし、必要不可欠です。しかし「愛の種まきプロジェクト」は、教会の外の人々に対して奉仕するために開発されたツールです。

8.「愛の種まきプロジェクト」によって益を受ける人々も、できる限りプロジェクトに参加するようにする。

・助けられる人々は、計画と奉仕に参与することによって、尊厳を与えられます。自分で解決する能力がある人を一方的に助けてあげるだけで、彼らをそれに巻き込まないのは過干渉です。じっさい、彼らが既に知っていることを役立てないなら、私たちは愚かだと言わねばなりません。益を受ける人が働きに直接たずさわるとき、彼らの中には、「これは自分たちの働きである」という感覚が強められます。多くの場合、その後彼らが自ら働きを維持し、改善し、より使いやすくし、そしてより大きな働きへと発展させていきます。

尊厳

私たちのスタッフのひとりがあるとき、病弱な未亡人の家の歪んでしまった屋根を修理するというプロジェクトに参加しました。土と藁で作られた彼女の家は、修復の範疇を超えていましたので、教会は彼女のためにレンガとコンクリートで新しい家を作ってあげることにしました。そのスタッフは教会リーダーたちに提案しました。「高齢の方にとって、生活環境の変化は大きな負担だと思います。彼女に、どこに窓を付けるか自分で決めてもらうのはどうでしょうか?」リーダーたちは答えました「その必要はありませんよ。彼女は喜ぶに決まっていますから」。

必要な物資の調達には大変な時間を要しました。そしてその家が完成する前に、未亡人は病気で亡くなってしまったのです。私たちのスタッフはこう言いました「私はこう思っています・・・もしかしたら彼女は住み慣れた自分の家を失ってしまうのが嫌で、早く亡くなってしまったのではないかと。私たちは愛をもって彼女に仕えたつもりになっていましたが、本当は彼女の尊厳を尊重すべきだったのかもしれません」。

・助けられる人々をその働きに関わらせないということは、結果的には、神が与えられた尊厳を彼らから奪うことになってしまいます。例えば、教会が未亡人の家を修復しようとしたとします。彼女は体が弱く、建設の知識がなく、そしてお金もありません。教会はこう考えるかもしれません。「彼女は何もできない。我々は、彼女のためにしてあげなければならない」と。しかしこのとき、このように自問する必要があります。「どうやったら、彼女も参加できるだろうか?」教会が作業する大工に昼食を提供するとき、その準備を彼女に手伝ってもらうことができるかもしれません。または、彼女は作業する人々に水・お茶・コーヒーなどを差し入れられるかもしれません。私たちは創造性を発揮して、助けられる人が参加できる道を探すべきです。神は彼女をご自分に似せて創られました。彼女は重要な存在であり、尊厳があります。彼女を仕事に巻き込まないなら、私たちはそれらを彼女から奪ってしまうことになります。教会は彼女の人生の一部として働くべきであり、彼女を力なく見ているだけの人にしてはなりません――たとえ彼女にできることがお湯を沸かすことだけだったとしても。それによって仕事はより複雑になるかもしれません。しかし彼女を巻き込まないことは、助ける側と助けられる側、双方にとって損失になります。もし私たちがヤコブの言う「**きよく汚れのない宗教(ヤコブの手紙1章27節)**」を目指すなら、この真理を見過ごしてはなりません。

9.「愛の種まきプロジェクト」が適切に行われるとき、外から見える霊的なインパクトがある。

・「愛の種まきプロジェクト」の計画の中には、祈り・学びと調査・神を求めること・神に感謝することが含まれます。これらは必要なことです。しかしこれらが教会の外にいる人々に、直接に霊的なインパクトをもたらすわけではありません。私たちがプロジェクトの実行過程のなかで、利益を受ける人々に、「この働きには神が関わっておられる」と伝えることを織り込まなければ、そのプロジェクトは外部への霊的インパクトを持つことはありません。伝道集会・礼拝・ユニフォーム・看板・出版物・言葉、または公の場で祈ることによって、それはなされます。

・可能なかぎり、霊的な影響を与える要素を計画に盛り込みましょう。「愛の種まきプロジェクト」を実施するときは毎回、地域社会に霊的な影響力があるかどうかが吟味されなければなりません。それらを計画書のなかに意図的に織り込む必要があります。そうしなければ、プロジェクトを実行すること自体に忙殺され、無意識のうちに霊的な影響力を失ってしまい、気付いたときには遅すぎるということになってしまいます。
・例外的に、プロジェクトの性質によっては、外部の人々に対する宗教的なアプローチを意図的に除外するのが最善である場合もあります。

10.「愛の種まきプロジェクト」の評価は、御国の基準でなされなければならない。

・評価は重要です。その評価は御国の基準でなされることが大切です。評価する際に用いることが出来るいくつかの質問をご紹介します。

☑資源は神によって増加されたか?「神の国の算数」は起きたか?
☑プロジェクトによって、奉仕者以外の人々は祝福と良い影響を受けたか?
☑神の愛は適切に伝わったか?神の御心は現されたか?
☑このプロジェクトによって、神は人々からあがめられたか?外部の人々からの信頼と賞賛は、奉仕者よりも神に向けられたか?プロジェクトが終わったとき、目撃者は「なんて素晴らしい人々なのだろう!」と言うだろうか?それとも「あの人々はなんて素晴らしい神様に仕えているのだろう!」と言うだろうか?「**人々があなたがたの良い行いを見て、天におられるあなたがたの父をあがめる**(マタイによる福音書5章16節)」ような方法で、私たちは仕えただろうか。
☑その奉仕はそれ自体が私たちの礼拝だったか?

「なぜなら、この奉仕のわざは、聖徒たちの必要を十分に満たすばかりでなく、神への多くの感謝を通して、満ちあふれるようになるからです。このわざを証拠として、彼らは、あなたがたがキリストの福音の告白に対して従順であり、彼らに、またすべての人々に惜しみなく与えていることを知って、神をあがめることでしょう。(コリント人への手紙第二9章12～13節)」

・これらの質問のひとつ、または複数にはっきりと「YES」と答えられないなら、その「愛の種まきプロジェクト」は、人間的に素晴らしい働きだったとしても、御国の基準には達していない可能性がある、と言えます。

次に「チェックリスト」をご紹介します。あなたの「愛の種まきプロジェクト」に対する理解度を測るために用いてください。まず自分で答え、それから章末に掲載した回答で答え合わせをしてください。コピーして用いていただいても構いません。

「愛の種まきプロジェクト」の理解度チェックリスト

注意:「手順」の箇所はスモールグループでの学びのためのものです。
個人的な学びの場合は自由に変えていただいて結構です。

愛の種まきプロジェクトの10の性質	手　順
・祈りの中で行う ・操作ではなく憐れみによって ・神の御心が動機である ・思慮深く計画する ・シンプルで短期間である ・地域の資源を用いる ・教会外の人々を対象とする ・利益を受ける人が参加する ・霊的な影響力がある ・御国の基準で評価する	① 10の性質を、声を出して、二回一緒に読んで下さい。 ② 今度は本を閉じ、思い出せるところまでグループで10の性質を復唱してください。 ③ 再び本を閉じ、1人目が1つ目の性質、2人目が2つ目の性質…という風に10の性質を時計回りに順番に言ってください。 ④ 今度は反時計回りに、もう一度同じことをして下さい。 ⑤ プロジェクトが10の性質を満たすかどうか、次の表と見比べ、YESかNOにチェックしてください。 ⑥ NOがあった場合、何番目の性質が見落とされているかを、「番号」の空欄に書いてください。

プロジェクト	YES	NO	番号
a. 伝道のための活動として、ゲームとお菓子を持参して、地域の子どもたちと一緒に一日遊んだ。 b. 地域の必要を調査し、その応答としてお腹を空かせた子どもたちとピクニックに行った。 c. 教会メンバーの家のトイレを修理した。 d. 祈りをもって、行政が主催する識字教育プログラムに参加した。 e. 識字教育プログラムに関して地域住人で話し合う場を設け、短い祈りをもってその会を始めた。 f. 地域のごみ拾いを企画し、翌日それを実施した。 g. 地域のための食育セミナーを開催した。実行委員会は素晴らしい働きをしたので、地域の人々はただ参加するだけでよかった。 h. 教会を宣伝するために、「愛の種まきプロジェクト」をローカル放送局に報道してもらった。 i. チャイルドケアセンター(訳注:日本で言う私立の保育園やこども園のような施設)を設立し運営した。 j. チャイルドケアセンター設立にあたり、地域の人々と話し合う機会を設けた。 k. 霊的な事柄には触れず、植林活動を行った。			

「愛の種まきプロジェクト」計画の準備

弟子となる対価について語られた時、イエス様は行動と計画に言及なさいました。

塔を築こうとするとき、まずすわって、完成に十分な金があるかどうか、その費用を計算しない者が、あなたがたのうちにひとりでもあるでしょうか。基礎を築いただけで完成できなかったら、見ていた人はみな彼をあざ笑って、「この人は、建て始めはしたものの、完成できなかった」と言うでしょう。また、どんな王でも、ほかの王と戦いを交えようとするときは、二万人を引き連れて向かって来る敵を、一万人で迎え撃つことができるかどうかを、まずすわって、考えずにいられましょうか。もし見込みがなければ、敵がまだ遠くに離れている間に、使者を送って講和を求めるでしょう。

ルカによる福音書14章28～32節

イエス様は塔を完成させたり戦争に勝利したりするのには、計画が大切だと教えています。私たちはそれを理解していますし、建物の建設など大規模な事業の際は計画が大切だということも知っています。「愛の種まきプロジェクト」は規模が小さくシンプルですが、成功のためには、やはり計画が必要です。教会が「愛の種まきプロジェクト」のために綿密に計画を立てるとき、その可能性は最大限に発揮され、奉仕における能力が高められ神の恵みが豊かに現れ、主の栄光があがめられます。

計画することが苦手という方もいらっしゃいますから、そのような方々のために「愛の種まきプロジェクト計画指針」をご用意しました。

・この計画指針を使った多くの教会が、プロジェクトが神の御心からぶれないように守ってくれるという点で、この指針は非常に有益だと言ってくださいました。神は私たちをご自分との「協力関係」に招いておられます。神が指導者であり、私たちはその目的を学び、その知恵を求めます。緻密な計画を立てた上で、私たちは聖霊の柔軟な導きと助けに従うのです。

・この指針はシンプルなステップをひとつずつこなしていくように出来ているので、効果的にプロジェクトを計画できるというご意見も寄せられました。良いアイディアを仕入れたものの、計画せずにそれを実行に移してしまう人々がいます。彼らが失敗してしまうのは、アイディアが悪かったからではなく、計画がしっかり練られていないからです。

・指針に従って計画していくと、プロジェクトの細部・委託する仕事・進捗状況と責任の所在が一目でわかるようになっているので使いやすいというご意見もいただきました。

ブラジルにいる同僚たちは、教会が「愛の種まきプロジェクト」を計画・実行するのをサポートしている実践者であり訓練者です。教会メンバーが計画することに反対すると、計画というのはプロジェクト全体のほんの始まりにすぎないということを想起してもらうようにします。最終目標は、「愛の種まきプロジェクト」において神の愛が実践されることそれ自体です。そして、彼らは教会メンバーに、聖書が計画することについて教えている箇所を分かち合います。彼らの勧めにより、この章の終りに「計画すること」についての御言葉を掲載しました。

章末にはさらに、愛の種まきプロジェクト計画指針、アフリカでのプロジェクトの実例、訓練・計画・実践に関する情報、プロジェクトの報告様式が3セット付録されています。

愛の種まきプロジェクト計画指針の使い方

では、話を先に進めて、市長のご計画を見ていきましょう。まず、愛の種まきプロジェクト計画指針です。この先の概要は次のとおりです。

- まず、次ページの計画指針を説明と一緒に読んでみてください。
- 次に、アフリカの実例と計画指針のサンプルを読みます。
- 愛の種まきプロジェクトの訓練・実行・報告について読みます。
- 最後に、自分の属する小グループでじっさいに計画・実行・報告をします。

課題：神の導きを求め、取り組むべき地域の課題は何かを考えます。愛の種まきプロジェクト計画指針の1行目に、課題の要約を記入します。

神の御心／御言葉：聖書を開いて御言葉を参照し、その必要に対する普遍的な神の御心について話し合ってください。聖書の中から一節を選び、それらを計画指針の2行目、3行目に記入してください。

例：**「神は人が清潔で衛生的な環境で生活するように願っておられる。レビ記11章36節」**

プロジェクトのタイトル：最初に選択した問題や必要に、現地の資源を用いて応答できるような小さなプロジェクトを考えて下さい。計画指針の4行目に、プロジェクトを現すタイトルを記入します。

例：**「屋根の修理」「子どもたちのためのお楽しみ会」等**

インパクトを与える領域：ルカによる福音書2章52節に基づき、インパクトを与える第一の領域（5行目）およびそれに付随する第二、第三の領域（6行目）が何かを考え、記入してください。インパクトの領域は、プロジェクトを実行する側ではなく、プロジェクトによって利益を受ける側が受けるインパクトを書くように気をつけてください。

例：

- **聖書に基づく夫婦関係セミナー：知恵**　（第二：社会）
- **ごみ拾い：身体**
- **ジーザスフィルム上映：霊**
- **地域の子どもたちのためのゲーム大会：社会**（第二：**身体**、霊）

※愛の種まきプロジェクト計画指針の後に、手順の続きを紹介します。

愛の種まきプロジェクト計画指針

- 課題：＿＿＿＿＿＿＿＿＿＿＿＿＿＿＿＿＿
- 神の御心：＿＿＿＿＿＿＿＿＿＿＿＿＿＿＿＿
- 根拠となる御言葉：＿＿＿＿＿＿＿＿＿＿＿＿＿
- プロジェクトのタイトル：＿＿＿＿＿＿＿＿＿＿＿＿＿＿＿＿＿
- インパクトを与える領域：＿＿＿＿＿＿＿＿＿＿＿＿＿＿＿＿＿＿
- 付随する第二インパクト領域：＿＿＿＿＿＿＿＿＿＿＿＿＿＿＿＿＿＿＿

ステップ	相談する人	予算と物資	責任者	日にち
1.				
2.				
3.				
必要なら、ステップを追加する				

下の表にステップの番号を記入し、計画が御国の基準に達しているかチェックしましょう

インパクト領域	10の性質
・「知恵」などの右の空欄に、「第一」または「第二」などと記入してください。 ・左の空欄にはそのインパクト領域が関係するステップ番号を記入してください。 ＿＿＿＿知恵＿＿＿＿ ＿＿＿＿身体＿＿＿＿ ＿＿＿＿霊＿＿＿＿ ＿＿＿＿社会＿＿＿＿	・それぞれの性質に適合するステップ番号を記入してください。ひとつの性質に複数の番号を記入しても構いません。 祈りの中で行う＿＿＿＿＿＿ 操作ではなく憐れみ＿＿＿＿＿＿ 神の御心が動機＿＿＿＿＿＿ 思慮深く計画＿＿＿＿＿＿ シンプルで短期間＿＿＿＿＿＿ 地域の資源を用いる＿＿＿＿＿＿ 教会外の人々が対象＿＿＿＿＿＿ 利益を受ける人が参加する＿＿＿＿＿＿ 霊的な影響力がある＿＿＿＿＿＿ 御国の基準で評価＿＿＿＿＿＿

（注意）左の「インパクト領域」では、受益者にとってインパクトがあるステップのみを記入し、右の「10の性質」では、関連するのが受益者・チーム・教会、またはその他の人々であっても、すべてのステップについて検討してください。

ステップ番号:プロジェクトを完遂するのに必要なステップについて話し合ってください。それぞれのステップについて、時系列に沿って空欄に記入してください。サンプルを参考にしても構いませんが、全く同じよう書く必要はありません。オリジナルなものを作成してください。

相談する人:この欄にはそれぞれのステップにおいて相談する人やグループ、部署や組織の名前を書いてください。

予算または物資:この欄にはそれぞれのステップにおいて必要な予算や物資を記入します。

責任者:それぞれのステップを実行に移すにあたり、責任者または責任があるグループ名を書きます。各ステップごとの空欄に名前または役職名を書いてください。

日にち:この欄には、それぞれのステップの締め切り日を書いてください。「第一日」「第二日」という書き方でなく、実際の日付を書いてください。

チェックリスト

インパクト領域:各領域の右の空欄に「第一」あるいは「第二」と記入し、右にはそれぞれの領域を満たすと考えられるステップの番号を書いてください。全行程のなかでインパクトがあると考えられるステップの番号のみを記入してください。

10の性質:それぞれの性質を満たすステップ番号を記入してください。各性質につき最低ひとつのステップ番号が記入されている状態が理想的です。影響を受けるのが受益者だけでなく、計画する人々、教会、または他の人であっても、それぞれのステップについて評価をしてみてください。

何かを学習する最高の方法のひとつは、誰かがやっているのを観察し、それを自分でもやってみることです。これからご紹介する兄弟姉妹と同じことはできないかもしれませんが、それに近いことはできるかもしれません。想像の中で、私たちは彼らがミーティングを重ね、計画し、「愛の種まきプロジェクト計画指針」を記入している様子を観察することができます。

アフリカの実例(サンプルケース)

彼らの会話を聞き、計画を知り、さらに一緒にチェックリストを用いて彼らの計画を見てみましょう。

(注)この計画は訓練会の中で実際に作られたものですが、会話の内容は録音されたものではなく、想像上のものです。

包括的宣教の訓練会の中で、アフリカ人の牧師であるムサは、「愛の種まきプロジェクト」について学びました。これに刺激を受けた彼は、近くの田舎の教会に出向き、自分が学んだことを分かち合いました。するとその教会は包括的宣教委員会を設け、執事であるエノクを委員長に任命しました。他に2人の男性と3人の女性がメンバーとして選ばれました。

エノクは最初のミーティングを開きました。「私たちの最初の仕事は」、彼は言いました「この村に対する神の御心を現すために、『愛の種まきプロジェクト』を通して神が私たちに何をなすように願っておられるかを知ることだ」。彼は祈りをもって始めました「天の父よ、私たちのミーティングを導いてください。あなたがどれほど村の住人たちを心にかけておられるかを示すことができるようなプロジェクトへと、私たちを導いてください」。他のメンバーも順番に祈りました。神が彼らにして欲しいと願っておられることを知ることができるように、心から聖霊の声に聞く気持ちをもって。最後の一人が祈り終わり、「アーメン」と言った後、少しの沈黙がありました。神聖な瞬間でした。

エノクは質問しました「私たちがすべきことについて、何か感じた人はいますか?」。「そうですね」デイビッドが言いました。「3つのことが示されました」エノクが分かち合うように勧めると、デイビッドは言いました「私たちの村は、AIDSによって破壊的な影響を受けているということ、子どもたちの腸炎罹患率が高いこと、そして、市場の衛生管理が悪いことです」。フローレンスが言いました「祈っている間、私もAIDSについて考えたわ。深刻な問題ですもの。でも、神様が私たちに着手してほしいと願っておられるのがその問題だとは感じなかったの」。「僕も全く同じように感じていたよ」サムエルが同意しました。

サラが言いました「今朝、市場で見た恐ろしい光景が頭から離れなかったの。普段の雨の後より、一段とひどい状況だったわ。道路に汚い水がたまっていて、そこで子どもたちが遊んでいて、市場にある野菜や、果物や肉に蚊やハエがたかっていたの。それはひどい光景だったわ」。サムエルは悲しそうに言いました「そうなんだ。僕は、デイビッドが言った衛生の欠如と子どもたちの腸炎の問題は関係があると思ってる」。「どうやら私たちは市場に行ってみる必要がありそうね!」いつも現実的なものの見方をするデボラが言いました。「でも、問題は一筋縄ではいかないかもしれない。きちんと加熱していても、食事を介して病気になることもあるもの!」。

「市場をより衛生的な場所にするために、私たちにできることはないだろうか?つまり、『清潔は敬虔の証である(原注：これはアメリカの慣用句ですが、他の文化にも似たようなものがあるかもしれません)』というような意味の、聖書の箇所がないだろうか?」デイビッドが聞くと、エノクは笑いながら言いました「そんなのは聖書にはないよ。それは良い言い伝えの類だよ。でも、神様が清潔についてどのように考えておられるかを知ることができるような御言葉なら見つかるかもしれないね」。エノクは神がこの会話を導いておられるのを感じていました。サムエルが言いました「私たちは、この地を管理するように命じられているよね。清潔に保つことも、地を管理することの一部なんじゃないだろうか?」。「素晴らしい!」エノクは言いました。「他には?」「そういえば、レビ記には清潔に関するたくさんの聖書個所があるわ」サラが言いました。皆は驚いてサラを見て、聞きました「いつもレビ記を読んでるの?」。「いつもではないけど、レビ記には、聖なるものと汚れたものについてたくさん書かれているわ。私が市場を通った時、不快な思いをした理由が分かったわ。神様もそれが嫌いだったのね!」今朝の出来事を思い出しながら、サラは身震いをしました。

「どうやら、方向性が見えつつあるね。計画指針を見てみよう」エノクが言いました。「2行目は、神の御心だ。ここには、『私たちが清潔な環境で生活すること』と書こう。3行目は御言葉だね」「レビ記11章36節を見てくれ!」デイビッドが言いました。レビ記にざっと目を通した彼は、イスラエルの民が清潔で健康に過ごすために、神がどれほど事細かに指針を与えておられるかに驚いていました。「あぁ、私たちは、神様の意図からどれほど外れてしまったことだろう!」エノクはその聖書個所を見て、3行目に、レビ記11章36節と書きこみました。「素晴らしい」エノクが言いました。「でも、依然として私たちは具体的に何をしたら良いか、わかっていないわ」デボラが皆に言うと、エノクは、「何かアイディアはあるかな?誰か、神様が私たちを導いておられる方向性を感じる人は?」と皆に聞きました。

フローレンス(彼女は神様が自分に語っていると思うこと以外のことを話しません)が口を開きました「私は、神様が私たちに市場に公共の男性用小便器を建設するように望んでおられるように思うわ」。メンバーたちは驚き、しばらくの沈黙が流れました。フローレンスは普段、はにかみ屋で、特に男性に対してすごく内気でした。なのに、今彼女は公共の小便器を建設することを提案しているのです!「そうだね」サムエルが言いました。「もしかしたら、これが答えかもしれない。これは、地域の衛生問題に関わるかもしれないね」。「もしかしたらですって?」サラは言いました「これは神様からの答えよ！」。サラは、市場の様子をもう一度思い起こしながらつぶやきました「汚染された水…ハエ……」。

エノクが聞きました「1行目の問題の欄には、何と書けばいいだろう？」。サムエルが少し考えて言いました「市場の便器が村に公衆衛生上の問題を引き起こしている」。エノクは記入しました。「4行目には何と書けばいいだろう？」エノクが聞くと、デボラが即答しました「『市場への公衆小便器の設置』が良いわ」。メンバーたちは彼女の実務的なセンスに微笑みました。「良いね」エノクは書きとめました。

「では」エノクが言いました「5行目の、第一のインパクト領域の欄に、何と書こう？」。「そこにはどんなことを書くのだったか、もう一度教えてくれますか？」デイビッドが言いました。エノクは説明を始めました「私たちは、イエス様が成長されたように人々にも成長してほしいと願っています。知恵においても、身体的にも、霊的にも、そして社会的にも。私たちが最も影響を及ぼしたい領域は4つのうちどれでしょう。このプロジェクトによって、人々が最も益を受ける領域はどの領域でしょうか？」。「簡単だわ。『身体』よ」デボラが言いました。「では第二のインパクト領域は？」エノクは聞きました。サムエルが答えました「社会的な領域だと思うね。同じプロジェクトのために人々が協力して働くのだから」。「それに、霊的な領域もあると思うわ。公の場で完成祝賀会をするとき、人々は私たちが神様に感謝しているのを見ることになるから」フローレンスが付け加えました。エノクは、第6行に、「社会+霊」と書き込みました。「では次に、ステップについて話し合おう」。

グループは活気付いてきました。彼らはステップについて話し合い、何が最初になされるべきかを議論しました。それぞれのステップにおいて、彼らは「誰に相談するのか？何が必要なのか？協力してくれそうな人はいるか？誰が責任者になるか？いつまでにそれをするか？」という質問をしました。エノクはそれらの議論を、計画指針に書き込んでいきました。とうとう、彼らは最後のステップに到達しました。彼らは書かれた計画指針を満足げに見つめました。「僕たちには、きっとできるよ！」デイビッドが言うと、フローレンスが付け加えました「神様の助けがあれば！」。「待って！」エノクが言いました「まだチェックリストが終わってないよ」。グループはチェックリストを使って計画を見直し、大きな感謝とともに祈りました。エノクは計画指針を手に取り、微笑みました。1つ目のステップが終わりました。明日、エノクは地域の自治会を訪れ、市長に会う約束を取り付けます。

ここまでを読んで、このアフリカの実例からチェックリストを完成する練習をしてみましょう。章の終わりに答えがありますが、まずはそれを見ずにやってみてください。

練習問題：アフリカの実例

・プロジェクト計画指針

1. **課題**：市場の公衆小便器
2. **神の御心**：私たちが衛生的な環境で暮らすこと
3. **根拠となる御言葉**：レビ記11章36節
4. **プロジェクトのタイトル**：公衆小便器の建設
5. **インパクトを与える領域**：身体
6. **付随する第二インパクト領域**：社会+霊

ステップ	相談する人	予算と物資	責任者	日にち
1. 計画指針を用いて祈り計画する。	神様	時間、熟考	プロジェクト委員会	第1日
2.地域のリーダーに意見を仰ぐ	市長、議員	面会の約束	プロジェクト委員会	第2−4日
3. 調査票を作る	プロジェクト委員会	アイディア	プロジェクト委員会	第5日
4. 祈り	教会	時間、スケジュールを合わせること	プロジェクト委員会	第5日
5. 意識調査	地域と議会	調査票	プロジェクト委員会	第6日
6. 設計図、建設計画	設計士／小便器を置く場所の担当議員	専門家の許可	プロジェクトリーダーと設計士	第8日
7. 教会と地域からの資金集め	牧師、議員	時間	プロジェクト委員会	第9−10日
8. 物資の調達	プロジェクト委員会	レンガ、砂、石、セメント、道具	プロジェクト委員会	第11−12日
9. 着工日の発表	プロジェクト委員会	ポスター	プロジェクト委員会	第15日
10. 食事の準備	教会、地域の女性ボランティア	メニュー、当日のボランティア	プロジェクト委員会	第15日
11. 祈り	教会	時間	牧師	第15日
12. 建設	教会、地域のボランティア	週末の予定を空けること	プロジェクト委員会	第16−17日
13. 祝賀、感謝会	牧師、市長	招待状、時間の設定	プロジェクト委員会	第17日
14. 評価と報告	プロジェクト委員会	熟考	プロジェクト委員会	第18日
15. 祈り、次回の「愛の種まきプロジェクト」の計画	プロジェクト委員会	熟考	プロジェクト委員会	第25日

（注）これはひとつの例です。皆さんの計画はこれとは違うステップになるでしょう。

・チェックリスト

インパクト領域:この事例のどのステップが「第一」および「第二」インパクト領域に当てはまるかを考え、次の表に記入してください。受益者に対して計画された影響があるものだけを書いてください。

(注)答えは3つありますが、うち2つは既に回答欄に記入済みですので、これに倣ってもう1つを書いてください。

10の性質:この事例が御国の基準を満たしているかどうかをチェックするために、それぞれの性質を満たすステップ番号を記入してください。影響を受けるのが受益者だけでなく、計画する人々、教会、または他の人であっても、それぞれのステップについて評価をしてみてください。

(注)1つ目の性質は既に記入済みですので、これに倣って進めてください。
ご自分で考えて空欄を埋めた後に、章末の解答で答え合わせをしてみましょう。

インパクト領域	10の性質
・「知恵」などの右の空欄に、「第一」または「第二」などと記入してください。 ・左の空欄にはそのインパクト領域が関係するステップ番号を記入してください。 ＿＿＿**知恵**＿＿＿ 12 **身体** 第一 13 **霊** ＿＿＿ ＿＿＿**社会** 第二	・それぞれの性質に適合するステップ番号を記入してください。ひとつの性質に複数の番号を記入しても構いません。 **祈りの中で行う** 1, 4, 11, 15 **操作ではなく憐れみ**＿＿＿ **神の御心が動機**＿＿＿ **思慮深く計画**＿＿＿ **シンプルで短期間**＿＿＿ **地域の資源を用いる**＿＿＿ **教会外の人々が対象**＿＿＿ **利益を受ける人が参加する**＿＿＿ **霊的な影響力がある**＿＿＿ **御国の基準で評価**＿＿＿

(注意)左の「インパクト領域」では、受益者にとってインパクトがあるステップのみを記入し、右の「10の性質」では、関連するのが受益者・チーム・教会、またはその他の人々であっても、すべてのステップについて検討してください。

計画の練習

ここまで、「愛の種まきプロジェクト」の様式を紹介し、チームで計画する過程を観察してきましたが、今度は私たちが訓練会の中でどのように「愛の種まきプロジェクト」の計画を導くかを解説します。参加者が全員同じ地域教会のメンバーである場合、この過程は省略します。

1．小グループを作る

参加者に、次のような構成で3人から6人ごとの小さなグループに分かれていただきます。

- 同じ教会のメンバー同士。
- 同じような背景をもつ教会のメンバー同士。
- 同じ団体、または同じような教理をもっているグループに属している参加者同士。

2．地域教会と、地域を選択する

参加者は、計画を練習するために実在または架空の地域教会と地域を選択します。

3．問題をリストアップする

小グループのメンバーは、選ばれた実在または架空の地域の主要な問題を三つリストアップし、次に挙げる計画および実行段階に移ります。

計画と実践

「愛の種まきプロジェクト」は小グループで取り組むときに最大限の効果を発揮します。どのような小グループであっても、地域の人々に対して神の愛と配慮を具体的に現すプロジェクトを計画し、実行できます。グループが大きすぎる場合、4人もしくは5人のグループに分けてください。短期間で小さなプロジェクトを計画・実施するときは、グループが小さい方が好都合です。

1. 導きを祈る

課題を特定したら、グループは聖霊の導きを求めます。

2. 計画指針を使う

計画指針の各段階に記入しながら、小グループのメンバーはそれぞれのステップを埋めていきます。チェックリストを忘れないようにしましょう――これはとても助けになります。より多くのステップを記入できるようになっている附録Cの空欄の計画指針はコピーして用いていただけます。

3. 計画を発表する

参加者全体の前で計画を発表し、他の参加者と共に計画の評価を行います。

4. 実践する

これは重要です!各グループはその「愛の種まきプロジェクト」を実行に移します。

5. 報告・評価・次回のプロジェクトへの洞察

●**報告**

リーダーは、グループが一番使いやすいと思う報告の様式を選びます。次ページに、三つの報告様式を掲載しました。その中からひとつを選んでも結構ですし、独自の報告様式を作成しくださっても構いません。グループで一緒に報告様式を書き上げ、適切な方法で教会の他のメンバーに分かち合ってください。

報告様式1：長年にわたって使われてきた、その効果が実証された様式です。

報告様式2：より深い評価ができるようになっている、新しい様式です。

報告様式3：質問に答えていく、物語形式の様式です。

●評価と未来への洞察

参加者は祈り、評価し、今後どのように神の愛を具体的に現し続けていけるかを話し合います。隣人に仕えるライフスタイルにおいて成長していくために、次の2章にご紹介する長期計画のためのツールを使用することもできます。

報告様式1

「愛の種まきプロジェクト」レポート

グループ名：________________________

教会名：__________________________

住所：______________________________

連絡先：____________________________

牧師名：________________________

愛の種まきプロジェクトのタイトル:

御言葉：________________________

場所：都道府県:________市町村：________地域名:__________

時間:________年________月________日

第一インパクト領域:________第二インパクト領域（複数も可）：________

（計画段階に入っているインパクト領域だけを記入してください）

以下の質問に答えてください。必要なだけスペースを使って結構です。

1. このプロジェクトは誰のアイディアですか?

2. 何を行いましたか?（愛の種まきプロジェクトを要約してください。）

3. プロジェクトにどのぐらいの時間を必要としましたか?
 計画：　　日　　実行：　　日

4. プロジェクトに参加したのは誰ですか?

5. プロジェクトに参加した人数は何人ですか?　　　人

6. 第一の受益者は誰ですか?

7. 受益者はどんな形で参加しましたか?

8. どんな資金や物資を必要としましたか?どこからそれを得ましたか?

9. 受益者は資金や物資面でどのように貢献しましたか?

10. 神様がこのプロジェクトを祝福してくださったというしるしは何かありましたか?

報告様式2

「愛の種まきプロジェクト」レポート

グループ名：＿＿＿＿＿＿＿＿＿＿＿＿＿＿＿＿

教会名：＿＿＿＿＿＿＿＿＿＿＿＿＿＿＿＿＿＿

住所：＿＿＿＿＿＿＿＿＿＿＿＿＿＿＿＿＿＿＿＿＿＿

連絡先：＿＿＿＿＿＿＿＿＿＿＿＿＿＿＿＿＿＿＿＿

牧師名：＿＿＿＿＿＿＿＿＿＿＿＿＿＿＿＿＿

愛の種まきプロジェクトのタイトル:

御言葉：＿＿＿＿＿＿＿＿＿＿＿＿＿＿＿＿

場所：都道府県:＿＿＿＿＿＿市町村：＿＿＿＿＿地域名:＿＿＿＿＿＿＿

時間:＿＿＿＿＿年＿＿＿＿＿月＿＿＿＿＿＿日

第一インパクト領域:＿＿＿＿＿第二インパクト領域（複数も可）：＿＿＿＿＿

（計画段階に入っているインパクト領域だけを記入してください）

以下の質問に答えてください。必要なだけスペースを使っていただいて結構です。

1. プロジェクトの選択について

- 誰がこのプロジェクトを選びましたか?
- 選択の過程で、祈りはどのような役目を果たしましたか?
- このプロジェクトを選ぶとき、神様の御心をどう考慮に入れましたか?

2. プロジェクトについて

- プロジェクトを一段落に要約してください。
- 誰がプロジェクトの計画に参加しましたか?
- 「愛の種まきプロジェクト」のリーダーは誰でしたか?
- 計画、準備するのにどのぐらいの期間がかかりましたか?
- 実際のプロジェクトを実行するのにどれぐらい時間がかかりましたか?
- 誰が実行に参加しましたか?何人が参加しましたか?
- プロジェクトによって利益を受けたのは誰ですか?それは何名ぐらいですか?
- 必要な資金や物資はどこから来ましたか?

3. プロジェクトの評価

- 地域に対する神の御心はどのような形で促進されましたか?
- 参加者の人生に、神はどのように働きかけてくださいましたか?
- 神は、あなたの教会にどのように働きかけてくださいましたか?
- 「愛の種まきプロジェクト」を通して、神はあなたの地域にどのように働きかけてくださいましたか?
- 愛の種まきプロジェクトの「実」には、どんなものがありましたか?
- プロジェクトによって予期しなかった、または驚くような結果は何かありましたか?
- 第二、第三のインパクト領域は何かありましたか?
- どのような困難に直面しましたか?それにどう対処しましたか?
- 10の性質の、どの部分を最も大切に扱いましたか?
- 10の性質の、その部分が最も見過ごされがちでしたか?

4.「愛の種まきプロジェクト」の計画と実行を通してあなたが学んだことは何でしたか?

- 神について
- 自分自身について
- お互いについて(教会の人々)
- 地域について(教会の外の人々)
- あなたの住む地域に対する神の御国と神の御心について

5. 今後の展望

「愛の種まきプロジェクト」の後にどのようなフォローアップが必要ですか?そのために何をどのように行いますか?

- さらに踏み込んだ奉仕への扉は開かれましたか?
- 解決すべき問題は何か持ち上がりましたか?
- このプロジェクトは、教会全体の働きにどのように影響を与え、貢献することができますか?
- 参加者が訓練を受け、さらに技術を身につける必要があると感じた領域はありましたか?
- そのような領域に対して何をしますか?
- 神様は、次にあなたに何をして欲しいと願っておられるでしょうか?

報告様式3

「愛の種まきプロジェクト」レポート

次に挙げるいくつかの実例は、報告様式1に対して、物語形式で答えたものです。私はこのレポートの登場人物たちは、その生活において神様の愛の小さな、そしてシンプルな実践を行動に移しました。市長は彼らに、「良くやった。良い忠実なしもべたちよ」と言われることでしょう。

●高齢者を見舞った聖書研究会

サンタ・フェリシダーデの家庭聖書研究グループは、地域の高齢者の家を訪問しました。計画されたインパクト領域は「社会」(第一)と「霊」(第二)でした。計画に要した時間は2時間で、実行には4時間を要しました。主要な受益者は施設で生活していた90歳になる男性と女性でした。5人がそのプロジェクトに参加しました。彼らが実施した内容は、高齢者の話を聞き、クッキーをプレゼントし、一緒に音楽を聞き、踊り、詩篇121篇を朗読し、一緒に祈ることでした。資源を提供したのは、家庭聖書研究グループ(輸送)と、教会の手芸グループ(手作りクッキー)でした。グループは施設に行く前に共に祈りました。現れた最初の効果は、社会との接点でした。家庭聖書研究会に参加していたひとりの女性は2年間、鬱病で苦しんでいました。施設で過ごした時間、彼女は自分の殻から抜け出し、話をし、一生懸命高齢者たちと交流をもちました。次の日、その聖書研究グループの一人の女性はこう言いました。もし彼女が隣人を愛するということを教えられていなかったら、彼女はすぐにグループを去っただろうと。隣人を愛するという教えによって彼女は聖書研究グループにとどまり、そして一緒にそれをし、今は続けて参加することを望んでいます。

●子どもたちのシェルター

ある教会の小グループが計画した「愛の種まきプロジェクト」は、子どもたちのシェルターを作り、家具を設置するというものでした。第一のインパクト領域は「身体」で、第二の領域は「社会」、および「霊」でした。このアイディアは家庭的な交わりのメンバーから出されました。計画には1ヶ月を要し、実行に2日かかりました。受益者は複雑な家庭環境にある15人の子どもたちでした。3人の男性が資材を調達し、地域から参加した別の3人の男性が建設を手伝いました。この仕事に霊感を与えた聖書箇所は箴言1章23節でした。このプロジェクトが始まる前、子どもたちは家庭教師の授業の間中、汚れた床に落書きをしていました。聖書研究の最中にグループはこのアイディアを思いつきました。プロジェクトによって、セメントの新しい床と、子どもたちがどこで授業を受ければ良いか分かるように補助するための12のプラスチック製の椅子が提供されました。教会メンバーたちは、他者に仕えることにおいて協力することを学び、またそのことに喜びを感じました。「神の国の算数」の原則が実現しました。地域のアルコール依存症患者も作業を手伝ったのです。プロジェクトの現場を訪れた一人の男性は、椅子を寄付してくれました。地域に住む人々は近所の親戚を誘って、新しい場所を活用し、そこで行われる活動に参加するように勧めました。その場所で教会メンバーと地域の人々が会合を持つときは、いつも祈りが捧げられ、神が讃えられています。

●子どもの日の礼拝

ある教会において、子どもの日が「愛の種まきプロジェクト」になりました。第一のインパクト領域は「社会」で、第二の領域が「霊」でした。ひとりのメンバーがこれを提案しました。その人は「私たちの国では誰もがこの祭日を覚えているが、その儀式の多くは良くない事柄と結びついている。この地域の子どもたちには、記念日をそのようなお祭りではなく、神の愛を体験する日として覚えるようになって欲しい」。

計画には3週間を要し、いくつかの異なった場所で祈りが捧げられました。実際に行動をしたのは一日でした。主要な受益者は45人の子どもたちで、20人の大人たちが手伝いました。活動には、歌と短いお祈りを含む子どもたちの歓迎も含まれました。詩篇2篇11節が朗読され、その催しが神様の御心の現れであることが明確にされました。テーブルがセットされ、朝食が用意され、子どもたちはレクリエーションを楽しみ、ゲームをし、昼食を一緒に食べました。ミュージカルと、誕生日のお祝いをもってその日のプログラムは終わりました。多くの食べ物が捧げられました。ポテト・バナナ・オレンジ・マンゴー・チキン等。その他の必要は、普段から地域の子どもたちのために取り分けられていた献金の中から拠出しました。その場で確認出来た「実」は、教会の子どもたちと地域の子どもたちが仲良く遊んでいたことでした。また、次の礼拝において、地域の人々が「やもめの献金」（ルカによる福音書21章2節参照）を捧げてくれたという実もありました。物資は掛け算的に増加し、次の日に教会と地域の人々に対して無料の昼食を提供することができました。神の愛が分かち合われ、神があがめられました。

●髪の毛と爪

「僕の髪がどんなにカッコ良いか、気付いた?」男の子は目を輝かせて聞きました。彼の態度は内向的で地面を見つめているような普段の様子とは劇的に違っていました。彼のこの言葉と満足感は、地域教会の「愛の種まきプロジェクト」による即座の結果のひとつでした。彼らは20名の地域の子どもたちの爪を切り、磨き、髪を洗い、カットし、ブローしてあげたのです。インパクト領域は「身体」、および「社会」でした。活動には、使用する道具と備品の確保（髪を洗う業務用のシンク・シラミを駆除するシャンプー・ドライヤー・ハサミ・ブラシ・マニキュア用品）、地域の子どもたちを教会に連れてくること、子どもたちの髪を洗うこと、子どもたちの髪を切り、ドライヤーで乾かしブローすること、手を洗ってあげ、爪の手入れをしてあげること、食事を準備することが含まれていました。計画に2週間、実行に5時間を要しました。主要な受益者は地域の20名の子どもたちでした。40名の参加者が教会から手伝いに来てくれました。ほとんどの物資は献品や献金によってまかなわれ、教会は建物とホットドッグ用のパンを用意しました。教会のメンバーたちは子どもたちの髪と爪の手入れをしてあげ、公衆衛生に関する知識を教えてあげ、彼らに承認を与える肯定的な言葉をかけ、そしてこれは神様の愛の表現であることを伝えました。計画に書き込んだ聖書箇所は、ヨハネの手紙第三2節でした。イベントの前に祈りのひとときが持たれました。子どもたちはプレゼントされたシャンプーを家に持ち帰りました。即座の結果は、子どもたちが清潔で、見栄え良くなり、そして彼らが自分達に自信を持ったことです。手伝った人々は、仕えることの喜びを体験しました。彼らは言いました「小さな蚊になって子どもたちを尾行して、綺麗になって帰宅した瞬間を見に行きたいわ」。資源は増加しましたので、後日、別の日に同じイベントをもう一度することができました。一度も教会に来たことのない人々がこの活動にボランティアとして参加しました。すべての栄光が神様に返されました。

●子どもたちの討論会

ある教会は、子どもたちの権利と義務に関する「討論会」を開催しました。第一のインパクト領域は「知恵」で、第二が霊的な領域でした。包括的宣教が教えられている家庭集会に参加した若い弁護士がそのアイディアを出しました。一時間にわたり、子どもたちと10代の若者たち16人に彼女は話をしました。子どもたちは自分たちの意見を表明し、話し合いに参加しました。ケーキとソフトドリンクが用意され、予定されていなかったにも関わらず、子どもたちによるその話題に関する人形劇が即興で作られました。準備には2週間かかり、実行には3時間を要しました。主な受益者は近所の16人の子どもたちでした。そのプロジェクトに霊感を与えた聖書箇所はマルコによる福音書9章36節でした。物資と食料は増加しました。3歳のジョバンナは良い影響を受けた子どもの一人でした。彼女は裕福な家の子で、それまで恵まれない家の子どもとは一度も話をしたことがありませんでした。他の教会からも法律家が参加し、貧困層の家庭に対するマイクロクレジット事業(訳注：困窮者のための少額の融資のこと)の立ち上げに興味を示しました。準備の期間中、プロジェクトのために毎日祈りが捧げられました。子どもたちの討論の前と後に、祈りが捧げられました。神の愛が見える形で示され、神の栄光があがめられました。

●新しいトイレ

中産階級の人々が集うある教会は、数年間にわたり近くにあるスラム街の人々に仕えてきました。そこには人間が抱えるありとあらゆるニーズがありました。あるとき、そのスラムにある小さな公衆便所があまりにもひどい状態なのを見て、彼らはスラム居住者の住環境が心配になりました。教会のメンバーたちは考えました。「冬にはどうなってしまうんだろう？子どもたちは健康でいられるだろうか？」ヘブル人への手紙13章3節が教会メンバーたちに霊感を与えました。「**牢につながれている人々を、自分も牢にいる気持ちで思いやり…**」彼らはトイレを修繕するために自分たちの時間とお金を投資しました。建設業で働いているメンバーは、一日の有給休暇を取って手伝いました。建材の販売をしているメンバーは安価で材料を提供しました。スラムの人々も熱心に参加し、出来るかぎりの手伝いをしました。約15名の大人と6名の子どもたちがプロジェクトの受益者でした。もうひとつの効果は、教会メンバーたちが、隣人とその被造物(環境)との和解という、神の偉大なご計画に貢献できるという啓示をより深く理解したことでした。全ての過程で、神様が栄光をお受けになりました。

●僕（しもべ）に仕える

アメリカの教会のメンバーたちの願いは、彼らの言葉を借りるなら、「教会の壁の外で、神を笑顔にさせるような何かをする」ことでした。彼らは介護施設の食堂スタッフや看護助手として働く従業員たちを「敬い、励まし、尊敬し、その価値を認める」ことにしました。従業員たちは、メンバーの一人の自宅で開催された感謝祝賀夕食会に参加しました。第一の焦点は身体および社会的領域で、第二は霊的な領域でした。ガラテヤ人への手紙6章9節の御言葉が用いられました。14人の従業員に心がこもった招待状が送られ、12人が参加してくれました。夕食会はアイスブレーク（訳注：雰囲気を和らげるような自己紹介や分かち合い）で始まり、お互いを知ることが出来るような簡単なゲームが行われました。計画チームの一人が、彼らが高齢者の方々に常日頃仕えていることに感謝を現し、今日の計画は、彼らに仕えるためであることを伝えました。教会の女性たちは料理をし、男性たちは給仕と片づけをしました。食事の後、自然な分かち合いの時間になりました。招待されたゲストと教会の人々はお互いのことを話し、何人かのチームメンバーが話をしました。「愛の種まきプロジェクト」のチームリーダーが御言葉を読み、一人ひとりが神様によって特別な目的のために作られた存在だから、良い働きをするのに疲れ果ててしまわないようにしましょう、という聖書の内容を分かち合いました。ゲストたちには、メキシコ製の装飾された器と、観葉植物と、励ましを与えるような本がプレゼントされました。その晩の終わりには、ホームの従業員たちは輪になって皆の祝福を受けました。プロジェクトチームは感謝の手紙を何通か受け取りました。その中のある手紙には「感謝されるということは素晴らしいことですね。私はあの晩のことを忘れることができません。いただいた本を読んで、自分が貢献できることは何か、ということについて深く考えるようになりました」とありました。

二つのことを付け加えておく必要があると思います。(1)このプロジェクトの間接的な結果として、メキシコにあるその介護施設は新しく改修されました。(2)グループはこう言いました。「もし私たちが机に座ってこれを計画しなければ、このプロジェクトは実現しなかっただろう。綿密な計画が違いを生んだんだ！」

次章の内容

次章では、どのように私たちが「愛の種まきプロジェクト」を継続して行うことができるのか、どのように私たちがより深く広範な市長のご計画に仕えることができるのかを見て行きたいと思います。

※「練習問題1」の解答

プロジェクト	YES	NO	番号
a. 伝道のための活動として、ゲームとお菓子を持参して、地域の子どもたちと一緒に一日遊んだ。	☐	☑	2
b. 地域の必要を調査し、その応答としてお腹を空かせた子どもたちとピクニックに行った。	☐	☑	3
c. 教会メンバーの家のトイレを修理した。	☐	☑	7
d. 祈りをもって、行政が主催する識字教育プログラムに参加した。	☐	☑	6
e. 識字教育プログラムに関して地域住人で話し合う場を設け、短い祈りをもってその会を始めた。	☐	☑	1
f. 地域のごみ拾いを企画し、翌日それを実施した。	☐	☑	4
g. 地域のための食育セミナーを開催した。実行委員会は素晴らしい働きをしたので、地域の人々はただ参加するだけでよかった。	☐	☑	8
h. 教会を宣伝するために、「愛の種まきプロジェクト」をローカル放送局に報道してもらった。	☐	☑	10
i. チャイルドケアセンター（訳注:日本で言う私立の保育園やこども園のような施設）を設立し運営した。	☐	☑	5
j. チャイルドケアセンター設立にあたり、地域の人々と話し合う機会を設けた。	☑	☐	–
k. 霊的な事柄には触れず、植林活動を行った。	☐	☑	9

- 「NO」は、そのプロジェクトが10の性質を満たしていないことを現しています。
- 「NO」の右の番号は、欠けている性質の番号です。
- 解答に納得がいかない場合、もう一度注意深く10の性質を見直してみましょう。

10の性質	
1. 祈りの中で行う	6. 地域の資源を用いる
2. 操作ではなく憐れみによって	7. 教会外の人々を対象とする
3. 神の御心が動機である	8. 利益を受ける人が参加する
4. 思慮深く計画する	9. 霊的な影響力がある
5. シンプルで短期間である	10. 御国の基準で評価する

※練習問題2の解答

・チェックリスト

アフリカの事例が条件を満たしているかどうか、下の表にプロジェクトのステップ番号を記入することで確認してください。

インパクト領域	10の性質
・下の右の空欄に、「第一」または「第二」と記入してください。 ・左の空欄には、インパクト領域が関係するステップの番号を記入してください。 ____ 知恵 12 身体 第一 12 霊 12, 13 社会 第二	・それぞれの性質に適合するステップ番号を記入してください。ひとつの性質に複数の番号を記入しても構いません。 祈りの中で行う1, 4, 11, 15 操作ではなく、憐れみによって12 神の御心が動機 1 思慮深く計画する 1−15 シンプルで短期間12 地域の資源を用いる 7, 8, 10 教会外の人々を対象とする 2, 5, 6, 7, 12 利益を受ける人が参加する 7, 10, 12, 13 霊的な影響力がある 13 御国の基準で評価する 14

あなたの「愛の種まきプロジェクト」レポートを送ってください。

あなたの「愛の種まきプロジェクト」レポートを送って下さい。データもしくは紙に書かれたレポートを、この本の巻頭にある連絡先まで*Email*で送ってください。写真等の資料があるとなお助けになります。以下のことを教えてください。

- 他の人々の助けになるように、そのレポートの内容を使わせていただいて良いか
- あなたのお名前、教会名、国や地域名を匿名にして欲しいかどうか

ご協力ありがとうございます。

Email：info@karashi.net

計画することの重要性を教える御言葉

●神様は計画を立てられる方

あなたは聞かなかったのか。昔から、それをわたしがなし、大昔から、それをわたしが計画し、今、それを果たしたことを。「いにしえの日に心に描いたことを、私は今実現させた。」

イザヤ書37章26b節

わたしは、東から猛禽を、遠い地から、わたしのはかりごとを行う者を呼ぶ。わたしが語ると、すぐそれを行い、わたしが計ると、すぐそれをする。

イザヤ書46章11節

わたしはあなたがたのために立てている計画をよく知っているからだ。――主の御告げ――それはわざわいではなくて、平安を与える計画であり、あなたがたに将来と希望を与えるためのものだ。

エレミヤ書29章11節

みこころによりご計画のままをみな行う方の目的に従って、私たちはあらかじめこのように定められていたのです。

エペソ人への手紙1章11b節

●神のご計画とともに、私たちも計画する。

あなたは山で示された定めのとおりに、幕屋を建てなければならない。

出エジプト記26章30節

「これらすべては、私に与えられた主の手による書き物にある。彼は、この仕様書のすべての仕事を賢く行う。」

歴代誌第一28章19節

●高潔な動機と行動を通して私たちは計画する。
しかし、高貴な人は高貴なことを計画し、高貴なことを、いつもする。
イザヤ書32章8節

●献身をもって計画する。
あなたのしようとすることを主にゆだねよ。そうすれば、あなたの計画はゆるがない。
箴言16章3節

●正義をもって計画する。
正しい人の計画することは公正で、悪者の指導には欺きがある。
箴言12章5節

●良いことのために計画する。
善を計る者には恵みとまことがある。
箴言14章22b節

●時機にかない、堅実に計画する。
なまけ者よ。蟻のところへ行き、そのやり方を見て、知恵を得よ。・・・・夏のうちに食物を確保し、刈り入れ時に食糧を集める。

箴言6章6節、8節

●助言を得ながら計画する。

密議をこらさなければ、計画は破れ、多くの助言者によって、成功する。

箴言15章22節

●勤勉さをもって計画する。

勤勉な人の計画は利益をもたらし、すべてあわてる者は欠損を招くだけだ。

箴言21章5節

●堅実に計画する。

そういうわけですから、この計画を立てた私が、どうして軽率でありえたでしょう。それとも、私の計画は人間的な計画であって、私にとっては、「しかり、しかり」は同時に、「否、否」なのでしょうか。

コリント人への手紙1章17節

●明確に計画を書き記す。

主は私に答えて言われた。幻を板の上に書いて確認せよ。これを読む者が急使として走るために。

ハバクク書2章2節

◆14章　長期的な働きへの展望

「愛の種まきプロジェクト」を一回行っても、長期的な神の国の影響力がもたらされるわけではありません。一人が「愛の訓練」に取り組んでも、世界が変わるわけではありません。しかし、このようなプロジェクトや愛の実践がすべてのキリスト者とすべての地域教会において日常的に実践されるなら、その影響力はどれほど大きくなるかを想像してみてください！

地域社会を変革する小さな種

もしイエス様が市長だったら、イエス様はその民と教会に小さな種を蒔くように励まされるだろうと私は信じています。主はそれを増やし、木や実を生じさせ、さらにそれは森へと発展させてくださいます！私の同僚であるダロー・ミラー氏が、エチオピアにおいて農業を通して地域に変革をもたらそうとした農業従事者の話をしてくれました。彼は言いました。「私たちは農家の人々が、種の中に森を見ることができるように助けています！」エチオピアの農業従事者たちが蒔く小さな種の一つひとつは、森の始まりです。キリストの僕（しもべ）たちによって蒔かれる種である一つひとつの愛の実践は地域変革の始まりです。

本書の始めに、私は読者の皆様の想像力を刺激するためにこのような問いかけをしました。「もし次の月曜日の朝9時から、あなたが暮らす地域住民が全員、神の御心に沿って生活しはじめたら、いったいどんなことが起こると思いますか？」

私が思うに、市長であるイエス様のご計画がますます実現していくに違いありません！今の質問を言い換え、より具体的に想像してみましょう。

●もし今度の月曜日の朝9時から、あなたが暮らす自治体のすべてのクリスチャンが忠実で、愛に満ちた、神に従順に周囲に奉仕するライフスタイルを始めたら、どんなことが起こるでしょうか?
●もしあなたが暮らす自治体にあるすべての教会が、教会の外の人々に対して神の愛と御心を現し始めたらどうなるでしょう?
●もしそうなった場合、地域の人々は変化に気がつくでしょうか?

地域の人々は変化に気づくと私は思います!しばらくは、人々は何が変わったのか理解せず、何か心地よいと感じるにとどまるかもしれません。マスコミがそのことについて尋ねるかもしれませんし、公的な仕事をしている人々が変化に気がつくかもしれません。もしかしたら、有力者たちがそれについて話し合うかもしれません。実際には引き起こされた結果のすべては、イエス様の弟子たちが従順に隣人を愛し始め、市長のご計画が実行に移されたことが原因です。

小さなプロジェクトは、それが次から次へと行われていくならば、地域は変革されていきます。私たちはこれまでに、地域教会が神の愛の実践を継続的に――10年、または20年という長期にわたり――意図的に行ってきた地域において、地域が変革されるのを見てきました。その影響がどれほど大きいか想像してみてください!ホンジュラスのテグシガルパにある地域教会は、一年を通じて数多くのプロジェクトを実行し、地域に大きな影響を与えました。そのうちいくつかは小さな「愛の種まきプロジェクト」であり、もっと大きなプロジェクトも実行されました(聞くところによると、その教会は最初に小さな「愛の種まきプロジェクト」に成功したので、もっと大きなプロジェクトに取り組むことができたそうです)。

たった一年間で、キリストの身体としてひとつの地域教会が行った活動をご紹介します。この教会のメンバーたちが隣人の必要に忠実に応答していくことによって、地域社会がいかに変えられたか、想像してみてください。

- サッカーリーグ
- 医療チーム
- 保育所
- 貧困家庭の子どもたちへの衣類の配布
- 歯科医たちによる、出張デンタルクリニック
- 歯科医師協同組合
- 囚人たちへのベッドシーツの配布
- 囚人の子どもたちへの学用品の配布
- 予防医学セミナー
- ビタミン剤の配給
- 地域の歩道にゴミ回収箱を設置
- 貧しい人々に対する施しのため、週に一食の断食運動
- 道路の減速帯の塗装
- アルコール依存症患者の家族を訪問
- 道に空いた穴の補修
- 市のゴミ収集車によるゴミの回収を要求
- 急勾配の坂道に階段を設置

長期的計画におけるバランスと、働きの融合

長期間の展望をもって「愛の種まきプロジェクト」を計画することにより、地域教会はより効果的に地域に神の国の影響を与えることができます。教会が一年間、もしくは教会に合わせてそれより長い期間、または短い期間中に、たくさんの「愛の種まきプロジェクト」を実践していくのを補助するためのツールをご紹介します。教会は「愛の種まきプロジェクト」によって、神が生活のあらゆる領域に関心を持っておられるということを地域社会に明確に現わしていかなければなりません。様々なプロジェクトを行うにあたって、バランスがとれていることに加え、いくつかの異なるインパクト領域がそれぞれのプロジェクトの中で融合されている必要があるのです。

融合というのは「愛の種まきプロジェクト」によって、仕えられる人々が神の関心の二つ以上の領域に触れることができるという意味です。ある教会が地域のサッカーチームと試合を計画した時、第一のインパクトは社会的領域に向けられることになります。もし茶菓を提供するなら、第二のインパクトは身体的領域に、さらにもし双方のチームがいる場所でコーチがその試合に神の祝福が注がれるように祈るなら、霊的な領域も加えられることになります。さらに、コーチが「試合のルール」について話すときに、私たちの人生にも神の定めたルールがあり、神はそれを守ってほしいと願っておられることを紹介するならば、さらに知恵の領域も加わります。このとき、言語化されないメッセージとして、神の関心は包括的であり、人々の社会・身体・霊・知恵の領域に神は関心をもっておられるという、もうひとつのメッセージが「言外に語られている」ことにもなります。

教会主催のサッカーの試合は小さなイベントのように見えます。しかしその中には、私たちの創造者は愛に満ちていて、実際的で、私たちの日常に関心を寄せられ、さらに永遠に至る私たちの人生のすべての領域に関わってくださるお方なのだ、という包括的なメッセージが含まれているのです。

バランスとは、私たちが多種多様なプロジェクトを計画するということを意味します。バランスと融合が共に働くとき、それらは最大の効果を発揮します。試しに次のようなことを考えてみてください。もし地域の人々があなたの教会が主催した出張デンタルクリニックに訪れたとしたら、彼らは、「教会は歯のことにも関心があるのか」と考えるようになるでしょう。もしあなたの教会が別の隣人に伝道小冊子を配布するなら、人々は「教会は私たちに主を受け入れる祈りを祈って欲しくて、彼らが信じているものを私たちにも信じて欲しいみたいだ」と考えるでしょう。どちらのケースにおいても、人々は神ご自身とその関心について、部分的にしか理解できません。

働きがバランスと融合を備えている時、神が人生のすべてに関心を持ち、関わってくださるお方だということを、私たちは人々に現すことができるのです。

窓としての教会

このように想像してみてください。

教会は、それを通して、あなたの地域の人々が、神ご自身と、生活のすべての領域に対する神の御心を見るための窓である！

なんと大きな責任でしょうか！私たちは窓をきれいにし、地域の人々が神の愛を良く見ることが出来るようにせねばなりません！この章では、私たちが一年間、あるいは様々な長さの期間中に、融合とバランスをもって計画するためのツールを紹介します。このツールは4つの窓のように見えますが、それらは「ビジョンの窓」です。

●それぞれの窓は、ルカによる福音書2章52節に記された神の関心の一つひとつを現わします。

●4つの窓は、教会が神の4つの関心の領域すべてにおいて「愛の種まきプロジェクト」を計画するのを助けます。長期的に用いることで、神が創造し、愛しておられる人々に対して、私たちが神の愛と御心を余すところなく実行し、現すことができるようになるのです。

●長期間の「愛の種まきプロジェクト」を教会が計画するとき、教会メンバーが個人として日々の愛と奉仕のライフスタイルを送るのを忘れないように励まし続けましょう。

本章の概要

本章では、以下のような長期計画のためのツールを紹介していきます。

●**長期間の愛の種まきプロジェクト計画ガイド**

●**ビジョンの窓（例）**

●**ビジョンの窓（空欄様式）**

●**地域教会が包括的宣教のDNAを内面化するための計画**

ビジョンの窓は、地域教会が、ルカによる福音書2章52節に記された4つの領域のそれぞれに、少なくとも二つの「愛の種まきプロジェクト」を実践するのを補助します。このツールは、少なくとも知恵の領域において2つ、身体の領域において2つ、霊的な領域において2つ、社会的な領域において2つの「愛の種まきプロジェクト」を実行するために用いられます。例として、1年間の計画を紹介します。

長期間の愛の種まきプロジェクト計画ガイド

ビジョンの窓　――より深い計画のために――

1年間の計画をしたビジョンの窓の例をご紹介しますが、計画期間が一年間でなくてもこのツールは用いていただけます。

1. 設定期間が始まる前に、教会リーダーたちが集って祈り、「愛の種まきプロジェクト」について考える時間を設けましょう。章末掲載の「より深い計画のために」を用いてチェックしましょう。
2. 「ビジョンの窓」を使います。4つのそれぞれの領域に影響を与えるために、最低二つのプロジェクトを計画しましょう。主としてインパクトを与える領域はプロジェクトの性格によって、ルカによる福音書2章52節に現わされた4つの成長の領域の中から決定されます。このとき、教会や参加者ではなく、プロジェクトによって利益を受ける人々にもたらされるよう計画された領域が主としてインパクトを与える領域になります。枠内の例をご参照ください。これらのプロジェクトが与える付属的なインパクト領域は、ルカによる福音書2章52節のその他の3つのすべての領域であり、それらもまた計画に組み込まれていました。
3. それぞれのプロジェクトの暫定的な日程と担当者（まとめ役）を決めましょう。可能ならば、プロジェクトごとに担当者を変えましょう。そうすることで、教会の中にいる数多くの潜在的なリーダーが育てられます。

愛の種まきプロジェクト
主としてインパクトを与える領域の諸例

知恵：セミナーの開催
身体：ゴミ掃除
社会：高齢者の方々のためのパーティ
霊　：公共の場所でジーザスフィルムを上映

4.「ビジョンの窓」に書き込んでいきましょう。計画された「愛の種まきプロジェクト」を1行で現わす文章を、それぞれの「窓」に書き込みます。このとき、教会が窓であるという重要性を忘れないようにしましょう。あなたの教会は、地域社会の人々がそれを通して神ご自身、その愛、および生活と人生すべてに関する神の御心とご計画を見ることのできる窓なのです。4つの領域それぞれについての神の御心は、この4つの窓を通して可視化されるのです。計画した複数の「愛の種まきプロジェクト」が相乗効果をもたらし、地域社会の人々に対する神の幅広い憐れみの心を現すことになるかどうかを再確認しましょう。

5. ひとつの「愛の種まきプロジェクト」が終わるごとに：

- レポート様式1～3のどれかを用いてプロジェクトを評価しましょう。
- 神がなして下さったことのゆえに、(それがまだ見ぬ実であったとしても)共に主に感謝する時間を持ちましょう。
- そのプロジェクトと似たような、あるいはもたらされたインパクトを持続させるような働きのビジョンを主が与えてくださるように祈りましょう。
- プロジェクトが終わるごとに、ビジョンの窓を確認しましょう。そして今後のプロジェクトのためにさらなる洞察が与えられるように祈りましょう。
- 章末にある「より深い計画のために」を読み返しましょう。そして包括的宣教のDNAがどの程度あなたの教会に根付いているか話し合いましょう。
- 次のプロジェクトを開始しましょう！

6. 教会のあらゆる働きで一貫して仕えることを励まし、個人生活の中でも愛をもって他者に仕えるライフスタイルを継続するように励まし続けましょう。あなたの教会が忠実に行った奉仕の業が、地域社会に対する神の愛の受肉となっているかどうかを評価するために、次の章に紹介するツールを用いましょう。

ビジョンの窓

「愛の種まきプロジェクト」および「愛の訓練」の長期計画（記入例）

実施期間:＿＿＿＿＿＿＿

知恵	霊
・若者対象の男女交際セミナー（1月） ・地域の問題に関して市長との話し合い（5月） ・識字教育に関する地域のミーティング ・（9月） ・愛の訓練（随時）	・週末の家庭訪問伝道（2月） ・地域で「放蕩息子」の演劇を上演（6月） ・若者のためのコンサート（10月） ・愛の訓練（随時）
身体	**社会**
・ゴミ拾い（3月） ・スラム街の子どもたちへの無料昼食（6月） ・地元の公立校の机を修理する（11月） ・道路に空いた穴を埋める（自治体と話し合って時期を決定する） ・愛の訓練（随時）	・教会チーム対地域チームのサッカーの試合（4月） ・公園で「子どもオリンピック」開催（8月） ・新しいスタイルの新年カウントダウンパーティ（12月／1月） ・愛の訓練（随時）

教会は、それを通して世界が神を見、その愛に触れられる、唯一の窓であることを忘れないようにしましょう!

ビジョンの窓

「愛の種まきプロジェクト」および「愛の訓練」の長期計画

実施期間:＿＿＿＿＿＿＿＿

知恵	霊
□ □ □ □愛の訓練(随時)	□ □ □ □愛の訓練(随時)
身体	**社会**
□ □ □ □愛の訓練(随時)	□ □ □ □愛の訓練(随時)

教会は、それを通して世界が神を見、その愛に触れられる、唯一の窓であることを忘れないようにしましょう!

さらに深い計画

地域教会が包括的宣教のＤＮＡを内面化するために

包括的な奉仕が地域教会のＤＮＡにまでなって行くことを戦略的に考え計画するために、牧師や教会リーダーが使用するためのツールをご紹介します

1．確信

● **必要な要素**：神がご自分の民に、その愛を隣人に実践するよう期待しておられるということを、教会リーダーたちが強く確信していること。隣人を愛するというのは交渉の余地がある選択肢ではなく明確な神の御心であり、実を実らせるのに不可欠なのは従順であるという確信を共有していること。

● **計画：定められた期間中、または来るべき年（年の途中からでも可）に、教会はこの確信をどのような形で表明できるでしょう？**

2．悔い改め

● **必要な要素**：教会リーダーたちが、これまで行ってきた教会の活動が神の御心との間に隔たりがあったと理解していること。彼らが、教会が過去に行動を起こしてこなかった不従順を悔い改め、新しい方向に進むように導いていること。教会はその悔い改めを記念する礼拝またはその他の象徴的な式典を行うことを望んでいること。

● **計画：教会はどのように、悔い改めと決意を表明することができるでしょう？**

3．献身

●**必要な要素**：教会リーダーたちは、包括的な宣教が教会のDNAとなるために、どんな犠牲も払う準備があること。その強い確信には、結果がうまく行こうが行くまいが、喜んで時間と労力を払い、リスクを負う覚悟とが伴っていること。

●**計画：この期間、教会はこの献身をさらに強めるためにどんな計画ができるだろう？**

4．適用

●**必要な要素**：教会リーダーたちが率先して働きの中で「愛の訓練」、「愛の種まきプロジェクト」、またはその他の方法で、包括的な宣教を実践している。

●**計画：教会はその確信を適用し実践に移すために何ができるだろう？（ビジョンの窓を参照しましょう）**

5．継続的な教え

●**必要な要素**：教会リーダーたちは可能な限りどこにおいても、愛の奉仕への神の御心を伝えている。礼拝説教・聖書研究・祈祷文・小グループ・メンタリング（訳注：一対一の対話型弟子訓練）など全ての中にこのメッセージが織り込まれている。

●**計画：この期間中、どこで、どのように、継続的にメッセージを伝えられるだろうか？**

6. アカウンタビリティ（報告責任）

●**必要な要素**：教会リーダーたち自らが奉仕のライフスタイルを送るためのアカウンタビリティをもっている。教会メンバーや小グループにも、個人的にもグループ単位でも奉仕と適用におけるアカウンタビリティが提供されている。教会は愛の奉仕の忠実さを評価するためのツールを用いている。

●**計画：期間中、リーダーとメンバーがその奉仕においてアカウンタビリティを果たすためには何ができるだろう？**

7. 承認

●**必要な要素**：教会リーダーたちは、毎週の集会・証・週報・ニュースレター、または小グループの中で、愛の奉仕に大きな価値を置き、それによって神が崇められたことをお祝いする。そうすることで奉仕の重要性が認められる。隣人を愛することで神を愛することはキリストに従うすべての個人にとって中心であり、仕えるライフスタイルはすべてのキリスト者の標準であることを宣言していることになる。

●**計画：奉仕の働きを祝い、承認を与え、その価値を認めるために、この期間中、どんなことができるだろう？**

◆15章　従順を評価する

～木は実によって知られる～

もしあなたがクリスチャンの誰かに「実」と聞いて何を思い浮かべますか、という質問をしたなら、ほとんどの人はパウロがガラテヤ人への手紙5章22～23節で列挙している「御霊の実」を挙げるのではないでしょうか。そして人々は、ここに書かれている愛・喜び・平安・忍耐・親切・誠実・柔和・自制こそが、聖霊が私たちの中に形作られる性質のリストだと言うことでしょう。しかし新約聖書の大部分では、実という言葉が使われるとき、それは性質以上に「行い」、つまり「実を結ぶような行動」に言及しているのです。

あなたがたは、実によって彼らを見分けることができます。…良い木はみな良い実を結ぶが、悪い木は悪い実を結びます。…こういうわけで、あなたがたは、実によって彼らを見分けることができるのです。わたしに向かって、『主よ、主よ』と言う者がみな天の御国に入るのではなく、天におられるわたしの父のみこころを行う者が入るのです。

マタイによる福音書7章16～21節（抜粋）

良い実は不可欠です！実の有無によってイエス様は私たちを知っているか否かを区別なさると言われました。良い実は、私たちの信仰が見せかけなのか本物なのかを見分ける試金石なのです。それはまた、神がご自分の民に望んでおられる生き方の要約でもあります。それで、**何事でも、自分にしてもらいたいことは、ほかの人にもそのようにしなさい。これが律法であり預言者です。（マタイによる福音書7章12節）**

良い実は、私たちが努力したからと言って即座に見られるようなものではありません。良い実は、私たちが愛と誠実をもって神に従い、神が願っておられるすべてのことを行う時に、神ご自身が与えてくださるものなのです。私たちの努力の表面的な結果を即座に測ることよりも、神がなすようにと召して下さっていることを私たちが本当に実行しているかどうかを測ることの方が大切です。

私たちは、イエス様の特任部隊として、市長のご計画を実行に移すことに忠実だったでしょうか？確かに、御言葉は私たちに結果が残るような働き方をしなさいと励ましています。私はそれを否定はしません。私たちは多く刈り取るために多く蒔くのです。私たちはそのような努力に対して100倍の祝福を約束されています。従順の行動を測ることも、従順の結果を測ることも、両方とも聖書的は支持しています。

しかし、結果を測ることばかりに拘泥するとき、私たちはダビデと同じ危険を冒すことになります。彼はペリシテ人と戦争していました。軍の総長として、自らの軍隊の強さを知りたいと思った彼は人口調査を命じ、イスラエルの戦士の数を調べました。彼の行動は、国家の安全保障において、神よりも戦士の数を頼っていることの現れでした。ダビデは神から罰を受けました。数によって結果を測ることは悪いことではありません。しかし現代の教会は、教会出席者数・信じた人の数・受洗者数・開拓した教会の数などを数えるあまり、収穫をもたらす神ご自身から目を離さないように気をつけねばなりません。また数の増加に集中するあまり、キリストの弟子を育てるという使命から目を離すようなことがあってはなりません。弟子を育てるというのは測定が難しく、また健全な実というのは育てるのに時間がかかるものなのです。

南米にいる私の同僚の一人はこのジレンマを経験しました。奉仕している教会において、彼女は英語プログラムを手掛けていました。人々はいつもそのプログラムの成功を生徒と教師の数で測る傾向にありました。彼女はそのことにどのように対処したのかを分かち合ってくれました。

誰かに英語プログラムの成長について訊ねられると、私はクラスの質について話すようにしていました。英語プログラムは普段教会に来ていない人々が出席し、その人々がイエス様を知り、またイエス様が彼らの生活のすべての側面に関心を持っておられることを知るための対外奉仕活動です。私たちは人々が死から命に移ることができるように弟子とするのです。私は教師たちにこのように言います「グループが小さい今のうちに、経験を積んで学べるように、仕事の質を向上させましょう。そうすればグループが成長したとき、大きな問題にも対処できるようになるでしょう。この働きは必ず大きくなります。あなたたちは必ずそれを見るでしょう」。目標の中に、数量的な成長が含まれないわけではありません。しかし、私たちは踏み出す全ての一歩一歩に心を込める必要があると思います。

彼女の教師たちに対する励ましの言葉には、重要な原則が含まれています。同じ原則が、ヘブル人への手紙11章にも書かれています。その原則とは忠実さです。ヘブル人への手紙の著者は、多くの神の人たちは自らの従順の結果を、その目で見ることがなかったと書いています。彼らの「結果」は、生きている間に測定できるようなものではなかったのです！しかし、神はご自分に従う人生を生き抜いたこの忠実な人々を賞賛しておられます。神はご自分の定められた時に結果をもたらされるのであって、それは私たちのタイミングとは違います。ヘブル人への手紙11章に列挙されている信仰の英雄たちのように、私たちもその実を自分の目で見ようと見まいと関わらず、忠実であることを期待されているのです。私たちは良い仕事をするよう召されています。私たちの責任は、ぶどうの木であるキリストにつながっていることであり、実は主がもたらして下さいます。イエス様はこのように説明されました。「**わたしはぶどうの木で、あなたがたは枝です。人がわたしにとどまり、わたしもその人の中にとどまっているなら、そういう人は多くの実を結びます。（ヨハネによる福音書15章5節）**」私たちがぶどうの木につながっているかどうか、つまり神が召しておられることを私たちが実行しているかどうかが鍵です。ここに非常に重要な真理があります。‥

私たちが従順で忠実かどうか自体を測ることの方が、従順の結果を測るよりもはるかに重要である。

聖書的な管理とアカウンタビリティ

良い管理（訳注：「管理」と訳した*stewardship*とは受託責任のことであり、*management*とは語意が若干異なる）をするためには、正直に振り返り評価することが大切です。神は被造物の中に私たちを置かれ、管理者、または統治者とされました。神は地域教会のリーダーたちに、ご自分の教会の良き管理者であって欲しいと願われます。良き管理者は、実行し、チェックし、評価し、改善できるような目標と計画を立てます。主の教会の良き管理者として、教会リーダーの任務の一つは、働きの目標と計画を絶えず評価し改善することです。最終的な結果は神のみがご存じです。しかし、神が私たちを信頼して任せてくださったものを管理するとき、正直に振り返って評価することは必要不可欠な要素なのです。

アカウンタビリティ（説明責任）は御言葉で奨励されています。キリストの体に属するということを考えるとき、これは鍵となる概念です。私たちは、お互いが神の御心に従って生きられるように助け合う存在です。箴言にはこう書かれています。「**鉄は鉄によってとがれ、人はその友によってとがれる。**（**箴言27章17節**）」神のご計画を遂行するために、私たちは互いに励ましあう必要があります。ヘブル書の著者はこう言っています。「**また、互いに勧め合って、愛と善行を促すように注意し合おうではありませんか。**（**ヘブル人への手紙10章24節**）」私たちにアカウンタビリティを求められるのは神です。ヘブル書は、霊的指導者は「**神に弁明する**（***give account***）**者**」であると言っています（ヘブル人への手紙13章17節）。アカウンタビリティは、私たちの人生になくてはならないものであり、目的をもってそれを行う必要があります。

一般的な方法論の弱点

包括的宣教のプロセスと結果を評価するために一般的に用いられている、以下のような2つの方法があります。しかしそのどちらも、忠実さと従順においてアカウンタビリティを持つという目的を完全には達成できていません。

- 私たちは数値を用いて客観的・統計的・数量的な分析をすることができます。プロジェクトの結果に関してデータを集積し、それを分析するのです。統計によって起きた事柄に関する示唆を得ることはできますが、私たちが神の意図に対して忠実であったかどうか、または神の国の果実が実ったかどうかということを知ることはできません。評価しやすい結果のみを私たちが測り続けるなら、その活動の長期的な価値や意味を見逃してしまう可能性があります。
- 私たちは主観的な分析を用いることができます。働きの「スナップショット」を撮ることができます。ストーリーとして人に語ることもできます。動機・忠実さ・神の意図・価値観、またその結果について話し、質を観察することができます。また私たちは自らが決定した目標と比較して、どれほど前進したかを振り返ることもできます。しかし、この方法の唯一の弱点は、評価する私たちが活動からあまりに近く直接的に関わりすぎているために、客観的に評価したことにならないということです。

両方の方法論に欠点があります。神のご計画に対する忠実さを客観的な数によっても自らが受けた主観的な印象によっても測ることが不可能なら、別の方法を探す必要があります。これは難しい命題です。実際、南アメリカにいる、他の国際的な宣教団体と共同で働きに携わっていたスタッフが最近、地域教会がその包括的な宣教の目標に到達したかどうかを評価することを試みました。数か月間、彼とメールのやりとりをしながら、現地の人々が態度・信念・行動を評価する方法を定義することに四苦八苦するのを、私は興味深く観察させていただきました。意義深い評価をするというのはたいへんな仕事なのです！

評価というのは通常、その活動が正しく行われたかどうかを評価することは出来ても、そもそもその活動が妥当だったかどうかを評価することはできません。その活動が正しい動機に基づいていたかどうか、忠実と従順という正しい精神に裏打ちされていたか、またその活動を神が高く評価してくださったかどうかを、その評価から知ることは出来ないのです。

またあるときは、データ集積が複雑で、質問用紙や記入欄が多すぎるため、地域教会にとってプロジェクト評価の負荷が大きすぎる場合もあります。しかし、それだからといって、評価は不可能でもありませんし、重要でない、ということにもならないのです。

シンプルな評価方法

地域教会が個人として、またはグループ単位で忠実に仕えたかどうかを評価するために、シンプルな評価方法を用いることができます。それには4つの条件があります。

- **簡単に理解できる**：用いるためにセミナーに出る必要がないようなものであること。
- **簡単に完成できる**：難しい統計的操作をすることなく必要な情報が得られること。
- **シンプルで短い**：記入用紙の多さに圧倒されるようなものであってはならない。
- **即座に役に立つ**：それを読んだ人が、目標が達成されたかどうか、また、将来の活動において特定の過ちを避ける備えができるようなものであること。

この章では、個人が忠実に仕えたかどうかを評価するための記録様式、および教会が神からの任務を果たしたかどうかを測定するための評価様式をご紹介します。加えて、体系化されていない他の評価方法もいくつか紹介します。これらの評価方法は、個人・小グループ・アカウンタビリティパートナー・教会リーダーのチーム、あるいは教会全体としても用いることができます。これらは、どんな大きさの教会でも使えますし、置かれた社会の識字レベルの如何にかかわらず用いることができます。包括的な宣教が個人および教会の働きに習慣として深く根付くまで、これらは何度でも繰り返し用いることができます。

なぜこんなに多くの種類の報告様式があるのかと不思議に思われますか?経験から私が学んだのは、人によってしっくり来るアプローチは千差万別だということです。あなたにとっていちばん効果がありそうな報告様式を用いてください。そしてそれらを用いて自分を鍛錬できるよう神に求めましょう。忠実に奉仕するために、忠実な評価は役立ちます!

評価の後で・・・そしてどうする?

評価には目的があります。「評価―行動―評価」として知られている教育システムがあります。この方法論に即し、私たちは評価し、行動し、再度評価するのです。これはルカによる福音書15章のイエス様のたとえ話に登場する放蕩息子がしたことです。ある日、放蕩息子は、「我に返り」ました。彼は、自分の人生が惨めであることに気付きました。次に、自分がすべきこと――父の家に帰り、召使いの一人にしてくれるように頼むこと――を決断しました。最後に、彼はその決断を実行に移しました。聖書は、私たちが「振り返り」の後にとるべき「行動」についていくつかの提案を与えています。

●**軌道修正する**：放蕩息子のように、私たちは振り返りの結果、間違いに気づくことがあります。私たちは「我に返る」ことができます。私たちはなぜ目標に近づいていないかを知ることができ、現在行っていることを神の意図している方に修正することができます。

●**忠実に続行する**：自らの歩みを調べた結果、自分たちが神の御心に忠実であると信じるなら、次にとるべき行動はそれを続行することです。止まるのではなく、神を喜ばせることを継続し、またはより素晴らしい神への奉仕を行うのです。

別のたとえ話の中で、イエス様は聴衆たちに忠実な僕(しもべ)に主人が何と言ったのかをお教えになりました。「**よくやった。良い忠実なしもべだ。あなたは、わずかな物に忠実だったから、私はあなたにたくさんの物を任せよう。主人の喜びをともに喜んでくれ。(マタイによる福音書25章21節)**」

個人で行う奉仕の評価方法

個人で行う奉仕の目的は、他者に対して主体的に神の愛を実践し、神があらかじめ用意してくださっている良い働きを続けることによって、仕えるライフスタイルを習慣化することにあります。これは神の召しに対する忠実さを測定する最も基礎的な評価です。次に、個人の奉仕における忠実さを評価するための方法をいくつか提案します。みなさんは小グループの中で、メンタリング(訳注：一対一の弟子訓練)関係の中で、アカウンタビリティパートナーと共に、あるいは個人的に、これらを用いることができます。また、口頭でも文書化しても用いることができます。

個人の評価を記入するときは、ひとつの本またはノートにまとめた方が良いでしょう。また、パソコンで様式を作り、記入したものを自分のアドレスと、可能ならばメンターやアカウンタビリティパートナーにも送信することができます。

●「評価方法1」は、一週間単位の基礎的な評価です。（これは「愛の訓練」のレポート様式の替わりとして用いることもできます。）神の御心を実行するために計画されたひとつの行動を振り返ります。それらは普段なら行わないレベルであることと、人々が神の御心に近づくことができるようなものであること、という二つの条件があります。実例をひとつ紹介します。付録Cに空欄の様式を添付してあります。

●「評価方法2」は、より広範囲に及びます。これを用いる人は、一週間単位でより深く、より広く自らのライフスタイルと奉仕を振り返ります。使用者は、自らの弟子訓練・成長、そしてキリストの僕としての性質の中に、包括的な要素が織り込まれているかどうかを考察できます。これにも実例と、付録Cに空欄様式をつけました。

●「記念品」は、個人の奉仕を「記録」するためのもう一つの方法です。手紙・写真・詩、または個人的な考察のような記念品を、奉仕の行為のたびに残しておきます。それらは箱・引出し・掲示板・スクラップブック（切り抜き帳）・日記・アルバムなどに保存しておくことができます。それらは、奉仕を「測定」しませんが、見るたびに温かい記憶が思い出され、次の奉仕のための動機付けを与えます。それらを用いることによって、神がしてくださったことを他の人により豊かに伝えることができるようになり、そこからの学びに基づいて人生を構築していくことが容易になるのです。

●「ストーリーと証」も、忠実さを評価する方法です。訓練会の中で最近私が聞いた証をご紹介します。福音宣教を自由に行うことが禁止されている、ある東南アジアの国で働いているキリスト教団体の指導者である私の同僚がそれを証ししてくれました。この謙遜な紳士は、その国の教会が隣人の必要に応えることによってキリストの愛を実践することの必要性を伝え続けてきた人です。

ある夜、その同僚は朝の4時に目を覚ましました。彼にははっきりと、主が近所の僧院にいる仏教の僧たちのために祈るように促しておられるのが分かりました。主の促しに忠実に従い、彼はすぐに僧たちのために祈りました。それから間もなくして、その僧院にいる僧たちは食べ物に事欠いていることを知りました。十分な托鉢が得られなかったのです。同僚は他のクリスチャンたちに呼びかけ、僧たちに米を贈ることを提案しました。ある人々は「そんなのは駄目だ!放っておいて、地獄に行くままにしておけば良い!」と言いました。しかし彼は諦めず、他の人々のところに行って米袋半分の量の米を集め、高僧にそれを贈呈しました。彼の憐れみの行為に非常に驚いた高僧は、クリスチャンに改宗させるためにこんなことをしているのではないかと彼に聞きました。「いいえ」同僚は答えました「私は純粋に、隣人を愛するようにというイエス様の指示に従いたかっただけです」。彼は僧院を後にしました。次の週、二番目に偉い高僧が彼のところを訪ねて来て、イエスについて学びたいと申し出ました。彼は高僧に福音を伝えました。僧は去っていきました。その次の週、去っていったその僧はまた戻ってきて、新しい服が必要だと彼に告げました。同僚は彼に「どうしてですか?」と聞きました。

僧は答えました「私は僧院を去ろうと思っています。キリスト教徒になりたいのです」。同僚はその高僧と共に、イエス様と人生を歩み始める祈りをしました。数か月後、元高僧は短期間に3人の仏教の僧を含む20人をキリストに導いたことを聞きました。

同僚はこのとき自らの従順の霊的な結果を見ることができましたが、常にそうなるとは限りません。結果を見ることは、彼の目的ですらありませんでした!彼の目的は、彼自信が僧に語ったように、神の命令とイエス様の促しに忠実であることでした。彼は御言葉に書かれた真理と内なる聖霊の促しに対して忠実でした。彼は小さなことに忠実でした。真夜中に祈り、お米を集めました。彼の忠実な奉仕を、神が祝福して何倍にも増やされたのです!彼は忠実でした。そして神は忠実なお方です。

報告様式1
（見本）

期間（週）＿＿＿＿＿＿＿＿＿＿　奉仕の日誌

1. 今週、あなたか、または他の誰かが成長し、神の意図に近づくためにどんな行動をしたのかを記録しましょう。それはあなたが通常していることではなく、僕（しもべ）であられるイエス様に似せられるために、あなたを「引き延ばす」ような、これまで行ってこなかった行動に限ります。何をしたのか、どうしてそれをしたのか、誰がそれに関わったのかなど、具体的に書きましょう。ルカによる福音書2章52節＊に現わされた4つの領域のうち、どの領域において成長したか、または貢献したかを書きましょう。
2. あなたがしたことの中で、あなたもしくは他者が成長する妨げとなってしまったようなことを書きましょう。それを修正することができるように、神に祈りましょう（奉仕の行いと関係がなくても構いません）。
   注）この様式は、愛の訓練のレポートとしても用いることができます。

奉仕の記録

1. 土曜日に、日課の散歩をしていた。隣人で高齢者のアーノルドさんが庭を歩いていた。私は立ち止まり「こんにちは」と言った。彼は奥さんの具合が非常に悪く、もう長くはないことを教えてくれた。彼が悲しみを分かち合うことのできる誰かを必要としているのが伝わってきた。私は散歩を中断し、彼の話を聞き、心配していることを伝えることにした。私は一年前に自分の母親を失った経験を分かち合った。彼のために祈ること、またこれまでも祈ってきたことを伝えた。
   この行動が影響を与えた第一の領域は「社会」だが、神が隣人を霊的にも励まして下さると信じている。何か自分に力になれることがないか、訪問することを計画している。
2. ある夜、教会のあるリーダーについて自分がどう考えているかについて話した。私が感じたままに発言したことは、コリント13章に書かれているような内容ではなかった。私の口を守ってくださるように、神に祈る必要がある。

＊ルカによる福音書2章52節の4つの領域

知恵：人生の特定の領域における神の意図を教え、説明し、明らかにするような行為
身体：身体的な必要や成長に貢献する行為
霊：霊的な必要や成長に貢献する行為
社会：社会的な必要や成長に貢献する行為

報告様式2
（見本）

期間（週）＿＿＿＿＿＿＿＿　奉仕の日誌

したことが何もない場合は、「なし」と書きましょう。
成長を妨げるような事柄には「＊」をつけましょう。

個人の成長　ルカによる福音書2章52節に書かれた4つの領域においてあなたが成長するために行った新しい行動を書きましょう。

1．知恵における成長
世代を越えた人間関係を神の御心に従って構築する方法が書かれた本を読んだ。

2．身体の成長
今週は体調があまりすぐれなかったので、働きすぎないように気をつけた。

3．霊的成長
聖書研究と祈りに時間を割いた。

4．社会的成長
なし

家族　4つの領域のそれぞれにおいて、家族に仕えた行動を簡潔に書きましょう。

1．家族が知恵において成長するのを助けたこと
朝食のときに毎回聖書を読み、祈りを捧げた。

2．家族の身体的な領域に貢献したこと
何回か食器を洗った。

3．家族の霊的成長に貢献したこと
1番と同じ

4．家族の社会的な領域に貢献したこと
妻と二人の時間を過ごした。

教会　4つの領域それぞれにおいて、教会に仕えた行動を簡潔に書きましょう。

1．自分が学んだ事柄を生かして教会に仕えたこと、また教会の人々が知恵において成長するのに貢献したこと
なし

2. 教会の人々の霊的成長に貢献したこと

教会メンバーの必要のために毎日祈った。

3. 教会の人々の身体的必要に貢献したこと

孤児院に特別献金をした。

4. 教会の人々の社会的領域に貢献したこと

何人かのメンバーに、励ましのEメールを送った。

*ある教会リーダーに対して、愛のない言い方をしてしまった。

地域社会　隣人、職場、学校などで周囲に仕えたことを書きましょう。

1. 地域社会をより深く理解できるようにしたこと、または地域社会が知恵において成長できるよう貢献したこと

なし。

2. 地域社会の身体的必要に貢献したこと

オフィスでコーヒーカップを洗った。

3. 地域社会の霊的必要に貢献したこと

病気の同僚に祈っていることを伝えた。

4. 地域社会の社会的必要に貢献したこと

時間を作って、隣人と病気の奥さんを訪問した。

＊ルカによる福音書2章52節の4つの領域

知恵：人生の特定の領域における神の意図を教え、説明し、明らかにするような行為

身体：身体的な必要や成長に貢献する行為

霊：霊的な必要や成長に貢献する行為

社会：社会的な必要や成長に貢献する行為

教会の小グループの奉仕を評価する

地域教会の小グループで用いることの出来る評価様式もご紹介いたします。前にも申しましたとおり、教会リーダーたちはその教会の文化や文脈に最も適した様式を選んで用いることをお勧めします。これらの様式が評価するのは結果ではなく、むしろプロセスの方です。これらの様式を用いることで、キリストへの従順を測るにあたり、私たちが主観や独善に陥るのを避けられ、どのような領域で神の愛を現せば良いかということについての示唆を与えられます。またこれらの様式は小グループが測定可能で意義深い目標を設定するためにも有用です。また、礼拝や、週報や教会便り、小グループの集まりにおいて会衆に対する報告をする助けにもなります。また、教会メンバーたちが地域社会にもたらされた神の国の影響力のゆえに主を褒めたたえ、特定の働きのために祈るためにも用いることができます。このような評価をすることで、教会が社会に対して影響力を発揮することを促進し、個人が奉仕のライフスタイルを身につけることも励まされます。

- **評価様式1**は、領域の「4つの窓」における、教会の奉仕を書き込むようになっています。1ページ目は月毎の、2ページ目はカレンダー形式の様式になっています。
- **評価様式2**は、地域社会の、より詳細な奉仕の場のリストです。1ページ目が月毎、2ページ目が年間の記入様式になっています。
- **評価様式3**は、「愛の種まきプロジェクト報告様式」に関連する質問に答える形式になっています。いくつかのプロジェクトを実行した後で、小グループがそれらを振り返るためにこの様式は有用です。
- **評価様式4**は、包括的宣教が地域教会のＤＮＡとして内面化されてきているかどうかを評価することが出来るような様式です。教会リーダーたちが一年間を振り返り、次の一年の戦略を立てるようなときに用いるのに適しています。

・**評価様式5**は、数量的な分析です。地域教会の中で、包括的宣教のメッセージと奉仕のライフスタイルが浸透してきているかどうかを測定するためのものです。これは包括的宣教の訓練会が実施された後、具体的な適用が進行形であるような段階で用いるのが適切です。

・**空欄の評価様式**：様式1と様式2は、記入例です。空欄の様式を附録Cに掲載いたしました。様式3、4、5は空欄様式になっていますので、コピーして用いていただけます。

・**記念会**：これについては次にご紹介します。

記念しよう

教会が忠実に仕えるということを思い出すのに、記念するというのは良い方法です。奉仕の記事を額縁に飾ったものや、活動の写真と簡単な説明など、神が地域社会において教会の奉仕を通してなしてくださった御業を思い出すことが出来るような掲示を教会内に展示します。そのとき、教会自身の徳の高さではなく、教会の奉仕を通して神がしてくださったことの素晴らしさをお祝いするように気をつけましょう。このような展示をすることで、誰かに「これは何ですか?」と聞かれたとき、神が生きて働かれた物語を伝える機会が増えます。一例をご紹介します。

●合衆国のある教会が、冬の冷え込みが厳しい時期に、毛布と枕の寄付を募り、路上生活者の方々に配給しました。物資の寄付呼びかけは教会内と日用品店において行われました。教会メンバーたちはお店の前に毛布を寄付するための箱を置き、「集められた毛布は貧しい方々への神の愛の現れとして用いられます」という看板を立てかけました。配布するために教会の前に物資が集められると、スペースは毛布と枕で踏み場もないほどでした!教会メンバーたちは集められた物資のために、そしてそれを受け取る方々のために祈りました。彼らはそこで写真を撮りました。その「毛布と枕の写真」は、教会が神に従って地域社会に仕えたことの記念となりました。

私たちが、神があらかじめ備えて下さった良い業を実際に行い、従順と忠実さをもって応答し続けるとき、聖書的な変革は私たちの地域社会だけでなく国全体にも拡がっていきます。市長であられるイエス様と共に歩むとき、私たちの影響力の可能性は想像を超えたものになり得るのです。

報告様式1
（記入例）

期間（月）＿＿＿＿＿＿＿＿＿　窓としての教会

地域教会、または小グループ用

月間評価

先月、教会が聖徒たちを整え、地域社会の中で神のご計画を実行に移すことが出来るように意図された活動は何ですか?

- 小グループで個人的奉仕活動について分かち合われた。
- 地域にいる未亡人たちを訪問するためのボランティア活動の訓練を行った。
- 牧師がヤコブの手紙1章27節から説教をし、フォローアップのための招きを行った。

先月、教会メンバーが神の愛を実践するために計画し実行したことは何ですか?

それぞれの領域*において、何が起こりましたか?

下の表を用いるか、様式の最後に証を記入しましょう。

知恵	霊
地域の未亡人たちを訪問するボランティア訓練会を行った。	4つの小グループがそれぞれ、地域の未亡人かシングルマザーを訪ね、食べ物が入ったバスケットを贈呈した。シングルマザーの一人は教会員だが、他の3人の女性たちは教会に来たことがない人々であった。女性たちは驚きと喜びを口にしていた。
身体	**社会**
間接的なインパクト:訪問を行った時、神の愛の現れを表現するために、食べ物の入ったバスケットを持って行った。	間接的インパクト:訪問のとき、一軒一軒に時間を割いて会話をした。

報告様式1
（記入例）

期間（年）＿＿＿＿＿＿＿＿　窓としての教会

年間まとめ

1月 近所の子どもたちのための新年パーティ（社会）	**7月**
2月 路上のごみ箱設置に関して、地域のリーダーたちとミーティングをする（知恵）	**8月**
3月 ゴミ拾い活動とその打ち上げパーティ（身体）	**9月**
4月 難民の家族に対して住居の提供（身体）	**10月**
5月 地域社会のための音楽コンサート（霊）	**11月**
6月 未亡人を訪問（身体）	**12月**

＊ルカによる福音書2章52節の4つの領域

知恵：人生の特定の領域における神の意図を教え、説明し、明らかにするような行為
身体：身体的な必要や成長に貢献する行為
霊：霊的な必要や成長に貢献する行為
社会：社会的な必要や成長に貢献する行為

報告様式2
（記入例）

期間（月）＿＿＿＿＿＿＿＿

地域のそれぞれの場所における奉仕記録

● **メンバー個人による活動**　小グループや各自の証からの情報を集めましょう。

4つの領域の中のひとつにおいて、家族に仕えたメンバーの人数	10
4つの領域の中のひとつにおいて、地域教会に仕えたメンバーの人数	5
隣人に対して意図的に神の御心を現したメンバーの人数	4
職場において意図的に神の御心を現したメンバーの人数	3
学校において意図的に神の御心を現したメンバーの人数	6

● **教会の活動**　地域のそれぞれの場における教会の活動を簡潔に記録しましょう。インパクト領域も記して下さい。

1. **隣人**（危機に直面した家族や、隣人の問題など）
教会の「サマリヤ寄金」から、経済的支援が必要なひと家族と3人の個人に対して経済的援助をした。（身体）

2. **地域一般**（教会の隣近所ではない、地域社会の人々）
なし。

3. **公共機関**（学校・病院・介護施設・行政機関など）
若者のグループが地元の介護施設でボランティアをした。（社会／霊）

4. **インフラ**（警察・リクリエーション施設・公衆衛生・住居・職業など）
なし。

5. **行政機関**（議員、条例、社会的／道徳的正義に関する問題など）
年に一度行われる議員の朝食祈祷会を計画し、スタッフを動員した。（霊）
牧師と2名の長老が市長と面会し、教会として彼のためにどのように祈ったらいいか尋ねた。（知恵）

＊ルカによる福音書2章52節の4つの領域

知恵：人生の特定の領域における神の意図を教え、説明し、明らかにするような行為
身体：身体的な必要や成長に貢献する行為
霊：霊的な必要や成長に貢献する行為
社会：社会的な必要や成長に貢献する行為

報告様式2
（記入例）

期間（年）＿＿＿＿＿＿＿＿

地域のそれぞれの場所における奉仕記録

各月に行ったプロジェクトを記入しましょう。

1月	近所の子どもたちのための新年パーティー（社会）
2月	路上のごみ箱に関して、地域のリーダーと話し合い（知恵）
3月	ゴミ拾いパーティー（身体）
4月	難民の家族に対して住居の提供（身体）
5月	地域のための音楽コンサート（霊）
6月	未亡人を訪問（身体）
7月	
8月	
9月	
10月	
11月	
12月	

報告様式3

期間(年)＿＿＿＿＿＿＿＿

グループ評価:「愛の種まきプロジェクト」

一定期間中に行った「愛の種まきプロジェクト」をグループで振り返るときに使用します。

1. 期間中に教会によって行われた「愛の種まきプロジェクト」について話し合い、評価しましょう。

- この期間に教会が行った「愛の種まきプロジェクト」は何ですか?
- 地域社会の中で、どのような神の御心が推し進められましたか?
- プロジェクトに参加した人々の人生の中に、神はどのように働かれましたか?
- 教会メンバーの人生に、神はどのように働かれましたか?
- そのプロジェクトを通して、神は地域社会の中でどのように働かれましたか?
- そのプロジェクトを通して、どのような実が見られましたか?
- 当初の期待を超えた、驚くような結果は何かありましたか?
- 二次的なインパクトは何かありましたか?
- どのような困難に直面しましたか?その困難にどのように対処しましたか?
- 「10の性質」の中で、どの性質に最も注意して行いましたか?
- どの性質が最も見過ごされていましたか?

2. この期間中、「愛の種まきプロジェクト」の計画と実行のプロセスを通して教会が学んだ教訓は何ですか?

- 神に関して
- 自分自身に関して
- お互いに関して(教会の中の人々)
- 地域社会に関して(教会の外の人々)
- 神の国と、地域社会に対する神の御心に関して

3. 今後の展望

- プロジェクト後に、どんなフォローアップが必要ですか?いつ、どんな形でそれを行う予定ですか?
- プロジェクトによって更なる奉仕の門戸が開かれましたか?それはどんなものですか?
- 満たされるべき必要に対する関心は喚起されましたか?それはどんなものですか?
- 教会全体の働きのフォーカスに対して、「愛の種まきプロジェクト」の実施とその結果はどのような点で貢献しましたか?
- プロジェクトを実行した参加者が、さらなる訓練が必要と感じた事は何ですか?
- それらの向上のために、何ができますか?

期間（年）＿＿＿＿＿＿＿＿

地域教会における包括的な宣教のDNA
教会リーダーによる年間評価シート

1．確信

- 教会リーダーであるあなたがたは、神がご自分の民に、隣人に神の愛を実践してほしいと願っておられると強く確信していましたか？それは選択肢のひとつではなく、明確な神の御心であると確信していましたか？また、従順による実を神が生じさせてくださることを確信していましたか？
- その確信を表現するために、教会リーダーとして、また教会として何をしましたか？

2．悔い改め

- 教会リーダーであるあなたがたは教会の働きと神の御心の間に隔たりがあると思いましたか？もしそうなら、教会が悔い改め、新しい道を歩き始めるように導きましたか？悔い改めを宣言したり記念したりするために、何か行いましたか？
- 教会リーダーとして、また教会として悔い改めを表現するために行った事は何ですか？

3．献身

- 教会リーダーとして、あなたがたは包括的な宣教が教会のDNAとなるために、どんなことでも喜んでする覚悟はありますか？リスクを冒し、時間と努力を投資する心づもりはありますか？誤解されて教会員が去って行ったとしても、他者から理解されなくても、あくまでこれに取り組む献身はありますか？
- この献身を表現するために、教会リーダーとして、また教会として行った事柄は何ですか？

4．適用

- 教会リーダーであるあなたがたは、包括的な宣教を自らの教会や生活に適用していますか？それは教会の宣教活動の中に反映されていますか？リーダーたちは考えたり語ったりするだけではなく、実際に実践していますか？あなたがたは「愛の訓練」や、「愛の種まきプロジェクト」など、神の愛を具体的に実践し、率先して隣人に仕えていますか？
- 教会リーダーと教会は、自らの確信を適用するために何を行いましたか？

5. 継続的な教え

- 教会リーダーとして、可能な限りすべての場所でこのメッセージを語っていますか?その教えは礼拝説教・聖書研究会・祈祷文・小グループ・メンタリングの中に織り込まれていますか?教会というものは常に、神への恐れを伴うチャレンジをもって信仰をライフスタイルの中で実践に移すように促される必要があると信じていますか?
- 継続的な教えが相乗効果をもたらすために何をしましたか?

6. アカウンタビリティ

- 教会リーダーとして、あなたがたは個人的に、またはグループ単位で奉仕に関してアカウンタビリティを果たしましたか?奉仕について尋ねられる、ということは日常的な習慣になっていましたか?小グループは参加者が実践したことにアカウンタビリティを提供しましたか?忠実な愛の奉仕が教会の不可欠な性質となっているかどうかを評価するために、紹介された報告様式やその他の方法を用いましたか?信徒リーダーたちに、自らの生活と小グループでの宣教活動に関する報告を求めましたか?
- 奉仕の働きに関して、お互いがアカウンタビリティを果たすために何を行いましたか?

7. 承認

- 教会リーダーとして、あなたがたは、個人を讃えるという目的のためにではなく、隣人を愛するときに神が讃えられ、それがキリスト者の標準であることを宣言するという目的のために、毎週の集会・証・教会の週報・教会便り・小グループなどで、教会とその個人による奉仕の活動を意識的に承認しましたか?
- 奉仕の活動を認めることを容易にし、奨励するために何を行いましたか?

報告様式5

評価期間＿＿＿＿＿＿＿＿

地域教会における包括的な宣教に関する診断票
（包括的宣教の訓練会後に使用）

質問について、選択肢の中から最も近い答えを選んでください。
1～6までの番号のどれか一つに○をつけてください（該当がない場合○をつけない）。
○をつけ終わったら、包括的宣教の「健康診断」のための手引きに従ってください。

Ⅰ．小さな奉仕の行動によって、キリストの愛を地域社会に実践するような活動に、教会リーダーたちが直接関わる頻度はどのぐらいですか？

1. 関わらない
2. 時々
3. 年に2、3回
4. 毎月
5. 毎週
6. ライフスタイルとして、常に行っている。

Ⅱ．教会の小グループのうち、年に4回以上隣人にキリストの愛を実践する活動を行っているのは全体の何パーセントですか？

1. 10パーセント未満
2. 10パーセント以上
3. 30パーセント以上
4. 50パーセント以上
5. 70パーセント以上
6. 85パーセント以上

Ⅲ．隣人を自分自身のように愛することに関する、具体的な適用への促しを含む礼拝説教は、説教全体のうち何パーセントぐらいありますか？

1. 10パーセント未満
2. 10パーセント以上
3. 30パーセント以上
4. 50パーセント以上
5. 70パーセント以上
6. 85パーセント以上

Ⅳ. 昨年、会衆のうち何パーセントが「愛の種まきプロジェクト」に直接関わりましたか?

1. 5パーセント未満
2. 5パーセント以上
3. 20パーセント以上
4. 40パーセント以上
5. 60パーセント以上
6. 80パーセント以上

Ⅴ. 包括的な宣教のモデル教会として、同じ地域の他の教会に対して、あなたの教会はどのように貢献しましたか?

1. 包括的な宣教のモデルとして歩んで来た。
2. 他の教会の人々と、自分たちの包括的な宣教の証について話し合った。
3. 公の場で、教会の証を分かち合った。
4. 他の教会向けに、包括的な宣教に関するワークショップを行った。
5. 自分たちの教会を模範とし、他の一つの教会が包括的な宣教を行い始めた。
6. 私たちの教会のモデルと、提供した訓練会のゆえに、他の複数の教会が包括的な宣教を実践し始めた。

Ⅵ. あなたの教会の働きは、国々を弟子とするということに関し、海外(や国内の離れた地域)に対して、どのような影響を与えましたか?

1. 自分たちの教会が送り出している宣教師に対するモデルとして生きてきた。
2. 国際的な団体のスタッフに対して、包括的宣教のビジョンを分かち合った。
3. 教会の個人または小グループが最低一回以上、キリストの愛を実践するような国際的な活動に関わった。
4. 海外において地域社会に包括的な奉仕活動をする短期宣教チームを派遣した。
5. 宣教師に対して継続的に包括的宣教に関するメンタリングを行っている。
6. 教会は、包括的な宣教観を持つ宣教師を1人以上、国外に送り出した。

Ⅶ. 包括的宣教の訓練は、若者や子どもも含め、教会の隅々にまで浸透していますか?

1. 包括的宣教の訓練を受けたのは、教会メンバー全体の5パーセント未満である。
2. 5パーセント以上
3. 20パーセント以上
4. 40パーセント以上
5. 60パーセント以上
6. 80パーセント以上

Ⅷ. 教会リーダーとメンバーの何パーセントが「愛の訓練」を日常的に実践していますか?

1. 会衆全体の5パーセント未満
2. 5パーセント以上
3. 20パーセント以上
4. 40パーセント以上
5. 60パーセント以上
6. 80パーセント以上

Ⅸ. 教会メンバーは、どのぐらいの頻度で「愛の種まきプロジェクト」を行っていますか?

1. 私たちの教会メンバーは、「愛の種まきプロジェクト」をひとつ行った。
2. 去年一年間で、メンバーたちは二つの「愛の種まきプロジェクト」を行った。
3. 3か月に一度「愛の種まきプロジェクト」を行っている。
4. 毎月一つの「愛の種まきプロジェクト」を行っている。
5. 毎月一つ以上の「愛の種まきプロジェクト」を行っている。
6. 地域社会において常に「愛の種まきプロジェクト」は継続しており、それは教会の長期的な働きへと成長している。

Ⅹ. 地域に対する包括的な宣教の結果、教会の外の人々はどのような影響を受けていますか?

1. 教会は、地域においてキリストのように仕える存在となる試みを始めたところだ。
2. 地域の人々は、4つの窓のうち少なくとも一つの領域については、教会が力になってくれることを知っている。
3. 教会は、地域の人々に神の愛を実践するような活動を、一貫して継続的に行っている。
4. 地域の多くの人々は、教会が地域の人々の生活に貢献するような働きを担っていることを知っている。
5. 地域の問題や課題に関し、地域社会の人々は教会が力になってくれることを期待している。
6. 地域社会の人々は、地域の必要や課題に対して、教会が主導して動き出してくれることを期待している。

■評価ガイド:

10の質問に対する回答の数字を合計し、評価基準と照らし合わせてください。

それぞれの質問において、1〜6までのどれかの数字に○がつけてあるはずです(どれにも該当がない場合は0点と計算します)。○をつけた数字の合計を計算してください。最高点は、すべての質問の答えが6だった場合の60点です。最低点は0点です。下の評価基準と、合計点を比べましょう。点数は、神があなたの教会を通してなしてくださっていることを現わしているわけではないことを忘れないでください。しかしそれは、あなたの教会がこれから包括的宣教のビジョンを、これからどのように実践していけば良いかを考える助けになるでしょう。

合計点数	包括的宣教の健康診断
0−10点	あなたの教会は、置かれた地域社会において神から与えられた役割をまだ理解していないかもしれません。
11−20点	あなたの教会は、地域社会における神から与えられた役割に目覚めつつあります。
21−30点	あなたの教会は、地域社会を祝福する歩みを始めています。
31−40点	あなたの教会は、個人においてもグループ単位においても、隣人を自分自身のように愛する実践と能力において成長しつつあります。
41−50点	あなたの教会とメンバーたちは、他の教会に対する健康な働きのモデルとなっています。
51−60点	あなたの教会は、個人においてもグループ単位においても、包括的に宣教しています。その模範によって、他の教会に影響を与え続けましょう。

エピローグ

もしイエス様が市長だったら、あなたの住む地域はどのように変わるだろうか？

これは偉大な質問だと思いませんか？この本を書くことを通して、この質問に対する私なりの考えを読者に分かち合えたことは、たいへん素晴らしい経験でした。この質問が意味することに思いを巡らし、この質問に対する答えを考えた読者の皆様にも、大きなチャレンジが与えられたと確信しています。

「もしイエス様が市長だったら」という問いかけは、その置かれた地域社会において、地域教会が神から与えられた役割を知るために有効です。この比喩表現は人を惹きつけチャレンジを与えます！それぞれの地域に置かれたご自分の弟子たちの集まりに対し、御国の「政府*government*」の大使となって、神の目的を宣言し、拡大して欲しいと神が願っておられることは疑う余地がありません。

たいへん長きに渡った読者の皆様とのこの対話を終えるにあたり、私たちの個人的な人生と共同体における歩みにおいて、この「もしイエス様が市長だったなら、あなたの住む地域はどのように変わるだろうか？」という質問を考えることで神の御心を知り、それを実行していけるように、御父に祈るという特権にあずかりたいと思います。

父なる神よ、キリストにある私の兄弟、姉妹を感謝します。あなたは私に、あなたの花嫁とその目的について、この方々と分かち合う光栄にあずからせて下さいました。

どうか聖霊が、この本に書かれた事柄をふるいにかけ、小麦からもみ殻を除いて下さいますように。ふるいにかけられてなお残ったものが、どうか私たちの心の中で燃え続け、私たちが仕えている教会において、あなたのご計画を積極的に、意図的に行うことを妨げている諸々を、その炎が燃やし尽くすまでとなりますように。

父よ、どうか私たちを、あなたの御心を行いたいと願う情熱で完全に覆って下さい。

まず、私たち自身の人生において、そして仕えている教会において。あなたの御国の輝きによって、地域の中の傷つき失われた人々をあなたの癒しの光の元へ引き寄せて下さい。

私たちの市長であられるあなたのひとり子が、万物を癒したいと願っておられるという現実が、私たちの心と思いの中に、洪水のように溢れますように。私たちが市長のご計画を前進させるために全身全霊をもって献身せずにはいられなくなる程に、その思いで溢れさせてください。

あなたの御国が来ますように。天で行われるように、地上でも、あなたの御心が行われますように！

イエス様の御名によって、アーメン

付録

付録A
追加のストーリー

付録B
論考：地域教会とパラチャーチ

付録C
空欄の報告様式

あなたがたは、実によって彼らを見分けることができます。
マタイによる福音書7章16節

付録A

追加のストーリー

あなたのような人々、
あなたが仕えているような教会からの証

本書「もしイエス様が市長だったら」の本文の中で、全世界にいるイエス様の忠実な僕(しもべ)たちのストーリーをご紹介してきました。これらの兄弟姉妹の献身と従順を読むとき、私たちは霊感を刺激され、その想像性豊かな発想から学ばされ、集合知によって道を示され、訓練と励ましを与えられます。彼らが結んでいる実を見るとき、彼らが本物の主の僕だということが分かるのです!

このようなストーリーは現在もほとんど毎日、私たちの元に届き続けています。まるで蒔かれた種がたくさんの実を実らせているかのようです。寄せられたストーリーのいくつかを、もうすこし、追加で皆さんにご紹介したいと思っています。

- **「あなたのような人々からの追加のストーリー」**は、個人の働きの物語です。
- **「あなたが仕えているような教会からの追加のストーリー」**は、教会がどのように地域社会に影響を与えたのかという物語です。
- **「種から木へ」**は、地域教会が小さな種を蒔いた結果、神がそれを増加させて下さった物語です。

私たちがこのようなストーリーを世界各地から集め始めたのは一九八〇年代の中ごろのことですが、そのほとんどは一九九九年以降に集められました。それらはアフリカ・アジア・中南米・東欧、そして合衆国の都市部と農村部で働いている私たちのスタッフや同僚たちから届けられました。これらが実話だということを知っていただくために、なるべく具体的な地域名を特定していますが、同時に、安全に宣教ができない地域で働いている人々を守るために、地域名を伏せている場合もあります。しかし、私は常に皆さんに、「これは、私の地域でも起こりうることだ！」と思っていただきたいのです。

ご紹介するストーリーがあなたの地域の文脈に沿うものであったとしてもそうでなかったとしても、それをあなたの暮らす文化に「翻訳して」読んでいただき、全世界で素晴らしい包括的な宣教の働きを行ってきた人々から、最大限に学んでくださるように、私は読者に強くお願いしたいのです。ここには必要以上にたくさんのストーリーがあるように感じられるかもしれませんが、多種多様のストーリーがあるということは、多様な読者や読者の教会が、地域に仕える新しい方法を見つけるのに有益だと信じています。私たちの兄弟姉妹の情熱を、どうか受け取ってください。そして、どんな文化に置かれていても、兄弟姉妹たちが既にその手の中にある資源を用いて、神の偉大な愛を実践することが可能であることと、それが素晴らしい実を実らせることを実感していただきたいのです！

どうかこれらのストーリーを読むとき、神があらかじめあなたのために用意してくださっている良い業（エペソ人への手紙2章10節）を行う励ましを受けてください。どうか、あなたとあなたの教会が、創造的に仕える一助として用いられますように！神はすべてのキリストの弟子に、そしてすべての地域教会に、他とは違う独自の物語を用意しておられます。まだ語られていない新しい物語が生まれ、語られるのを待っています。その中にはあなた自身の物語も含まれます。どうか励ましを受け、そして次はあなたの物語を聞かせてください！

あなたのような人々からの追加の物語

ここに紹介するのは、「愛の訓練」の報告様式を通して寄せられた、多くの異なる国々からの実践内容です。いくつかの実践は、必要の領域をより分かりやすくするために、元の報告に若干の変更を加えてあります。12の枠すべてを網羅しているわけではありません（それぞれの枠のサンプルは「愛の訓練」の章を参照）。これらは、あなたのような人々からの本当のストーリーです。これを読んだあなたが、他者を愛することによって神を愛するよう、励ましを受けられることを切に願います！

枠1：家族／知恵

●神にある祖父

あるアジアの紳士は「隣人を愛する」ということに真剣に取り組みました。夫として、父として、そして祖父として、彼は家族と一緒にデボーションの時間を持ち、私たちの訓練会で学んだことをそこで分かち合いました。家族は、彼が学んだことを様々な方法で、生活の中で実践しているのを目の当たりにしました。

●十代の息子が責任ある大人になった

ある同僚が、彼の息子とガールフレンドが神を敬うような交際をし、結婚への準備をしたいと言ったことを分かち合ってくれました。彼らは知恵を求めてきました。同僚とその奥さんは、若いカップルと共に祈り、教育・雇用・貯蓄・結婚前の貞潔を守ること・賢明で成熟した口論をすることなどについて共に話し合いました。

●刑務所で人間関係についての神の知恵を学ぶ

刑務所にいる十代の少女たちに、お互いに交流することについての神の御心が教えられました。彼女たちは神の似姿に造られています。少女たちは現時点での「家族」である、刑務所にいる他の人々に対して肯定的な話し方をすることを約束しました。教えの後、シェーラが対立していたもう一人の入所者に優しく話しかけたところ、その女の子は心の重荷を下ろし、二人は深い話をし、最後には共に祈りさえしました。

枠3：家族／霊

●態度の変革

伝統的な日系ブラジル人の家庭で育ったクリスティーナは、学んだことを適用して自分の家庭に愛を現しました。兄と折り合いが悪かった彼女が、自らの態度を変えてくださるように神に祈ると、その祈りは答えられました。彼女は兄の家を訪ね、神が自分の罪深い態度を改めるように導かれたことと、それに関して兄の赦しを請うように神に促されてもいることを伝えました。彼女は兄に、反抗的な態度を取ったことを赦してくれるようお願いしました。彼女は心が新しくされ平安が与えられました(兄の奥さんは旅行に出ていたので、彼女はその週のうちに3度、兄に食事を持っていきました)。

枠4：家族／社会

●もう不満は言わない！

テレジーナは、週末や休みの日に夫がサッカーをしに行くたびに不満を漏らしていましたが、先週からそれを止めました。先週、夫がコートを借り、ゲームを組み、ユニフォームを準備し、地域の若者たちがサッカーをするよう招待していたことを彼女は知ったのです。彼女は不満を漏らしていたことを悔い改め、その替わりに夫が地域社会のために良い奉仕をしていること、若者に影響を与えていることのゆえに賞賛を送り、ユニフォームを洗濯してあげることにしました。夫婦関係はより良くなりました。

枠5：教会／知恵

●年長者が教える

あるアジアの教会で、年長のメンバーが私たちの訓練会で学んだ包括的な宣教を月に2回の頻度で教えました。彼は地域のクリスチャンの中で尊敬されている人物だったので、他の教会や教団のメンバーも、その訓練会に招かれました。彼は包括的宣教を自らの地域においても実践しました。

枠6：教会／身体

●教会への車いす贈呈

合衆国のある教会メンバーが、車いす協会に連絡して、寄付された車いすを取り寄せました。その車いすは、教会の駐車場から高齢者や障害を持つ方々が礼拝堂に移動するときに用いられています。

●現代の「洗足式」

ある人が、教会の牧師にトラックを借りたいと申し出ました。返却の際、彼は車を洗い、オイルを交換し、ガソリンを満タンにし、タイヤに空気を入れました。いつも感謝していますという手紙を添えて、彼は牧師に車を返しました。

枠7：教会／霊

●赦しの宣言

5年前、ある女性が、他の教会メンバーとの間に問題を抱え困難な状況の中にありました。神は最近になって、彼女の内面を取り扱ってくださっています。彼女は最近、マタイによる福音書5章23～24節の、「**供え物はそこに、祭壇の前に置いたままにして、出て行って、まずあなたの兄弟と仲直りをしなさい。**」という箇所から強く示されました。彼女は熱心に祈って彼らを赦し、彼らのところに行く勇気が与えられるように神に求めました。彼女は神に従い、彼らのところに行き、赦しを宣言し、彼女が悪かった部分について赦しを乞いました。それは痛みを伴いましたが、神がそれをなす力を与えてくださいました。彼女は喜びと癒しを経験し、今も彼らのために祈っています。他の教会のメンバーたちは、彼女の従順な行動によって神により近付くことが出来たと語っています。

●内側に認められる卓越した品質

ブラジルの教会で、ある男性が献金箱として使われていた古い箱を修理しました。彼は素晴らしい仕事をしました。彼の娘の12歳のルイザが十字架の刺繍を施したクッションを箱の内側に付け加えました。ブラジルの私の同僚は、ルイザが献金箱の内側に刺繍を施したことを聞き、昔のクリスチャンの大工の仕事を思い起こしたと感想を述べました。その昔、作った家や家具の外側にも内側にも卓越した品質が認められたことによって、人々は「これはクリスチャン大工の仕事だ」と分かったと言います。「この少女の仕事は」彼らは言います「卓越した仕事を神の前に捧げる多くの人々に、霊感と励ましを与えているのです」。少女の仕事は教会のためのみならず、神のためでもありました。

枠9：地域社会／知恵

●権威者たちに尋ねる

韓国の信者が、地域の問題をより深く知り、教会がより良く貢献できるように地域の自治体職員を訪問しました。

枠10：地域社会／身体

●謙虚な奉仕と下水

アフリカにいる私たちのスタッフは、チャレンジに満ちた「愛の訓練」を行いました。

イエス様はこのように言われました。「**それで、主であり師であるこのわたしが、あなたがたの足を洗ったのですから、あなたがたもまた互いに足を洗い合うべきです。（ヨハネによる福音書13章14節）**」これは「主の主」であるお方のへりくだりを現す最も偉大な実例のひとつです。私は最近、謙遜を実践する機会に出会いました。私たちの地域の下水システムが壊れ、ひどい悪臭がしていました。自治体はすぐには駆け付けず、その太いパイプを直したいと思う人間はひとりもいませんでした。地域のリーダーが、私たちのところにアドバイスを求めてきました。私たちは、手袋を買ってみてはと提案し、購入しました。あとは誰かが勇気を持って表面をきれいにしなければなりませんでした。私はそれを始めました。全員が私を見ていました。手で鼻をつまみながら！その掃除には約15分かかりました。間もなく、他の4人の人々が私に加勢してくれました。徐々に、人々が加えられていきました。3時間強かけて、私たちはその惨状を元の状態に回復することができました。下水は制御可能な状態になりました。

●箱を集める夫人への実用品の贈呈

あるアジアの女性が信者でない隣人に仕えるために熱心に祈っていました。主は彼女に、息子が交通事故の後遺症で苦しんでいる貧しい婦人のために何かをするようにという思いを与えられました。その婦人は箱を集めリサイクルすることで生計を立てていました。教会の女性は、箱集めの婦人のところに行き、いくらかの援助をしました。箱集めの婦人は気分を害しました。彼女は見下されたと感じたのです。女性は教会を代表して、イエス様の御名によって助けたいだけなのです、と説明すると箱集めの婦人は寄付金を受け取り、一か月分の実用品を購入しました。箱集めの婦人は仏教徒でした。彼女の義理の娘はキリスト教会に行っていましたが、信仰について話した事はありませんでした。教会の女性は彼女がキリストの愛を知ることができるように祈る決意をしました。

●野菜入りの袋

アフリカにいる私たちのスタッフが、彼の友達のストーリーを教えてくれました。

私の友達のジェームスは、野菜を必要としていた隣人たちの問題を解決しました。彼は様々な野菜の種を50個植えました。その隣人たちは間もなく、野菜を収穫し、家に持って帰ることができました。友達の素晴らしいアイディアによって、こんなにも多くの野菜が生み出されたのです!

●教会への道中、ゴミを拾う

アジアから届けられたこの報告は、私たちが隣人に対して神の愛を実践するとき、価値観・習慣・世界観がいかに変えられるかを教えてくれます。早天祈祷会に出席している教会メンバーのひとりが、毎日家に帰る途中、道に落ちているゴミを拾い始めました。彼女はそれを「愛の訓練」の課題として始めましたが、今は毎日それをしています。彼女の価値観は変えられました。

●教師への給料

伝道・宣教部門の代表者が、自らが目の当たりにした包括的な訓練を分かち合ってくれました。この訓練によって宣教の効果は増大しました：

私たちの教会には小学校教師をしている伝道者がいます。彼は自らの給料の3分の1を、他の教職者の給料に充ててもらうよう申し出ました。それによって私たちに教え、伝道する機会が広がり、より多くの人々への働きの門戸が開かれました。

●農村の牧師が地元の子どもたちを助ける

アジアの農村部からこのような報告が届きました。ある牧師が農村部で20年間伝道をしてきましたが、その間、救われた人はごくわずかでした。彼は自分のメンターに励まされ、毛布・健康維持・学習の面で地域の子どもたちに神の愛を実践することを始めました。2人の少女がイエス様を信じ、その両親たちは好意的で、地域社会は愛の行いを歓迎しました。村に住む仏教徒たちの心に、神が働き始めてくださっています。

●神の愛と仏教徒の孤児たち

ある退職後のクリスチャン技術者が地域のために道路を建設するという計画を立ててからというもの、彼は公立の学校、イスラム教の隣人、仏教の寺院、そして孤児院と良い関係を構築するようになりました。その結果、そのすべての人々に働きかけ、仕え続けることができるようになりました。彼は仏教徒の孤児たちを組織し、建物の壊れた屋根を修理したり、彼らが使っているキッチンの床を泥からコンクリートに替え、健康状態を向上させたりしました。彼らは、自分たちが彼から受けた愛は神からのものであることを知っています。

●自分の花

アジアにいる私たちの同僚から届けられたこのシンプルな証に耳を傾けましょう。

私は、とてもわずかな収入で家族を養っている警備員を取材した新聞記事を読みました。彼の娘は、花を売ることでささやかな日当を稼いでいます。記事は、彼女が自らの花を売ることができれば収入は向上すると伝えていました。その記事は心に残りました。私は新聞社に勤めている友人に電話し、家族に連絡をとってもらいました。私たちがこの家族にいくらかの寄付金を手渡すと、その家族は非常に大きな衝撃を受け、感謝してくれました。私は、自分の中にある神の愛が、必要に応答する行動へと導いたのだと伝えました。募金の額は決して多くはありませんでしたが、それが与えた影響に私自身が驚きました。

●女性が土地を耕すのを助けた牧師たち

アフリカの包括的宣教の訓練者からのレポートです。

３人の牧師が、農村地帯に伝道旅行に行きました。ある婦人は、特に福音に抵抗を示しました。牧師たちは、彼女が畑を耕すのを手伝うことにしました。彼らは、牧師たちが霊的な事柄のみに関心があるわけではなく、イエス様がそうであったように、身体的にも社会的にも人々に関心があることを現わそうと思ったのです。彼女は福音に対して心を開くようになり、地域の他の人々もそのように変化しました。別れの日、人々は悲しみました。地域の人々は牧師たちに去って欲しくないと願い、この地域でも教会を始めてほしいと頼みました。

●ホームレスの男性に対する食事と助け

この証は合衆国のスタッフから寄せられました。

私は汚れた服を着た若い男性がゴミ箱を覗き込んでいるのを見つけました。私が食べ物を探しているのですかと尋ねると、彼はそうだと言いました。私は彼に食べ物と飲み物を買ってきて、これはあなたに対するイエス様の愛の現れなのですよ、と伝えました。彼の状況について私が尋ねると、彼はその夜ロサンゼルスからやってきたばかりで、兄と一緒に仕事を探しているのだと言いました。彼はお金を持っておらず、丸一日何も食べていませんでした。私は彼に、教会には行きましたか、と聞きました。行っていないけど行きたいと思う、と彼は答えました。私たちは近所の教会と連絡をとって彼を紹介しました。私は彼に名刺を渡し、何か他に私に出来ることがあったらいつでも連絡してほしいと伝えました。

●「地の塩」

あるアジアの男性は、包括的な宣教観に基づき農村部の伝道者たちを訓練しています。私たちは農村部に伝道者を派遣しました。私たちは伝道者に、「愛の種まきプロジェクト」を教えました。彼はまず仏教の寺院に行き、最年長の修道僧に会い、次に村の酋長にも会いに行きました。彼は街灯の設置に参加し、村人たちのために祈り、医薬品を配給しました。彼はその地に置かれた塩として人々と関わりました。徐々に、人々は彼を自分たちの仲間として受け入れてくれるようになりました。1年間で、14名がクリスチャンになりました。愛の種を蒔くときに神が実を見せて下さることの実証です。

●愛の車輪

神の愛が、自転車を介して、惜しみなく分け与える愛の行為の連鎖を生んだ話です。

私たちは犠牲を伴う愛の種について教えていました。ほどなく、ある男性が手をあげて言いました「私は自転車を神に献げたい」。私たちは言いました「素晴らしい！7歳のヴィニシウスはきっと喜んでくれるでしょう！」。次の日、同じ男性が手を挙げて言いました「すみません。私の妻が自転車を甥っ子に上げてしまっていたのです」。私たちはヴィニシウスにまだ何も伝えていませんでしたので、問題はありませんでした。しかし数日後、ヴィニシウスの父親が電話してきました「ある友達がヴィニシウスに新しい自転車をくれたのです！古い自転車を誰か他の人に上げることはできますか？」。私たちは言いました「もちろんです！」。ある父親が、子どもに自転車を上げたいと思っていたそうだと私たちはヴィニシウスの父親に伝えました。私たちはヴィニシウスの古い自転車を引き取りに行きました。私たちは新しい計画を立てました。靴職人ジョゼの孫であるブルーノのところにそれを持っていったのです。彼はとても喜びました！ジョゼは、ブルーノに自転車を買って上げたかったのですが、十分なお金がなかったのだ、と言いました。ジョゼたちは少しずつ自転車の部品を買い足していたのですが、去年のクリスマスまでに彼らが買うことが出来たのは、フレームと前輪のスポークだけでした。神は、ご自分の民の惜しみなく分け与える行動の連鎖を用いて、少年に自転車の完成品を与えてくださったのでした！

枠11：地域社会／霊

●近所のプレヤーウォーク／プレヤーウォーク／プレヤーランニング

ある男性が近所をプレヤーウォーク（訳注：歩きながら地域のために祈ること）をしました。彼は地域を歩きながら、すれ違う人々や家にいる人、また、職場や学校に出かけていてそこにはいない住人たちのために祈りました。また別の男性は、同じことをジョギングの最中にしました。

●母のための静かな時間

高校生の女の子が、母親が静まって祈り、聖書を読むことができるように、小さな子どもたち二人の子守を申し出ました。

枠12：地域社会／社会

●クッキーを分かち合う

南米のある国からこのような報告が寄せられました。

イースターの日でした。ある夫婦が、道で会う人々にクッキーを差し上げることに決めました。彼らはお決まりの方法ではなく、より社交的に、人々がイースターをお祝いするのを助けるような方法で渡したいと思いました。旦那さんはクッキーを手に家を出て、この小さな贈り物を喜んでくれるような誰かに出会わせて下さいと神に祈りました。彼が角を曲がると、手押し車を押している男性に出会いました。車には子どもが乗っていました。教会メンバーのそのご主人は、男性にクッキーを渡し、楽しく会話をし、「良いイースターを」と挨拶しました。男性は手押し車の子どもにもクッキーを上げ、彼女に「私のかわいい娘に。イースターおめでとう！」と言いました。

●敵をハグする

アフリカのスタッフからのチャレンジに満ちた証です。

隣人のジョンは、人とは異なる目で隣人を見ています。虐殺のゆえに何人かの隣人たちは刑務所にいますが、徐々に釈放され村に帰ってきつつあります。ジョンは自分の親戚を殺したその隣人たちのところへ行き、彼らのことを愛していること、そして彼らのことを赦したことを伝えました。ジョンは彼らを抱きしめました。そのハグは大きな変化をもたらしました。ジョンのような人々が、私たちの社会を変革していくのです。

● **贈り物のバスケット**

アジアのある牧師夫人が隣人に愛を示したいと思いましたが、彼女はクリスチャンでない知り合いがあまりいませんでした。彼女は週に二回、近所の温泉に行くことにしました。女性たちがスタッフとしてそこで働いていました。良く祈った後、牧師夫人はそこで働く従業員の女性たちに贈り物のバスケットを用意し、サービスへのお礼としてそれを渡しました。女性たちは驚きと喜びを現わしました。

あなたが仕えているような教会からの追加のストーリー

これから紹介するのは、地域教会によって実行された「愛の種まきプロジェクト」の実例です。それらはあなたが仕えているのと同じような地域教会です。その教会にとって初めての包括的な宣教の試みもありますし、長期間にわたり包括的な宣教を実践してきた教会によるものもご紹介します。

アフリカ

● **生活の大きな変化**

同じ地域にある3つの教会が「愛の種まきプロジェクト」を実践し、地域の多くの人々の人生に大きな変化をもたらしました。

・ある教会では、7人のメンバーが貧しい盲目の人を助けました。7人はそれぞれに一週間の中から一つの曜日を選び、決められた日に自分の食事をその人のところに届けました。彼らはそれを数か月にわたって続けました。彼らはこのように言いました。「それは神聖な約束でした！」家族の問題のために、学期の途中で学校を去らなければならない状況になったクリスチャンでない二人の女学生も、同じグループによって援助されました。

・二番目の教会は、戦争で夫を失った女性を助けました。彼女が政府からの支援を受けることができるようになるまでの間、彼らは家族に一時的な社会的保障を提供しました。それにはたくさんの時間・お金・労力の犠牲を要しました。同じグループは、障害者のために2か月分の家賃を支援しました。彼らはその後、彼のために職を探してあげたので、彼は自らの職業によって生計を立てることができるようになりました。

・三番目の教会では、8人のメンバーたちがビジネスローン（訳注：新しい事業を開始するのを助けるための低利子の融資）を提供するために資金を集めました。彼らは5組の貧しい家族を選び（3家族は信者、2家族は信者でない）、彼らが自分たちの商売を始められるように支援しました。

●大きな穴を埋める

教会がこのような奉仕をしているのを見た住人達の反応を想像してみてください：

道の真ん中に、人が落ちて大けがをしてしまうほど大きな穴があいていました。住人達は、これは直らないだろうと考えていました。その近所には、地域に対する自らの責任に目覚めた教会がありました。教会の人々は砂利・砂・セメントを運んできました。教会がそのようなことをしている間、住人達はいぶかしがりながら眺め、何をしているのか尋ねてきた人もいました。教会の人々は、我々は教会のメンバーであり、神の愛を現わすためにこれをしているのです、と答えました。人々は驚きました。作業に自発的に参加した住人もいましたし、昼食を差し入れてくれた人もいました。

●ブルドーザーを借りる

私たちのスタッフの一人は聖書学校で教えていますが、学生からのこのような証を彼が報告してくれました。私たちの村から教会への道は車が走れないほどに荒れていました。私は牧師に「愛の種まきプロジェクト」の話をしました。教会は道をまっすぐに整えるために、ブルドーザーを1時間レンタルすることにしました。土曜日に教会員たちが集まって道を整備しましたが、その結果は驚くべきものでした！村中の子どもたちが来てお祝いをし、歌い、踊り、多くの人々が日曜礼拝に参加したのです。

●未亡人のためのローン

ある教会は男の子ふたりと女の子ひとりを育てている未亡人を経済的に支援していました。彼女には自らと子どもたちを養うための収入源がありませんでした。訓練会に参加した教会役員たちは、考え方が変えられました。継続的な支援をする替わりに、教会は彼女に自らの商売を始めるための資金を融資することにしたのです。短期間のあいだに、彼女が成し遂げたことに役員たちは驚きました。彼女の娘も商売を手伝うようになり、現在では自分の稼ぎで生計を立てることができるようになったその未亡人は、教会に感謝しています。

●売春から刺繍へ

以前、ある地域教会は包括的な宣教活動の一環として、ある女性がミシンを購入し、刺繍を売る商売を始めるのを支援しました。キリストを知る前、彼女は売春婦でした。イエス・キリストの福音が彼女を変えたのです！教会が包括的な宣教のために献金を募るイベントを開催したとき、その女性は刺繍作品をそのイベントで販売し、他の人々の祝福のためにその利益を献金しました。

●ストーブと水を感謝する

地域教会によって贈呈されたストーブと貯水タンクを受け取った人々の言葉に耳を傾けましょう。

・ストーブをいただく前は、私は子どもたちに学校を休ませて焚き木を取りにいかせなければなりませんでした。家の暖炉は燃費が悪かったので、子どもたちはときには危険で遠い場所まで行かなければなりませんでした。今はこのストーブのおかげで、料理をするのに一本か二本の焚き木で済むようになりましたし、マッチもほとんど使わなくて済みます…子どもたちも火傷の危険がないし、毎日学校に行くことができるようになりました。

・私と妻は目が見えません。丘の上に住んでいる私たちは、水を汲むために歩いて丘を下ることができませんでした。そんな私たちのために教会のグループの方々が貯水タンクを備えつけてくださいました。隣人たちは「神様が私たちのためにタンクに水を貯めていてくださっている！」と言っています。

アジア

●落雷と新しい家

嵐のとき、雷が落ちて未亡人とその家族４人が暮らす家が壊れました。焼け残った部屋もありましたが、その未亡人は悪霊を恐れて、その部屋に近づこうとはしませんでした。教会メンバーたちはこれを聞き、15日間家族のために祈り、どのように彼らに仕えたらいいか神に聞きました。彼らは新しい家を建てるのに必要な材料を買うために、特別献金を募ることにしました。新しい家は2日間で完成しました。未亡人の家族は新しい家に住むことができ、もう悪霊を恐れる必要がなくなりました。未亡人は家族に対する祝福のゆえに、神に感謝しています。

●「御名のゆえの冷たい水」

2つの教会からの若者30名のグループが、包括的な宣教の訓練会に参加しました。夏の暑い時期、水不足がピークに達するという地域の必要に彼らは応えました。その小さな2つの教会はお金を出し合って、幹線道路沿いを通りすがる人が誰でも無料で飲むことができる冷たい水を提供しました。地元の新聞がその出来事を記事にしました。聖書の言葉が引用されたその記事には、イエスの御名によって良き業がなされたと書かれてありました。

●富裕層の地域における「愛の種まきプロジェクト」

ある教会は、とても裕福な人々が暮らす地域に立地していました。親たちは教育熱心で、子どもたちは朝早くから夜中まで学校や塾に通っていました。教会は、「愛の種まきプロジェクト」によってこの地域の人々に「声を発する」必要があると気付きました：

- その団地の警備員に、2つのグループが軽食を提供しました。夜に軽食を提供したグループは17人分を用意していましたが、お腹を空かせた警備員は20名いました。グループはマクドナルドに行きました。深夜だったので、彼らは割引でハンバーガーを買うことができました。神の国の算数をグループは体験しました！
- ある女性グループは、著名な作家であり講演家を招き、子育ての知恵に関するセミナーを開催しました。教会に行ったことがない27名の女性たちが地域から集まりました。
- 別の女性グループは、子どもの家庭教師の必要性についての公開討論の場を設けました。地域から20名の参加者が集まりました。あまり質が良くない家庭教師のために多額のお金を支払っていることについて彼らは話しあいました。このプロジェクトを通して、教会が質の高いクリスチャンの家庭教師を派遣することができれば、地域の裕福な人々に仕える門戸が開かれているという気づきが与えられました。

・また別の女性グループは、小さな子どもが学校から帰るときに道路の横断を補助するというボランティアを提供しました（この取り組みは今も教会の働きとして継続しており、ボランティアは教会の名前が書かれたたすきをかけて活動しています）。

・二つのグループは公務員たちを助けました。ひとつ目のグループは消防署に、もうひとつのグループは交番に軽食を届けました。メンバーのある女性が言いました「私たちは人々が普段あまり関わりたいと思わないような人々に仕えたかったのです。最初に思いついたのは警察でした。少し怖かったですが、私たちは警察官の方々に仕えに行きました」。

・ある女性たちのグループは、団地の隣にある運動場を掃除しました。彼女たちは砂をならし、ガラスの破片を拾いました。

・また別のグループは高齢者たちの住む地域に行きました。彼らは会話をし、散髪をしてあげました。彼らは再びその場所に戻り、今度は健康体操をするのを手伝いました。

・別のあるグループはとても貧しい人々が暮らす地域に行きました。当初、最近店じまいをした教会員によって捧げられた衣類を配布することを計画していましたが、彼らは予定を変更し、家々を掃除することに決めました。

●**忙しい訓練会**

レイシという街にある地域教会が合同で、包括的宣教と聖書的世界観に関する訓練会を開催しました。訓練会の日程は10日間で、4つの部族、20の村々から、100名以上の教会リーダーと信徒たちが集まりました。連日、昼夜を通して訓練セッション・断食と祈りの時間・ジーザスフィルムの上映・聖歌隊による賛美・癒しの集会・聖餐式・洗礼式・祈りの小グループの結成などが行われ、招きの時間には60名がキリストに仕える決心をしました。スケジュールは目白押しで、参加教会と地域のために、衣類や部族の言葉に翻訳された聖書が首都から運ばれてきました。

レイシは山岳地帯に位置しているため、宣教は困難です。首都からレイシに行くには6日間かかります。列車に乗って1日、車で1日、バスで1日、川を下って3日です。時とともに、レイシの部族は闘争と首狩りで知られるようになっていましたが、現在、部族には福音が伝わり、多くの教会が存在します。

訓練会期間中、いくつかの「愛の種まきプロジェクト」が行われました。

・地元の病院にいる患者を訪問し、食事を提供し、祈った。

・教会の未亡人たちを訪ね、家を掃除した。

・高齢の教会メンバーたちや教会に招かれた人々が足を滑らせないように、石階段に七・五メートルの手すりを備えつけた。

アメリカ（カリブ海域の島々を含む）

●牧師のごみ拾い

ある地域で包括的宣教の訓練会が開催されました。この地域の人々は習慣的に、街の入り口をゴミ捨て場にしてきました。セミナーのなかで訓練者たちは、そこで掃除をするのは良い「愛の種まきプロジェクト」なのでは、と提案しましたが、牧師たちは躊躇していました！訓練者たちの励ましの結果、彼らは次の日をゴミ拾いに充てることに決定しました。彼らは最初に、市長に許可を求めに行きました。市長は複雑な面持ちでしたが、許可を出してくれました。次の日、20人の牧師たちが何袋もの可燃ごみを拾い集め、焼却処分しました。集められた不燃ごみは自治体のトラックで運び去られました。地域の住人達は、キリスト教の指導者たちがやってきて行っていることを、驚きの目で見守りました。市長は軽食を差し入れ、後に夕食に招待してくれました。この出来事は街に対してインパクトを与えましたが、それ以上に牧師たち自身への大きなインパクトとなりました。彼らは神の愛を実際的な方法で、外部の資源に頼ることなく表現するという方法論を学び、自分たちの教会に帰って行ったのです。

●サプライズ・クリスマスパーティ

中央アメリカの子どもたちは、卒園式とクリスマスのお祝いを兼ねた素晴らしいパーティを体験しました。子どもたちは家に帰りました。その一時間後、街から12名の人々がピニャータ(訳注:中南米のお祭りで用いられる、中にお菓子やおもちゃが入ったくす玉人形)・キャンディ・クッキーを持って応援に駆けつけました。彼らは聖書のお話をする準備もしていました。それは「愛の種まきプロジェクト」だったのですが、到着が間に合わなかったのです!子どもたちの多くは遠くに住んでいたので、もう一度集合することは不可能でした。彼らはその替わりに、自転車で街に繰り出し、地域の子どもたちを訪問してパーティに誘いました。10分間で、150名もの子どもたちが集まりました!彼らは12名が用意した聖書のお話・キャンディ・クッキー・ピニャータを楽しみました。彼らの遅刻のおかげで、多くの子どもたちが神の用意されたサプライズ・クリスマスパーティに参加できたのです。

●ご近所バザー

ある教会が近所の隣人のためのバザーを開催しました。それは「団結・友情・親密さ・安らぎ」の時間と位置付けられました。40名の人々が衣類・インテリア・おもちゃを持ってきました。それは暑い午後でしたが、人々は木の下に座り、一緒にお茶を飲みました。バザーの後に残った物品は、教会の近くのスラムに住む女性に贈呈されました。それを売って7人の家族を養っているその女性の生活の足しにしてもらったのです。その後、彼女は教会の人々を自宅に招き、そこで礼拝をしてくれるように依頼しました。

●介護ホームの改修

ある女性がアメリカで行われた「愛の種まきプロジェクト」に刺激を受け、その女性が一年のうち数ヶ月を過ごすメキシコにもそれを持ち帰りました。メキシコに行くと出席している英語礼拝がある小さな教会で、彼女は「愛の種まきプロジェクト」の話をしました。教会の近くに18名の入所者がいる介護ホームがありました。ホームはかなりの修繕が必要な状態でした。教会の人々は塗装と修理の資材、入所者が使う引き出しと棚を買うために、寄付金を募りました。3日間かけて、教会のグループは3つの建物すべてに塗装と修理を施しました。彼らは新鮮な果物と甘いパンとをもってきて入所者と分かち合いました。また彼らは画家に頼んで建物の入口の壁のところに美しい装飾を描いてもらいました。来年、彼らは地元のスペイン語礼拝の教会と共同で、その介護ホームのシャワー室を改修する計画を立てています。今入所している高齢者の方々は、シャワーを浴びるために立って自分でバケツを持ちあげなければなりません。彼らは新しいシャワー室に温水付きのシャワーと座るためのベンチを設置する予定です。

●朝食の交わり

大都市にある大きな教会の男性2人が、両親が無関心であったり、離婚したり、別居している若者に重荷を感じていました。彼らは、両親にどう扱われたとしても、神は彼らを決して見捨てないこと、また神は彼らを助けて下さる偉大な方だということを分かち合いたいと思いました。彼らは詩篇26篇10～11節、イザヤ書63章16節、また詩篇118篇8節のような御言葉を思いめぐらしまし、交わりのための朝食会を開くことに決めました。彼らはこのように言っています「このプロジェクトは短く、応用範囲が広いので、教会でも、家でも、その他どんな人々の集まりの中でもすることができます」。彼らが牧師にその提案をすると、牧師は支援してくれました。教会は予算・部屋・椅子とテーブルを提供しました。最初の朝食会には40名の若者が集まりました。彼らは交わりを楽しみ、コーヒー・パン・チーズ・ジャムなどを一緒に食べました。彼らは若者たちに、神が彼らの霊的・身体的・社会的な側面に関心を持っておられるという事を語りました。若者の何人かは、自分たちの必要に対して本当に関心がある方がいるなんて考えたこともなかった、と言いました。彼らは心を開き、葛藤や悲しみを分かち合い、自分は一人ぼっちではないことを知りました。若者たちは神とその2人の男性に感謝し、以後毎月集まることに決めました。

●おもちゃと食べ物の提供

聖書学校の学生であるアルバ、クライス、ブルーノの3人は、貧困層の暮らす地域に行っておもちゃと食べ物を配給することにしました。彼らは祈りをもって始めました。教会はおもちゃ・食べ物・カードゲーム・バスケット・それらを運ぶ車と配給を手伝うボランティアを提供してくれました。彼らは贈り物を受け取る人々と話し合い、彼らのために祈りました。32日間の準備期間を要し、実行するのに4時間かかりました。３００名の教会の人々が関わりました。ビラ・コンキスタの50家族がそれによって愛に触れました。これらの家族は地域の状態と情報収集という形でプロジェクトに参加もしました。このプロジェクトは先駆的な試みとなり、その後牧師たちは似たような他のプロジェクトを行いました。現在、教会は貧しい子どもたちのためのデイケアプログラムを開始しようとしています。

●学校の生徒が訓練し、教える

あるクリスチャンスクールでは、包括的宣教をカリキュラムの一部に取り入れています。6年生になると、生徒たちはルカによる福音書2章52節の4つの領域それぞれの代表委員を選出します。知恵の領域の代表になった生徒は、個人的な学習指導が必要な生徒を助ける方法を探します。霊的な領域の代表になった生徒は、生徒たちの祈り会とグループデボーションを導きます。身体的な領域の責任者になった生徒は、教室の掃除と壁の張り紙の責任を受け持ちます。社会的領域の責任を持つ生徒は、生徒たちの人間関係向上のための企画をします。

その学校の中等部の4名の生徒たちは、3か月間、近くの公立学校で包括性に関する授業を受け持ちました。彼らは合計140時間を教え、中等部の単位を取得しました。公立学校の校長は喜び、もっと資料が欲しいと言いました。

●若者が教会の庭を掃除する

私たちのスタッフの一人が所属している教会の若者を訓練した後、長期間の出張に出かけました。彼が教会を去ったとき、教会の庭には雑草が生え、ゴミが散らかっていました。地元の庭師に掃除を依頼すると料金は高額で、教会にはそのような予算はありませんでした。訓練を受けた一人であるロナルドは教会の仲間の若者たちに、その仕事をみんなでやらないかと呼びかけました。彼は仲間と一緒に計画し、食べ物とソフトドリンクを購入するお金を集めるのを手伝いました。彼らは丸一日かけて庭を掃除しました。彼らは「パーティより楽しかった」と報告しています。彼らは喜びをもってそれをしたのです。教会は近隣の住宅と隣接していたので、掃除によって教会だけでなく隣人も利益を受けました。

●目に見える変革の証拠

南米のある国にいる私たちのスタッフ一人が、包括的な宣教がなかなか進んでいないように見えたある地域においても、変革が進んでいるという証拠を報告しました。教会のチームは最近、地域のある家を訪ねました。普段、この家はとてもきたなく散らかっています。そのときに教会の人々が見たものは、家族が聖書を開いて学ぼうとしている姿でした。床はきれいで、子どもたちは行儀正しくしていました。その家にいる統合失調症の男性は、きれいな服を着ており、アルコールの問題を抱える息子はしらふで、ベッドにはカバーが掛けてありました。

●「愛」のスミレ

ある教会のスタッフチームが550名の若者のための、「変革の種」セミナーに参加しました。そのセミナーのチラシには、過去の「愛の種まきプロジェクト」の実例が掲載されていましたが、大都市にある二つの教会が合同で行ったプロジェクトも紹介されていました。第一インパクト領域は「知恵」で、第二は「霊」でした。教会の若者は家々のドアをノックし、人々にスミレが入った花瓶をプレゼントし、「神が花を成長させ、花開かせて下さるのと同じように、神はあなたをも愛しておられ、気にかけ、面倒を見てくださるのです」と伝えました。花瓶には教会の住所と、「**わたしが来たのは羊が命を得・・**」という聖書箇所が書かれたステッカーが貼ってありました。150個の花瓶が配布されました。最初は怪訝な態度を示した人もいましたが、趣旨を知った時、彼らの態度は変わり、涙を流す人もいました。若者たちはこのように報告しました「私たちは彼らに対する神様の御心すべてを知っているわけではないけれど、神様の目的のために私たちはいつでも自分を用いていただきたいと思っています」。

●大人の日

土曜日に、教会とその隣の学校を使って、「大人の日」が開催されました。その計画の第一インパクト領域は「社会」で、第二は「霊」でした。準備には一週間を要し、二つの会場でそのための祈り会が事前にもたれました。学校は子どもたちのためにゲームを用意し、教会は食事を用意しました。36名の近所の人々がその日教会に集まり、沢山の子どもとその親たちが学校で行われたプログラムを楽しみました。そのイベントによって、同じ地域に住んでいながら普段交わることがほとんどない様々な背景をもつ人々が仲良くなりました。それはまた、新しい教会員たちにとって、隣人に対して関心を持ち愛を表す良い機会になりました。

●クリスマスを祝う

二人の人が、家族でクリスマスを祝うためのアイディアを掲載した小冊子を作りました。そこには詩・クリスマスの物語を家族で分かち合うためのガイド・聖書箇所・歌・「主の祈り」の解説が載せられていました。計画に3週間を要し、作成に2日間かかりました。受益者は、その小冊子を無料で提供された43家族でした。インパクトは配布された家族を越えて広がりました。印刷は教会で行われました。小冊子を使ってクリスマスを祝った家族のメンバーたちからの証を紹介します。

シモーネ：母が離婚してから12年間、私は父と口を利いていませんでした。クリスマスの前日、夫と私は小冊子に提案されている方法でクリスマスを祝う事を決めました。私たちは父を招待し、それは和解の時となりました。

フベニール：私たちは今年主を知るようになったので、その本当の意味を知った上でお祝いした初めてのクリスマスになりました。親戚一同を招いてのクリスマス会の中で、私たちはその小冊子のガイドに従ってお祝いしました。私たちをいつも馬鹿にする義理の兄弟もそこにいました。お祝いが終わると、彼は部屋から去っていきました。私は彼が気を悪くしたのかと思って後を追うと、彼は泣いていました。彼は言いました「僕はただ、君たちみたいになりたいんだ。僕は変わりたい」。

リカルド：その小冊子のおかげで、私たちは意味深いクリスマス会を開くことが出来ました。そのような事はそれまでにしたことがありませんでした。

イロニルト：私の友達が訪ねてきて、世間一般のクリスマスのお祝いをとても不快に感じていると言いました。私は彼に小冊子を渡しました。彼はそれを読み、是非家族と一緒にそれを使ってクリスマス会をしたい、と言いました。

ルース：私たちは、その本に沿ってクリスマスを祝いました。宗教嫌いの私の弟が、その様子を撮影していました。一緒に歌うときになると、彼はカメラを置き、手に手を取って一緒に歌に加わり、「僕も仲間に入りたい」と言いました。

●祈る以上のことをする

小グループに新しく参加するようになった2人のメンバーが、自分たちと無職の彼らの両親の就職のために祈って欲しい、といつも言いました。教会の人々は、祈る以上のことをすることに決めました！彼らは新しく家を借り、その家賃のための献金を募り、教会の車で彼らをその家に引っ越しさせました。彼らは教会堂を掃除するという一時的な雇用を両親のために提供し、若者たちと両親が安定した職に就く手助けをしました。

●包括的に仕える若者たち

このレポートは南米で教会リーダーをしている私たちのスタッフから寄せられました：

私たちの教会の若者が、貧困層の方々が住む地域で調査をしたいと言いました。私たちは彼らと一緒に行きました。地域の人々と話す中で、子どもたちに働きかける機会と必要があることが分かってきました。その午後に、彼らは宣教チームの他の若者たちを連れてもう一度その地域に戻りました。18人の子どもたちが集まると、教会の若者たちは指人形で芝居をしたり、歌ったり、健康に関する知識やドラッグを避けることなどを含む、「町に平和を」というお話を聞かせたりしました。私たちの教会の若者は包括的ミニストリーの訓練を受けていたので、大人の教会員たちと一緒に働いて人々に神の愛を実践することが出来たのです。その若者たちは大人たちにとっても模範となりました！その行動の結果、若者が祝福され、大人たちも祝福され、地域の子どもたちも祝福されました。

東欧

● 祈りと清掃

とても小さな信者の交わりが、集会のためにアパートの一室を使っていました。彼らはその部屋がある建物の階段の吹き抜けとエレベーターを掃除しました。早天祈祷会を始めた彼らは、今では他の棟も掃除することを計画しています。

● 清潔、愛、美しさ

いくつかの異なる教会からのメンバーが、合同で二つの「愛の種まきプロジェクト」をしました。

・彼らは5階建てアパートの建物の階段の吹き抜けを掃除しました。彼らは窓を拭き、踊り場と階段にモップをかけました。人々が理由を尋ねると、彼らは答えました「神様は整頓と清潔を好まれるお方ですから。それに、神様は私たちに隣人を自分自身のように愛せよ、とも言っておられますからね」。

・彼らは教会の祈りの家の前に花畑を作りました。彼らは、被造物の美しさに惹きつけられて、人々がこの建物に近づくようにと願ったのです。彼らが選んだこのプロジェクトを表現する御言葉は、詩篇37篇3節の「**主に信頼して善を行え。地に住み、誠実を養え。**」でした。

種から木へ

からし種のたとえから学ぶことのできる教訓のひとつは、信仰によって蒔かれた小さなものが、想像もしないほど大きな結果を生みだすということです!それは神の国の原則のひとつです。ときに、ひとつのプロジェクトが大きな働きへと成長していくことがあります。また、小さなプロジェクトによって、地域教会がさらに深い働きへと導かれることもあります。また別の時には、ひとつの地域で行われた多くの小さな取り組みが、相乗効果的に巨大な効果を生み出すこともあります!

ひとつ注意があります。神の国の掛け算は、人間の努力によってもたらされるのではなく、神によって与えられるものです。「愛の種まきプロジェクト」は、神の愛を現す従順で犠牲的な実践によって神に栄光を帰すためのものです。目に見える結果が大きくても小さくても、神は栄光を受けられます。私たちは、神が小さな種から大きな結果をもたらして下さる方であると考えてもよいのですが、同時に神ご自身と神のご栄光を求めるべきであって、増加そのものを求めるべきではありません。

イエス様が市長だったら何が起こるだろう、という問いへの答えを教会のビジョンとして実行した素晴らしい実例を紹介します。

●カラピタのビジョン

一九九八年に、ハーベスト財団はベネズエラの首都、カラカスの小さな村で行われた働きを映像にしました。そこでは驚くべきことが起こりました!それまで、教会は地域の人々からの嘲笑の的でした。人々は石やビンを投げつけ、発砲さえしました。その故に、教会は10件の訴訟を起こしていました。現在、教会は地域の祝福と見られています。牧師は、以前の教会のビジョンは、「断食をし、徹夜で祈り、教会で礼拝をすること」だったと言いました。そのとき、ベネズエラにいた私たちのスタッフがその牧師と教会リーダーたちに、ドミニカ共和国で起きた証を掲載した小冊子を見せました。それを読んで、彼は地域教会のビジョンが変化することによって、ドミニカの小村全体が変革していった物語を目の当たりにしたのです!彼らは、カラピタの教会に必要なのは、地域の人々を度外視するようなビジョンではなく、より大きな視野をもって働くことなのだと理解しました。

そのスタッフはカラピタの教会リーダーたちに私たちの教材を用いて教え始めました。徐々に、人々は自らの使命についてより広い視野を持つようになっていき、教会のビジョンはより広範にわたるものになっていきました。彼らは、地域の人々に食べ物のバスケットを届けるというような小さな行動から始め、それらの小さな行動はやがて地域全体の人々の心に触れるような大きなプロジェクトに成長していきました。彼らは医薬品や食事を配給し、学校と共に働き、福音を語り、麻薬を避ける啓発活動などを行いました。彼らは学校や壊れそうな道路を修繕して維持管理しました。健康・レクリエーション・スポーツと文化を融合したプロジェクト「プロジェクトカラピタ」をスタートさせた彼らは、社会活動やスポーツを通して若者たちに働きかけていきました。彼らはバスケットボールコートの修理もしました。若者が互いに仲良くなって活動的になり、イエス・キリストを生き生きした方法で知ることができるように、という目標を掲げてバスケットボールのトーナメント大会を開催しました。以下のコメントに耳を傾けましょう。

牧　師：人々は、教会を模範と考えるようになってきています。裁判官がクリスチャンになると彼らは公正な裁判をするようになり、カウンセラーがクリスチャンなら、彼は地域における相談役になります。公務員がクリスチャンなら、彼は地域のために働くようになるからです。

リーダー1：この計画は、私たちが以前理解していたような小さな神様ではなく、本物の、大きな神様を人々に伝えるものです。少しずつ、私たちは地域全体を勝ち取りつつあります。彼らが毎日神と共に歩むことができるようになりつつあるのです。

リーダー2：現在私たちが持っているビジョンは、社会的にも霊的にも地域に神の国を提示するものです。私たちは自らを地域社会の一部と考え、彼らと共に働いています。

牧　師：新しいビジョンによって、私たちは地域の一部となりました。私たちは彼らを助け、彼らとともに働きます。今や、人々はみな教会を尊敬するようになりました。彼らは教会が解決への道であると考えるようになっています。教会は、カラピタの「答え」となったのです。

●ブラジルでのライフスタイル

ブラジルの街にある100名ほどのメンバーの教会は、意図的に「愛の種まきプロジェクト」と「愛の訓練」を彼らのライフスタイルとしました。いつもの日曜日に、沢山の「愛の種まきプロジェクト」が教会員たちによって証されました。彼らは貧しい隣人の子どもに生活の知恵を教えたり、地域の女性たちに針仕事を教えたり、介護ホームでボランティアをしたり、その他にも実に様々な働きを行いました。そのリストは、ほとんど終わりがないほどでした。個人的にも小グループにも、神の愛を実践することは教えられ、模範を示され、実践することが励まされていました。最初、ひとつの「愛の種まきプロジェクト」から始まり、それは今や教会のライフスタイルとなっています。近隣の人々や、近くの貧しい人々が住む地域に対して、特に教会は神の愛を示し続けています。ここに私が紹介している物語のいくつかは、これらの「忠実な管理人たち」によってなされたものです。

●「目には目を」に替えて、愛を

北アフリカのある街では、昔から福音派のクリスチャンは好ましく思われていませんでした。その街には600年前から続く正教会の力強い運動があり、かつては新生した多くのクリスチャンが殺されたり、あるいは命の危険を避けるために街から逃れたりしてきました。場合によっては仕事・家・持ち物を失うこともありました。

歴史家が記録している最も激しい迫害は一五〇〇年代に起こりました。当時、この街は皇帝のお膝元であり、正教会は州の教会でした。一五〇〇年代初頭に、正教会内の改革者たちによる運動がおこり、魂が救われるのはイエスを通してのみであると主張しました。州の正教会から彼らへの対策を講じるよう頼まれた皇帝は、夕食会を開催しクリスチャンのリーダーたちを招集しました。皇帝はそこに来た全員に偶像に跪くように求めました。それを拒んだ150名のクリスチャンのリーダーたちに、皇帝は即座に彼らに裁きを下し、首から下を地面に埋め、彼らの頭の上に馬を走らせたのです。それは残酷な処刑方法でした。600年以上たった今、その街は国内で最も開発が遅れた街のひとつです。現在も様々な形で続く迫害にも関わらず、私たちの兄弟姉妹たちは勇敢に祈り、イエス様の福音を伝え続けています。「愛の種まきプロジェクト」の訓練会の結果、この地域の教会も福音を行動で実践することを始めました。

- 5つの異なる教団の教会（ルーテル・メノナイト・バプテスト・フルゴスペル・新約バプテスト）が合同で、186名の生徒と8つの教室を持つ幼稚園と小学校を始めました。8名の教師と警備員が給料をもらっているのにも関わらず、この学校の校長は無報酬で働いています。学校の運営は地域のクリスチャンからの「愛の種まきプロジェクト」資金と、生徒からの最小限の学費で賄っています。迫害や反対にもかかわらず、その卓越した実績と献身を認められ、二〇〇〇年と二〇〇一年に、地区の教育省支局から表彰されました。
- 自治体がその街で行われた政府と民間の地域プロジェクトを評価した結果、クリスチャンの活動に最高の評価点がつけられました。クリスチャンは見習うべき平和を愛する人々だということが市議会に認識されるようになりました。
- クリスチャンたちは街の広場に新しく木を植えました。自治体の職員たちは普段クリスチャンを嫌っていますが、そのときは水道局に連絡し広場に水のパイプを引くように命じました。彼らはまた、クリスチャンたちが郊外から腐葉土を運搬するのに、自治体所有のトラックの使用を許可しました。
- 15人の貧しい家庭の子どもたちが、公立学校に行くことができるように支援を受けました。子どもたちは制服・学費・学用品のための経済的な援助を受け取りました。
- 高校を卒業した貧困家庭出身の若者が、1年半の教員養成学校に行くために援助を受けました。クリスチャンは学費を出資しただけでなく、他の団体を通して生活費も支援しました。

●ルカ252ミニストリー

20年前、ドミニカ共和国の教会が地域の身体的・霊的・社会的、そして知恵における必要に応答する働きをするためにルカによる福音書2章52節の原則を適用しました。多くの小さなプロジェクトが行われ、素晴らしい結果がもたらされました。一九八〇年以降、ドミニカ共和国のいくつかの地域から寄せられたストーリーを以下に紹介します。

エル・ディクは、ハリケーンによって家を失った難民たちが河川沿いの急斜面に住み着いたことによって形成された村です。教会リーダーたちは毎週集まり、ルカによる福音書2章52節の4つの領域に働きかける「愛の種まきプロジェクト」を計画しました。

・地域の子どもたちは学費を払えず、国際的なチャイルドスポンサー団体もそれに対して行動を起こしていませんでした。教会リーダーたちは、子どもたちのために毎月20ペソの学費を寄付するように教会員に呼びかけました。子ども1人分の学費を寄付したメンバーもいましたし、1人が10ペソずつ出して1人の子どもを支援したり、4人が5ペソずつ出して1人をスポンサーしたりするグループもありました。

・教会リーダーたちは霊的・心理的なカウンセリングの必要性に気付きました。彼らは信徒カウンセラーを訓練する地元の団体と連携して、教会メンバーたちが訓練を受けられるようにしました。

・教会リーダーたちは、ある女性が家計をとても上手にやりくりしていることに気付きました。彼らは彼女に、地域住人全員を対象に講習会を開催してもらいました。

・教会リーダーたちはまた、家族の人間関係についての教えが必要であることを発見しました。彼らは地元の専門家に連絡し、セミナーを開催しました。地域全体に案内が配られました。教会リーダーたちはセミナーの中で、自分たちが行っている地域に対する奉仕活動について人々に説明し、自分たちの信仰を分かち合うことができました。

ラ・シネガは首都を横切る大きな河川のほとりの沼地にある、ごみごみした村です。3教会が協力し、以下のような働きを行いました。

• 彼らは3つの保育園を始めました。教会の人脈を利用し、援助団体から食料と栄養サプリメントを受け取りました。彼らは親たちに子どもの養育に関して教えました。次第に親や協力者たちが資金を出すようになり、現在それらの幼稚園は援助団体に頼る必要がなくなりました。
• 彼らは大人たちのための識字教育プログラムを始めました。教会のネットワークによって、文字が読み書きできる大人が読み書きできない大人に対して識字教育を施すことができるように訓練してくれる団体を彼らは見つけました。6名の教会員が訓練に参加し、地域の6カ所で識字教育プログラムが始まりました。
• ある教会は、地域にいる若者たちに、大工仕事や棚を作る仕事を教える職業訓練を始めました。大工の技術を持つ教会員が講師となり、彼は時間と知識を無償で提供してくれました。
• 彼らは地域の人々に呼びかけて、幹線道路でありながら、頻繁に車が立ち往生する場所に小さな橋を架けました。地元の企業に資材を分けてもらい、教会員と地域の人々がボランティアで作業しました。現地の資源によって、合計5つの小さなコンクリートの橋が完成しました。
• 彼らはジーザスフィルムを上映しました。多くの人々がキリストに従う生き方に興味を示しました。
• 大統領が、ラ・シネガを取り壊して旅行者のための波止場を作るという噂が流れたとき、地元の人々は教会リーダーのところに来て、地域を代表して正式に政府に抗議して欲しいと頼みました。地域の人々は、教会が地域のために行動を起こしてくれる組織だという認識を持っていたのです！

●アジアの田舎の一年間

アジアのあるグループは、一年間で以下の人々を包括的な宣教のために訓練しました。

・35名の聖書学校の生徒
・65の田舎の教会からの、39名の牧師と170名の信徒リーダー

この地域の複数の教会は、一年間で83の「愛の種まきプロジェクト」を報告しました。

・貧しい家族に米と衣類を配布
・病気の人々への医薬品の供給
・未亡人たちのための、家屋の建設と修理
・道・用水路・橋の建設

また、このプロセスを通して、

・教会員数が増加しました。
・4つの新しい教会が生み出されました。

●地域の井戸と道

活動的な教会の牧師が、私たちの訓練会で学んだことを分かち合ってくれました。訓練会の後、その教会は井戸を建設し、井戸までの道も作り、地域の人々が衛生的な水にアクセスできるようにしました。そこは地下水面が高い湿地で、スラム街が近くにありましたから、地表の水が汚染されやすかったのです。地域から最も近い井戸は離れた場所にあり、吹きさらしな上に、近くには公衆トイレがあり、メンテナンスも不十分でした。新しい井戸によって貧困地区の50家族と他の地域の15家族が生活水を得ることができるようになりました。自治体は新しい井戸のために土地を提供してくれました。牧師はこう語りました「その年に新しく与えられた私たちの戦略は『行動する愛（*Love in Action*）』でした。私たちは愛のメッセージを携え行動することによって、地域における伝道者になることができるのです。行動する私たちを見た人々はこう言いました『またクリスチャンが行動を起こしている！』。ある教会メンバーは『福音宣教のために私たちは持てるものを使う。それは言葉だけではない！』と言いました」。

●電車のプラットフォームで生活している子どもたち

インドの主要な教団の教会の牧師が、訓練者を養成するための私たちの訓練コースに参加しました。彼は導いている若者の働きにそこで習ったことを導入し、「愛の種まきプロジェクト」を若者グループに教えました。若者たちは教会から半径100メートル以内に、どんな身体的、および社会的ニーズがあるかを調査し、学んだことを適用しはじめました。

彼らは教会からそう離れていない大きな駅のプラットフォームに住んでいる家族の子どもたちに焦点を当てることに決めました。若者たちはそれぞれ一人の子どもを助けることにしました。彼らはプラットフォームで食べ物を分け与え、一緒にゲームをして遊びました。子どもの親たちは興味を持ち始め、彼らは識字クラスに参加することになりました。この小さなプロジェクトは、プラットフォーム生活者に対する、教会を挙げた働きへと発展し、それは4年間に渡り継続しています。

数年後、その牧師は地元の神学校の学生たちのうち、次の段階の神学教育に進むための学校教育レベルを満たしていない学生たちを対象に、3年間のコースを教えてほしいと頼まれました。彼はハーベスト財団の5学期間分の教材を合体させ、3年分の教案を作成しました。それから数年後、教区の代表者は、彼が3年間教えた学生たちは伝統的な神学教育を受けた学生たちと比較して、地域の人々に働きかけ、宣教することにおいてははるかに効果的な働きをしていると彼に伝えました。

付録B

論考：地域教会とパラチャーチどのように協力できるか？

この論考は、キリスト教の宣教に関わっている全ての人々への招きであり、特に地域教会およびパラチャーチ（訳注：クリスチャンが教派を超えて協力し、伝道や社会的奉仕の働きをするための超教派団体のこと。非営利で活動を行うキリスト教の宣教団体や慈善団体などがこれに該当する）のリーダーとして立てられている方々への招きです。これはパラチャーチに反対する論文ではありません。私自身、パラチャーチ団体のリーダーです。これは、神が私たちに与えられた任務に対する御自身の戦略に関する霊的な洞察です。

今日、福音宣教や開発援助の領域において、パラチャーチとして知られる団体によって実に数多くの活動が行われています。それらの活動から、質問が引き起こされます。パラチャーチとは何なのでしょうか？それは地域教会とどのような関係性を築いていけば良いのでしょうか？私たちがパラチャーチと地域教会の関係性を考える時に、鍵となる二つの前提に目を留めることが重要になります。

●パラチャーチと地域教会は、神がそのご計画を成し遂げるために第一にお用いになりたいのは、地域教会である。

●御言葉によれば、パラチャーチと地域教会は同じものではない。

地域教会とパラチャーチの双方が、地域教会の第一義性をときおり誤解しています。その結果、両者ともにその影響力を減らしてしまうという危険を冒し、時には教会に対する神の御心を邪魔してしまうということさえあり得ます。これは全世界に言える真理ですが、ここで私は特に第三世界における地域教会とパラチャーチの関係性に焦点を絞って論じていきたいと思います。

第三世界における関係性の難しさ

第三世界における地域教会は往々にして、同じ地域で働いているパラチャーチ団体と比較し、多くの点において弱いということが起こっています。多くの場合、西欧諸国からの資金援助で運営されているパラチャーチ団体は、予算・人財・技術・人脈において地元の地域教会を上回っています。これは双方に以下のような困難をもたらします。

●もし地域教会が聖書に書かれている自分自身の役割を理解していないなら、その収穫は減り、神が意図されている祝福を狭めてしまうという危険性があります。彼らは自らの役割を、自分たちより力強く、様々な意図を持つパラチャーチ団体に取って代わられないように守る必要があります。

●もしパラチャーチ団体が地域教会の第一義性を理解し尊重しないなら、彼らは自らの存在意義である最終的な目標を阻害し、台なしにしてしまうという危険を冒すことになります。彼らが神の国の拡大をいくら強く望んでいたとしても、そうなのです。

普遍的教会の現れとしての地域教会

使徒パウロが、神の偉大なご計画の執行機関として教会を用いるという神の意図を確認しているエペソ書の箇所に、それは見られます。

すべての聖徒たちのうちで一番小さな私に、この恵みが与えられたのは、私がキリストの測りがたい富を異邦人に宣べ伝え、また、万物を創造した神のうちに世々隠されていた奥義の実現が何であるかを、明らかにするためです。これは、今、天にある支配と権威とに対して、教会を通して、神の豊かな知恵が示されるためであって、私たちの主キリスト・イエスにおいて成し遂げられた神の永遠のご計画によることです。　エペソ人への手紙3章8～11節パウロは普遍的な教会について記しています。パウロはその経験から、普遍的教会は地域教会という表象を通して神の計画を実行すると確信していました。新約聖書の中に書かれている、普遍的教会の目に見える現れは地域教会のみです。

● 御言葉の中に初代教会の活動が記されていますが、そこに普遍的教会と地域教会の区別はありません。使徒の働きに登場する普遍的な教会の表現型は、エペソ・コリント・アンテオケ・ルステラ・デルベ・エルサレムなど、その地名によって知られている地域教会でした。
● 御言葉は、長老やその他のリーダーたちなど、指導し、犠牲的に仕える人々のあり方、つまり地域教会の組織機構について手引きを与えています。
● 地理的に定義される地域教会のメンバーたちだけが、定期的に集まって共に礼拝し、パンを割くことができました。

パラチャーチ

新約聖書に、パラチャーチ団体があったという記録はありません。しかしながら、新約聖書に聖書学校や神学校が登場しないからといって、今日、それらの妥当性や有用性が無効になるわけではないのと同じで、新約聖書に登場しないことがパラチャーチの存在の妥当性を否定するものではありません。

パラチャーチは普遍的教会の一部ですが、それは決して地域教会に取って代わってはなりません。地域教会は、神の国を拡大するよう新約聖書によって定められた唯一の機関です。新約聖書に出てくる普遍的教会の唯一の表象が地域教会だという事実は、神がご自分の御国を拡大するために最重要のものとして用いられるのは地域教会であると解釈するのが適切であると私は信じています。しかし、歴史を通して、神はその目的を達成されるために地域教会以外の手段や担い手を用いて来られました。

過去に多くのパラチャーチの前例があります。教会が始まって間もない頃から、病院・寄宿舎・宗教組織、その他にも多くの特定の目的に特化した働きが、地域教会という枠組みの外に形成されてきました。しかしパラチャーチの役割と目的は、時代の要請によって変化します。今日見られるようなパラチャーチは、比較的近年に生み出されたものです。

地域教会とパラチャーチの性質を定義する

地域教会	パラチャーチ
新約聖書は、地域教会が普遍的教会の表象であると示唆している。	「パラチャーチ」はすべてクリスチャンの団体であり、地域教会とは別のものである。
新約聖書は、神は教会に、使徒・預言者・伝道者・牧師・教師などの指導者を与えると言っている。これらの人々の大多数は、地域教会に仕え、奉仕の働きのためにその人々を整える。	パラチャーチは新約聖書の中に言及されていないが、聖書学校や神学校と同じく、それが妥当性を否定するものではない。
地域教会は、キリストのご支配の下に生き、神の国を代表し拡大するという幅広い命令を与えられている。	パラチャーチの働きは、地域教会の働きの一部ではあるが、より限定されたものである。(例えば災害救援の働きをするパラチャーチ団体の働きは、地理的には広範囲だが、それでもなおその働きの範疇は地域教会よりも狭い。)
地域教会は長老・執事・その他の立場にある地域の指導者たちによって導かれる。それはまた、より大きな形式上の機構の組織下にあり、それらの組織に対するアカウンタビリティをもつこともある。	パラチャーチの組織機構は、この世の組織モデルと良く似ている。それは通常、地域教会とは独立しており、教会の形式上の機構からも独立していることが多い。
賛美・礼拝・祈り・御言葉・教理的教え・偽りの教えから守ること・キリスト者としての生活の励ましとアカウンタビリティ・什一献金や捧げもの・聖餐式・新しく信じた人のバプテスマ・必要を抱えた人々への働き、そして人々への伝道を通して神を讃えるために、人々は定期的・意図的に集まる。	パラチャーチ団体も礼拝し、聖書を学び、祈るために集まるが、その第一の目的は神のご計画の特定の部分を実行に移すために、神から励ましと知恵と知識を得、計画するためである。
地域教会は礼拝と訓練のために定期的に集まるが、神の偉大なご計画を推進するために人々はまた派遣されていく。	パラチャーチは礼拝と訓練のために集まる。そしてほとんどの場合、人々は、神のより幅広いご計画の特定の奉仕領域と特定の役割を果たすために散らされていく。
キリストによって建て上げられたそのときから、その役割と目的は不変であり、キリストが再び来られる日までそれは変わらない。	その役割と目的は、人々の必要・時代・場所・教会、そして世界のあり方によって変化する。

パラチャーチは如何にして生まれたのか

20世紀の後半に、福音派・カリスマ派・ペンテコステ派による、独立したパラチャーチ団体が激増しました。キャンパス・クルセード・フォー・クライスト、ワールド・ビジョン、ユース・ウィズ・ア・ミッション(YWAM)、インター・バーシティ、ナビゲーター、コンパッション、ヤングライフ、メディカル・アンバサダーズ、ビジネスメンズ・フェローシップ、フォーカス・オン・ザ・ファミリー、国際飢餓対策機構、そして私たちハーベスト財団もそれに含まれます。パラチャーチの激増には、多くの理由があります。

●地域教会によって満たされていない、あるいは行われていないように見える領域を埋めるようにと、多くの個人やグループが神からの促しを受けました。パラチャーチ団体の創始者は多くの場合、ある特定の領域において神の御心が成し遂げられることに貢献したいという強い情熱を持っています。

●とりわけ西洋ではその個人主義的精神が追い風となり、もし必要とされるなら、目的達成のためにたった一人であろうと行動を起こすという風潮をもたらしました。この個人主義的精神によって創始者のスピリットを持つ人々はこう言ってきました「地域教会がそれをしないなら、私がやろうじゃないか。協力者は自分で探す」。

●目的を持った人々は、それを成し遂げたいのです!パラチャーチの働きは焦点が絞られているので、幅広い任務を持つ地域教会よりもしばしば効率的になります。キャンパス・クルセード・フォー・クライストは大学のキャンパスにおいて伝道するというビジョンを掲げて創立されました。創始者のビル・ブライト氏は、地域教会の多角的な任務に煩わされることなく、そのための焦点と戦略を洗練し、目的に邁進することができました。

●パラチャーチ団体には、特定の目的のために技術・資金・人財が集まりやすいという側面があります。ワールド・ビジョンなどの団体は、国際的な危機に際して、複数の教会や、時にはその国の教団レベルとの協力によって、地域教会以上に効果的に資金や人財を集めることができます。

●パラチャーチ団体は比較的、歴史や因習に縛られることがありません。古い歴史を持つ地域教会にあるような政治的なしがらみ・狭量な教条主義・ビジョンの欠如・慢性的な活気のなさから自由な位置にいます。パラチャーチのリーダーたちは、特定の学校を卒業している必要も、特定の教団からの叙階を受けている必要もありません。ある意味において、パラチャーチは「新しい革袋の中の新しいぶどう酒」のような存在です。しかしながら、私たちのようにパラチャーチで働く人々は、自分たちも地域教会と全く同じように、不純なものによって浸食される可能性があることを理解する必要があります。

近年見られるパラチャーチは、次のような性質ゆえに、普遍的教会の比較的新しい形の表象形態であると言えます。

●神のご計画の特定の一部が成し遂げられるという願い、情熱がある。
●地域教会によって満たされていない欠落を埋めるという意志がある。
●同じような焦点を持つ地域教会より、神の国の活動の特定の側面においてより明確な焦点と効率性を発揮する。
●ひとつの地域教会よりも、広範囲に資源や人財を宣教のために動員することができる。
●長い歴史が持つ「弱点」から、比較的自由である。

過去100年に、どうしてパラチャーチの激増が起こったのでしょうか？その鍵となる理由の一つは、単純に、ある特定の神の国の目的を達成するために、地域教会よりもパラチャーチの方がやりやすかったからです！

パラチャーチの働きに関する疑問

パラチャーチの働きは、私たちの主の命令のある特定の側面を達成することにおいて、より合理的な選択です。しかし、教会史の第三千年紀に突入するにあたり、大切な疑問が残されています。

- パラチャーチの働きは神の御国を拡大することにおいて、神が第一義的に用いられる手段に沿って働いているだろうか? **たとえば、若者が地域教会によって救われるのと、ユース・フォー・クライストやヤングライフなどの若者伝道の働きによって救われるのは、どちらが普遍的で確実な方法なのだろうか?**
- もしパラチャーチの働きによってなされている働きを地域教会が実行するなら、キリストの御国という観点から長期的に考えたとき、それはより効果的だろうか? **たとえば、若者が地域教会によって伝道され弟子化される方が、パラチャーチの働きによって同じことがなされる以上に神の御国において長期的なインパクトがもたらされるだろうか?**

神の御心と長期的な効果性に関するこれらの考え方が枠組みになって、他の様々な質問が生み出されます。

質問:もしパラチャーチの働きが御国の拡大における神の重要なご計画であるなら、どうして新約聖書にそれが記されていないのでしょうか?

質問:パラチャーチ団体で働くスタッフを聖書に登場する役割で定義することが難しいのは何故でしょう?彼らは指導者なのでしょうか?それとも使徒・預言者・伝道者・祭司・牧師・長老、または教師なのでしょうか?

質問:パラチャーチ団体の任務は、本来地域教会もしくは複数の地域教会が合同で行っているべきものなのでしょうか?

質問:パラチャーチが成功することによって、神の国の拡大は加速するのでしょうか?パラチャーチの資源が地域教会による働きを強めるために用いられる時、パラチャーチが直接働くよりも神の国は広がるのでしょうか?

質問：第三世界におけるパラチャーチの活動が、神が意図された祝福・光・塩となる機会を地域教会から奪ってしまうというようなことはあるのでしょうか？パラチャーチ団体は、外部の資源によって現地の必要に応えすぎているのでしょうか？それによって地域教会は、現地の必要に応答するために神に頼り、従順に犠牲を払い、現地の資源を活用するということから遠ざけられているのでしょうか？

質問：パラチャーチ団体は、危機の只中にあって、立ち止まって神の御心を求める代わりに、「感じられる必要」に対して即座に応答してしまう傾向が強いのでしょうか？

質問：もしパラチャーチ団体が神のご計画の一義的な手段のひとつなのだとしたら、あらゆる働きの領域が様々なパラチャーチによって網羅されているアメリカ合衆国において、なぜ人々は霊的に健全ではないのでしょうか？

質問：パラチャーチ団体は、これまでにその圧倒的な経済的資本と技術力によって、現地の人々を買収してきた歴史を持つのでしょうか？

地域教会・パラチャーチ双方のリーダーたちは、その働きの価値について証言します。私もそのひとりです。しかし、私たちは地域教会とパラチャーチの役割と相互関係に関して、これらの質問によって提示される様々なテーマについて、神の戦略がどんなものであるかを求め続ける必要があると思うのです。

パラチャーチと地域教会の役割と関係性

私はいくつかの質問を提示し、それぞれの質問について、現時点で考えられる回答をご紹介していきたいと思います。これらの回答は、地域教会とパラチャーチがお互いにその強さを生かし合えるような、そして普遍的教会の中で、神が地域教会を一義的な手段としておられることを尊重するような関係性が存在し得ることを示唆しています。

質問：パラチャーチの取り組みは、普遍的教会の中でその存在の妥当性を持っているのでしょうか?

回答：持っています。パラチャーチ団体が地域教会や複数の地域教会が合同しても成し遂げることができないような専門化された役割を持っているとき、それは普遍的教会の働きの中で重要な位置を占めることになります。多くのパラチャーチ団体が、地域教会によって達成することが困難であるような専門的な役割を持っています。MAPという団体は、医療援助と公衆衛生の必要を満たしています。ECHOという団体は、資源として生かされていない植物品種を有効活用することを専門にしています。MAFという団体は、宣教師が飛行機で移動するのを助けています。ワールド・ビジョンは、地域教会にとって、仮に可能だったとしても非常に困難であろう、大災害時における緊急支援を行っています。これらは神の国において必要であり、価値ある働きです。私は「万物を回復する」という神の偉大なご計画の中のこれらの側面を満たすためにビジョンと情熱と技術を持って仕えている普遍的教会のメンバーたちのゆえに神を褒めたたえています。

質問：パラチャーチは、特にその専門分野において、どのように地域教会に貢献することができるでしょうか?

回答：パラチャーチは、地域教会を整えることができます。

- パラチャーチがその目標として掲げているその領域において、地域教会の人々を訓練することができます。
- 問題解決・教育の方法論・計画・評価などの技術を伝達できます。
- 地域教会がパラチャーチのビジョンをそのまま引き受けるのではなく、教会独自のビジョンを持つことができるように支援することができます。
- 教会が新しいビジョンと働きを実行するにあたって、その相談役となることができます。
- パラチャーチは地域教会を励ますことができます。

●専門化されたそれぞれの働きにおいて、神の言葉からビジョンを分かち合うことができます。
●地域教会が自らのビジョンを達成する途中で困難や躓きに直面したとき、共に歩むことによって教会を助けることができます。
●任務やビジョンを共有し、献身して互いに祈りあうことができます。
●地域教会もまたパラチャーチに働きかけることで、相互依存的な関係を育てることができます。

パラチャーチは、地域教会をネットワークすることができます。
●同じようなビジョンを持つ地域教会同士をつなげることができます。
●経験の少ない地域教会に経験豊富な地域教会を紹介し、訓練機会を提供することができます。
●地域教会を自治体や実業界の人々と引き合わせることができます。
●地域教会が自らのビジョンを実行に移すのに必要な技術や資源を持つ、現地団体あるいは国際的な働きを紹介することができます。

質問：一般的に、パラチャーチは地域教会とどのような関係を結んだら良いのでしょうか?
回答：パラチャーチ団体はこのように自問するべきです：「私たちがしていることは、地域教会ができること、あるいはするべきことではないだろうか?」もしその答えがイエスならば、パラチャーチ団体は地域教会がその任務を果たすのを支援し整えるために資源や能力を活用すべきです(例：ヤングライフのリーダーたちは、自らの宣教活動を立ち上げる替わりに、教会の若いリーダーが彼らの地域において効果的な働きを高校で行うための訓練を提供しています)。

質問：地域教会はパラチャーチとどのような関係を結んだら良いのでしょうか？

回答：地域教会は、特にそのスタッフを通して、積極的にパラチャーチの働きと関係を深めることができます。地域教会はパラチャーチのスタッフたちを喜んで受け入れ、励まし、働きかけるべきです。地域教会はまた、パラチャーチのスタッフにアカウンタビリティを提供することができます。地域教会はパラチャーチ団体とそのスタッフとの、互恵的な関係を積極的に開拓し、双方の適切な役割を最大限に発揮できるようにしていく必要があります（例：キャンパス・クルセード・フォー・クライストの主事たちは、大きな大学に出て行き、教会に行っていない学生たちを地域教会に関わるよう励まし、そこで学生たちが信仰・奉仕・宣教において養育され、励ましを受けるよう助けています）。

質問：地域教会が神の国を拡大する上で一義的な機関であり手段であるなら、地域教会とパラチャーチの関係はどのようなものであるべきでしょうか？

回答：地域教会がキリストの至上命令を実行するとき、そこには優先順位、権利、そして責任が生じます。そのような領域においては、パラチャーチ団体は自らの労力を用いて地域教会を励まし、整えるべきです。そのような関わりの中で、パラチャーチは励まし、整えている地域教会の指導者たちに従う必要があります。大災害の緊急支援など、地域教会によっては実行に移すことができない任務があるような場合は、地域教会は、パラチャーチ団体など、様々な組織的背景のクリスチャンに委任し、彼らを励ます必要があります。そのような場合であっても、地域教会は事態を把握しておく必要があります。パラチャーチで働く人々は、その専門化された特定の役割があくまで地域教会に与えられたキリストの至上命令の補助的な役割であることを認識している必要があります。

特別な場合における地域教会とパラチャーチの相互依存的関係

次の一連の質問は、特別な場合において地域教会とパラチャーチがどのように協力できるかを考える助けになる質問です。

質問：地域教会同士の間にライバル心があったり、教団による偏見が入り込んだりしている場合、パラチャーチはどのように注意深く働きかけることができるでしょうか？

回答：パラチャーチは、自らの働きによって名声を得るためではなく、オープンな関係性のもとに協力して働いてくれる地域教会を探すべきです。パラチャーチは主にそのような教会と働きますが、そうでない教会とも良い関係を維持するために努力します。

質問：地域教会が弱い場合、パラチャーチの働きはどのように応答するべきでしょうか？

回答：多くの場合、パラチャーチが召されている働きの領域と言うのは、地域教会がその教理において狭い理解しか持っていなかったり、モデルや規範を欠いていたり、訓練や能力が限られていたりする分野です。また地域教会が自らの弱点であると認識していたり、ビジョンが専門化されていたりするため、それを働きの領域内に含めることを躊躇するような領域にこそ、パラチャーチの働きは特化していることが多いのです。パラチャーチの働きはビジョンを生じさせ、励ましを提供し、それに興味を示してくれる教会に自らを提供することです。地域教会は神が定められた手段です。聖霊はパラチャーチを導き、神の長期的な目的が最大限に達成されるような地域教会と出会わせて下さいます。もしパラチャーチ団体が働いている地域に、その専門領域において訓練を提供できるような地域教会が存在しないような場合、彼らは他の地域教会と協力して新しい教会を開拓し、その教会が将来訓練を提供できるかもしれません。

質問：地域教会が存在しない場所では何ができますか？

回答：世界には、神の国がそこに到来するために、使徒的な働きが必要であるような地域がまだ数多くあります。パラチャーチ団体は、そのような地域に自ら教会開拓するのではなく、近くの地域教会の教会開拓チームを整え、共に働くことができます。そのチームはパラチャーチの働きではなく、地域教会を代表します。パラチャーチのスタッフは地域教会のチームを強め、訓練するのであって、指示を与えるのではありません。彼らは自らの専門領域において知識を提供することができます。地域教会が少ない場所においては、一般的にクリスチャンの慈善団体・開発団体のほうが緊急の必要に応答することにおいては優れています。そのような場合、地域教会は神の憐れみが届いて行くためにパラチャーチ団体を励まし支援する必要があります。同時に、パラチャーチ団体は現地、あるいは現地から近い地域教会を見つけ出す努力をする必要があります。もしそのような地域教会が見つかったなら、彼らはパラチャーチによる慈善事業に極力参加し、協力する必要があります。

質問：飢饉などの大規模な緊急援助活動に、地域教会はどのように関わることができるでしょうか？

回答：パラチャーチ団体は、その慈善事業の計画と戦略を地域教会に知らせ、地域教会の人々が効果的に協力し、参加できるような、クリエイティブな方法を探すべきです。現地の地域教会は、災害が去り、パラチャーチの役割が終了した後に人々に働きかける準備をしておく必要があります。パラチャーチ団体は決して、温情主義（訳注：パターナリズムのこと。「私がやってあげる。あなたは受け取る」という関係性。依存関係を生み出す）に陥ってはならないのです。

質問：政府や自治体が、教会の中の小さなグループよりも、大きな国際的な団体に協力してくれます。どうすれば良いでしょう？

回答：パラチャーチ団体は、その経験と信頼を用いて、地域教会が政府機関とクリエイティブな方法で働き、連携し、協力し、共に働くことができるように助けることができます。

その他の考察

地域教会は、キリストの弟子とされるべき人が地上にいなくならない限り、存続することが神の御心です。パラチャーチ団体は、その特定の働きに応じて発足したり消滅したりします。彼らの働きの多くは、彼らの撤退と共に終わります。パラチャーチは焦点を絞った働きですが、地域教会は幅広い至上命令を与えられています。実際のところ、長い目で見たとき、特定の地域の人々の包括的な必要に応答することにおいて、地域教会のほうがより効果性が高いのです。

特に第三世界においては、地域教会が神と、その奇跡的な介入と、地域の必要に応答するメンバーたちの犠牲的な奉仕により頼む一方、パラチャーチの働きは物質的・技術的資源に強く依存する傾向が見られます。

最後に、パラチャーチが狭く、専門化された任務を持つのに対し、地域教会は幅広い働きを任されているので、包括的な宣教が広がって行くということにおいて、地域教会はより大きな可能性を秘めているのです。

神の視点

神はご自分の御国を拡大するに当たり、地域教会がその一義的な機関となるように意図しておられます。そのことを知り、信じているなら、それに即して行動しなければ、私たちは罪を犯すことになります。罪とは、個人や団体が、神の御心に相反する行動をするという自発的な選択であり、義とは、神のご計画に従う自発的な選択です。

パラチャーチの世界で働いている私たちは往々にして、実用主義的な傾向を持ちます。私たちは効果的であること、最も実効性が高いことをしたいと思うような人々なのです。しかしながら、その実用主義的な考え方のゆえに、私たちは、自らの目に正しいと見えるものの、実際には間違っていることを行ってしまうという危険性を秘めています。私たちは歴史を包含する神の国のタイムスケールで物事を考える必要があります。それなのに多くの場合、私たちは5年間、10年間の計画を追いかけ、人生全体を見ることは稀です。

数年前、私は英国の社会学者、デイビッド・マーティン氏が書いた、『火の舌』という本を読みました。そこにはラテンアメリカにおけるペンテコステ運動の歴史が書かれていました。過去100年間にラテンアメリカにおいて力強く神が働かれてきたこと、そして私たちが見ていたと思っていた神の働きはごく最近の世代のことだけであったことを知り、私は心打たれました。20世紀の初頭、多くの福音宣教者たちが目に見える神の御業をほとんど見ることなく、死んでいきました。神からの召しに対する彼らの従順に、主が栄誉を与えておられるのを私たちは現在目にしています。

私はしばしば想像します。もし私たちが自らの浅はかな実用主義より、地域教会に対する神の御心に従うことにもっと心を砕くなら、私たちの働きの長期的な結果は変わってくはずだと! 地域教会と共に働くことがどんなに遅々として進まないように見えたとしても、また、その共働のための試行錯誤は苦難に満ちていたとしても、地域教会は御国の拡大における神の一義的な選択肢なのですから、パラチャーチ団体が取り得る最も戦略的な方法は、神のご計画における自らの役割を果たすことができるように、地域教会を強め励ますことだと思います。それは短期的な視野においては遠回りに見えるかもしれませんが、長期的にはより良く、より効果的で、より完全な方法なのです。

私たちの証

私はハーベスト財団というパラチャーチ団体を導くという特権に預かってきました。最初の5年間、私たちは身体的・社会的な領域における神の愛を現わすために、外部からの資本を投資して慈善事業を推し進めることをやってきました。私たちはラテンアメリカとカリブ諸国の人々と共に働きました。地域教会と働くこともありましたし、現地のパラチャーチ団体と働くこともありました。一九八六年、神は良い動機で行われた私たちの働きのいくつかが、地域教会の第一義性を無視しているということを強烈に気付かせて下さいました。働きの結果、プロジェクトに関わった幾人かの現地の牧師たちの働きが阻害されるということさえ起きていました。私たちが投資した資本の主導権をめぐって、妬みや分裂が生じていたのです。

リーダーたちは、地域教会がハーベスト財団や北米の寄付者からのビジョンや資源に期待するのではなく、神ご自身に期待するようになるような働き方をするように導いておられるのを明確に感じました。私たちは当時、神が何を意図しているのか完全には理解していませんでしたが、神が語られたという確信はありました。私たちは必要に促され、実生活に適用することができるような聖書の学びを開発し始めました。この学びは、崩壊した被造物に対する神の包括的なご計画、神の愛を実践するようにとの神の命令、現地の資源によってなされた小さく具体的な行動の有用性、そして神の国の収穫において、神ご自身を信頼することに焦点が当てられていました。

この働き方は決して簡単ではなく忍耐と知恵を要しましたが、神は恵み深くあられ、私たちは徐々に働きの実を見るようになりました。それらの結果に励まされ私たちは神の意図を学び続けました。約20年の歳月を経て、私たちはパラチャーチ団体としての自分たちの召命が、地域教会のために何かをすることにではなく、地域教会が神の御国において最も重要な役割を担っていることを理解し、それを実行に移すよう助けることにあると理解するようになりました。現在、私たちが訓練した地域教会は、外部からの資源によって地域に対する奉仕を始めるのではなく、それがどんなに小さなものであっても、そしてそれがどんなに犠牲を伴うものであっても、自分たちの手の中にあるもので仕え始めます。

働きを開始した当初の戦略より、この方法による神の国の前進は遥かに幅広く、個人と地域の変革は遥かに深いものであると経験から明言できます。この本に掲載した個人や教会からの証を読めば、この恵みについてご理解いただけると思います。

私は、地域教会が、もしイエス様が市長であったなら、その地域に対して持っておられるご計画をより効果的に遂行することができるように教会と連携し、整え励ますようなパラチャーチ団体に出会うときはいつも、神を賛美します。私たちの働きが組み合わされ用いられて、すべての地域教会が、神によって意図されているインパクトと影響力を持つようになりますように。

付録C

空欄の報告様式

付録Cには、コピーして利用していただくことができる空欄の様式を掲載します。本文にはレポートのサンプルを掲載しましたが、空欄様式は載せていません。

これらの様式は本から直接コピーしていただくことができます。

12章「愛の訓練」

- 愛の訓練
- 愛の訓練日誌
- 訓練のまとめ：愛の訓練

13章「愛の種まきプロジェクト計画」

- 愛の種まきプロジェクト計画ガイド
- 愛の種まきプロジェクト報告様式1
- 愛の種まきプロジェクト報告様式2

15章「従順を測る」

- 奉仕の日誌1
- 奉仕の日誌2
- 窓としての教会：評価様式1（月間および年間）
- 地域における奉仕記録：評価様式2（月間および年間）

愛の訓練

愛の訓練によって、4つの領域、4つの奉仕の文脈においてバランス良く仕えることができるようになります。

	知恵	身体	霊	社会
家族	1	2	3	4
教会	5	6	7	8
地域社会	9	10	11	12
離れた地域	13	14	15	16

愛の訓練日誌

枠番号:________　日付:__________　文脈／領域________________

1. 満たした必要は何ですか?どのようにそれに応答しましたか?

2. この奉仕のために、どのような霊的な準備をしましたか?

3. この実践によって、あなたが仕えたその人は神の御心に近づくことができましたか?できたとしたら、どのような点で近づきましたか?

4. この実践によって、あなたは神の御心に近づくことができましたか?できたとしたら、どのような点で近づきましたか?

5. この実践を通して、あなたは何を学びましたか?

訓練のまとめ　愛の訓練

	知恵	身体	霊	社会
家族	1. 日付: 記述:	2. 日付: 記述:	3. 日付: 記述:	4. 日付: 記述:
教会	5. 日付: 記述:	6. 日付: 記述:	7. 日付: 記述:	8. 日付: 記述:
地域社会	9. 日付: 記述:	10. 日付: 記述:	11. 日付: 記述:	12. 日付: 記述:
離れた地域	13. 日付: 記述:	14. 日付: 記述:	15. 日付: 記述:	16. 日付: 記述:

愛の種まきプロジェクト計画ガイド

1. 課題＿＿＿＿＿＿＿＿＿＿＿＿＿＿＿＿＿＿＿＿＿＿＿＿＿＿＿＿

2. 神の意図:＿＿＿＿＿＿＿＿＿＿＿＿　3. 御言葉:＿＿＿＿＿＿＿＿＿

4. 愛の種まきプロジェクトの題:＿＿＿＿＿＿＿＿＿＿＿＿＿＿＿＿＿

5. 第一インパクト領域:＿＿＿＿＿＿＿＿

6. 第二インパクト領域（複数も可）:＿＿＿＿＿＿＿＿＿

ステップ	相談する人	必要な資源	責任者	日にち
1.				
2.				
3.				
4.				
5.				
6.				
7.				
8.				
9.				
10.				
11.				
12.				
13.				
14.				
15.				
16.				
17.				
18.				
19.				
20.				

チェックリスト

下の表にステップ番号を記入することによって、計画が条件を満たしているかどうかを確認しましょう。

インパクト領域	10の性質
■下の右の空欄に、「第一」または「第二」と記入してください。 ■左の空欄には、インパクト領域が関係するステップの番号を記入してください。 知恵 ______ 身体 ______ 霊 ______ 社会 ______	■それぞれの性質に適合するステップ番号を記入してください。ひとつの性質に複数の番号を記入しても構いません。 祈りの中で行う 操作ではなく、憐れみによって 神の御心が動機 思慮深く計画する シンプルで短期間 地域の資源を用いる 教会外の人々を対象とする 利益を受ける人が参加する 霊的なインパクトがある 神の国の基準で評価する

（注意）左の「インパクト領域」では、受益者にとってインパクトがあるステップのみを記入し、右の「10の性質」では、関連するのが受益者・チーム・教会、またはその他の人々であっても、すべてのステップについて検討してください。

レポート様式1

愛の種まきプロジェクト・レポート

グループ名:
教会名:
住所:
連絡先:
牧師名:

愛の種まきプロジェクトのタイトル:
御言葉:
場所:都道府県:　　　　　　　　市町村:　　　　　　　　地域名:
時間:　　　　　　年　　　　　　月　　　　　　日
第一インパクト領域:　　　　　　　　　第二インパクト領域(複数も可):
(計画段階に入っているインパクト領域だけを記入してください)
・以下の質問に答えてください。必要なだけスペースを使って結構です。

1. このプロジェクトは誰のアイディアですか?

2. 何を行いましたか?(愛の種まきプロジェクトを要約してください。)

3. プロジェクトにどのぐらいの時間を必要としましたか?
   計画:　　　日　　　　実行:　　　日

4. プロジェクトに参加したのは誰ですか?

5. プロジェクトに参加した人数は?　　　　人

6. 第一の受益者は誰ですか?

7. 受益者はどんな形で参加しましたか?

8. どんな資源を必要としましたか?どこからそれを得ましたか?

9. 受益者は資源においてどのように貢献しましたか?

10. 神様がこのプロジェクトを祝福してくださったというしるしは何かありましたか?

レポート様式2

愛の種まきプロジェクト・レポート

グループ名:
教会名:
住所:
連絡先:
牧師名:

愛の種まきプロジェクトのタイトル:
御言葉:
場所:都道府県:　　　市町村:　　　地域名:
時間:　　　年　　　月　　　日
第一インパクト領域:　　　第二インパクト領域(複数も可):
(計画段階に入っているインパクト領域だけを記入してください)

・以下の質問に答えてください。必要なだけスペースを使って結構です。

1. どのようにしてこのプロジェクトが選ばれましたか?

- 誰がこのプロジェクトを選びましたか?
- 選択の過程で、祈りはどのような役目を果たしましたか?
- このプロジェクトを選ぶとき、あなたは神の御心をどう考慮に入れましたか?

2. 愛の種まきプロジェクトについて

- 愛の種まきプロジェクトを一段落に要約してください。
- 誰がプロジェクトの計画に参加しましたか?
- 誰が愛の種まきプロジェクトのリーダーでしたか?
- 計画し、準備するのにどのぐらいの期間がかかりましたか?
- 実際のプロジェクトを実行するのにどのぐらいの時間がかかりましたか?
- 誰が実行に参加しましたか?参加した人数は?
- プロジェクトによって利益を受けたのは誰ですか?それは何名ぐらいですか?
- 必要な資源はどこから来ましたか?

3. 愛の種まきプロジェクトの評価

- 地域に対する神の御心は、どのような形で促進されましたか?
- 参加者の人生に、神はどのように働きかけてくださいましたか?
- 神は、あなたの教会にどのように働きかけてくださいましたか?
- 愛の種まきプロジェクトを通して、神はあなたの地域にどのように働きかけてくださいましたか?
- 愛の種まきプロジェクトの実として、どんなものがありましたか?
- 愛の種まきプロジェクトを通して、予期しなかった、驚くような結果は何かありましたか?
- 第二のインパクト領域は何かありましたか?
- どのような困難に直面しましたか?そしてそれにどう対処しましたか?
- 10の性質の、どの部分を最も大切に扱いましたか?
- 10の性質の、その部分が最も見過ごされ勝ちでしたか?

4. 愛の種まきプロジェクトの計画と実行を通してあなたが学んだことは何でしたか?

- 神について
- 自分自身について
- お互いについて(教会の人々)
- 地域について(教会の外の人々)
- あなたの住む地域に対する神の御国と神の御心について

5. 今後の展望

- 愛の種まきプロジェクトの後のフォローアップはどのようなものが必要ですか?どのように、何を行いますか?
- さらに深い奉仕の機会は提供されましたか?
- 解決されなければいけない問題は何か持ち上がりましたか?
- この愛の種まきプロジェクトは、あなたの教会の働きの焦点に、どのように影響を与え、貢献することができますか?
- グループ参加者が、もっと訓練を受け、技術を身につける必要があると感じた領域はありましたか?
- そのような領域に対して何を行いますか?
- 神様は、あなたに次に何をして欲しいと願っておられるでしょうか?

奉仕の日誌

期間＿＿＿＿＿＿＿＿（週）

1. 今週、あなたか、または他の人々が成長し、神の意図に近づくことができるように行ったことを書きましょう。それはあなたが通常していることではなく、僕（しもべ）であられるイエス様の似姿にあなたが近づくことができるようにあなたを「引き延ばす」ようなものに限ります。何をしたのか、どうしてそれをしたのか、誰がそれに関わったのかなど、具体的に書きましょう。その行動によって、ルカによる福音書2章52節*に現わされた4つの領域のうち、どの領域で貢献または成長したかを書きましょう。
2. あなたがしたことの中で、あなたもしくは他者が成長する妨げとなってしまったようなことを書きましょう。それを改善することができるように、神に祈りましょう（これは奉仕の行いに関係ないことでも構いません）。

注）この様式は、愛の訓練のレポートとしても用いることができます。

奉仕の記録

***ルカによる福音書2章52節の4つの領域**

知恵：人生の特定の領域における神の意図を教え、説明し、明らかにするような行為
身体：身体的な必要や成長に貢献する行為
霊：霊的な必要や成長に貢献する行為
社会：社会的な必要や成長に貢献する行為

奉仕の日誌

期間________________（週）

したことが何もない場合は、「なし」と書きましょう。
成長を妨げるような事柄である場合には最後に＊をつけましょう。

個人の成長　ルカによる福音書2章52節に現わされている4つの領域においてあなたが成長するために行った新しい行動を書きましょう。

1. 知恵における成長
2. 身体の成長
3. 霊的成長
4. 社会的成長

家族　4つの領域のそれぞれにおいて、家族に仕えた行動を簡潔に書きましょう。

1. 家族が知恵において成長するのを助けたこと
2. 家族の身体的な領域に貢献したこと
3. 家族の霊的成長に貢献したこと
4. 家族の社会的な領域に貢献したこと

教会　4つの領域それぞれにおいて、教会に仕えた行動を簡潔に書きましょう。

1. 自分が学んだ事柄を生かして教会に仕えたこと、また教会の人々が知恵において成長するのに貢献したこと
2. 教会の人々の霊的成長に貢献したこと
3. 教会の人々の身体的必要に貢献したこと
4. 教会の人々の社会的領域に貢献したこと

地域社会　隣人、職場、学校などにおける仕える行いを書きましょう。

1. 地域社会をより深く理解できるようにしたこと、または地域社会が知恵において成長できるよう貢献したこと
2. 地域社会に身体的に貢献したこと
3. 地域社会に霊的に貢献したこと
4. 地域社会に社会的に貢献したこと

＊ルカによる福音書2章52節の4つの領域

知恵：人生の特定の領域における神の意図を教え、説明し、明らかにするような行為
身体：身体的な必要や成長に貢献する行為
霊：霊的な必要や成長に貢献する行為
社会：社会的な必要や成長に貢献する行為

報告様式1

期間（月）＿＿＿＿＿＿＿＿　窓としての教会

地域教会、または小グループ用・月間評価

先月、教会が地域社会の中で神の御計画を実行することができるようにメンバーを整えた活動は何ですか?

先月、教会メンバーたちが神の愛を実践するために計画し実行したことは何ですか?

それぞれのインパクト領域*において、何が起こりましたか?
下の表を用いるか、様式の最後に証を記入しましょう。

知恵	**霊**
身体	**社会**

***ルカによる福音書2章52節の4つの領域**

知恵：人生の特定の領域における神の意図を教え、説明し、明らかにするような行為
身体：身体的な必要や成長に貢献する行為
霊：霊的な必要や成長に貢献する行為
社会：社会的な必要や成長に貢献する行為

期間（年）＿＿＿＿＿＿＿＿ **窓としての教会**

年間まとめ

1月	7月
2月	8月
3月	9月
4月	10月
5月	11月
6月	12月

報告様式2

期間（月）＿＿＿＿＿＿＿＿

地域における奉仕記録

・メンバー個人による活動　小グループや各自の証からの情報を集めましょう。

4つの領域の中のひとつにおいて、家族に仕えたメンバー	
4つの領域の中のひとつにおいて、地域教会に仕えたメンバー	
隣人に対して意図的に神の御心を現したメンバー	
職場において意図的に神の御心を現したメンバー	
学校において意図的に神の御心を現したメンバー	

・教会の活動　地域のそれぞれの場における教会の活動を記録しましょう。
インパクト領域も記して下さい。

1．隣人（危機に直面した家族や、隣人の問題など）

2．地域一般（教会の隣近所ではない、地域社会の人々）

3．公共機関（学校・病院・介護施設・行政機関など）

4．インフラ（警察・リクリエーション施設・公衆衛生・住居・職業など）

5．行政機関（議員、条例、社会的／道徳的正義に関する問題など）

＊ルカによる福音書2章52節の4つの領域

知恵：人生の特定の領域における神の意図を教え、説明し、明らかにするような行為
身体：身体的な必要や成長に貢献する行為
霊：霊的な必要や成長に貢献する行為
社会：社会的な必要や成長に貢献する行為

報告様式2（続き）

期間（年）＿＿＿＿＿＿＿＿＿＿

地域における奉仕記録

各月に行ったプロジェクトを記入しましょう。

1月	
2月	
3月	
4月	
5月	
6月	
7月	
8月	
9月	
10月	
11月	
12月	

用語解説

- **聖書的包括性**：御言葉に現わされた、神の御計画全体に基づいて世界を理解する考え方。
- **プロテスタント教会の保守的な枝**：福音派・カリスマ派・ペンテコステ派その他の、聖書が権威ある神の言葉であり、個人の魂の救いが不可欠であるという確信を持つ教派や教会。
- **文化**：私たちが個人および社会として、誰であるかを定義づける生活様式のすべて。文化は、私たちが次の世代に受け継ぐ行動・習慣・伝統および性質を含む。文化は社会の考え方やそこにいる人々の行動を形作る。私たちが社会を変革したいならば、文化を変革する必要がある。
- **堕落**：神に対する人間の反逆およびその反逆の結果もたらされたもの（創世記３章）
- **グノーシス主義**：神聖であると考えられた霊的な領域と、悪であると考えられた身体的な領域を二分して考えるギリシャの思想。
- **プロテスタント教会のリベラル派の枝**：社会問題に強い強調点を置き、一般的に保守派の教会より聖書の権威および個人の霊的救いの重要性を比較的低く解釈する多くの主流をなす教団・教会・団体。
- **地域教会**：自らを地域教会と認識しているクリスチャンの交わり。普遍的教会の、第一義的かつ聖書的な地上における表現型。区域礼拝などもその地域における地域教会の範疇に入る。
- **市長**：地域社会の第一指導者。
- **比喩**：非常に異なる二つのものの間に示唆される相似性。
- **国**：旧約聖書において、「国」（ヘブル語でミシュパチャハ）は、家族集団・部族・一族を意味する。新約聖書においてはギリシャ語のエスノスという言葉が用いられており、それは人種・人々・民族を指す。

- **自然主義**：世界は最終的には物質的な限定された存在であり、非人格的な自然法則と、時間と、偶然によって支配されていると考える思想体系。それは世俗主義、世俗的ヒューマニズム、あるいはヒューマニズムとしても知られる。
- **パラチャーチ**：教会と共に働く団体。一般的に、地域教会よりも専門化され、狭い焦点を持つ。
- **前提**：基礎となる原則。動機や行動の土台。
- **社会**：共通の機構、関係、そして文化によって区別される個別の人々の集団。
- **変革**：性質と性格の実質的な変化。聖書的な変革によって人々は神の意図に沿うようになる。
- **第三世界（*Two Thirds World*）**：西洋諸国を除く地理的領域。特にアジア・アフリカ・ラテンアメリカ。経済力と生活の質に基づいて定義される。
- **普遍的教会**：すべてのクリスチャンとその組織や団体、交わりを含む。
- **包括的宣教**：人間のすべての部分および被造物のすべてに対する神の意図を現す宣教の働き。
- **世界観**：人々が意識的あるいは無意識に持っている、世界の成り立ちとそれがどのような原理の上に動いているかということの一連の前提。

訳者あとがき

ボブ・モフィット師と出会ったのは二〇〇四年のことです。当時、私は愛知県で公衆衛生の分野に携わる獣医師として、市役所で奉職していました。所属している教会に講師として訪れたボブ・モフィット師は、「隣人を愛すること」についてのメッセージをしてくれました。本書に書かれている「包括的宣教」のメッセージを聞いたとき、「これを『宣教』と呼ぶなら、宣教には人生を賭ける価値がある」と思ったことがその3年後に私が公務員を辞し、現在の宣教の働きに身を投じるひとつの大きなきっかけになっています。

モフィット師の包括的宣教のメッセージに感化された私はその年、「聞き屋ボランティア」という活動を地元で開始しました。「駅のゴミをひとつ拾う」という小さな行動から始まった「人の心のゴミ拾い」の働きは、現在では全国各地に広がるようになりました。二〇〇五年に再来日した際、「包括的宣教の実践」としての聞き屋ボランティアの活動に、モフィット師は心動かされ、私と仲間3名のメンターリング（個別の弟子訓練と励まし）を申し出てくれました。それから約1年半の間、当時20代だった私たちは、毎週モフィット師に本書13章の「愛の訓練」のレポートを送り、そのレポートにモフィット師がフィードバックと指導をしてくれる、という濃密な時間を過ごしました。

二〇〇四年以来「人生のメンター」として関わり続けてくださっているボブ・モフィット師から私が学んだことは、「包括的宣教」の実践や神学的な洞察といった数多くのことがあります。しかし、中でも最も重要な「教え」は、モフィット師の言葉と生き方を通して学びました。それは「仕える生き方」そのものです。これは私の「働き」を超えて、「生き方の指針」になっています。キリストに似せられることに人生を賭けてきたモフィット師のようなロールモデルと知り合い、個人的に師事することができたことは大きな特権です。自分以外の日本人に、彼のメッセージを伝えることが、神から恵みをいただいた自分の責任と考えてきました。のろまな私の性格ゆえ、こんなにも時間がかかってしまいましたが、読者の皆様にこうしてボブ・モフィット師をご紹介できることをこの上なく嬉しく思っています。本文中にもあるように、本書を読むということは「ボブとの濃密な長い会話」をするのと同じようなものなのですから。

二〇二一年某日　西東京市の自宅にて

陣内　俊

FVI「声なき者の友」の輪の活動について
～被造物世界の回復もまた「包括性」に含まれる～

Friends with the Voiceless International（FVI）「声なき者の友の輪」は二〇一〇年に発足しました。一九九六年に本書の著者ボブ・モフィット氏と盟友のダロー・ミラー氏を中心に米国で創立された*Disciple Nations Alliance*（DNA）を起点とし、その後世界各国に草の根的に広がった「包括的宣教の働き」の日本における実践としての始まりでした。「包括的な宣教」という情熱を共有する同志や支援者の方々と共に活動を開始してから今年で11年が経ちます。その間、私たちは多くの心ある個人の支援者や教会・企業の方々の祈りとご支援に支えられ励まされながら歩みを続けてきました。DNAとつながりのある海外の草の根の活動家とのパートナーシップを通して世界の働きを支援するとともに、国内の様々な教会に「包括的宣教」のメッセージを伝え、訓練し、共に歩むことで、日本の仲間たちが包括的な宣教を実践するお手伝いをしてきました。私たちのワークショップを通して、子ども食堂やNPO活動など、様々な教会の地域奉仕の働きが各地で始まりました。

11年の歩みのなかで、欧米圏で始まったDNAと日本におけるFVIでは、「宣教の包括性」という目指すゴールは同じでも、そのメッセージの伝え方は変わるべきだと確信するようになりました。欧米圏において「世界観」という言葉は比較的伝わりやすいのですが、日本では「世界観」を概念として理解はできても、それが「腑に落ちる」というところにいかない。その理由は日本という国の地理と歴史の独特さにあると考えられます。文化的にも遺伝学的にも、世界各地から多様な影響を受けてきたことが立証されているとはいえ、日本はそれらの他民族・他文化と対話・共存・対峙するというより、浄土真宗・ラーメン・カレーライスに象徴されるように、それらを丸ごと呑み込んで日本文化のなかに「回収・還元」してしまうのです。ですからアイヌや琉球との邂逅という例外を除けば、日本は長らく「文化的閉鎖系」として独自性を保ってきたということができます。このように、歴史を通じて「自分はどのような世界観に基づいて世界をみているか」を他者に説明する必要がなかった日本では、「世界観とはこういうものだ」と説明しても概念以上のレベルでは伝わらないということが見えてきたのです。では、どのようにして「聖書的世界観」を伝えたら良いのか？私たちの11年間の歩みはこの問いとの取り組みとともにありました。

また、本著におけるボブ・モフィット氏の中心メッセージである「愛する」という言葉もまた、イエス・キリストの受難や犠牲という物語が文化のなかに共有されているキリスト教圏（コルプス・クリスティアヌム）と、「愛」という言葉が「大和ことば」にはなかった日本では、伝わるものが違います。若き日に西洋に学んだ夏目漱石が日本に帰国して、「*I love you*」を日本語でどう表現するかと聞かれたとき「今夜は月が綺麗ですね」と答えた、という有名な話がありますし、一五九三年の日本で発行されたイエズス会の教理書、『ドチリナ・キリシタン』には「神の愛」が「デウスのおたいせつ」と訳されているのもよく知られています。日本における「愛」は、欧米圏の「行動する愛」というよりも、「花鳥風月の味わいを共有すること」や「相手を大切にする感情」といった「情緒」に重きが置かれます。しかしながら、本書を最後までお読みになってくださった読者の皆様にはおわかりいただけるように、キリスト教的であるということは「行動をもって愛する」ということを抜きにして語る事が出来ません。「愛であるイエスが自分の中に住んで下さり、他者を愛する」という意味で、クリスチャンの生とは「愛の受肉」といっても過言ではないからです。

この「聖書的世界観」を、ほぼ単一的文化の中に長い間生き続けてきた民族としての日本人にどのように伝達するのか？そして「愛」が情緒に還元される日本人に、キリストの表した「行動する愛」をどのように内面化し実践し、習慣化できるように励ますことができるのか？11年間の活動を通して、100以上の地域教会と関わりを持ち、数多くのキリスト者とともに「聖書的世界観」と「隣人愛の実践」に取り組んでくるなかで、日本における働きの形が少しずつ見えてくるようになりました。私たちが現在到達したところに基づき、FVIは様々な形の情報発信やセミナー、訓練リソースを提供しています。日本のキリストの身体に仕え、今後も文脈化の努力を続けていきますので、この本のメッセージと情熱を共有した方は、どうぞ祈りをもって私たちの働きを覚え、支え、所属する教会に私たちをお招きいただき、ともに仕える機会を与えてくださいますと幸いです。

(＊ホームページ*http://karashi.net/*、またはメール*info@karashi.net*にて受け付けています。お気軽にお問い合わせください。)

もう一つ、私たちＦＶＩが11年間で学んできたとても大切な「包括性の一面」について強調させてください。二〇一〇年にＦＶＩが創立された翌年の二〇一一年三月十一日、日本は東日本大震災に見舞われました。ＦＶＩはその後、福島第一原発の事故を経験した福島県で支援活動を行いました。地域教会の包括的な宣教、福島に貢献したい若者たちの集まり、チェルノブイリ原発事故跡地への研修ツアー、絵画やアートを通して福島に貢献したいクリスチャン芸術家のワークショップなど、様々な形で支援活動を行うなかで、神が私たちを導いてくださった大切な真理が「被造物に対する神の愛」でした。

本書においてボブ・モフィット師はコロサイ人への手紙1章20節の「万物の和解」や、ノアの箱船のあとの「すべての生き物」との神の契約などから、「被造世界」もまた、人類とともに神の重要な関心事のひとつであると強調しています。しかしながら、「もしイエス様が市長だったら」という本書のタイトルからも分かるように本書の主要テーマはあくまで「人間社会全般の癒し」であり、本書が強調するのは、「霊的な救い」だけでなく、「全人的な救いと社会全体の変革」なのだという包括性です。「被造世界の癒し」に関しては部分的な言及に留まり、モフィット師が章を割いて解説することをしていないのは、師が被造世界の重要性を理解していないからではなく、本書のタイトルとその趣旨によるところが大きいでしょう。

一方で、ＦＶＩの福島での支援活動、およびチェルノブイリでの学びなどを通し、日本において「福音の包括性」を語ろうとするならば、「被造世界」を抜きにしてはならないのではないか、という確信が深まって行きました。読者の皆様はご存じのとおり、日本人は古来、自然を大切してきた民族であり、その強さが自然神道における自然崇拝とも結びついていることも確かです。しかし、それらを「異教的・偶像崇拝的」だからという理由で、「自然を愛する思い」をも切り捨てるというのは「産湯とともに赤子を流す」愚かさを孕んでいます。事実、イエスは明らかに自然を愛し、野生動物に愛されていました（マルコによる福音書 1章13節）し、アッシジの聖フランチェスコをはじめ、中世の聖人たちは動物と心を通わせ、野生動物が彼らの前で穏やかな表情を見せる、ということは「その人が聖人であるかどうか」の指標とされていたと言われています。バプテストの説教者チャールズ・スポルジョンはこうも言っています「もし彼の犬あるいは猫が、飼われているそのことによって幸福でないとすれば、その人はキリスト者ではない」。

福島第一原発の事故により、「耕し、守る（創世紀2章15節）」人間がいなくなり、荒廃した立ち入り制限区域に、私たちは何度も足を踏み入れました。事故の影響がただ人間の霊的・身体的健康のみならず、社会全体にダメージを与えるのを見ましたが、ダメージはそれだけではありません。荒廃した農地、野生動物の生態系の乱れ、家畜やペットの餓死など、そのダメージは自然界にまでおよんでいます。「包括的な福音」の光は、ただ人と社会だけではなく、自然界にまで及ばなければ、神の御心の広さを言い表すことができていないと私たちは確信するようになりました。これらの洞察を私たちがボブ・モフィット師にぶつけたところ、モフィット師は謙虚にも、「東洋的で包括的な」私たちの洞察に触れ、「分析的に」世界を解釈する西洋の我々は東洋から学ばなければならないと述べ、日本における被造物ケアーの働きの強調の必要性を追認し激励してくれました。FVIは今後も、「被造世界の回復」をも含めた神の癒しについて人々を励まし、共に実践していきたいと願っています。「もしイエス様が市長だったら」、市長は人と社会だけでなく、その街にある山々、川や海、農地、野生動物や鳥や魚、家畜やペットの福利と幸せにも配慮するに違いない、私たちはそう確信しています。

FVIカタリスト* 神田英輔　柳沢美登里　陣内俊
FVIのホームページはこちら *http://karashi.net/*
FVIへのお仕事、セミナー等のお問い合わせはこちら *info@karashi.net*

*「カタリスト」は触媒の意。「変革のための触媒となりたい」という私たちの願いを表した呼称です。

著者について

ボブ・モフィット Bob Moffitt

経験豊富な教師であり、組織戦略家。彼の働きは次の重要な確信を基礎としている。

●福音は言葉による宣言と行動による実践の両方によって伝えられなければならない。
●地域教会は、傷ついた世界において神の愛を現す第一義的な手段である。
●神の愛の実践は、個人とグループ、両方によって行われなければならない。

ボブは、地域教会のリーダーたち、特に第三世界の牧師や教会リーダーに包括的宣教の訓練を提供している団体、ハーベスト財団の創始者であり代表者である。これまでハーベスト財団は包括的な宣教を訓練するための教材や訓練会を開発してきた。また一九八一年以降、著者は30カ国以上で、数千の地域教会を対象に訓練会を開催してきた。

次のような経歴、経験から、著者は現在のような確信に到達した。

●アフリカ、マラウイにおける国際協力隊員としての活動
●イスラエル・スイス・アメリカ合衆国における学び
●民間国際援助団体スタッフの経験、ハーベスト財団などの団体の設立・指導
●成人教育および地域開発の博士号

ボブは自ら所属する地域教会において長老および宣教部長を務めている。彼と妻ジュディには3人の成人した子どもがおり、たくさんの孫たちにも恵まれている。

カーラ・テシュ　*Karla Tesch*

一九八三年以降、編集者を務める。彼女の知識・情熱・経験によって、本書『もしイエス様が市長だったら』は、チャレンジに満ちた素晴らしいものとなった。しかし、何にも増して彼女の資質を言い表すものは、生涯を通して社会活動から福音伝道、聖礼典による礼拝からカリスマ派に至るまでの幅広さを受容し、ありとあらゆる地域教会に仕えてきたその経験である。彼女はそれらの教会から学び、霊的働きと社会的働きは相反するものではないと確信してきた。「もしイエス様が市長だったら」は、彼女のメッセージでもある。

カーラと夫のジャックは所属教会とその地域において活動的に奉仕している。彼らには成人した2人の子どもたちがおり、家族のメンバーは新たに加えられつつある。

もしイエス様が市長だったら

If Jesus Were Mayor

発行日　2021年12月20日

著　者　ボブ・モフィット

翻　訳　陣内 俊

監　修　FVI「声なき者の友の輪
Friends with the Voiceless International」

装　丁　むすびめワークス　湯本沙友里

発　行　スマイルブックス
愛知県蒲郡市大塚町伊賀久保100−2
TEL　0533−59−8325
FAX　0533−59−8772

印刷・製本　シナノ書籍印刷株式会社

ISBN 978-4-921147-21-1 C0016

＊聖書の引用はすべて新改訳聖書第三版より